Scritti Vari Sul Matrimonio Cristiano

Antonio Rosmini

OPERE MINORI

EDITE E INEDITE

DI ANTONIO ROSMINI

—

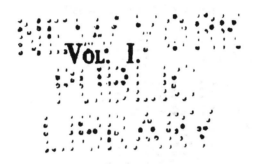

Vol. I.

FIRENZE

COI TIPI DI M. CELLINI E C.

ALLA GALILEIANA

—

1862

11627.

PROPRIETÀ LETTERARIA

AVVERTENZA

Antonio Rosmini non fu solamente forte speculatore; fu anche uomo di azione. E però seppe, ogni qualvolta la carità lo invitava, scendere a trattazioni di più facile accesso per un maggior numero di persone, e scrisse di Ascetica, di Apologetica, di Catechetica, e di Predicazione non poche cose, che egli stesso raccolse, e pubblicò in quattro volumi. Di queste e altre simili materie, alcune restarono fuori della detta raccolta; e alcune anche ne lasciò di inedite.

Noi quindi abbiamo creduto di fare cosa utile e gradita al Pubblico, dandogli una Collezione delle Opere Minori di A. Rosmini, in una edizione di comodo sesto. E per cominciare da quello, che più grandemente importa al presente, pubblicheremo nel primo volume di questa Collezione tutti gli Opuscoli, che il Rosmini produsse sull'argomento del

Matrimonio Cristiano, distribuendoli secondo l'ordine dei tempi, nei quali li scrisse. Dietro a questi verranno poi altre cose più o meno affini alle già pubblicate dallo stesso Rosmini nei quattro volumi suddetti, e queste stesse si riprodurranno, se vedremo che il Pubblico mostri desiderio di sì gravi e importanti letture.

Sono le Opere Minori di A. Rosmini fatte per un numero maggiore di persone che non le Maggiori e scientifiche. Non solamente perchè trattano di cose, che più vivamente e più attualmente interessano moltissimi, ma anche perchè il discorso v'è piano, facile lo stile, e più sentito l'affetto. Noi crediamo, che il Clero, specialmente quello che è impiegato in cura d'anime, se ne possa avvantaggiare d'assai per sè e pei fedeli, raccomandandone loro la lettura. Perciò anche abbiamo pensato di pubblicare queste cose in formato più economico, e di ordinarle per guisa, che un'Opera si possa aver anche separata dalle altre.

Firenze, 4.° Gennaio 1862

GLI EDITORI.

SCRITTI VARI

DI

ANTONIO ROSMINI

SUL

MATRIMONIO CRISTIANO

E

LE LEGGI CIVILI CHE LO RIGUARDANO

[firma manoscritta]

Vol. Unico

FIRENZE

COI TIPI DI M. CELLINI E C.

ALLA GALILEIANA

1862

Proprietà letteraria

DISCORSO *

DOPO BENEDETTE LE NOZZE

AGLI SPOSI

Sacramentum hoc magnum est, ego autem dico in Christo et in Ecclesia.

Eph. V, 32.

Nati ed allevati lontani, sempre sconosciuti l'uno all'altro, chi poteva, fratelli miei, condurvi subitamente a piè di questo altare, in faccia al quale darvi la mano di sposi, sottomettendovi a un giogo comune per tutta la vita vostra, se non quel Dio che, avendo in mano i cuori e le sorti degli uomini, ne dispone a pro di quelli che si confidano in Lui? Parmi, dilettissimi sposi, di vedervi in questo momento

---

* Detto benedicendo le nozze di Adelaide Baronessa de' Cristani di Rallo con Giuseppe Maria Cavaliere de' Rosmini, fratello dell'Autore, nel 1842.

solenne, in cui avete già pronunziato il gran *sì*
irrevocabile, maravigliati di voi medesimi, per
non sapervi spiegare un avvenimento, che ora
voi stessi avete compiuto. Che se la divina
Provvidenza ordì il vostro nodo, al quale io vi
sono testimonio che niuna passione inordinata
è preceduta, ma da una parte e dall'altra solo
i desideri e i consigli materni, e la persuasione
in voi, che il sacro vincolo conjugale, che
avete stretto, fosse volontà del Creatore; a questo Creatore e Signor vostro benignissimo tene-
te adunque sempre sollevati gli occhi della fede
e della speranza. Egli che vi ha data e conservata fin quì la vita, vi ha preparato ben anco
questo indiviso consorzio e comunione della
vita; e già vi promette fin da quest'ora gli
ajuti, co'quali voi possiate servirlo indivisi fino
alla morte sopra la terra, e goderlo indivisi
per tutta l'eternità in cielo. Conciossiachè le
opere del Signore non sono imperfette. Ed ecco
che se Egli vi mosse per così dire i piedi a questo sacro suo tempio, qui anche vi accolse
paternamente, qui santificò i vostri scambie-
voli giuramenti, qui vi unì Egli stesso con indissolubile vincolo sacramentale, vi pascè del
suo preziosissimo corpo, vi colmò di benedizioni, e ricevette benigno e pietoso le suppliche
che nell'umiltà, e quasi volea dire nello sbigot-
timento de'vostri cuori, voi gli avete innalzate,
grazie chiedendogli di poter adempire le obbli-

gazioni gravissime del vostro nuovo stato. Laonde se sono grandi le obbligazioni che in questo giorno per voi sempre mai memorabile avete assunto, sono anche grandi e maggiori altresì gli ajuti che da Dio dovete aspettarvi, e che aspettar si debbono tutti quelli che, come voi, in Dio si congiunsero, e in Dio solo ripongono la lor fiducia. Di che non credo io punto intimorirvi, ma anzi incoraggiarvi a sperar viepiù, se vi tengo un breve discorso intorno alle vostre nuove obbligazioni, esponendovi a lato d'esse i nuovi ajuti altresì, che Iddio vi promette.

Le obbligazioni più generali de'conjugati cristiani si possono ridurre a quattro. La prima riguarda Iddio, ed è, che il matrimonio de'discepoli di Cristo vuole esser un'unione spirituale. La seconda riguarda gli sposi, ed è che debbono avere in fra loro una perpetua dilezione. La terza riguarda il corpo della nuova famiglia a cui danno l'essere, ed è che sia da essi governata prudentemente. La quarta finalmente riguarda i figliuoli che nascessero dal loro matrimonio, ed è che li provveggano di buona educazione. Il sacramento è quello che dà la forza e gli ajuti a' conjugati d'adempire tutte queste loro sì gravi obbligazioni; ed è quello in pari tempo che loro le insegna, rappresentandogliele loro innanzi in sè stesso figurate ed espresse. Poichè ogni sacramento è una cotal rappresentazione; e quello del matrimonio rappresenta la mistica unione di Gesù Cristo colla sua Chiesa, e per ciò egli è pur grande, dice San Paolo, questo sacramento, *Sacramentum hoc magnum est, ego autem dico in Christo et in Ecclesia.* Ora tutte le obbligazioni vostre, o sposi, le quali io v'ho accennate, rimarranno alla mente vostra del continuo presenti, e vive nell'animo, solo che consideriate, nell'unione di Gesù Cristo colla sua Chiesa, l'esemplare da cui dovete ritrarre, e a cui rendere similissima la vostra unione.

Nell'unione di Gesù Cristo colla Chiesa, voi primieramente potete ravvisare ed ammirare la spiritualità, che dee abbellire e nobilitare il vostro matrimonio, e che io dissi essere il vostro primo dovere, il qual riguarda Iddio, purissimo spirito. E dove mai si forma, dove si consuma l'unione di Cristo Signor nostro e della sua Chiesa, se non nella unità stessa di Dio? *Consummati in unum* (1). Nè questa maravigliosa spiritualità delle nozze di Cristo colle anime sante, che formano l'immacolata sua sposa, toglie punto, ch'Egli si unisca loro anche corporalmente, poichè Egli dà loro in questa temporal vita, per nutrimento, il suo proprio corpo sacratissimo, e di sè le pasce anche nella vita avvenire, *transiens ministrabit*

(1) Jo. XVII, 23.

illis (1). Ma quel suo stesso corpo, egli è fonte di santità e di divinissima carità, nè cade cosa alcuna di terreno in quell'unione ineffabile. Vero è, che i corpi mortali di fragile creta e peccatrice composti non possono unirsi in un modo così divino; ma quanto vi ha inevitabilmente di basso e di corruttibile nella conjugal convivenza, dee servire anch'esso al solo fine spirituale e santo, a cui essa è ordinata, e in grazia del quale è da Dio benedetta, senza che nè il peccato del primo padre che corruppe tutta l'umana stirpe, nè il pentimento che mostrò Iddio d'aver fatto l'uomo quando scancellò col diluvio ogni carne dal mondo, potesse impedire che la prima benedizione data dal Creatore alle nozze, e dal Redentore rinnovata e accresciuta, rimanesse efficace e dei più puri e santi frutti feconda. Quello adunque che viene al maritale consorzio dalla corruzione dell'umanità, lasci sempre, o fratelli, il dominio a ciò che gli viene da Dio medesimo; sia una casta unione, e serva ai fini di Dio, serva a Dio, e cessi anche del tutto allora quando il trattare più intimo nell'orazione col Creatore, massime ne'giorni di digiuno e di penitenza, esiga una maggiore purezza e spiritualità: ne'quali tempi il matrimonio vostro rassomiglierà più da vicino a quello di Maria e di Giuseppe, verissimo

(1) Luc. XII, 37.

matrimonio, benchè senz'altra congiunzione, che quella di due spiriti concordissimi e unanimi nel loro Dio.

Nella quale unione di spiriti sta appunto quella dilezione perpetua, che io dicevo essere il secondo dovere che hanno gli sposi in verso sè stessi. E questa vien pure maravigliosamente espressa e rappresentata a voi nell'amore che passa fra Cristo e la sua Chiesa, concordissimo amore, generosissimo, perpetuo. Gesù è sposo sempre fedele alla sua Chiesa, e l'immacolata sua sposa, la Chiesa, è sempre fedele al suo Gesù. Forma Gesù le caste delizie della Chiesa, e la Chiesa forma le caste delizie di Gesù. La Chiesa non vuole altro se non quello che vuole Gesù suo capo e suo signore, a cui ella è soggetta e in ogni cosa obbedientissima; e Gesù non vuole altro che il maggior bene della sua Chiesa. Ogni virtù, ogni grazia, ogni gloria Egli vuol vedere in lei; sicchè non è possibile, che fra il volere di Gesù e il volere della Chiesa santissima entri giammai la più piccola discordia o disunione di sorta. Che se lo Sposo divino dà il suo sangue per abbellire di pregi immortali la sua diletta, questa impara da Lui · la stessa generosità; e il torrente del sangue dei martiri che innaffiò tante terre per secoli intieri, e tuttavia le innaffia, pare a lei poca stilla d'acqua versata in compensazione dell'amore del suo Sposo, ed è anche tale veramente. Nè

un amore sì consenziente e sì generoso si toglie
per morte; che anzi le nozze dell'Agnello si
consumano nella beata eternità, dove Egli s'im-
mola in perpetuo per lei col desiderio, ed ella
per Lui. Quale esempio, sposi miei dilettissimi !
Deh non v' impaurite all'alta immagine che il
sacramento vostro vi propone. Perocchè Iddio
che lo istituì, mette è vero innanzi alla umana
infermità concetti altissimi e perfetti, pari a
sè stesso. Ma non fa questo solo: di più Egli
stesso s'unisce all'uomo nel medesimo sacramento, per compire nell'uomo il disegno della
perfezione umana nella divina sua mente concepito. All' infermità dell'uomo oltracciò egli
soccorre , non solo ajutando, ma perdonando
altresì: e rispondendo noi al suo ajuto, acco-
gliendo noi umiliati il suo perdono, possiamo
se non raggiungere l'esemplare infinito e divino,
almeno per una cotale analogia e proporzione
senza limite avvicinarvici. Così s'egli è quasi
impossibile, che due volontà umane e imperfette
di viatori su questa terra vadano in tutto
d'accordo ; è tuttavia possibile ch'esse a bella
e piena concordia pervengano col mezzo del
sacrificio, cioè cedendo l'una all'altra, compa-
tendo l'una dell'altra i difetti, e portandone i
pesi ; e così con una virtuosa concordia d'an-
negazione meritino quaggiù quella beata concordia di godimento, che è propria solo del
cielo.

Il terzo dovere di sposi cristiani dicevamo essere il buon governo della loro famiglia. Anche di questo governo, il vostro sacramento, o fratelli, vi propone un altissimo esempio nella Provvidenza, colla quale Gesù Cristo governa l'umana famiglia, andando seco sempre d'accordo la Chiesa sua sposa. Gesù Cristo e la santa Chiesa governano con amore, con fortezza, con sapienza; invitano colla carità illimitata tutti gli uomini a sè, li incoraggiano se timorosi, li rinforzano se deboli, li curano se ammalati, li sopportano se nojosi, li ammaestrano se ignoranti, li nutriscono se famelici, li compatiscono se pazienti; se sbagliano li correggono, pentiti li accolgono amorosamente al seno; e tutto ciò fanno per l'unico fine della loro vera felicità, cioè per renderli buoni e perfetti, degni della celeste mercede. E simiglianti a queste debbono pur essere le cure continue di un buon padre e di una buona madre di famiglia. Quanto non vuole essere dolce al loro cuore il pensiero che sono costituiti da Dio i ministri e le immagini, entro le domestiche mura, della Provvidenza! Quanto non debbono temere altresì di sè stessi, e quanto impegnarsi d'operare con senno, fortezza ed amore, pensando che tutti i membri di loro casa e tutti affatto i loro soggetti, hanno il diritto di vedere nelle loro sollecitudini il vestigio della divina sapienza e bontà! Deh che sublime incarico non sarà dunque il' vostro, sposi dilettissimi! Da voi dipenderà non solo la felicità vostra, ma quella di quanti dovranno convivere con esso voi sotto il medesimo tetto, servi o figliuoli, delle famiglie de'vostri contadini e dipendenti sparsi ne'vostri poderi, e di quanti da voi e da essi per lunga serie di generazioni discenderanno.

Finalmente, il quarto dovere, e gravissimo, incomincia agli sposi cristiani quando ricevono da Dio in dono de' figliuoli. Anche quest'ultima obbligazione racchiudesi nel concetto di quel gran sacramento, che la mistica unione esprime di Cristo e della Chiesa. Imperocchè l'unione di Cristo e della Chiesa non è già infeconda, o fratelli, anzi ella genera spiritualmente innumerevoli figliuoli colla parola divina e coll'acque del santo battesimo; e noi stessi siamo stati così dalla Chiesa a Cristo generati. Della quale il profeta Isaia avea già predetta l'immensa fecondità; e in lei e per lei furono compiute, ed anzi vinte le antiche promesse fatte a' patriarchi Abramo, Isacco e Giacobbe, in premio della loro fede, colle quali era loro assicurata una discendenza più numerosa delle stelle del cielo e delle arene che sono sul lido del mare. Numerate i figliuoli della Chiesa Cattolica, se voi potete: questa sposa di Cristo, uscita dal suo costato, siccome vite abbondante, partorisce figliuoli al suo Sposo ond'ella fu tratta, senza mai invecchiare; e oggimai niuna tenda o palagio, niuna città o provincia li può contenere, poichè ella ne ha riempito più e più volte, e ne riempie tuttavia la terra. Generati poi spiritualmente, spiritualmente li educa, nè cessa mai di ammaestrarli e di ammonirli; e li accompagna pel difficile pellegrinaggio della presente vita, confortandoli ed assistendoli anche nell'ultimo loro respiro. Laonde se a Dio piacerà di donare anche a voi figliuoli, come vi danno a sperare le ricevute benedizioni, nuovo campo vi avrete da imitare quel Cristo e quella Chiesa che fino d'ora rappresentate, procacciando la loro savia e pia educazione. A voi allora si aspetterà d'aver cura non solo de' corpi de' figliuoli vostri e del loro bene temporale, ma quello che assai più importa, della salute di quelle anime a voi da Dio medesimo confidate, senza che sappiate pur come: starà in voi, dopo che saranno rigenerate alla grazia quell'anime, d'infondere in esse i primi rudimenti della dottrina di Cristo, di custodire da tutti i pericoli la loro innocenza, d'imprimere nelle loro tenere menti i principî della giustizia, della equità, della generosità, e, in una parola, d'accendere ne' loro cuori l'amor di Dio e del prossimo. I quali semi fruttar poi debbono in essi quella vita eterna, per la quale solo e voi, ed essi, e tutti siamo creati. Laonde ciascuno di quei cari pegni che Iddio vi desse prima di tutto presentatelo ed offeritelo a Lui, siccome cosa tutta sua, e niente più desiderate di questo ch'egli sia veramente suo, che Iddio tutto a sè lo consacri; nè sia mai vero che imitiate quei genitori carnali, i quali accompagnano colle lacrime del dolore, anzichè con quelle dell'allegrezza, i figliuoli loro, che Iddio si degna di trarre dal secolo, e collocare nei suoi tabernacoli, quasichè li perdessero per sè stessi, quanto più a Dio si avvicinano; nel qual solo posson viver sicuri, pel quale e nel qual solo debbono amarsi. Per me non veggo cosa che debba essere veramente più desiderabile al cuore di una madre cristiana, che di avere tra' figliuoli suoi qualche nuovo Samuele, imitatrice di quella Anna fedele che diede sì lietamente questo illustre profeta al tempio del Signore.

Tali sono le obbligazioni di sposi cristiani, o fratelli, brevemente esposte: gravissime è vero, ma non a tal segno che non si possano adempire da quelli che, come dicevo a principio, in Dio ripongono la loro fiducia, e nelle grazie e negli ajuti ch'Egli unì al vincolo sacramentale.

Perocchè i sacramenti di Cristo non solamente sono segni, ma di più sono segni efficaci; cioè essi producono nelle anime, che li ricevono degnamente, quella grazia appunto che rappresentano. Laonde se il sacramento del matrimonio segna l'unione di Cristo colla Chiesa; questa

santissima unione non è solo segnata e rappresentata perchè la imitino le anime de' fedeli che
si maritano, ma ben anco è in essi dal sacramento riprodotta. E veramente, in questo gran
sacramento vien comunicata tal grazia, per la
quale i maritati partecipano della santità stessa
dell'unione di Cristo e della Chiesa, cioè partecipano di quella carità nella quale stanno congiunti
insieme Cristo e i suoi fedeli discepoli, che formano la sua diletta sposa, la Chiesa. Poichè se
Cristo è capo di tutti gli uomini col battesimo
rigenerati, eziandio che abbian poscia rotta
l'union della grazia peccando, Egli è pur il
tenero Sposo di quell'anime, che non hanno
smarrita la preziosa gemma della carità con cui
se le avea disposate, o che l'hanno di nuovo
ricuperata. La qual carità medesima, io diceva,
viene in parte infusa negli sposi cristiani pel
sacramento, se degnamente il ricevono; onde
il loro amor naturale ed umano si sublima e
s'informa della carità di Cristo: sicchè fino
l'amore conjugale acquista indole e tempera di
soprannatural carità. E in questa carità, che
congiunge l'uno all'altro gli sposi cristiani, e che
è della stessa natura di quella che congiunge
Cristo co' suoi fedeli discepoli che forman la
pura sua sposa, racchiudonsi poi tutti quegli
ajuti efficacissimi ch'io vi dicea, co' quali potrete sostenere i pesi della marital comunione.
Perocchè dove è la carità, ivi è lo spirito di

Gesù Cristò : e se il sacramento vi unisce col glutine della carità, dunque il glutine che vi congiunge è lo spirito di Cristo Gesù, dal quale ogni vigor si deriva.

Di qua viene il lume che vi dimostra quanto siano più eccellenti l'anime de' corpi, e v'insegna e muove a rivolgere tutte le cose corporee e temporali al miglioramento ed alla salvezza dell'anime, rendendo voi così spirituale, nell'ultimo fine che vi proponete in esso, il vostro matrimonio, e soddisfacendo al dovere che avete verso Iddio, spirito purissimo.

Di qua parimenti deriva ogni vera dilezione ; perocchè lo spirito di Cristo è carità ; ond'Egli il primo portò in terra il vero amore, dagli uomini tutti ignorato, e'sol potè dire : « Questo è il mio precetto, che vi amiate l'un l'altro » (1): amore unico e pure sì vario nelle sue forme, come quello che di tutti gli affetti umani appar investito, ora manifestandosi quale amor materno, ora quale amor filiale, ora quale amor fratellevole, ora quale amor conjugale ; tutti questi affetti umani santificando, tutti fortificandoli, rendendoli puri, costanti e generosi. Di che voi, attignendo al fonte dello spirito di Gesù Cristo copia abbondevole dell'altissima sua carità, ben potrete adempire al dovere che avete in verso a voi stessi di una perpetua dilezione.

(1) Io. XV, 12.

Dal medesimo spirito ancora della carità di Cristo, di cui siete fatti partecipi, trar potrete quell'alto senno e quella prudenza, colla quale amministrar saviamente le cose di casa vostra, e reggerne le persone, ed egli sarà un reggimento perfetto, se tutto fatto di carità; e così soddisfarete al dovere, che riguarda il corpo della vostra famiglia.

Finalmente nella carità di Cristo troverete racchiuso il dono di educare santamente la prole: dolce, ma ardua incumbenza, nella quale, forse più che in tutte l'altre, hanno bisogno i padri e le madri di famiglia di un ajuto superiore e divino.

Ma qui considerate bene, fratelli miei. Il sacramanto, che avete or ora ricevuto santifica il vostro amore, comunicando all'anime vostre di quell'amor soprannaturale e divino, che congiunge Cristo colla sua Chiesa, nel quale amore s'accolgono tutti gli ajuti che vi bisognano a compiere le tante e sì gravi obbligazioni del novello vostro stato. Ma questi ajuti dovete pure voi stessi derivarli di continuo dalla grazia sacramentale; perocchè, che vi gioverebbe essere in possesso d'una fonte perenne d'acque purissime, se non n'attigneste poi una stilla, nè vi poneste pure i labbri a pigliarvene un sorso? La grazia ricevuta adunque non è tale che ella vi dispensi dalla cooperazione ad essa, e dal porre ogni vostra industria, colla quale possiate farvela, per così dire, valere. E quali saranno queste industrie? L'orazione, miei cari, e l'opere buone: ecco quelle che potete aver sempre alle mani, colle quali trafficare il tesoro della grazia oggi da voi nel sacramento ricevuto, tesoro che con voi si rimane fino che rimane la unione vostra. Il resto lo farà bene Iddio. La Chiesa ha pronunziate già sopra di voi le sue benedizioni: *Ecce sic benedicetur homo, qui timet Dominum* (1). Quello che non potrete adunque far voi, lo farà Iddio stesso: la sua provvidenza dirigerà intorno a voi tutti gli avvenimenti che da voi non dipendono: dalla sua mano benefica ricevete con fede ugualmente i beni ed i mali; perocchè Iddio vi darà sì gli uni che gli altri nel corso della vita vostra, acciocchè cogli uni e cogli altri vi santifichiate insieme, oggetto altissimo delle sue mire.

Quanto a me, non ho bisogno di esporvi i *miei voti*: voi li conoscete, sono quelli stessi di Dio e della sua ineffabile provvidenza. Sia lo sposo benedetto nella sua sposa, io dirò coi sentimenti della Chiesa; sia la sposa amabile al suo sposo come Rachele, e come Rachele temperi i disagi e le lunghe pene del suo Giacobbe. Sia sapiente come Rebecca, e come Rebecca fondi una casa a quella d'Isacco somiglie-

---

(1) Psalm. CXXVII, 4.

vole. Sia longeva e fedele siccome Sara, e meriti d'albergare e di servire nella sua casa gli angeli del Signore come quell'antica potè fare nella casa di Abramo. Niente possieda in lei o negli atti suoi l'autore dell'antica prevaricazione. Sia grave, sia venerabile per pudico decoro, erudita nella celeste dottrina, crescente ogni dì nello splendore di tutte le virtù, felice ne' figliuoli, e vegga dal suo sposo indivisa la terza e la quarta generazione, e in estrema vecchiezza riposi collo sposo suo nella pace eterna del Signore. Così sia.

DEL BENE

DEL

MATRIMONIO CRISTIANO

RAGIONAMENTO *

———

Quando agli antichi savii pigliava vaghezza di consegnare alle carte il frutto di loro meditazioni, solevano rivolgere a qualche illustre personaggio o a qualche amico i ragionamenti; traendo al loro scritto occasione da qualche fausto od infausto accidente. Il qual costume dava non so qual grazia e dolcezza ai loro dettati, legando le teoretiche divine verità alle pratiche umane vicende. Permettete, o eccellentissimo Conte **, che nella nuova gioia, di che

* Pubblicato in occasione delle nozze di Eleonora Solaro della Margarita con Giovanni Cantono dei Marchesi di Ceva, nel 1847.
** Il padre della sposa, al quale fu mandato questo *ragionamento* da Verona.

la Provvidenza ricolma voi e tutta la famiglia vostra, assortendo alla vostra diletta secondo-genita Eleonora un consorte dal vostro giudizio approvato, al vostro desiderio conforme, io rivesta di antica forma le vive mie congratulazioni, i copiosi miei augurii, dandovene monumento questa scrittura che ragiona con esso voi di ciò che il marital nodo ha di più prezioso, cioè del suggello che vi ha posto Gesù Cristo.

E qual più solido fondamento alla gioia di genitori forniti di cristiana sapienza nelle nozze de' loro figliuoli di quel divino bene e quasi celeste fermento che in esse nasconde il Salvatore colla mistica operazione del Sacramento? Qual ragione più verace delle congratulazioni altrui? Qual più sicuro e felice auspicio?

Niuna maraviglia che a due nobili Sposi nel fiore della giovanezza e della salute, cresciuti negli agi, provveduti di fluenti dovizie, di affettuosi congiunti, di amici, di clienti che loro augurano, lor preconizzano tutte cose seconde, nessuna contraria, nell'inesperienza della realtà della vita, nella semplicità e nella innocenza del cuore esuberante, si rappresenti beatissimo l'avvenire, senza noia di alcun mal incontro, senza turbamento di alcuna sciagura, quale un bel mattino di primavera da niuna nube offuscato, di cui sia indefinitamente lontano il tramonto. Il voto del loro cuore è complìto, il caro nodo è già stretto; come il primo giorno sorriderà tutta intera la vita. Fosse pure così! Ma chi potrebbe assicurarlo a due mortali? Delle prosperità, delle allegrezze, de' tripudii di quaggiù non vi ha che una sola cosa di certo, che debbono presto finire. Ahi, non è dunque che una momentanea ebbrezza ogni confidenza nel naturale diletto, a cui l'uomo non si può abbandonare, siccome a felicità, se non a condizione di rendersi smemorato ed insipiente. Perocchè pur troppo succede inaspettata la veglia al sogno del cuore. E negli stessi fiori fugaci ed effimeri di questo, che pare ad alcuni terreno giardino, ad altri valle di lacrime, quanti succhi amari e venefici non sugge la leggera improvvida farfalla dell'umano desiderio! Quante spine non lacerano la delicata incautissima mano che li coglie! Come da disotto a' più bei colori, di cui pompeggia smaltato il suolo fragrante, non ischizza la serpe che fa gelare subitamente d'orrore, e avvelena, convertendo in perpetuo lutto la spensierata e molle fidanza di chi su vi s'adagia a riposo!

Non adunque nel fugace diletto, non nel talamo odoroso d'ebano e d'oro squisitamente contesto e di serici preziosi veli incortinato, non nelle grazie e negli amori che vi danzano intorno spargendovi rose e gigli a piene mani, non nelle dovizie, nella nobiltà, negli onori, nella potenza col parentado accresciuta, ovvero sia ne' brillanti trionfi della leggera vanità, nel fasto de'lussi, nel corteo de'servi e degli ufficiosi amici, nelle lusinganti parole e ne'dilettevoli plausi, non finalmente in alcuno di quei beni pe'quali il mondo chiama beati due sposi, e di cui il cuore umano s'innesca sì dolcemente, giace un solido fondamento, una certa ragione d'abbandonarsi alla gioia con sicurezza ch'ella non merita.

I soli primi due coniugi onde il genere umano ebbe cominciamento trovarono nelle loro nozze l'apice della terrena felicità. Uscìa l'uomo perfetto nell'anima e nel corpo dalle mani del Creatore: l'universo intero era la sua ricchezza, il suo regno. La terra gli produceva spontanea ogni maniera di frutto squisito e saluberrimo: le bestie, i pesci, i volatili ubbidivano al suo cenno, e gareggiavano in trastullarlo. I cieli colla loro volta serena, pieni di luce il giorno, tempestati di stelle la notte, gli facevano padiglione; l'atmosfera purissima, impregnata di soavi fragranze, nutriva il potente anelito della recente sua vita; i fonti gorgheggiavano di acque perenni dolci e fresche, ed il suolo di vaghi fiori dipinto, e l'eterna primavera, e il tepore costante, e ogni cosa pieno di puro diletto: niente d'avverso, nè malattia, nè dolore, nè penosa cura e sollecitudine. Ma, quello che di lunga mano è il più, tanta prosperità era in suo pieno dominio, ed egli avea la certezza che niun essere potea rapirgliela s'egli non l'abban-

donava : nè il tempo stesso trascorrente addu-
ceva ancora, col batter dell'ali, rovine, nè arre-
cava rughe alla maestosa fronte, nè canizie ai
biondi capelli, nè spossatezza senile al vigor
delle membra ; nè alla contenta vita ponea fine
la morte. Ed il Creatore, dopo arricchito l'uomo
di tanti doni, di cui al presente nè manco il
pensier nostro raggiunge il concetto, se n'era
tuttavia riserbato ancora uno da dargli ultimo
di tutti, che come più eccellente ponesse il colmo
e il suggello alla sua divina larghezza ; e quest'ultimo dono, senza il quale non era bene ad
Adamo esser sì ricco, fu Eva. Così istituite le
nozze, toccò l'apice la felicità temporale del-
l'uomo, che era pure felicità della donna : senza
la quale ultima gemma quest'ornatissimo e bellissimo universo pareva tuttavia povero, disa-
dorno ed inanimato ; chè al suo immortale ed intelligente abitatore mancava un aiuto simile a lui.

La qual felice condizione risponde ai palesi
e ai segreti voti dell'umana natura. E però qual'è
maraviglia, se una cotal ombra di quella primitiva felicità, dove all'affluenza di tutti i beni
visibili sopravviene a fastigio e corona l'unione
coniugale, stia quasi effigiata ancora dinanzi
al pensiero de'figliuoli e delle figliuole d'Adamo, e questi contendano di raggiungerla già
fatti simiglievoli a fantolino che distenda sua
piccola mano a pigliare una stella ? Oh illusioni
vane ! Oh inganni del cuore gonfio, e dimentico

che i mortali non discendono da coloro che possedevano quella immensa felicità, ma sì bene da coloro che per libera e colpevole volontà l'ebbero per sempre perduta!

Ma ad un'altra illusione più ancora perniciosa io ravviso soggiacere l'adamitica schiatta. Essa non pure si lusinga invano di trovare nelle nozze, a cui sorride istantaneamente la natura e la fortuna, una piena e costante felicità, ma ben anco si volge ad una felicità troppo diversa da quella delle prime nozze che rallegrarono il mondo. Poichè affissa alla terra, si dà vanamente a credere che solo di cose terrene e visibili ella si componga. Errore deplorabile! I soli sensibili e terreni beni non rendettero felici nè pure i primi sposi. E come avrebbero essi soli potuto felicitarli, se, di natura sfuggevoli e fragili, non acquistavano permanenza e stabilità se non dalla loro innocenza? Questa era la guarentigia di quella vita contenta: questa la prima condizione, il primo elemento della felicità di que'coniugi: laonde smarrita l'innocenza, quest'invisibile bene dell'anima, tutta quella felicità terrena e visibile si dissipò come un lampo.

Di poi, è forse l'uomo solamente un essere sensitivo? E la maggiore, la più eccellente parte di lui non è l'intelligenza? E non è questa che forma in seno all'uomo quel cuore capace di sì svariati affetti, sì potenti e sublimi, i cui oggetti eccedono i confini del creato, frangono i limiti dello spazio e del tempo, e i cui slanci tendono all'eterno, all'immutabile, all'infinito e non riposano che in seno a Dio? Ah che di tutti i beni fatti per l'uomo, i minori sono quelli de'sensi esteriori! Che se egli accada che i godimenti sensibili rapiscano l'uomo tutto a sè, essi il degradano dalla sua dignità: la parte principale di lui, dove risiede la sua signoria e la sua stessa personalità, è divenuta schiava ignominiosa; l'armonia fra le umane potenze è perturbata; la lotta dell'anima è atroce, e la coscienza con interni supplizi dilacera il vergognoso colpevole. Potrebbe essere più felice quegli ne' cui affetti non è più ordine, nella cui mente non più serenità, nel cui animo non più pace?

Acciocchè i diletti vivissimi che offeriva in copia il sensibile universo ai primi sposi, inebriando i loro sensi, non dissolvessero la maravigliosa armonia di tutte le loro potenze, Iddio non pure avea dato loro una mente lucidissima e un cuore rettissimo, ma oltrecciò gli avea raggiunti a sè medesimo colla segreta comunicazione della sua grazia. Per la quale, quelle innocenti sue creature poste colla divina sostanza in immediato contatto, d'una parte poteano derivarne tutta quella virtù che lor bisognasse a conservare sui sensi l'altissima signoria della mente, dall'altra dissetarsi a quella vena di dolcezza che sgorga dalla percezione della divinità siccome da un mare d'ogni diletto. La quale intima nel più profondo dell'animo soprannaturale dilettazione si sta alla naturale come l'infinito al finito. Che diveniva adunque tutto il bene che racchiudeva l'universo, paragonato a quello che contenevasi in Dio da essi posseduto? Onde nella incominciata fruizione e nel possesso di Dio consisteva principalmente la felicità dei primi coniugi. Era Iddio quell'oggetto, a cui il loro cuore era ugualmente formato, e questo solo oggetto poteva appagarne il comune sospiro, nel tempo stesso che lo vinceva e lo superava: era perfetto il loro consenso, perfetta l'uniformità del loro volere, perchè aveva un solo termine, Iddio. Al soave gusto di un tanto bene imparavano gli avventurosi a non prezzare più tutti gli altri godimenti qualora fossero da quello scompagnati. Così l'assaggio di Dio temperava in essi ed ordinava santamente tutte le inferiori dilettazioni, le quali non poteano a loro più piacere, tostochè o per la qualità o per l'eccesso incominciassero a scemare quella suprema. Subordinate a questa, con questa intimamente mescolate, ne partecipavano la dignità e si rendevano non indegne dell'uomo: così vigeva fra quei coniugi innocenti ineffabile amicizia, perfetto amore, poichè il vincolo de'loro cuori era Iddio: Lui amavano più di sè stessi con affetto indiviso, siccome una sola persona. Natural bene è il matrimonio, appunto perchè egli è compiuta unione di quelle due forme in cui il Creatore divise l'umana natura, l'una delle quali è compimento reciprocamente dell'altra. Della quale unione è auspice amore; anzi l'unione stessa non è che amore. Ma quanto questo amore coniugale non s'aumenta e solleva ove sia santificato e consacrato dall'amor divino? Allora la sua fiammella diviene inestinguibile, che non si nutre più soltanto di corruttibile materia, ma d'incorruttibile e divina sostanza. Allora quell'oggetto, che è per sè stesso amabile ed infinitamente amabile, diventa il centro semplicissimo in cui s'unificano gli sposi in perpetuo; chè l'unione con Dio è troppo più intima di quella che possano aver tra di sè, e quella diviene forma ed ultimo atto di questa. E in quest'atto ultimo dell'amor coniugale che si consuma nel divino, il felice imeneo de'primi coniugi si acquietava sì dolcemente che quelli, paghi di mescolare in uno le loro anime e i purissimi loro affetti, non curarono, finchè rimasero degni d'abitare nel terren paradiso, di congiungere i loro corpi, e conservarono la verginità nelle nozze. L'unione della porzione men nobile dovea considerarsi da essi siccome cosa accessoria e quasi da nulla verso a quella nobilissima felicità che ritrovavano nell'amarsi spiritualmente coll'anime unite nel sommo bene. Oh veramente beate nozze! Tale è l'ideale più sublime di due coniugi felici! Il perchè quanto non è egli offeso l'intendimento di coloro, che ora in questo misero mondo nel matrimonio di due giovani prosperi, facoltosi, onorati, altro non ravvisano di bene che la terrena fortuna e la sensibile dilettazione?

Che immensa mutazione negli umani sentimenti! Quanto diversamente giudica della felicità coniugale l'umanità colpevole, da quello che giudicava l'umanità innocente! Dall'istante in cui gli sconsigliati nostri progenitori cedettero liberamente alla seduzione, tutta si disordinò e si contraffece la natura, e fra la ricchezza dei suoi doni, che per divina pietà non cessò interamente, si mescolò la sterilità, la sciagura, il dolore e la morte. Eppure le poche delizie che ancor rimasero alla terra, cosperse di lacrime e spruzzate di sangue, divennero da quell'ora più seducenti sull'impotente e contaminato cuore de'figliuoli che partorì la peccatrice col suo dolore. L'uomo d'allora in poi non provò più quel diletto, d'un'indole tutta propria, tanto superiore a ogni diletto di natura, che traeva da Dio graziosamente presente e sensibile all'anima sua, e al paragone del quale conosceva sì vivamente il nulla degli altri beni. La volontà di lui, che da quello venia tratta e sostenuta in alto, decadde al basso; l'intelligenza anch'essa rimase quasi chiusa e legata nelle cose sensibili a cui s'era data la volontà: così i sensi insuperbiti poterono più della ragione spoglia della grazia divina, e l'angelo delle tenebre, primo autore di tanto male, divenne il re della terra. Invano i savî del secolo, figliuoli di lui che mangiò dell'albero della scienza, chiudono la loro mente già offuscata anche al lume della fede, e sorridono, o sdegnano a sentir nominare il demonio; ma la parola di verità lo ha rivelato, il demonio pel peccato entrò nell'uomo, acquistò la signoria del mondo: la donna gli partorisce schiavi; ed egli attenta al calcagno di lei, cioè alla parte più bassa che presiede alla generazione; perocchè se egli disordinò le altre potenze, non pure disordinò, ma infece e avvelenò la fonte dell'uman genere (1). Quindi il sentimento del pudore, che subito dopo il peccato accusò in Adamo ed Eva il disordine de' loro corpi ribelli ed insultanti alla ragione, la quale arrossisce di sua obbrobriosa servitù.

La felicità dunque de' primi sposi, a cui la sapienza divina avea ordinato che tutte cose servissero, fu colla disubbidienza a Dio dissipata, e l'armonia del mondo disfatta, e i beni che vi rimasero, e di cui i mortali non godono più che per un mero accidente, spogli di loro nobiltà, perchè disgiunti dai soprannaturali e divini, e le nozze private dell'antico decoro, e lo stesso coniugale uffizio non più esercitato senza disordine, e solo a prezzo di disordine e di vergogna

(1) S. Thom. *In Summa* I, II, *q.* LXXX *a.* 4.

conservata da quell'ora l'umana specie. Quale adunque di tutti i beni naturali e terreni, che rimasero nel matrimonio dopo, il peccato, può essere sicuro fondamento di vera gioia, se si astrae da Gesù Cristo e dalla ristaurazione ch'Egli ne fece? Forse la copia delle dovizie o il sensibile diletto? Ma la certa morte, di cui è l'ora incerta, toglie affatto anche questo rimasuglio dell'antica letizia, e dissolve fino il nodo nuziale; onde acutamente S. Agostino il chiama « bene di mortali » (1). Forse la prole? Ma ella è incerta; e poi nasce rea e serva al demonio. e già a morte dannata. Forse la coniugal fede? Ma qual'è ella anche questa senza Gesù Cristo? Si aprano gli annali dell'umanità prima della venuta di lui, o piuttosto si chiudano per non rimanerne contaminati al puzzo e inorriditi all'abominazione.

Sì, a Gesù Cristo, alla sola carità di Gesù Cristo convien ricorrere se si voglia trovare nel mondo, nella società, nella famiglia, nelle nozze qualche cosa di consolante. Perocchè Iddio non abbandonò l'opera sua. Sia lode perenne alla suprema ed essenziale bontà dell'altissimo Creatore, senza permissione della quale niuna creatura può fare il male! Sia lode a lei che non permette che la creatura lo faccia se non per

---

(1) *Mortali hominum naturae datum.* De bono Coniug. C. XX (24).

cavarne un maggior suo bene! Sia lode a Cristo che da tutti i mali cagionati dal maligno, redense il mondo! Il Verbo si fece carne, e nella nostra umanità lottò col principe di questo secolo che difendeva l'atrio della sua casa: più forte di lui, lo vinse, e il va tuttavia dispogliando di tutte sue armi, in cui egli si confidava, e distribuendo le sue spoglie sino alla fine del mondo (1). Se Adamo era unito con Dio dell'unione della grazia, l'umanità nell'Adamo novello fu unita con Dio dell'unione ipostatica: se il primo sposo dormiente della sua carne e delle sue ossa somministrò la materia onde gli si formasse la sposa; Gesù non dormiente, ma morto per eccesso d'amore generò a sè la sua sposa, coll'effusione di tutto il suo sangue traendola bella e senza macchia nè ruga dal suo fianco aperto, e sgorgante acqua e sangue, ultime stille, preziosi testimoni ad un tempo di sua morte, e simboli de' suoi sacramenti.

Vedete, o Sposi cristiani, che cosa costò a Gesù Cristo la vostra felicità! Gli costò tutto il suo sangue; ne'vostri tripudii rammentate la sua passione, e trasmodate se vi dà il cuore.

Così il divino Ristauratore di tutte le cose richiamò il matrimonio alla sua primitiva istituzione, gli restituì i beni ch'egli aveva perduti, glieli aumentò. Questi beni erano tre: la

(1) Luc. XI, 22.

soprannaturale unione degli sposi in Dio, la coniugal fede, la prole.

Rispetto a quest'ultima, la benedizione che Cristo dà alle nozze col ministero della sua Chiesa le rende fèconde, ed è comprovato come le nazioni cattoliche sieno comparativamente più prolifiche delle non cattoliche, e come la purità de'costumi, effetto della sola grazia di lui, rende più fertili e più robuste le stirpi. E dove in famiglie fedeli a Cristo manchi la prole, non è senz'altro fine d'amorosa provvidenza: e d'altri beni e migliori Cristo le compensa. E la prole nata alla luce è mondata da ogni sua macchia nel lavacro del Salvatore, simboleggiato appunto nella linfa che divisa dal cruore gli uscì del costato: così ella è tolta alle mani del suo potente nemico, rivestita della candida stola dell'innocenza, incorporata a Cristo, adottata figlia di Dio, erede del regno, consorte della divina natura.

Una interna, soprannaturale virtù, che Gesù Cristo aggiunge all'anime degli sposi, dà loro il potere di conservare altresì la coniugal fede, ed il toro immacolato: il così Sacramento è instituito in rimedio del peccato e in freno e medicina della concupiscenza. Solo Gesù Cristo è quel legislatore che nell'umanità decaduta potè rimettere in vigore la legge primitiva delle nozze: restituire al matrimonio la sua perfezione, la quale consiste nell'essere fra uno ed una. Sotto la legge di natura l'umanità l'ebbe presto dimentica, la pluralità delle mogli non parve ignominia. Mosè non potè mettervi sufficiente riparo : concesse il divorzio per la durezza dei cuori. Ma Cristo rammollì e rigenerò i duri cuori secondo la profezia : « Io torrò da loro il cuore di pietra e darò loro un cuore di carne » (1); così i redenti ricuperarono quella forma di matrimonio ch'era stata propria dei primi uomini innocenti. Perocchè se il matrimonio dovea essere, secondo il concetto della divina istituzione, la massima perfetta indivisa unione dell'uomo con la donna (2), come poteva ella esser massima e perfetta, qualora non si contraesse fra due unici, l'uno de'quali reciprocamente fosse tutto dell'altro ? l'uomo avesse il possesso esclusivo della sua compagna, e la donna il possesso esclusivo del suo compagno ? Ma si astragga colla mente dalla potenza spirituale di Cristo, dalla sua grazia che soggioga al dover morale il forte egualmente ed il debole, quale sarà la condizione della donna rispetto all'uomo ? Quella misera ed infelicissima, che ci dimostrano le storie di tutte le età innanzi alla venuta del Redentore, le storie di tutti i popoli che ancora al presente vivono in sulla terra fuori della Chiesa. Oh Dio quanto

(1) Ezech. XI, 19.
(2) *Coniunctio viri ad mulierem per matrimonium est maxima, cum sit et animarum et corporum.* S. Tom. Sum. Suppl. XLIV, II ad 3.

nocque a sè medesima colei che imprudente e prosuntuosa entrò in discorso coll'astuto serpente ! Quanto nocque alle sue povere figlie ! Oh spose cristiane, che possedete sicure tutto il cuore de' vostri sposi, a chi dovete la vostra felicità ? Istruitevi, confrontate la condizion vostra con quella di altre che non ebbero la grazia, siccome voi, di nascere in seno alla cattolica Chiesa, e imparerete che di quel bene che vi è sì caro, a Gesù Cristo andate interamente debitrici : da Lui dovete riconoscerlo : in Lui e per Lui goderlo. Gesù proclamò uguali nel conjugal diritto l'uomo forte e la debole donna. Egli temperò con una interiore soave virtù ed ammansì la fortezza dell'uomo: ne diede alla donna redenta dall'abiezione, ed aggiunse un cotal nuovo incanto spirituale e celeste alle pure sue grazie : la donna per Lui divenne un nuovo essere che impone rispetto, lucente quasi stella della domestica società. Così fu tolto tutto ciò che v'avea di duro, d'insopportabilmente duro, nel gastigo intimato alla peccatrice, alla rea: « Tu sarai sotto la potestà dell'uomo, ed egli dominerà su di te » (1). Oh potestà dolce, quella del marito cristiano sulla sua compagna amabile specchio di virtù ! Oh dominio prezioso, di cui la cristiana moglie s'onora, esercitato dall'amore, tutela dell'innocenza, guida

(1) Gen. III, 16.

dell'incauta semplicità , conforto della debolezza , ordine e decoro di tutta la famiglia ! E la Chiesa di Cristo che, giusta il comando e l'esempio del suo Fondatore, piglia sotto l'ali di sua protezione tutti i deboli, non allo sposo, ma alla sposa si volge principalmente il dì delle nozze, e solennemente la benedice e pronunzia su di lei molte preghiere, acciocchè più forte per la benedizione e per le preghiere, ella sia benedizione allo stesso marito ed alla casa di lui.

Se dunque la prole sperata ed ottenuta è giusta materia di giubbilo, si deve a Gesù Cristo; se la fede reciproca, che sommette alla ragione il talento ed innalza a moral dignità l'unione materiale abbellendola di conjugal pudicizia ed è gran parte della pace delle famiglie, non fu potuta compiutamente praticare prima di Cristo, anche questo bene devesi a Cristo, devesi particolarmente al sacrosanto suggello di cui Egli segnò le nozze de'suoi fedeli rendendo il loro matrimonio un sacramento, e un sacramento grande in Cristo e nella Chiesa. In virtù del qual sacramento si ha l'unione degli sposi in Dio, che, come dicevamo, era il maggior bene del primo matrimonio che annodò Adamo ed Eva innocenti, e l'ampio fonte di tutti gli altri beni. E così pure nella ristaurazione cristiana del matrimonio, l'unione degli sposi in Dio è la sorgente e la causa, per dirlo

nuovamente, degli altri due beni summen-
tovati.

Giova attentameute considerare l'economia
della divina sapienza e bontà nella santificazione
degli uomini per Gesù Cristo. La radice feconda
di questa santificazione è nel battesimo. Per
questo sacro rito il Verbo divino si congiunge
immediatamente e sostanzialmente coll'anima
umana, il battezzato è unito a Cristo come un
tralcio alla vite, un membro al capo, una pietra dell'edifizio alle fondamenta. Quindi egli par-
tecipa delle prerogative di Cristo, e particolarmente della sua potestà sacerdotale che lo
rende atto a far di quegli atti di culto soprannaturale, coi quali la creatura, comunicando
veracemente col Creatore, l'onora; e questo
carattere sacerdotale nell'anima del battezzato
è indelebile. Di che nasce per amorosa istituzione di Cristo, che allorquando due fedeli di
vario sesso intendono perpetuamente unirsi di
quella unione perfetta e compiuta che è il matrimonio, si uniscano non solo in ciò che hanno
di naturale, ma ben anco in ciò che hanno di
soprannaturale, succedendo così la comunicazione dello indelebile carattere delle anime loro.
E quindi il culto cristiano della famiglia: poichè
non solo ciascuno dei due individui pel carattere sacerdotale ricevuto nel battesimo, e nella
cresima confermato, ha potestà di far atti di culto
cristiano a Dio grati; ma quei due divenuti un

solo pel matrimonio possono di più prestare congiuntamente un solo culto a Dio; il quale conviene principalmente che sia prestato dall'uomo, siccome capo, insieme colla sua sposa, siccome corpo di lui.

È dunque il matrimonio dei cristiani una unione soprannaturale, per la quale viene costituito un solo sacerdozio domestico. Di che non dee far più maraviglia, se ministri del sacramento sieno gli stessi contraenti, dappoichè si sa che pel carattere indelebile nelle loro anime impresso, essi partecipano del mistico sacerdozio di Cristo, pel quale l'atto di loro unione diviene anch'esso un atto di culto.

E, presupposta l'istituzione di Cristo, diviene ancora un sacramento. Perocchè il consenso in tale unione rappresenta vivamente l'unione di Cristo coi fedeli che formano la sua Chiesa, ed altresì la produce o per dir meglio la perfeziona negli sposi. E veramente in che consiste l'unione di Cristo cogli uomini se non in comunicare ad essi sè medesimo, da una parte la sua divina natura, dall'altra le sue sacratissime carni? Dalle quali esce la virtù dell'acqua battesimale e degli altri sacramenti. Esse poi si uniscono nel modo più intimo e stupendo alle carni dei fedeli nell'Eucaristia. Così dello sposo e della sposa si fa una carne, e di ciò che vi ha di divino nello sposo e nella sposa si fa un sacerdozio. Non è un sacerdozio

nuovo, onde il sacramento del matrimonio non
imprime carattere indelebile, ma è l'unione di
due sacerdozi in uno che dura solo quanto
dura l'unione, cioè quanto la vita dei coniugi (1).

La partecipazione poi del sacerdozio di
Cristo pel carattere indelebile è perenne fonte
di grazia, dove la libera volontà non ponga
ostacolo di peccato; e però anche il sacerdozio,
che mescolano insieme i conjugi e l'unione dei
caratteri impressi nelle loro anime (nella quale
unione consiste l'elemento soprannaturale del
matrimonio) è loro fonte di tal grazia che in
comune posseggono; la quale perfezionando il
loro amore, confermando l'indissolubilità del
loro congiungimento, dando loro virtù di usare
convenientemente e santamente del conjugale
diritto, e di soddisfare a tutti i doveri annessi
allo stato, in una sola santità gli accoglie e

(1) S. Tomm. d'Aquino scrive: « Siccome l'acqua del
« battesimo unitamente alla forma delle parole non opera
« immediatamente a produrre la grazia, ma a produrre
« il carattere; così gli atti esterni e le parole che espri-
« mono il consenso direttamente producono un certo
« nesso, che è il sacramento del matrimonio; e questo
« nesso, in virtù della divina istituzione opera dispositi-
« vamente alla grazia ». *Sum. Suppl.* XLII; III, ad 2. Il
medesimo dottore dà poi una ragione diversa dalla recata
da noi del perchè il matrimonio non imprima carattere
indelebile. *Suppl.* XLIX, III, ad 5.

contiene (1). E con questa grazia speciale gli sposi si uniscono viepiù a Gesù Cristo; e però in sè stessi perfezionano le nozze di Cristo colla sua Chiesa. Le quali nozze, come vedemmo, incominciano, nel battesimo, coll'unione del carattere, e si compiono coll'unione della grazia. Laonde quantunque le nozze di Cristo colla sua Chiesa non si contengano pienamente nel sacramento del matrimonio, perchè esso non congiunge tutti i fedeli a Cristo, ma due soli, e non dà loro la prima unione, chè l'ebbero già dal battesimo, ma un aumento dell'union della grazia (e in quanto non vi si contengono sono soltanto significate, non effettuate); tuttavia si può dire che parzialmente anche nel sacramento del matrimonio si contengano le nozze di Cristo rispetto a' due sposi, la cui unione in Cristo è dal sacramento non pure significata, ma colla sacramental grazia ancora svolta, e, per così dire, esercitata. Il consenso adunque espresso colle parole o con altri segni, il quale produce il nodo indissolubile, significa quell'unione di Cristo e della Chiesa ad un tempo, e ne applica la virtù agli uffizi ed alla vita dei co-

(1) Il sacrosanto Concilio di Trento dichiara la grazia del sacramento del matrimonio con queste parole: « Lo « stesso Cristo, istitutore ed operatore de'venerabili sacra- « menti, colla sua passione ci meritò la grazia, che perfe- « ziona quel naturale amore, e conferma l'indossolubile « unità, e santifica i conjugi ». Sess. XXIV De Matrim.

njugi. E del pari per consentimento di volontà avviene nella fede e nel battesimo e negli altri sacramenti lo sposalizio di Cristo e della Chiesa. Poichè Cristo liberamente elegge e incorpora a sè gli uomini, e coi vezzi, per così dire, della sua grazia, muove soavemente le loro volontà, quasi di desiderata donzella, a consentire nella unione con essolui, la quale unione Egli bramò cotanto che non reputò a sè grave il sostenere la morte per ottenerla.

Siccome adunque Iddio fu l'autore del matrimonio fra gli uomini innocenti, così Gesù Cristo n'è autore fra gli uomini redenti, ai quali egli il rese sacramento. E a porre questo sacramento in effetto, Egli, operatore principale, adopera gli stessi fedeli contraenti quasi istrumenti nelle sue mani. Non dimentichino gli sposi cotanta dignità di ministri del sacramento che essi affettuano in sè medesimi, di cui le loro proprie persone sono la materia, le loro parole, esprimenti il consenso, la forma: non dimentichino che tanto possono quali membra di Gesù Cristo, a cui furono incorporati nel battesimo: la virtù del loro atto discende dal loro capo, nè discenderebbe s'essi non fossero del suo corpo, cioè della Chiesa: la Chiesa vi concorre colla sua fede e colla sua autorità sancendo il loro atto, e dichiarandone la divina origine: « Io vi congiungo, ella dice, in matri- « monio nel nome del Padre, del Figliuolo, e

« dello Spirito Santo »; parole vólte a rammentare che è Iddio quello che veramente unisce gli sposi mediante il loro consenso, accettato a nome di Dio dalla Chiesa, senza la quale il matrimonio cristiano non sarebbe, a tal che in potere di lei è il renderlo irrito e nullo con apporvi qualche impedimento. La potestà dunque dei contraenti va condizionata all'autorità della Chiesa. E però prima a Dio ed a Cristo, e poi alla santa loro madre la Chiesa debbono gli sposi cristiani il beneficio di loro nozze e la loro non profana felicità. Alla Chiesa dunque debbono serbarsi grati, e generare ed educare a lei dei figliuoli che la consolino.

Ma qui, posciachè la santità del matrimonio cristiano si dee ripetere radicalmente dal carattere indelebile e dalla grazia battesimale, come la santità del matrimonio dei primi parenti si ripeteva dalla grazia in cui erano stati costituiti, giova paragonare alquanto le due grazie per conoscere la differenza della santità dell'uno e dell'altro matrimonio. L'antico Adamo possedeva la grazia di Dio; ma il nuovo Adamo Gesù Cristo è Dio stesso: nella sua umanità risiedono tutti i tesori della sapienza e della scienza nascosti (1), vi riposò su lo Spirito Santo nella sua pienezza che da Cristo procede. Onde i redenti incorporati a Cristo e for-

_____

(1) Coloss. II, 3.

manti con essolui un corpo ed uno spirito, possedono d'Iddio assai più che non gli uomini innocenti. Da questa parte adunque il matrimonio cristiano si vantaggia sopra quello stesso che nel paradiso terrestre fu istituito.

Ma Cristo comunica sè stesso all'uomo guasto e disordinato dall'originale nequizia; onde effetto immediato di questa comunicazione nella presente vita è la sola rigenerazione dell'anima: la carne rimane tuttavia disordinata anche dopo il battesimo, acciocchè si adempia la pena di morte pronunziata dal Creatore; subìta la qual pena verrà rigenerata altresì la carne, la cui risurrezione gloriosa compirà la vittoria di Cristo e il benefizio di sua passione e morte. Così avviene che anche il cristiano porti congiunto alla sua anima, in Cristo divinizzata, una carne inferma ed ignominiosa che nulla giova, un corpo di morte. Quindi « la tribolazione della carne » che annunzia l'Apostolo ai conjugati (1). Alla quale si aggiungano le moleste cure, le penose sollecitudini della vita, i pesi dei difetti reciproci dell'uno e dell'altro consorte, quelli della società degli altri uomini, i provvedimenti temporali pel buono stato della casa e della figliuolanza, e se ne avrà un non lieve fardello imposto ai maritati di delicati e difficili doveri, di tentazioni pericolose, di distrazioni

(1) I, Cor. VII, 28.

debilitanti lo spirito. Le quali cose fanno sì
che quantunque lo stato matrimoniale abbia
ricevuto da Cristo una sublime eccellenza quale
non l'ebbe giammai, tuttavia troppo più alto
ancora, più glorioso e più beato si preconizzi
dalla Chiesa lo stato della santa verginità (1).
Perocchè se il matrimonio cristiano è un bene
degli uomini, la verginità levando l'uomo al
disopra di sè, lo reca alla condizione degli angeli e ad una migliore altresì; chè quello che
l'angelo ha per natura, il vergine l'ha per
proprio valore e virtù. Il che dimostra l'eccellenza altissima della redenzione e della ristaurazione dell'umanità operata da Cristo; dove
non bastò che tergesse la sua macchia al matrimonio e ne facesse un sacramento ond'anco
riavesse i naturali suoi beni di tanto nobilitati;
ma sì aprì di più occasione felicissima a quello
stato eroico, in cui l'uomo vive di spirito e
calca col piede la carne, non istimandola pure
degna di sè. Il qual magnanimo atto non

---

(1) Conviene che gli sposi cristiani, affine di contenersi
in quel sentimento di umiltà che loro s'addice, tengano
presente all'animo l'infallibile decisione della santa Chiesa
cattolica sopra l'eccellenza dello stato verginale; la quale
dal sacrosanto Concilio Tridentino fu posta in questo canone: « Se alcuno dirà, che lo stato conjugale si debba
« anteporre allo stato della verginità o del celibato, e non
« esser cosa migliore e più beata rimanersi nella ver-
« ginità o nel celibato, che congiungersi in matrimonio, sia
« anatema » Sess. XXIV, *De Matrim.*, Can. X.

avrebbe avuto luogo nella prima istituzione del mondo, o certo non avrebbe toccato quella eccellenza che nella presente condizione lo rende tanto meritorio e glorioso. No, non dimentichino giammai gli sposi cristiani quanto bella, quanto preziosa corona sia quella della verginità; non si scordino che il loro Salvatore fu vergine, e che volle aver per Madre una Sposa vergine. Perocchè il ricordarsi di queste cose incredibilmente lor giova, sia a mantenerli nella umiltà loro convenevole riconoscendosi tanto al disotto di quelle anime elette che non vollero altro sposo o altra sposa che Dio medesimo; sia ad emular tanto esempio almeno colla purità dello spirito e colla santità delle intenzioni; sia finalmente ad esser giusti, conciossiacchè giustizia vuole che con diritto cuore si applauda a quei meriti e pregi che sono in altri e di cui noi andiamo privi.

Ed ecco, eccellentissimo Conte, le cose che mi è piaciuto ragionare con essovoi sul vero bene del matrimonio cristiano, certo di avervi meco consenziente. Quel bene ve l'aggiunse Cristo, per dirlo di nuovo, ed esso solo somministra una solida e sicura ragione alla letizia nuziale. Io so che voi godete di questo, vedendo la vostra prole benedetta da Dio con nozze felici. Avrei potuto aggiungere che gli sposi possedono nel sacramento un altro prezioso vantaggio: vi trovano dichiarati i loro doveri. E non si riscontrano tutti adempiuti, quasi in altissimo e divinissimo esemplare, in quegli uffici spirituali che Gesù Cristo esercita in verso la Chiesa, e in quelli che la Chiesa esercita in verso Gesù Cristo? Ma questo io già trattai ad altra occasione in altro ragionamento (1). Di che non mi resta che implorare la vostra benigna indulgenza sull'imperfezione del mio lavoro che, per tornare a ciò che dicevo a principio, mi fu dettato dal desiderio che fosse quasi perenne memoria posta alle nozze che sta per contrarre la vostra Eleonora e alle congratulazioni che io ne fo a voi e a tutta la casa vostra. Le quali non saranno vane, se, ciò che io scrissi, fosse per arrecare qualche utilità o qualche consolazione a coloro, per le cui nozze io lo scrissi.

Verona, nel Maggio 1847.

(1) Vedi il Discorso precedente, che si trova pure inserito nella Collezione intitolata *Predicazione, Discorsi, varii* di A. Rosmini-Serbati, Parte II, Disc. IX.

NELLE NOZZE

SOSTEGNO-CAVOUR

PAROLE

PRONUNZIATE DOPO IL RITO NUZIALE

E DEDICATE

AL MARCHESE GUSTAVO BENSO DI CAVOUR

PADRE DELLA SPOSA

DALL'AMICO ANTONIO ROSMINI

PRETE

[Queste nozze furono celebrate nel 1651]

La vostra unione, o Sposi, scritta nel cielo, ora si compiè sulla terra. Eccovi uniti, e uniti per sempre; uniti con uno spirituale contratto, con un vincolo sacro, che non solo vi congiunge tra voi, ma voi, divenuti una sola cosa, congiunge con Dio. E quale è la cagione di un nodo così gentile e così forte? Forse la libera vostra elezione? Forse il consenso dei genitori che ne andarono così lieti? Forse l'armonia secreta degli animi vostri? Forse quel casto affetto che precedette coi suoi voti le nozze, nelle quali ora esulta, e che le renderà felici ed invidiate per tutti gli anni e le vicende, benchè varie e imprevedibili, di vostra vita? Tutto ciò era poco: da più alta sorgente discende, o Sposo, quella misteriosa virtù che vi rende questa vostra amabile Compagna osso

delle vostre ossa e carne della vostra carne:
onde « lascerà l'uomo il padre e la madre, e
si manterrà aderente alla moglie sua » : quella
sorgente è Iddio medesimo. Colui che ha creato
l'uomo e la donna, ha istituito il matrimonio
nel giardino delle delizie: Colui che ha redento
l'uomo e la donna, ha ristorato e ribenedetto
il matrimonio in questa valle di lacrime; lo
ha di più innalzato alla dignità di uno dei
suoi Sacramenti. Laonde nell'atto, in cui da
questo medesimo altare io posso fare con esso
voi, o Sposi, le mie congratulazioni della nuova grazia celeste, che ad un tempo vi unisce
indissolubilmente e vi santifica; permettetemi
che io vi preghi a non obliare giammai l'Autore di questa vostra nuziale felicità, Gesù
Cristo. Eleggetelo anzi fino da questo momento
per l'Amico di casa vostra: questo è il ricordo
e il dono che vi offro. Un tale Amico di casa,
dopo avere unite le vostre destre, stringendole
per così dire nella sua, vi fornirà di più gli
aiuti, che vi abbisogneranno a sostenere i pesi
e a compiere le molteplici e gravissime obbligazioni annesse al coniugale consorzio: a Lui
rivolgendovi, ne riceverete e la fortezza nelle
avversità e la debita temperanza nelle prosperi-
rità, e nelle une e nelle altre l'immutabile
concordia della fedeltà e dell'amore: Egli sarà
il fondamento della nuova vostra casa e della
nuova stirpe, come è il fondamento della sua

Chiesa , di cui ogni cristiana famiglia dee essere una rappresentazione ed una imitazione : voi lo farete conoscere ed amarc ai figliuoli ed ai nipoti che Egli vi donerà : ed Egli , quest'Amico eternamente fedele , dopo avervi uniti e santificati in terra , vi coronerà nel cielo , dove , unanimi , con lunga schiera di discendenti , ne vedrete la gloria , come io spero e vi desidero.

SULLE LEGGI CIVILI

CHE RIGUARDANO

IL MATRIMONIO DE' CRISTIANI

L'Opuscolo seguente fu scritto per un Vescovo, che lo chiese al Rosmini, e lo pubblicò in un giornale, allorquando trattavasi di discutere in Parlamento una legge sul Matrimonio, nel 1851. Esso è dunque un lavoro d'occasione, e che riguarda la questione principalmente dal lato politico, e però va giudicato con quest'avvertenza. Chi per altro volesse vedere quanto sottilmente abbia il Rosmini investigata questa scabrosa materia del Matrimonio, e quanto altamente, secondo verità, ne pensasse, legga il trattato della Società Coniugale, che pubblicò nella *Filosofia del Diritto*, e attenda bene al *Ragionamento* che qui immediatamente precede, dove è descritta la essenza del Matrimonio Cristiano, e alla quale si appoggia il nerbo dell'argomentazione di quest'Opuscolo.

SULLE LEGGI CIVILI

CHE RIGUARDANO

IL MATRIMONIO DE'CRISTIANI

—

1. Legislatori cattolici, che s'accingono a formare una legge sul matrimonio e bramano procedere con quella serenità di mente e certezza d'intelligenza, senza la quale non si possono fare che leggi funeste al paese, e disonorevoli a chi le fa, devono prima di tutto studiare profondamente e risolvere coscienziosamente diverse quistioni, a cui dà luogo una sì grave ed importante materia. Noi riduciamo le principali alle seguenti, su ciascuna delle quali ci proponiamo di fare alcune osservazioni, quanto ce lo concederanno i limiti di un giornale.

1.° Qual'è la dottrina cattolica intorno al Matrimonio?

2.° Se, ed in quanto l'autorità del governo civile s'estenda a questo argomento?

3.° Qual'è la relazione delle leggi civili sul Matrimonio colla libertà religiosa ?

4.° Qual'è la relazione delle stesse leggi colla tolleranza civile ?

5.° Qual'è la relazione delle stesse leggi colla religione dello Stato ?

Le osservazioni nostre su queste quistioni si restringeranno a que'punti, che ci sembrerà necessario toccare per eccitare l'attenzione dei nostri uomini di Stato, e dei membri del Parlamento, sulle difficoltà principali dell'argomento; e ciò affinchè, se mai si volesse presentare alle Camere la legge promessa sul Matrimonio, non facciasi con quella leggerezza e con quella improntitudine, con cui si procedette riguardo alle leggi Siccardi, e così non si dia all'Italia un nuovo scandalo e all'Europa lo spettacolo di una discussione parlamentare superficiale, imperita, incoerente, piena di sofismi legali, e soprattutto di passioni cieche e di spiriti irreligiosi, come pur troppo fu giudicata quella da tutti gli uomini assennati e profondi.

PRIMA QUESTIONE.

Qual'è la dottrina della Chiesa Cattolica intorno al Matrimonio.

2. Egli è chiaro, che, volendosi fare delle leggi sul Matrimonio per una nazione cattolica,

conviene prima di tutto che si conosca che cosa contenga la cattolica fede su questo argomento. Ignorandolo, i legislatori potrebbero, senza pur volerlo, concepire e sancire delle leggi contrarie alla fede religiosa della nazione; nel qual caso l'una delle due; o la nazione dovrebbe abbandonare il cattolicismo, o si troverebbe in uno stato di lotta colle proprie leggi civili, che non potrebbe pur riguardare per leggi, benchè legalmente proclamate, ma per meri arbitri. Per sentimento infatti di tutti i più profondi filosofi e pubblicisti, non basta la *legalità* a formare delle leggi: la giustizia è una condizione essenziale ad esse: tutti ugualmente ne convengono: il solo dispotismo tenta di far credere il contrario. No, una legge evidentemente ingiusta non è legge, e quella, che contraria le vere credenze d'un popolo, è evidentemente ingiusta, anzi tirannica, e lo vedremo meglio a suo luogo. Non s'ingannino dunque i nostri legislatori, i nostri legalisti, ma considerino quali sieno gli elementi necessari a poter formare una vera legge. Sappiano e attentamente considerino, che a ciò non basta avere in mano la potenza: questa l'ebbero i tiranni; eppure le leggi ingiuste che sanno fare i tiranni, non sono leggi; non basta neppure avere l'autorità legislativa, anche questa l'ebbero molti tiranni, e ne abusarono a dar forme legali a' loro arbitri, che perciò non furono leggi se non di nome.

La legge non è la mera volontà dei legislatori umani : non si può mettere innanzi quel detto : *stat pro ratione voluntas*. Acciocchè dunque i legislatori facciano vere leggi, dotate d'autorità morale, non di sola forza fisica, essi devono avere la scienza, colla quale distinguano il giusto e l'ingiusto, e perchè è cosa ingiusta prescrivere ad una nazione quello che ripugna o contraddice alla sua vera credenza, perciò devono prima di tutto conoscere questa credenza; e nel caso nostro conoscere, come dicevamo, perfettamente la dottrina Cattolica intorno al Matrimonio.

Che se questo è necessario a tutti i legislatori, che devono formare leggi per un popolo che professa il cattolicismo, tanto più è poi conveniente e coerente pei nostri legislatori, i quali son essi stessi cattolici, o almeno per tali si dichiarano, e s'offendono di chi lo neghi o ne dubiti.

3. Ora, se egli è così conveniente e necessario, che chi deve proporre o votare le menzionate leggi sul Matrimonio, ben conosca la dottrina cattolica professata dal Piemonte, come si conosce poi questa, e dove s'impara ?

La dottrina cattolica non è che un fatto : si noti bene, ella è un fatto : i fatti non si possono supporre nè immaginare nè inventare a capriccio : chi vuol conoscerli, deve rilevarli e verificarli. E il dir questo è divenuto necessario; perchè corre un errore, contrario in pari tempo alla logica ed al buon senso, come dimostra la maniera, con cui, pur troppo, si odono sovente parlare di cose religiose tanti laici poco istruiti, e principalmente legali, che si possono dire i politici teologizzanti del nostro paese. Questi, certo, o per coscienza o per paura, vi fanno proteste e dichiarazioni di esser cattolici, anzi cattolicissimi. Ma preso questo impegno d'esser cattolici, come poi se la cavano, quando vogliono fare delle cose avverse al cattolicismo? Assai facilmente: vi fanno un cattolicismo a loro modo e a loro genio, e tutto ciò che voi opponete alle loro teorie legali irreligiose, vi dicono che non appartiene punto al vero cattolicismo, ma al vostro oscurantismo. Il cattolicismo essi lo trovano *a priori*, e dettano delle maravigliose sentenze teologiche di lor fantasia, nè si credono punto obbligati di cercare qual sia il fatto; chè non hanno nè pure la pazienza d'imparare la dottrina della santa Chiesa, in cui sono nati: è vero, verissimo che non sanno il catechismo; pure assordano il popolo, dandogli ad intendere colle grida che essi vogliono la religione vera di Cristo, non una contraria alla civiltà, come è la vostra. Tutte chiacchiere, che assai mal coprono l'ipocrisia di molti, i quali temono il popolo piemontese, perchè sanno che fin ora è cattolico. La superficialità e la presunzione è quasi generale nei laici, specialmente della classe mezzana, nell'animo dei quali le nuove forme costituzionali di governo hanno sollevate speranze senza misura, che li gonfiano, e si credono esser divenuti una gran cosa, aver acquistato una grande importanza, posseder già una specie d'onnipotenza, che li mette in caso anche di sputare sentenze, e di far prevalere alla stessa verità il proprio arbitrio, la propria vanità, il proprio interesse. Uno sguardo all'intorno, e basta a verificare se la cosa è arrivata a questo termine presso di noi. Ma l'uomo che ha qualche senno, e a cui la condizione politica del paese non ha fatto venire il capogirlo, intenderà di certo la verità che noi dicevamo, cioè che quando si parla di cattolicismo si parla d'un fatto, da prendersi tal qual è, d'un fatto che non si può cangiare nè modificare: la dottrina della Chiesa cattolica è una: e però si può rigettare, ma non farne due: non ci sono due cattolicismi, è vano lo sperarlo: non c'è un cattolicismo formato da'legali e da'politici, ed un altro fondato da Gesù Cristo e dalla Chiesa custodito come un sacro deposito; ma quest'ultimo solo è cattolicismo, checchè si dica o si faccia onde persuadere il mondo del contrario. L'uomo dunque e il politico di buona fede, colui, che non vuole ingannare nè mentire, colui, in cui non dominano le più basse passioni, cercherà prima di tutto di conoscere quale sia la dottrina che veramente insegna la Chiesa, voglia egli esser cattolico o no, e, dopo averla accuratamente rilevata, dirà: questa e non altra è la dottrina cattolica. Così vuole la rettitudine e l'onestà.

4. Quindi procede che, per conoscere che cosa tenga o insegni la Chiesa cattolica circa il matrimonio, non si dee andarlo a cercare nei libri dei legali o nelle massime dei Parlamenti francesi, dalla Chiesa riprovate, e ripiantate tuttavia da lungo tempo in Piemonte; nè si dee cercarlo negli usi, nelle pratiche, negli artifizi, nei pregiudizi, nella tattica di combattere l'influenza romana, o dei nostri senati o dei gabinetti d'Europa, dal tempo in cui vi si organizzò il dispotismo che li corruppe; nè tampoco nei libri di Fra Paolo, o del Giannone, o del Febronio, nè nelle così dette libertà della Chiesa gallicana; che tutti questi fonti non sono la Chiesa cattolica, nè vi si può trovare il fatto che si cerca della sua dottrina. Si deve dunque dimenticare tutto ciò, si devono lasciar da parte queste sorgenti torbide e marciose, e, procedendo di buona fede, si deve interrogar la stessa Chiesa, e verificare con iscrupolosa esattezza ciò che ella tiene ora ed ha sempre tenuto.

5. Or bene, che cosa tiene la Chiesa cattolica intorno al Matrimonio?

Per quello che riguarda il nostro intento è indubitato, che ella tiene ed ha sempre tenute queste due verità, s'ascoltino attentamente:

1.° Non si dà altro Matrimonio pei Cristiani che quello che è sacramento: quello che non è sacramento, non è Matrimonio, ma concubinato;

2.° Non si dà sacramento senza che intervenga il consenso e l'autorità della Chiesa.

Si può schiamazzare, si può mentire, si può anche bestemmiare: ma rimane sempre vero, e non si può distruggere questo fatto, che la Chiesa cattolica professa questi due dommi: non v'ha altro vero Matrimonio fra Cristiani che quello che è ad un tempo sacramento: e per essere sacramento, e quindi anche vero Matrimonio, deve intervenire l'autorità e l'assenso della Chiesa.

6. Che cosa sono i sacramenti? — Tutti i Cattolici credono fermamente che i sacramenti sieno mezzi istituiti dal Salvatore del mondo per comunicare la sua grazia e santificare gli uomini. — Ma quali sono questi mezzi, ai quali Gesù Cristo unì la sua grazia, per modo che ogni uomo, che voglia farne un legittimo uso possa acquistarla? — Sono dei mezzi non muti ma che parlano all'uomo. Essendo l'uomo un essere ragionevole, Gesù Cristo nella scelta dei mezzi, a cui unire la sua grazia, preferì quelli che significassero qualche cosa all'intendimento umano; scelse dei *segni*, che, quasi altrettante parole intelligibili alle genti di qualunque linguaggio, istruissero ad un tempo e santificassero. I sacramenti dunque sono dei *segni*, a

cui Gesù Cristo colla sua onnipotenza aggiunse la grazia, di cui l'uomo abbisogna per salvarsi e santificarsi, che Egli stesso gli ebbe meritata e questi segni significano appunto all'intelligenza umana la grazia che conferiscono.

7. Ora nel sacramento del Matrimonio, qual è il segno a cui Cristo aggiunse la grazia?

Questo segno nel Matrimonio è la stessa unione naturale e perpetua dell'uomo colla donna quale fu istituita a principio e benedetta da Dio medesimo. Non si contentò Iddio di formare i corpi degli uomini atti alla propagazione della specie, non li abbandonò alla natura; ma avendoli costituiti in una condizione superiore alla natura stessa mediante il dono della sua grazia, volle che l'unione dei sessi fosse più che naturale, volle che si autorizzasse e si suggellasse con un atto positivo suo proprio; Egli stesso li congiunse uno ed una con vincolo indissolubile. Il contratto nunziale dunque (chè trattandosi di un'unione perpetua d'esseri intelligenti, essa devea aver per base un contratto, almeno implicito) fu stretto non dal mero arbitrio degli uomini, ma coll'intervento e colla autorità di Dio medesimo; fu « un contratto « naturale istituito e confermato dal diritto « divino antecedentemente ad ogni civile socie- « tà », per usare le parole del Sommo Pontefice Pio VI al Vescovo di Agria nel Breve dell' 11 luglio 1789.

Questa congiunzione dunque dell'uomo colla donna, sacra fin da principio, era un bellissimo segno od espressione della congiunzione spirituale ed intima di Dio coll'uomo, di Cristo colla Chiesa, e però fu scelto da Cristo un tal segno fra quelli, a cui volle congiungere la sua grazia, e così ne formò un sacramento della sua nuova legge.

8. Questi segni resi efficaci dall'onnipotenza di Cristo a produrre la grazia negli uomini che ne fanno un uso legittimo (il che dipende dalla loro libera volontà), hanno un cert'ordine fra loro: il primo di essi è il Battesimo, e gli altri sacramenti diventano efficaci per questo primo, che convenientemente si dice la porta degli altri. Perocchè il Battesimo conferisce a coloro che lo ricevono un interno e mistico sacerdozio, incorporandoli a Cristo che è il gran sacerdote; il quale interno e mistico sacerdozio dicesi *carattere* indelebile. Laonde insegna Innocenzo III, « che quantunque esista un vero « matrimonio tra gli infedeli, non è tuttavia « rato (che è quanto dire dalla Chiesa confer- « mato): ma tra i fedeli esiste un matrimonio « vero e rato, perchè il sacramento della Fede « (cioè il Battesimo), una volta ricevuto, non « si perde mai (pel carattere indelebile), e rende « rato il sacramento del Matrimonio » (1).

(1) Cap. *Quanto.* 7 *De Divort.*

Tutti quelli dunque che sono battezzati e così incorporati a Cristo, quando fanno uso legittimo degli altri mezzi istituiti da Cristo come canali della sua grazia, derivano dal loro capo, a cui sono congiunti, le grazie affisse stabilmente agli stessi mezzi e segni da Cristo medesimo.

9. Ed essendo uno di questi segni efficaci a produrre la grazia, quell'unione dell'uomo colla donna, che fu istituita con un atto positivo di Dio a principio del genere umano, questa unione è divenuta per tutti i battezzati un sacramento della nuova legge, e da un tale contratto esce la grazia santificante, come sogliono dire i teologi, *ex opere operato*; ond'è per sè stesso sacramento (1). Di che l'istruzione agli Armeni di Eugenio IV, parlando del sacramento del Matrimonio, ripone la sua *causa efficiente* nel mutuo consenso (2).

10. Da questo consegue quello che scrisse e dichiarò Pio VI nel Breve del 16 settem-

---

(1) Chi brama conoscere più addentro come lo stesso contratto matrimoniale conferisca la grazia santificante *ex opere operato*, vegga l'eccellente opera: *De Matrimonio et potestate ipsum dirimendi Ecclesiae soli exclusive propria*, di G. P. Martin. Lione e Parigi 1844, part. I, §. IX.

(2) *Septimum est Sacramentum Matrimonii. — Causa efficiens matrimonii regulariter est mutuus consensus per verba de praesenti expressus.*

bre 1788 al Vescovo di Motola nel regno di Napoli.

« È DOGMA DI FEDE che il Matrimonio, che
« prima di Cristo non era altro se non un certo
« contratto indissolubile, dopo la venuta di
« Cristo è divenuto uno dei sette sacramenti
« della legge evangelica da Cristo Signore isti-
« tuito ». DOGMA FIDEI EST, *ut matrimonium
quod ante adventum Christi nihil aliud erat
nisi indissolubilis quidam contractus, illud post
Christi adventum evaserit unum ex septem legis
evangelicae sacramentis, a Christo Domino institutum.*

Questa stessa dottrina inculcarono i Pontefici successivi, Pio VIII (1) e Gregorio XVI (2).

___

(1) Nell'Enciclica *Tradidit humilitati* del 24 mag. 1829
il Sommo Pontefice Pio VIII insegna egualmente, che
quella congiunzion maritale, che prima di Cristo era da
Dio istituita alla propagazione del genere umano, quella
stessa, dopo Cristo, è sacramento, con queste parole. *Quae
enim maritalis coniunctio antea non alio spectabat, quam
ut stirpem ex se gigneret in aevumque proferret, ea nunc
a Christo Domino Sacramenti dignitate aucta et coelestibus
ditata muneribus, gratia perficiente naturam, non tam pro-
creare ex se sobolem gaudet, quam educare illam Deo, et
divinae religioni, atque ita veri Numinis cultores propagari
admittitur. Constat enim Matrimonii hac coniunctione, cuius
Deus auctor est, perpetuam ac summam Christi Domini
cum Ecclesia coniunctionem significari, et arctissimam hanc
viri uxorisque societatem Sacramentum esse, idest, sa-
crum signum immortalis amoris Christi erga suam sponsam.*

(2) Vedi l'Enciclica *Mirari vos* del 15 agosto 1832.

Quello stesso contratto dunque, quella stessa unione morale e reale che fu istituita positivamente da Dio come indissolubile avanti la fondazione delle società civili ; dopo la venuta ed istituzione di Cristo, ella stessa è divenuta un sacramento per tutti quelli che sono battezzati. Non vi ha dunque per questi un matrimonio che non sia sacramento : questa è la dottrina della Chiesa cattolica : questo è un dogma di quella Fede, che hanno la felicità di professare e che per tanti secoli conservarono intemerata i popoli subalpini.

11. Quindi il sacrosanto Concilio di Trento non distinse già due matrimoni, ma dichiarò semplicemente ed assolutamente, che il Matrimonio de' Cristiani è sacramento : « Se alcuno « dirà che il Matrimonio non sia veramente e « propriamente uno dei sette sacramenti della « legge evangelica, istituito da Cristo Signore, « ma un trovato dagli uomini nella Chiesa, nè « conferire la grazia : sia anatema ». *Si quis dixerit, matrimonium non esse vere et proprie unum ex septem legis evangelicae sacramentis, a Christo Domino institutum, sed ab hominibus in Ecclesia inventum, neque gratiam conferre: anathema sit* (1).

Quindi « nella legge evangelica il Matri-« monio è più eccellente degli antichi connubi

(1) Sess. XXIV, *De Sacr. Matrim*, Can. I.

« per la grazia che ha da Cristo », secondo le parole dello stesso Tridentino (1).

12. Che questa sia la vera dottrina dogmatica della Chiesa, si può dimostrare anche da un argomento tratto dal contrario.

Si cerchi nella Storia onde nacque l'opinione che fra i battezzati ci avessero due sorte di matrimoni, l'uno cioè che fosse sacramento, e l'altro che non fosse. Quale origine ebbe questa strana distinzione? Chi la produsse? È anche questa una cosa indubitabile e di fatto : L'ERESIA.

13. E in che modo l'eresia produsse una distinzione così nuova ?

In quell'unico modo che potea produrla, cioè col negare i sacramenti. È cosa notoria che gli eretici del Settentrione negarono cinque fra i sacramenti della Chiesa, e fra questi il Matrimonio. Cessando dunque l'unione perpetua dell'uomo e della donna d'essere sacramento nella opinione di tali eretici, non rimaneva più necessariamente per essi che un matrimonio naturale e civile. Ma la Chiesa cattolica non perdeva per questo nè cangiava la sua dottrina, che non è peritura nè mutabile. Quindi due dottrine opposte in Europa intorno al Matrimonio : la dottrina della Chiesa di Gesù Cristo, che dichiarava sacramento il Matrimonio dei

(1) Sess. XXIV, *Doctr. de Sacr. Matrim.*

Cristiani : e la dottrina dell' eresia, che dichiarava il Matrimonio stesso un atto meramente naturale e civile.

44. Queste dottrine sono diametralmente opposte, dimodochè l'una esclude l'altra. E tuttavia uscirono de' teologi, che cercarono in qualche modo di conciliarle, proponendo la questione: se si possa dividere tra gli stessi cattolici il contratto dal sacramento. Certo che, se si parla di una divisione materiale o concettuale, si possono dividere, cioè due cattolici, un uomo e una donna possono credere di fare un contratto fra loro di una perpetua coabitazione e individua comunione di vita, e omettere nello stesso tempo i requisiti del sacramento. Ma se si parla di una divisione formale, morale e reale, è del tutto impossibile, secondo dogmi della cattolica Chiesa; poichè, secondo questi dogmi, quel contratto, stretto materialmente, è non solo illecito, ma invalido, perchè non è altro che un vincolo d'iniquità, non è altro che un sacrilegio, avendo i contraenti abusato della materia d'un sacramento; e il vincolo d'iniquità non lega nessuno dei Cristiani, l'obbliga anzi a recedere da quel patto, che non aveano morale autorità di stringere fra di loro. Quel contratto dunque a cui mancano le condizioni del sacramento, non è nè contratto, nè matrimonio, ma un sacrilegio. E tanto è vero questo, che Benedetto XIV, in una sua lettera ai Mis-

sionari d'Olanda, del 17 settembre 1746, non avendo voluto per allora definire la quistione che proponevano i citati teologi, dichiarò tuttavia che, secondo la definizione del Concilio Tridentino, era nullo il matrimonio non contratto nella forma dal medesimo Concilio prescritta, cioè nullo non solo il sacramento, ma nullo altresì il contratto che gli serve di materia: *Etenim qui praeter formam a se praescriptam matrimonium contrahere attentant, eorum Tridentina Synodus non sacramentum modo, sed contractum ipsum irritum diserte pronuntiat, atque, ut eius verbis utamur, eos ad sic contrahendum omnino inhabiles reddit, et huiusmodi contractus irritos esse decernit.*

Così dunque avvenne per mezzo dell'eresia, che nei moderni tempi si scindesse il Matrimonio de' Cristiani in due, e s'avesse un matrimonio naturale e civile, proprio degli eretici, e un matrimonio sacramento, proprio della Chiesa cattolica, che altro non ne riconosce, e non ne ebbe mai riconosciuto.

45. L'incredulità prevalse in Francia, ed i legislatori del 1792, seguiti poi da quelli che fecero il Codice Civile, s'impossessarono, come era ben naturale, della dottrina fornita loro dagli eretici; non considerarono più il matrimonio de' Cristiani come sacramento, e astraendo da questo fatto (quasi che i legislatori potessero astrarre da' fatti, che caratterizzano la

condizione de' popoli , a cui danno leggi) , stabilirono una unione coniugale puramente civile , e le diedero nome di Matrimonio.

16. Concludiamo raccogliendo il detto nelle seguenti proposizioni:

1.º Pei Cristiani cattolici non c'è che un solo matrimonio , e questo essenzialmente sacramento;

2.º Nessun Cristiano cattolico ha la facoltà di stringere un valido contratto nuziale senza tutte quelle condizioni che lo rendono sacramento;

3.º Ogni contratto d'unione fra un uomo ed una donna cristiana cattolica , che non sia sacramento , e quindi ogni contratto nuziale meramente civile , è un SACRILEGIO;

4.º Un tal contratto è nullo , e può e dee essere disciolto o rinnovato , in modo che acquisti le condizioni per essere sacramento.

17. Non si dà Matrimonio pe' Cristiani che non sia sacramento. Tale è la dottrina cattolica. Ma questa dottrina contiene anche l'altra proposizione da noi di sopra indicata , che non si dà sacramento senza il consenso e l'autorità della Chiesa cattolica.

A chi furono consegnati i sacramenti da Gesù Cristo? Certo alla Chiesa, agli Apostoli e a'loro successori. Questi, secondo l'espressione di san Paolo, sono « ministri di Cristo e dispensatori dei Misteri di Dio » *Ministros Chri-*

sti, et dispensatores Mysteriorum Dei (4). Anche
questo è di fede, ed anche consentaneo al buon
senso. Vi potrebbe essere fra noi alcuno che
credesse, che Gesù Cristo si fosse rivolto alle
potestà civili, e loro avesse consegnato i suoi
sacramenti per custodirli ed amministrarli? Trattasi anche qui di un fatto, e di un fatto dogmatico. Questo fatto è che il divino Istitutore
dei Sacramenti lasciò del tutto a parte le autorità civili, e consegnò il sacro deposito ai dodici uomini scelti da una delle classi più inferiori della società, i quali pose fondamenti della
sua Chiesa, a' quali diede la facoltà di scegliere de' successori, e a questi la facoltà di
sceglierne altri fino alla fine del mondo. Così la
Chiesa si formò con perfetta indipendenza dai
governi civili, e ricevette un governo suo proprio al tutto diverso da questi, compiuto e perfetto, che si rinnova e perpetua da sè solo fino
alla fine del mondo, o s'abbia egli favorevoli,
o avversi i civili governatori.

18. Se questo è il fatto, questo ciò che
crede e insegna la Chiesa cattolica, e se non
c'è altro Matrimonio fra battezzati, che quello
che è Sacramento, ne viene per indeclinabile
conseguenza, che il Matrimonio si debbe enu-
merare tra le cose sacre, come fu dalla Chiesa
definito, e che all'autorità della Chiesa spetti

(4) Cor. IV, 1.

con potere supremo e definitivo il regolarlo, e
che non possa essere contratto da' Cristiani, se
non consenziente e influente la Chiesa.

19. E veramente la fede cattolica insegna,
che il principale agente nei Sacramenti è Cristo
che gli ha istituiti, dalla cui divinità procede la
grazia e ogni altro effetto sacramentale. Ma Cristo
avendoli consegnati alla Chiesa, perchè gli am-
ministri, questa è il secondario agente; e il ministro particolare, qualunque sia, non è che un
istrumento di Cristo e della Chiesa. Onde questo ministro non opera che in persona di tutta
la Chiesa di cui è ministro; *agit in persona
totius Ecclesiae, cuius est minister*, per servirmi
delle parole di S. Tommaso (1). Quindi nel particolare ministro si richiede semplicemente l'intenzione di fare ciò che fa la Chiesa : l'intenzione del ministro si riferisce all'intenzione della
Chiesa, di maniera che, dove mancasse al tutto
l'intenzione della Chiesa, il Sacramento non potrebbe esser fatto. E all'incontro il Sacramento
si fa quand'anche il ministro particolare non
abbia un'intenzione attuale sua propria di farlo,
ma si riferisca soltanto all'intenzione della Chiesa,
e quand'anco a lui mancasse la fede, perocchè
questa fede, che a lui manca, viene supplita
dalla fede della Chiesa medesima, come insegna
lo stesso Dottore d'Aquino: *Minister sacramenti*

(1) *Sum.* III, *q.* LXIV, *a* VIII *ad* 3.

agit in persona totius Ecclesiae , ex cuius fide suppletur id quod deest fidei ministri (1) ; e per la stessa ragione il Sacramento si compie e produce i suoi effetti, benchè conferito da un ministro malvagio, perchè questo non è che un puro istrumento animato di Cristo che è santo, e della Chiesa che è santa, e che comunica la santità a' suoi figliuoli anche pel canale di un tal ministro.

20. È conseguente a questa dottrina , che ove la Chiesa non intervenga colla sua intenzione e colla sua fede ne' Sacramenti, questi non si compiono; e però non ci ha sacramento in tutti que' casi, nei quali ella dichiara espressamente di avere un' intenzione contraria (nel che si attiene sempre alla dottrina e alle norme ricevute da Cristo e dal suo spirito); dichiara cioè di non riconoscere in quel caso un sacramento.

21. Ora questo caso si avvera appunto rispetto al sacramento del Matrimonio. Poichè ella stabilisce alcune condizioni , quali sono gli impedimenti dirimenti, posti i quali, non riconosce nell'unione di un uomo e di una donna cristiana il sacramento del Matrimonio. Quando accade il caso d' alcuno di questi impedimenti, ella dunque non interviene, ella non presta la sua intenzione e la sua fede, e quindi non si può

(1) *Sum.* III. *q.* LXIV *a.* IX, *ad* 1.

fare il Sacramento. I Cristiani conseguentemente non possono fare neppure il contratto, che, come abbiamo veduto, è indivisibile dal Sacramento. Allora dunque non è possibile il Matrimonio tra Cristiani. Solo se ella dispensa dall'impedimento, il Matrimonio diventa possibile, perchè colla stessa dispensa dichiara di aggiungervi il suo consenso, la sua intenzione, la sua fede, la sua autorità amministrativa de' Sacramenti.

22. Vero è che quei teologi, i quali sostengono essere ministro del Matrimonio il sacerdote, non sapendo spiegare come i matrimoni clandestini fossero validi avanti il Tridentino, negarono a questi la qualità di Sacramento. Ma tale non è certamente la dottrina della Chiesa, la quale può benissimo operare il Sacramento con diversi stromenti. Laonde o è da dire che i soli contraenti sono i ministri — che è la sentenza fornita di più gravi autorità — o possono conciliarsi le due sentenze, dicendosi che la Chiesa può formare il Sacramento tanto per l'istrumento del sacerdote, quanto per l'istrumento de' soli contraenti; come avviene nel battesimo, nel quale si distingue il ministro della solennità, che opera *ex officio*, dal ministro della necessità che opera tuttavia validamente; e come accade pure nella Confermazione, a dare la quale la Chiesa talora delega un semplice sacerdote invece del Vescovo, che ne è il proprio ministro, e lo stesso dicasi del conferimento

degli Ordini minori. I contraenti dunque sarebbero ministri straordinari, che opererebbero non *ex officio*, ma validamente; quando poi ci fosse il ministero del legittimo sacerdote, allora questo solo sarebbe il ministro officiale e solenne. E tanto è vero, che è sempre la Chiesa che opera per mezzo di qualunque suo ministro o istrumento, che anche quelli che sono battezzati dagli eretici e dagli stessi infedeli, purchè questi intendano di fare quello che fa la Chiesa, sono generati da Cristo, e generati dalla Chiesa, che è l'unica madre de' Cristiani. Di cui S. Agostino vede un simbolo e una figura in quelle ancelle che generavano figliuoli a' patriarchi, pel desiderio della padrona d'aver figliuoli di suo marito, onde della Chiesa scrive così : *Ergo ipsa (Ecclesia) generat, et per uterum suum, et per uteros ancillarum, ex eisdem sacramentis, tamquam ex viri sui semine* (1).

Non possono adunque fare alcuna difficoltà i matrimoni clandestini, che avanti il sacro Concilio di Trento erano considerati per validi dalla Chiesa, sebbene illeciti, perchè anche in quelli operava la Chiesa, e vi concorreva, e però erano Sacramenti, che producevano il vincolo, benchè non la grazia, per l'obice del peccato.

23. Se dunque deve intervenire la Chiesa col suo consenso, colla sua fede, colla sua au-

_____
(1) *De Bapt.* I, 14.

torità ministeriale nella formazione del Matrimonio de' Cristiani, che non può essere che Sacramento, ella ha conseguentemente la potestà di dichiarare, quando intende d' intervenirvi e quando no. Ed ecco la ragione perchè avvenga che ella dichiari di non voler prestare il suo concorso a certe unioni. La materia del Matrimonio cristiano è il *contratto naturale ed onesto*: onde ogniqualvolta la Chiesa giudichi che il contratto non abbia quelle condizioni, per le quali esso risulti, rispetto a sè, conforme alla natura e all'onestà, in tutta l'estensione di questa parola, che abbraccia anche l'onestà religiosa e l'utilità del popolo cristiano, ella si rifiuta di concorrere alla confezione del Sacramento, e quindi i Cristiani restano indirettamente inabilitati a formare un tal contratto.

24. A determinare poi quale sia quel contratto, che ella riconosce per naturale ed onesto, la Chiesa stabilisce gl' impedimenti dirimenti, ciascuno dei quali toglie al contratto le qualità che egli deve avere, acciocchè essa concorra al medesimo. Quindi procede l'autorità essenziale alla Chiesa di stabilire degli impedimenti dirimenti, che rendono nullo il Matrimonio de'Cristiani.

25. Vedesi da questo, quanto male a proposito certi scrittori, specialmente legali, sempre infesti alla Chiesa, facciano uno scialacquo di erudizione per dimostrare che gl'Im-

peratori romani ed altri Principi hanno pcsto
nelle loro leggi degl'impedimenti che dirimessero
il matrimonio, e come la Chiesa le abbia in
parte ella stessa adottate; dal che pretendono
doversi conchiudere che il governo civile abbia
la facoltà d' imporre da sè stesso impedimenti
dirimenti al matrimonio. Queste sono erudizioni
affatto inutili e vane. Perocchè non si tratta di
sapere da chi alcuni impedimenti fossero primieramente proposti, da chi la Chiesa gli abbia
presi, ma devesi bensì ragionare in questo modo:
O la Chiesa adottò quegl' impedimenti, e in
questo caso essa, adottandoli, dichiarò che non
intendeva d' intervenire in quelle unioni che
fossero viziate da tali impedimenti, le quali
perciò rimanevano nulle pe' Cristiani: o ella non
gli adottò, e col non adottarli dichiarava d'intervenire, malgrado d'essi, in quelle unioni, e
così renderle valide e sacramentali, e allora
quelle unioni erano veri matrimoni, veri Sacramenti. A ragion d'esempio, in certi paesi ed
in certi tempi le leggi civili dichiararono nulli
i matrimoni dei poveri, contratti senza il permesso del governo, e dei servi senza l'assenso
del padrone; ma la Chiesa, che è la naturale
tutrice degli oppressi, la nemica delle soper-
chierie e delle prepotenze, il cui spirito è essenzialmente liberale, non riconobbe tali impedimenti, e però le unioni di tali persone (non

avendo esse altro vizio) furono veri contratti matrimoniali, veri matrimoni (4).

26. Se dunque vi ha solo un matrimonio pe' Cristiani; e questo, Sacramento; e se il Sacramento non vi può essere senza l'intenzione e l'influenza della Chiesa; e se il Sacramento, formato dalla Chiesa colla potestà ricevuta da Gesù Cristo, non può essere sciolto e annullato da alcun'altra potestà, perchè non ve n'ha alcuna superiore a Gesù Cristo, consegue manifestamente, che il governo civile non può nè fare, nè annullare i matrimoni de' Cristiani; che l'annullarli è un tentativo sacrilego: e che un governo cattolico che l'attentasse, oppugnerebbe direttamente il cattolicismo: consegue parimente che il governo civile non può mettere impedimenti veramente dirimenti pei matrimoni de' Cristiani.

27. Questa dottrina fu proclamata altamente da Gesù Cristo medesimo, quando ha detto del Matrimonio: « L'UOMO non separi quello che Dio congiunse ». *Quod ergo Deus coniunxit, homo non separet* (2). Quali sono que' cattolici che Iddio ha congiunti? Quelli soli che ha congiunto la Chiesa amministratrice dei Sacramenti, quelli soli che hanno ricevuto il Sacramento matrimoniale. L'UOMO non li separi dunque. L'UOMO

(4) C. 8., c. XXIX, q. 2; C. 1, X, *De coniug. servor.*
(2, Matth. XIX, 6.

è quegli che non è stato incaricato da Dio della amministrazione de' Sacramenti: l'UOMO sono i legislatori e i governatori civili, che certo non sono nulla più che uomini. Sia l'uomo individuo, sia una società di molti uomini — qualunque questa società possa essere — sieno i capi e regolatori di questa società puramente umana; questo è il medesimo, è sempre l'UOMO. Dicendo Cristo : « L'uomo non separi quelli che Dio ha « congiunti », egli parlò manifestamente d'un uomo, che ha il potere fisico di separare quelli che furono congiunti da Dio; parlò d'un uomo che ha la forza in mano. E chi è l'uomo che ha la forza in mano, se non il governo? Gesù Cristo dunque parlò agli uomini di governo, e disse loro: O uomini, che avete la forza, non ne abusate contro i precetti di Dio, non separate quelli che Dio stesso ha congiunti. Ascoltino i governi cattolici la voce di Gesù Cristo: l'ascoltino que' ministri e que' deputati, che si mostrano offesi di chi dubita del loro cattolicismo. Se si dichiarano cattolici, sieno coerenti e lo mostrino a' fatti. Se non sono tali, non si fingano tali colla più vile delle ipocrisie: professino almeno una naturale onestà, giacchè uomini, anche solo naturalmente onesti, rispetteranno le credenze del popolo cattolico, a cui devono dare le leggi, nè si renderanno così disonorati e così imprudenti da offendere il primo e il più inviolabile de' diritti di questo popolo, la sua religione.

SECONDA QUESTIONE.

Se, e in quanto l'autorità del governo civile possa far leggi sul Matrimonio.

28. Sembrerebbe non punto necessario trattare la questione: Se i governi civili possano far leggi sul Matrimonio; giacchè nessuno l'ha mai negato. Ma noi siamo costretti a menzionarla, perchè i legalisti, a cui il nostro paese trovasi in preda, la introducono artificiosamente, come se la controversia cadesse sopra una tale questione, che niuno, fuori di essi, ha mai recato in campo. Questi uomini, avvezzi alle arti del fóro, sono sempre lì per cangiarvi in mano l'argomento, affine di passare dal cattivo terreno, in cui sono, sopra un altro buono per difendere il loro assunto. Essi vi assalgono col loro stile forense e v'investono in questo modo: E che ? Il potere civile non potrà fare leggi sul Matrimonio ! « Crediamo canone inconcusso che « nessuno possa essere imposto a cittadino di « uno Stato, se non riunisce in sè le condizioni , « per le quali si acquista la cittadinanza, e « che coteste condizioni , in quanto agli effetti « civili e politici , non da altro fonte possono « derivare che dalla legge civile. La legittimità « della prole, conseguenza del legittimo matri-

« monio, non può nè essere abbandonata al
« caso, nè essere regolata da altro potere qual-
« siasi » (1). Così questi uomini artificiosi vogliono far credere al mondo, che la questione
consista : « Se taluno possa essere imposto a
cittadino dello Stato, benchè mancante delle
condizioni, alle quali si acquista la cittadinanza; se queste condizioni possano derivare da
altro fonte, che dalla legge civile; se la legittimità della prole possa essere abbandonata al
caso »; e così via. E dopo avervi messo avanti
tali questioni; che sono affatto fuori di controversia e la cui risoluzione affermativa non è
mai stata impugnata da nessuno, sapete voi
che cosa conchiudono, sapete che cosa ne vogliono derivare? Vogliono tirare una conseguenza, che ha a far tanto con quelle premesse,
quanto la luna coi gamberi. Vogliono dedurne,
che dunque il governo civile può fare e disfare
i matrimoni dei Cattolici come meglio gli gar-
ba; che lo stesso governo è dispensato intieramente dal considerare, quanto ha comandato
ai Cattolici Gesù Cristo, e quanto è di essenza

(1) Le parole virgolate sono tratte dall'Orazione del
Cav. Persoglio nell' annuale apertura del Magistrato d'Appello. I principî che racchiudono, sono, fino a un certo
segno, giusti, ma le conseguenze sono sbagliate: per
persuadere l'errore è sempre necessario mettere avanti
una verità: l'artificio è vecchio, ed anzi è l'unico che
valga per ingannare gli uomini.

della loro religione ; che il governo non ha bisogno di Dio che ha riservato a sè stesso ed
alla sua Chiesa il congiungere l'uomo e la donna
nell'unione maritale ; che può fare alto e basso
dei cittadini e delle cittadine cattoliche , e senza riconoscere obbligazione alcuna d'origine
divina ed ecclesiastica , può fare quelle leggi
che meglio a lui attalentano. Se queste non
fossero le conseguenze a cui mirano i legalisti ,
lo sciorinare quei principî sarebbe del tutto
vano ed ozioso.

29. L'uomo del fôro dunque in questo
argomento non vede *altro potere qualsiasi* , fuor-
chè il civile ; il civile legislatore non dovrà
dunque riconoscere e rispettare nella formazione delle sue leggi nè il potere di Dio , nè
quello che Iddio ha affidato alla Chiesa cattolica ; e se vi avesse coerenza nelle citate parole
del signor cavaliere Persoglio , il governo non
dovrebbe neppure riconoscere alcun potere a
sè superiore nella legge naturale e morale, che
è certo un potere diverso e anteriore a quello
del governo civile , perchè è ancora il potere
di Dio che ha formato la natura e la ragione.
Uomini e donne cattoliche del Piemonte , vedete
alla mercè di qual governo vi si vuole abbandonare ! Questi legalisti vogliono mettervi alla
mercè di un governo che , secondo le loro dottrine adulatorie e le loro *persuasioni profonde* ,
non riconosce altro potere qualsiasi , fuori di

sè medesimo, non quello della Chiesa cattolica
vostra madre, nè quello di Dio vostro Creatore:
vogliono mettervi alla mercè di un governo
che sia sciolto da ogni obbligazione di rispettare qualunque altro potere, che non abbia altra
norma (secondo la coerenza di tali principî)
che la propria volontà : a un tal governo saranno dunque abbandonate le vostre sorti e le
sorti delle vostre famiglie e dei vostri figliuoli:
non sarà più Dio quello che vi congiunge, o
sposi, che benedice la vostra unione, e colla
sua assistenza e grazia tutela e fa prosperare
le vostre famiglie; sarà il governo civile, non
temperato da freno alcuno. Ma che cos'è un
governo civile che non ha freno, perchè non
riconosce altro potere fuori del suo che lo temperi, lo diriga, lo illumini, ne moderi le passioni, ne domini l'egoismo e l'orgoglio ? Che cosa
sarà se non il maggiore DISPOTISMO che abbia mai
esistito sopra la terra ? Eppure questo spirito
di smisurato dispotismo è quello che informa
tutte le dottrine dei nostri legalisti. Racchiusi
questi nel circolo del potere civile, disconoscono ogni altro potere e ogni altra autorità fuori
di questo circolo; e quindi pretendono che il
potere dello stato civile debba fare ogni cosa
da sè solo, dettar leggi senza riguardare che
a sè, e considerare come una *ribelione* ogni
opposizione che gli venga da un altro potere
benchè divino; abusare della forza brutale che

sta nelle sue mani per opprimere, perseguitare, esiliare, calunniare, straziare tutti coloro,
che investiti di un altro potere, più alto del
civile e dell'umano, si contrappongono con fortezza e costanza d'animo a'suoi arbitri. Le quali
nostre parole non sono tuttavia mere induzioni
e conseguenze possibili di principî così esagera-
ti; chè l'infrazione sfacciata dei patti più solenni
col potere ecclesiastico, le persecuzioni degli
Arcivescovi di Torino e di Cagliari, l'espulsione
dei Padri Serviti e molti altri fatti scandalosi
sono conseguenze vive e reali di quei principî
d'assolutismo più che monarchico, di quelle
dottrine di dispotismo. Non è già che fra gli
uomini di legge del nostro paese manchino interamente di quelli che aborriscono da un legalismo di tal natura, che assorbe in sè stesso
ogni autorità divina ed umana; ma confessia-
molo a nostro malincuore, i magistrati di coscienza, come un Giriodi, sono rari fra noi; e
a molti di essi manca il fondamento di un
diritto filosofico, il cui studio fu sempre neglet-
to e temuto in questo Stato; ad altri poi manca la scienza della religione, che vorrebbon
seguire e non conoscono; ad altri finalmente
manca la costanza e la generosità dell'animo,
per manifestarsi quali sono.

30. È dunque un principio di dispotismo
il più assoluto quello che il governo civile,
nella formazione delle sue leggi, non debba

riconoscere altro potere diverso da sè medesimo. Se il governo deve esser giusto, egli deve prima di tutto esercitare questa giustizia verso i poteri che coesistono con lui e che sono indipendenti da lui, quali sono quelli di Dio e della cattolica Chiesa: deve osservare religiosamente questo rispetto nelle sue leggi, ancorchè queste riguardino effetti civili e politici; chè ella è falsissima ed ingiustissima sentenza quella che il governo e i legislatori civili abbiano solamente *diritti e poteri* da esercitare, e non abbian punto *obbligazioni* da rispettare e da adempiere.

Noi dunque, noi cattolici e perciò appunto liberali, rigettiamo con indegnazione tali principî di dispotismo; noi abborriamo da un governo che non riconosce altro potere che il suo; noi stimiamo che un governo civile non possa esser giusto, morale e liberale, se non è temperato da tutti gli altri poteri legittimi che coesistono con lui, il che avviene se egli li riconosce e rispetta; che non può essere altro che tirannico, quando pretende di assorbirli tutti in sè stesso, o di operare come se quelli non esistessero. Noi sappiamo che ogni governo civile, qualunque sia la sua forma o monarchica o costituzionale o repubblicana, tende naturalmente al dispotismo; e che non si può evitare l'oppressione del popolo e dei cittadini, se non mediante una riverenza professata dagli uomini del governo al potere religioso : che la forza bruta non si spoglia dei suoi istinti violenti, e non si rende innocua ed anzi benefica, se non quando viene influita e controbilanciata dalla forza morale; e che finalmente la santità dell'obbligazione è quella sola che modifica il sommo diritto ed impedisce di divenir somma ingiuria.

31. Cessino dunque i sofismi dei legalisti; cessino questi uomini di mutare le questioni; non ci vengano più a dire, che alla società civile appartiene il determinare le condizioni della cittadinanza, e il regolare la legittimità della prole, chè questo lo sappiamo anche noi, e intendano una volta, che nella questione dèl Matrimonio non si tratta di questo, che nessuno ha mai negato al potere civile di far leggi sul Matrimonio, ma si tratta *come* debba farle; se debba riconoscere o no un potere diverso da sè, maggiore di sè, che egli abbia l'obbligazione di rispettare, nella maniera del far le sue leggi; se il potere civile abbia il diritto di far delle leggi, *qualunque sieno*, sul Matrimonio dei cattolici; se egli abbia il diritto di far delle leggi che contraddicano, oppugnino e distruggano le leggi di Dio e della Chiesa cattolica. Questa è la sola questione: sieno di buona fede, non escano dalla medesima.

32. Che dunque i legislatori civili possano far leggi intorno al Matrimonio, non è quello

che si pone da nessuno in controversia. E non
deve neppure essere posto in controversia da
nessuno, non avere i governi civili una così
enorme autorità legislativa da poter fare qualunque legge essi vogliano sopra un tale argomento, e non essere obbligati a rispettare dei
poteri diversi dal loro proprio, quali sono quello
di Dio, che ha dato una legge naturale ed una
legge positiva agli uomini, anche nelle cose
che riguardano al Matrimonio, e quello della
Chiesa cattolica, a cui la conservazione e l'applicazione di tali leggi è stata affidata da Dio
medesimo. Invano i legalisti adoperano in questa materia tali espressioni, che farebbero credere il potere civile essere indipendente da
qualunque altro potere nelle materie matrimoniali; il che è lo stesso, come dicemmo, che
un renderlo assoluto, dispotico o tirannico. I
legalisti stessi non possono procedere coerenti
con principî così assurdi, e però sono obbligati
ad abbandonare la logica e a contraddirsi ad
ogni passo; del che diede al pubblico le più
solenni prove il ministro Siccardi, che non potè
conservare a lungo il suo portafoglio, come nol
potranno mai quelli, che in un paese cattolico
offendono la morale pubblica e la coscienza
religiosa, coll'infrangere le convenzioni contratte e mettersi sotto i piedi quanto ha di più
sacro, di più delicato e di più liberale il cattolicismo, qual è la dottrina rivelata del Matri-

monie. La controversia dunque si riduce tutta a sapere fin dove il potere civile possa estendersi nello stabilire leggi pei cattolici intorno all'unione matrimoniale. Ecco la sola questione possibile. Che l'autorità civile abbia dei limiti dee essere posto fuori di dubbio : quali sieno questi limiti in un paese cattolico, è da ricercarsi.

Ma prima gioverà combattere alcuni *pregiudizi* dei legalisti medesimi ; perocchè questa gente educata ad una scuola anti-cattolica, cavillosa e gelosa d'ogni altro potere fuori del suo, è piena fino agli occhi di pregiudizi forensi ; di pregiudizi inveterati, e n'è cocciuta in essi ; parte per interesse e parte per ignoranza di tutto ciò che non è contenuto nei loro libri legali, o nelle pratiche dei Parlamenti di Francia e dei Senati del regno.

33. E il *primo pregiudizio* si è che ogni qualvolta si tratta di qualche cosa ecclesiastica essi non vedono mai altro che la corte di Roma ; sono così avvezzi a tremare all'aspetto di questo spauracchio (come i fanciulli a quello della befana) che non vedono e non considerano più nè la religione, nè i suoi dogmi, nè la Chiesa, nè Gesù Cristo medesimo ; ma tutto diventa per essi corte di Roma. Lo Stato si dee premunire, si dee cautelare contro le usurpazioni della corte romana ; ecco il loro gran principio, ecco l'origine delle famose loro massime, delle

loro scaltrezze, delle innumerevoli loro *cautele*. Se ne vada la religione, non importa; se ne vada la disciplina della Chiesa; se ne vadano i dogmi cattolici : tutto è nulla, purchè lo Stato si difenda dalla corte di Roma, e per difendersene meglio, le mantenga contro una guerra accanita, pervertisca l'opinione pubblica con maldicenze calunniose, e guasti il popolo, distruggendo in esso il rispetto all'autorità più veneranda; le neghi ogni cosa, anche la più giusta, le interdica l'uso dell'acqua e del fuoco, la escluda dal diritto delle genti, e si faccia lecito con lei infrangere la fede e rompere i patti e le convenzioni senza scrupolo, ogniqualvolta l'esige l'interesse o la voglia di farle onta ed ingiuria. E tuttavia perchè credono di combattere sempre l'influenza della corte di Roma, questi legalisti non solo pretendono di essere cattolici, ma se si ascoltano, essi soli sono coloro che hanno il cattolicismo più raffinato, e tutti gli altri seguono un falso e superstizioso cattolicismo ! Nè vogliamo negare con tutto questo, che alcuni di essi vantino tali pretensioni in buona fede fino ad un certo segno, colpa dell'educazione ricevuta. Anzi, per questi appunto noi abbiamo esposta a lungo la dottrina cattolica sul Matrimonio, acciocchè intendano da quella esposizione, che qui non si tratta punto nè poco della corte di Roma, ma si tratta proprio, nè più nè meno, d'una parte essenziale del cattolico insegnamento e della cattolica religione ; e acciocchè , se questi pur vogliono seguire la verità , senza cavilli e sottigliezze sofistiche, possano a mente tranquilla e con retta coscienza, considerarla, e riflettere a quale risponsabilità si espongono davanti a Dio e davanti agli uomini, col promuovere tal maniera di leggi , che si trovino in aperta lotta con quanto ha decretato intorno al Matrimonio Iddio e Gesù Cristo e la Chiesa universale.

34. Un *secondo pregiudizio* dei legalisti si è il darsi da essi per cosa certa, che Iddio e Gesù Cristo non abbiano punto nè poco limitato il poter civile, e non si possa neppure pensare che gli abbiano posto limiti positivi di sorta alcuna. Ma se l'avessero fatto ? E non potevano forse farlo se avessero voluto ? Non trattasi anche qui di rilevare un fatto ? Ascoltino dunque prima di tutto queste parole che pronunciò Gesù Cristo, quando comunicò la sua autorità alla Chiesa, dando agli Apostoli la missione di fondarla per tutto il mondo. Egli disse così : « Mi è stata data ogni potestà in cielo ed in terra ». *Data est mihi omnis potestas in coelo et in terra* (1). Notate bene : non dice solamente in cielo, ma ancora in terra : dunque anche in terra comanda Cristo ; e notate di più che non dice solamente che gli sia stata data

(1) Matt. XXVIII , 18.

qualche potestà, ma dice ogni potestà, e perciò anche la potestà civile, se pur questa non si vuol escludere dal novero delle potestà. Ed osservate di più quello che segue: « Dunque andate, ammaestrate tutte le genti ». Intendete voi la forza di quel *dunque*? Questa parola esprime un conseguente. E qual è questo conseguente? Questo conseguente è la potestà data agli Apostoli. Per la ragione dunque che Cristo ha tutte le potestà, tanto in cielo quanto sopra la terra, egli comanda agli Apostoli di ammaestrare tutte le nazioni, e però anche il Piemonte, e di ammaestrarle ad osservare tutte le cose da Lui comandate, di qualunque genere siano, riguardassero anche la famigliare e la civile convivenza. E sapete come conchiude? Appunto così: « Ed ecco che io sono con voi per tutti i giorni fino alla consumazione del secolo ». Vedete bene che qui Cristo parla agli Apostoli ed a tutti i loro successori fino alla fine del mondo; e però anche a quelli che governano la sua Chiesa nel secolo nostro, e dice, che è con loro Egli proprio a cui è stata data ogni potestà in cielo ed in terra. E ancora se questo non basta, udite che Cristo dice oltre a ciò espressamente: « essergli stata data la potestà d'ogni carne » *Dedisti ei potestatem omnis carnis* (1). Il testo è chiaro, egli parla propria-

_____

(1) Ioan. XVII, 2.

mente di carne e non di spirito, non parla di cose meramente spirituali, ma di cose corporee perocchè la carne è corpo; e perciò gli è stata data anche la potestà sul Matrimonio, benchè sia in pari tempo materia di leggi civili. Sarebbe troppo lungo l'addurvi qui tutti i luoghi delle sacre lettere, in cui si attesta la pienezza della potestà di Cristo senza esclusione delle cose terrene e civili; tutti quelli dove egli è chiamato: « Principe dei principi, Re dei re e Signore dei dominanti (1) »; nei quali non è possibile negare che si parli proprio della potestà civile e del potere sovrano, proprio d'un potere sovrano superiore anche a quello dei ministri e delle camere legislative, a quello appunto che i legalisti pretendono essere il solo potere e non doverne riconoscere verun altro; perocchè il potere dei re e dei principi e dei dominanti non è, e non può esser altro certamente che il potere civile.

85. Che se è di fede che Cristo abbia ricevuto un tal potere così esteso, così illimitato, e che, in conseguenza di questo potere, abbia comandato agli Apostoli e ai loro successori di ammaestrare tutte le genti, non è punto impossibile che Cristo abbia posto qualche limite anche al potere dei governi civili, non solo monar-

(1) Apocal. I, 5. — XVII, 14. — XIX. 16.

chici, ma altresì costituzionali; che questi ultimi non vorranno certo, per la ragione che sono liberali, mostrarsi più assoluti e più dispotici dei primi. E se è possibile, resta a cercarsi, se anche sia veramente di fatto, e non deve cacciarsi da banda una tale ricerca per un pregiudizio cieco preconcepito.

E intanto pare a voi che il pieno potere che ha ricevuto Cristo non solo in cielo, ma anche in terra, non solo sullo spirito, ma anche sulla carne, l'avesse ricevuto per niente, l'avesse ricevuto per lasciarlo ozioso e non farne nessun uso? E se non ne avesse comunicata nessuna parte di questo potere a' suoi Apostoli e a' loro successori, pare a voi che l'avrebbe egli messo a fondamento della loro missione? « Mi è stata data ogni potestà anche in terra: mi è stata data potestà sopra ogni carne; DUNQUE voi ammaestrate le nazioni tutte; io con tutte le mie potestà sarò con voi fino che dura il mondo ». Che bisogno di dare alla missione apostolica per fondamento il potere che avea Cristo sulle cose terrene, e però anche sulle civili, quando di questo potere non avesse mai dovuto far uso la Chiesa? Che anzi non è egli evidente, che un potere sul mero spirito sarebbe stato illusorio, non trovandosi mai questo mero spirito sopra la terra diviso dal corpo, e che sarebbe stato impossibile comandare e governare spiritualmente gli uomini, che sono esseri misti di corpo e di anima, se le leggi date per ragione dello spirito non avessero dovuto influir nulla sul corpo? Non sarebbe un assurdo l'immaginare che i corpi non avessero dovuto assoggettarsi alla legge di Cristo, ma i soli spiriti? I corpi avessero potuto essere regolati da leggi umane contrarie alle leggi date allo spirito? Gesù Cristo certo non era tale da fondare la sua legislazione su degli assurdi, su delle vane astrazioni, come troppo spesso pretendono di fare gli uomini legislatori. Secondo i principî dunque de' nostri legalisti, Gesù Cristo avrebbe parlato senza ragione. Gesù Cristo avrebbe avuto un potere inutile, ed egli avrebbe stabilito il potere della Chiesa sopra un potere, di cui ella non dovea partecipare: le avrebbe dato dunque un fondamento che non dovea essere fondamento. Il dire queste cose è sciocchezza, anzi di più è bestemmia.

36. Convien dunque aver pazienza, ed esaminare diligentemente quai limiti abbia posto Gesù Cristo al potere civile: qual uso abbia fatto dell'autorità ricevuta da suo Padre sopra le cose della terra: qual parte di quest'autorità abbia Egli lasciata alla sua Chiesa. Conviene esaminare con tranquillità di mente, senza prevenzioni astiose ed irreligiose, tutto questo; e quando si trova che Cristo ha propriamente ordinato e stabilito qualche cosa su di ciò, conviene che principi, ministri, legislatori e magi-

strati rispettino coscienziosamente questo limite ; e se non hanno fede, lo rispettino tuttavia
per riguardo ai sacri diritti d'un popolo cattolico, loro commesso da governare.

Ebbene , restringendoci al nostro assunto
il Matrimonio appunto è una di quelle materie,
sulle quali Gesù Cristo ha ristretto e limitato
il potere de' legislatori umani : questo l'abbiamo
fatto vedere evidentemente, esponendo la dottrina della religione cattolica sull' argomento.
Tale è il fatto, e le astrazioni non possono distruggere i fatti. Non vale dunque il dire, che
il Matrimonio per sè stesso è cosa temporale ,
che egli è un contratto , e che i contratti sono
materia soggetta alla civil potestà; poichè anche
tutto ciò concesso, non ne viene punto nè poco
che la civil società possa tutto sopra di esso ;
quando Cristo medesimo pose colle sue leggi
divine alla civil potestà que' confini che abbiamo
veduto.

37. Ma noi possiamo dire ancora di più :
possiamo dire che, rispetto al Matrimonio, il
poter legislativo degli uomini non fu limitato
soltanto da Gesù Cristo , ma da Dio medesimo
fin dal principio del mondo. E, infatti, l'indissolubilità del contratto nuziale è anteriore a
Cristo; e prima di Cristo era tale non solo per
legge naturale, ma per legge positivo-divina; le
quali due leggi sono due limiti posti al potere
civile. Laonde il Concilio di Trento dichiarò ,

che « il primo padre del genere umano pronun-
« ziò, per istinto del divino spirito, essere la
« congiunzione matrimoniale perpetua ed indis-
« solubile, quando disse: *Hoc nunc os ex ossibus*
« *meis, etc.* » (1); parole a cui si riferì Cristo
medesimo. Ed il Sommo Pontefice Pio VI nelle
sue lettere dell'11 luglio 1789 al Vescovo di
Agria, richiamandosi a quelle parole che si
possono dire la prima legge divina sul Matrimonio, scrisse così : « Dal che manifestamente
« apparisce che il Matrimonio, anche nello stato
« di natura, e però molto prima che fosse ele-
« vato alla dignità di Sacramento propriamente
« detto, fu istituito da Dio in modo, che tragga
« seco un nesso perpetuo ed indissolubile, che
« non può quindi essere sciolto da veruna legge
« civile. Onde, ancorchè la ragione di Sacra-
« mento si possa dividere dal Matrimonio, come
« avviene tra gl'infedeli (1), tuttavia anche in
« tale Matrimonio, se pure è vero Matrimonio,
« dee rimanere, e del tutto rimane perpetuo
« quel nesso, che fino dalla prima origine è
« affisso al Matrimonio *per diritto divino* sicchè
« NON SOGGIACE AD ALCUNA CIVILE POTESTÀ » (3).

(1) Sess. XXIV, *Doct. de Sacr. Matrim.*
(2) Notisi « tra gl'infedeli ; » perchè tra i cattolici
abbiamo veduto, come il contratto non si divida dal Sacramento.
(3) *Quo manifeste patet, Matrimonium vel in ipso sta-
tu naturae, ac sane ante multo quam ad proprie dicti Sa-*

38. E questo è DOGMA di fede. Laonde il Matrimonio è un contratto particolare diverso da tutti gli altri contratti, il quale sì per la prima istituzione di Dio, e sì per quello che vi aggiunse Cristo, è divenuto *spirituale*, come lo chiama S. Tommaso d'Aquino (1); epperò è sottratto, in quanto spetta alla sua essenza, alla civile potestà, e riservato alla potestà divina ed all'ecclesiastica. Il perchè la Chiesa, colla sua infallibile potestà congregata nel sacrosanto Concilio di Trento, non solo fece leggi sul matrimonio in ragione di Sacramento, ma in ragione altresì di contratto, e dichiarò *inabili a stringere questo contratto* quelli che nol facessero davanti al parroco e a due testimoni: decretò « tali contratti del tutto irriti e nulli ». Parlò dello stesso *contratto*, non del solo Sacramento: *Qui aliter quam praesente parocho, vel alio sacerdote de ipsius parochi seu ordinarii licentia et duobus vel tribus testibus, matrimonium contrahere attentabunt; eos sancta synodus*

cramenti dignitatem eveheretur, sic divinitus institutum esse ut secum afferat perpetuum indissolubilemque nexum, qui proinde nulla civili lege solvi queat. Itaque licet Sacramenti ratio a Matrimonio seiungi valeat, velut inter infideles. adhuc tamen in tali Matrimonio, siquidem verum est Matrimonium perstare debet omninoque perstat perpetuus ille nexus, qui a prima origine divino iure Matrimonio ita cohaeret, ut nulli subsit civili potestati.

(1) Sum. *Suppl.*, q. LIV, a. IV, ad *secundum*.

ad sic contrahendum OMNINO INHABILES REDDIT: *et hujusmodi contractus* IRRITOS ET NULLOS ESSE DECERNIT , *prout eos, praesenti decreto* IRRITOS FACIT ET ANNULLAT (2).

39. O convien dunque negar fede apertamente all'autorità dogmatica della Chiesa cattolica e alle divine scritture e al medesimo Dio e Cristo; o conviene deporre il pregiudizio che noi combattiamo, cioè che Gesù Cristo non abbia colla sua divina autorità e colle sue leggi limitato il potere civile, e postivi certi confini; e quando diciamo limitato questo potere de' legislatori e governatori umani, intendiamo dire nelle cose temporali (per la connessione colle spirituali) chè ad altro quel potere non riguarda, come manifestamente apparisce dalla rivelata dottrina sul nuziale contratto. È dunque im-

(1) Sess. XXIV, *Dec. de Ref. Matr. C.* i. Merita di venir qui osservato che , quantunque i protestanti abbiano distrutto il Sacramento del Matrimonio, tuttavia essi hanno ritenuto per lungo tempo il principio, che egli appartiene alle cose sacre e spirituali , e quindi ch'egli è di giurisdizione ecclesiastica, come l'insegnano il Boehmero (*Iur. eccl. potest.* tom. II , tit. II , §§. 25, 26 e 27) ed altri. — Non è men vero tuttavia che dal protestantismo sia provenuta l'opinione che il contratto possa stare senza il Sacramento , come abbiamo detto superiormente ; e divenne necessariamente un contratto terreno nelle mani dei protestanti anche per questo, che quelli che li governano spiritualmente, non avendo alcuna ordinazione sacramentale sono dei veri laici vestiti di nero o in altra foggia particolare.

possibile che il potere civile valichi questi confini senza rigettare con ciò stesso il cattolicismo
e cacciare in bando Dio stesso dalla civile società. Fino che la religione di Gesù Cristo esisterà
sulla terra, o il poter civile dovrà sottomettersi
ad essa in tale materia, o dovrà sostenere una
perpetua lotta colla medesima.

40. Continuiamo a nettare il terreno dagli
ingombri, enumerando e combattendo altri *pregiudizi* de' legalisti. Essi pretendono che le leggi
debbano essere *uniformi, invariabili, universali.*
E in quanto all'*invariabilità* delle leggi umane, davvero che sembra piuttosto ch'essi vi dicano una facezia, anzichè una sentenza seria,
quando li vedete sempre occupati a far nuove
leggi e a mutare le antiche, e quando la storia
della legislazione è lì per dirvi, che le leggi
umane sono sempre state variabili e variate.
Ma in quanto all'*uniformità* e all'*universalità*
delle leggi, avrebbero tutta la ragione, se intendessero bene quello che dicono, e non gli
appunteremmo punto nè poco di essere in
questo pregiudicati. Ma il loro pregiudizio consiste nel concepire che fanno una *uniformità*
e una *universalità materiale*, lontanissima da
quella che giustamente conviene alle leggi.

41. E infatti, se si parla d'una uniformità
e d'una universalità materiale, si mette un tal
principio, di cui essi stessi non osano più tirare
logicamente le conseguenze; poichè, tirandole,

urterebbero in manifestissimi assurdi, e dovrebbero porre a soqquadro tutte le legislazioni del mondo, dal che, se si ascoltano le loro dichiarazioni, sono bene lontani. E di vero, sapete voi che cosa ne conseguirebbe a chi voglia essere coerente al famoso principio delle leggi uniformi od universali, preso materialmente, come da tanti si concepisce? Ne verrebbe nientemeno che questo, che i legalisti, di cui parliamo, riuscirebbero ad altrettanti *livellatori*, cioè dovrebbero spianare e livellare tutte le differenze materiali, giuridiche e morali, che esistono fra gli uomini e le famiglie che compongono la società civile, e quindi non più diversità di età, di sesso, di capacità, di professioni, d'ufficio, di ricchezza, di forza e potenza, e di tutte le altre condizioni di natura e di fatto, che rendono vario il genere umano. Per buona fortuna i nostri legalisti non hanno logica, e però non tirano tutte queste necessarissime conseguenze dal loro principio; ma pur ne tirano alcune, come vedremo, e se non tirano le altre, è perchè non vivono di principî e di conseguenze, ma vivono di principî mal determinati, e di pregiudizî in essi invecchiati. Ma tuttavia, posti una volta i principî, è impossibile che non vi sieno al mondo uomini che non ne deducano anche le debite conseguenze. E però questi uomini ci sono stati e ci sono. E sapete quali? Otturatevi le orecchie.

legalisti di corte vedute ; quelli che tirano le
debite conseguenze dal principio dell'uniformità
ed universalità delle leggi, sono appunto i livellatori, i socialisti, i comunisti, i fourieristi, i
discepoli di Proudhon ed altri tali. Ecco, signori
legalisti materiali, a quali maestri voi conse-
gnate il Piemonte e l'Italia. Lo sappia il Piemonte, lo sappia l'Italia, e moderi quella
cieca e funesta confidenza, colla quale s'abbandona nelle mani de' legalisti, quasi non
avesse altri uomini che sapessero far uso del
pensiero.

42. Dicevo che, se i legalisti non traggono
dal loro materiale principio dell'uniformità e
dell'universalità delle leggi tutte quelle conseguenze che ne provengono, ne traggono però
alcune, traggono quelle che loro accomodano,
quelle che favoriscono il loro egoismo ed au-
mentano il loro potere, e fra queste quelle che
riguardano appunto l'argomento del matrimonio,
su cui vogliono dominare. Udite il signor cavaliere Persoglio, il quale vi spiattella a dirittura
questa sentenza : « L'ordine delle famiglie
« troppo è compromesso in tale parte, perchè
« si possa esitare a sottoporlo direttamente,
« uniformemente, immutabilmente al potere ci-
« vile ». Voi vedete che il tuono della sentenza
è solenne ed assoluto. Vi si parla di *invariabilità*
come se l'invariabilità fosse la dote propria del
potere civile e delle sue leggi : per costoro il

potere civile è la divinità stessa, giacchè per certo l'*invariabilità* non conviene che a Dio: è questa la solita *statolatria* de' legalisti. Vi si parla di *uniformità*, di uniformità *assoluta*, senza distinzione alcuna, senza alcun riguardo delle diverse credenze e religioni de' cittadini, senza nessuna considerazione alla più sacra delle libertà, quella della coscienza: il matrimonio sarà sottomesso *direttamente, uniformemente, invariabilmente al potere civile.* Ma Iddio prescrive il contrario; non importa: ma ciò s'oppone alla religione cristiana, all'essenza del cattolicismo; non fa nulla: il potere civile è superiore al cattolicismo, può calpestarne i dogmi, può schiacciarli sotto il peso della sua autorità, tutto deve cedere, tutto deve piegare sotto l'onnipotenza del potere civile: questo non ha bisogno di essere nè religioso nè onesto: non ha punto bisogno di volgere nemmanco uno sguardo alle coscienze de' cittadini e ai loro sacri e religiosi diritti: non è formato il potere civile per difendere i diritti de' cittadini, ma per usufruirli o distruggerli a piacere.

43. Tale è il liberalismo de' legalisti. E sapete perchè il potere civile, ed egli solo, deve fare leggi tutte uniformi, come sarebbe un vestito solo per tutte le diverse statue, affine di regolare nello stessissimo modo i matrimoni degli ebrei, de' protestanti, dei cattolici, e il medesimo dite de' turchi, se ce ne fossero, o dei

seguaci di qualsivoglia altra religione? Udite bene la parola solenne che si mette in mezzo per giustificare tale dottrina: *l'ordine delle famiglie*. Avete udito? L'ordine delle famiglie è bello e stabilito e pienamente tutelato, quando il governo civile, con leggi invariabili ed *uniformi* per tutte le religioni, ha regolato il matrimonio; quand'egli ha tirato a sè quello che l'essenza stessa del cattolicismo gli proibisce di usurparsi; quando ha violato i diritti religiosi delle famiglie stesse, e vi ha introdotto la discordia insieme coll'empietà, vi ha introdotto il concubinato e l'adulterio: allora l'ordine delle famiglie è sicuro. Dunque l'essenza del cattolicismo, che esige che il vincolo matrimoniale sia sommesso a Dio ed alla Chiesa, e che le leggi civili alle leggi di Dio e della Chiesa si conformino, è inconciliabile coll'ordine delle famiglie? Dunque non potrà stare *l'ordine delle famiglie*, non potrà essere tutelato quest'ordine, se il potere civile non distrugge prima quello che è di essenza del cattolicismo? Poichè se è uno dei dogmi invariabili del cattolicismo (e non di quella invariabilità che il sig. Persoglio attribuisce alle leggi civili), che il matrimonio de' cristiani sia cosa sacra, sottratta da Dio stesso alla civil potestà, affidata da Dio stesso alla Chiesa; se di conseguenza appartiene al solo potere ecclesiastico il giudicare della verità e legittimità del matrimonio, se è ANA-

TEMA colui che dice il contrario (4); dunque il governo civile e gli uomini del medesimo, col sottoporre al proprio potere il matrimonio *direttamente*, *uniformemente*, *invariabilmente*, come vuole il signor Persoglio per amor dell'ordine delle famiglie, devono offendere ed intaccare l'essenza del cattolicismo. E che cosa è intaccare l'essenza del cattolicismo, se non distruggere il cattolicismo medesimo? Perocchè, tolta via l'essenza, tolta via una sola parte dell'essenza di una cosa qualunque, la cosa non può più esistere. Dunque, secondo maestri di tal fatta, conviene che il governo civile distrugga il cattolicismo per tutelare l'ordine delle famiglie! Quali conseguenze mostruose da princìpi di questa sorta! Iddio dunque, Gesù Cristo, la Chiesa cattolica, sommettendo il matrimonio al diritto divino ed ecclesiastico, come insegna la fede de' cattolici, hanno reso impossibile l'ordine delle famiglie! Iddio dunque, secondo il signor Persoglio, ha fatto una cosa ben imprudente e troppo nocevole al genere umano: convien dunque che la sapienza de' legalisti vi rimedii e che sottentri il potere civile a riparare all'errore ed al danno che Iddio fece alle famiglie fin dal principio del mondo, che fece ad esse Gesù Cristo nella ristorazione da lui operata del

---

(4) *Si quis dixerit causas matrimoniales non spectáre ad iudices ecclesiasticos*, ANATHEMA SIT. Conc. Trid. Sess. XXIV, Can. XII. — V'hanno alcuni che pretendono

genere umano; conviene che l'accortezza dei nostri legislatori accorra prontamente e ripari al disordine introdotto nelle famiglie, co' precetti e colle prescrizioni divine. Che sapienza sublime! che potere maraviglioso che è il civile, in faccia al quale Dio stesso è così povero di consiglio e così povero d'autorità! Scegliete dunque, o legislatori, scegliete, o legalisti, uno di questi due partiti, chè altro non ve ne resta: o annullate il cattolicismo, alla cui essenza appartiene che il vincolo matrimoniale sia ma-

che la facoltà di porre impedimenti al matrimonio sia comune alla Chiesa ed allo Stato. Ma possono darsi due potestà supreme nella stessa materia? Sarebbe contraddizione. Per vederlo meglio, supponiamo che anche lo Stato avesse la potestà suprema di porre tali impedimenti. In tal caso gli sarebbe lecito altresì di mettersi in collisione colle leggi della Chiesa. Ora a quale delle due potestà ubbidirebbero allora i cristiani? O potrebbe la Chiesa avere facoltà di comandare, senza che i cristiani avessero il dovere di ubbidire? Questo sistema è dunque assurdo. Possono bensì i governi civili domandare alla Chiesa di imporre certi impedimenti, come fecero gli ambasciatori di Francia al Consiglio di Trento, che domandarono ed ottennero l'annullamento di matrimonî clandestini, ma non possono e non potranno mai imporne da se medesimi.

E coloro, che vogliono attrbiuire al solo potere civile la facoltà di mettere impedimenti dirimenti, muovono appunto da questo principio, che non si possono dare due potestà indipendenti, che facciano leggi sullo stesso oggetto, come può vedersi nel Tabaraud, *Droit de la puissance temporelle*, pag. 93. Non è dunque questo un principio che ci sia conteso dagli avversarî.

teria affidata alla Chiesa e sottratta alla civil potestà; o mantenendo e confessando il cattolicismo, e riconoscendo per divini i suoi dogmi, seguitate a bestemmiare e a dire, che Iddio ha fatto male le cose di questo mondo, e che voi soli le rifate bene. Altro partito non vi resta, se non volete abbandonare il vostro sistema.

44. Dimezzati i legalisti fra i pregiudizi imbevuti e la servilità che prestano alle leggi civili e a queste sole, non è meraviglia che si trovino abbandonati dalla logica, e s'avvolgano in mille contraddizioni financo puerili. Quante contraddizioni abbia sciorinato il conte Siccardi nel presentare i motivi delle famose sue leggi, l'abbiam altre volte veduto. Or ecco il cavaliere Persoglio vi parla di leggi civili invariabili nell'atto stesso, in cui si domanda la *variazione* delle leggi patrie. Ma se l'invariabilità delle leggi si esige per tutelare l'ordine delle famiglie, si cercherà dunque l'invariabilità dove non esiste, e dove non ha mai esistito, e non si ricercherà là dove veramente esiste? Perocchè dove esiste mai l'invariabilità, se non nelle leggi di Dio e nei dogmi della Chiesa cattolica? Non è forse appunto per questo, che Iddio ha promulgata la legislazione sul vincolo del matrimonio fin dal principio del mondo, e Gesù Cristo l'ha confermata e compiuta, acciocchè questa rimanga invariabile? Non ha forse sottratta questa materia alla mutabilità e al capriccio de' civili legislatori, acciocchè non

vacillasse quanto spetta appunto al fondamento e all'ordine delle famiglie? Che se questo fondamento fu scosso, se il vincolo maritale perdette nel fatto quella consistenza che gli dava il diritto divino, se il matrimonio fu profanato, a che si deve attribuire, se non alla perversità umana ed all'empietà, che disubbidì alle invariabili leggi del Creatore e del Redentore degli uomini? A che si dee attribuire, se non alla cecità, alla debolezza, all'orgoglio degli umani legislatori, che sempre aspiravano a mettersi nel luogo di Dio e sopra lo stesso Dio? Ma per quanto le leggi di Dio fossero parzialmente infrante dalle passioni e dalle prepotenze umane, non si potè mai fare che quelle variassero. E che? Ha forse mai Iddio variate quelle sue leggi, su cui stabilì l'essenza del vincolo maritale? Ha bensì dato loro nuova conferma e perfezione Gesù Cristo, non le ha variate. Qual legge umana può emulare l'invariabilità di queste leggi di Dio, le quali parte incominciarono col mondo, parte incominciarono con Cristo; e non vi fu mai caso in cui venissero di un apice variate, stabili più del cielo e della terra? Gli uomini tentarono di cangiarle, gli uomini le trasgredirono, i trasgressori furono puniti: le leggi di Dio nè si cangiarono nè si cangieranno, fino che duri l'umanità.

45. E anche nel fatto stesso della loro applicazione, che mai poterono contro di esse le umane potenze e gli umani legislatori? Che

mai potrà il Piemonte, se oserà fare leggi contrarie alle divine? Spera forse che queste sue leggi saranno lunga pezza durevoli, e che, come dice il cavaliere Persoglio, rimarranno invariabili? Apra le storie e veda, se le leggi, non dico de' piccoli Stati come è il Piemonte, ma dei più grandi imperi, abbiano potuto reggere in faccia all'autorità ed alla consistenza delle leggi di Dio e della Chiesa. Tutte le legislazioni umane in questo stesso argomento del matrimonio, in quella parte che s'opponevano alle divine ed ecclesiastiche, caddero in breve tempo, caddero annichilate: e la stessa sorte è riserbata alle recenti e alle nuove. Le nuove leggi, che i cattivi consiglieri e i cattivi politici spingono il religioso Piemonte a promulgare sul matrimonio, saranno più forti, più durevoli, più invariabili di quelle dell'impero romano? Ebbene: tutte le leggi dell'impero romano, contrarie alle divine ed alle ecclesiastiche su questo argomento, dovettero sgombrare al cospetto della legislazione della Chiesa. E non solo le pagane: ma dove andarono le leggi di Costantino e di Onorio, che, regnando nell'impero non ancora del tutto cristiano, ammisero nelle loro legislazioni alcune cause di divorzio dalla Chiesa disapprovate (1)? Dove andarono quelle di Teodosio Juniore, che richiamò la legislazione

(1) Cod. Theod. Lib. III, Tit. XVI, Leg. 2

pagana intorno al divorzio, e poi fu costretto di
limitarla egli stesso, prima ancora che cadesse
del tutto (1)? Dove le leggi di Valentiniano III
che ritornò alla legislazione di Costantino? Dove
quelle di Anastasio e di altri imperatori orientali? E la stessa legislazione di Giustiniano (2),
le stesse leggi del Digesto (3), in quella parte in
cui furono riprovate dalla Chiesa cattolica, come
pur fu del permesso di matrimonio.fra cugini
germani, e del divieto alla vedova di rimaritarsi
entro l'anno del lutto, pena l'infamia, e in altre
disposizioni, lungi da essere state invariabili,
tutte svanirono in breve tempo. « È però degno
« d'osservazione, dice un recente scrittore, che
« le leggi imperiali proibitive o permissive dei
« matrimonì, contro il senso della Chiesa fatto
« manifesto od in apposite prescrizioni o nelle
« dottrine dei Padri, cadevano tosto in disuso,
« se pur vantar potevano un istante di vigore.
« Così la legge di Arcadio e di Onorio, riferita
« da Giustiniano nel suo *Codice* e menzionata
« nelle *Istituzioni*, la quale faceva leciti i ma-
« ritaggi fra cugini germani, fu tosto, per te-
« stimonianza di Tillemont, abbandonata, per
« dare la preferenza alla più onesta e più cauta

---

(1) Theod. Novel XII. — Cod. lust. Lib. V, tit. xvii
de Repudiis, Leg. 8.
   (2) Institut. Lib. I, Tit. x.
   (3) De rit. Nupt. Lib. XXIII, Tit. ıı.

« legge della Chiesa (1) ». E non furono corrette tutte le barbariche legislazioni e variate, per conformarsi all'insegnamento della Chiesa? E quando nell'uomo, che congiunse le più alte viste politiche col più alto valor militare e colla più alta potenza, ebbe la Francia il maggior de' suoi monarchi, non si vide allora la legislazione matrimoniale sommettersi interamente alle sanzioni ecclesiastiche? e un Carlo Magno, che ne sapeva un po' più di politica de' nostri legalisti e de' nostri statisti, ed era un po' più magnanimo, religioso e potente dei moderni imperanti, non dare altra ragione di quelle sue leggi, se non questa: *Sic Gregorius sensit* (2)? Sapete quali furono le leggi invariabili fra le civili? Quelle che, essendo state adottate dalla Chiesa, ricevettero da questa la stabilità e la invariabilità: quelle che la Chiesa non cancellò dai Codici civili: quelle che i Codici civili presero dalla Chiesa, tra le quali quelle dell'affinità collaterale e de' più remoti gradi di parentela trasversale.

46. Ma la Francia moderna, la Francia incredula del 1792! Ecco il grande esemplare

***

(1) S. Gregorio Magno, scrivendo a S. Agostino, vescovo degli Inglesi (Epp. Lib. XII, ep. xxxi), apertamente riprovò la legge degl' imperatori Arcadio ed Onorio, riferita nel Codice di Giustiniano (L. V. tit. iv *De Nupt.* l. 19).

(2) Capitular. XV, v, vi.

de' nostri legalisti , ecco lo scandalo dei nostri
uomini di Stato veramente pusilli ! Cercherete
dunque in questa legislazione bambina l' *inva-*
riabilità delle vostre leggi , o legalisti del Piemonte ? Ignorate dunque , che quella grande
nazione non ha potuto conservare invariabile
quella sua legislazione sul matrimonio, neppure
per pochi lustri, e che l'ha dovuta già variare,
benchè ancor nelle fasce, abolendo la legge del
divorzio , e quella del matrimonio dei preti ?
Crediamo noi dunque che, se le leggi d'una sì
gran nazione dovettero pur variarsi in tempo
sì breve , a malgrado che fossero leggi di uno
Stato di prim'ordine, il Piemonte avrà poi forza
bastevole a far durare invariabilmente le sue,
come gli promettono i suoi adulatori , come gli
promettono i legalisti ? Ministri e legislatori
piemontesi , cessate da tali vane e puerili pretensioni: non vogliate occuparvi, come fanno i
fanciulli, a fabbricar di continuo edifizi di arena:
noi vi prediciamo colla ragione e coll'esperienza
alla mano , che : se farete leggi sul matrimonio
in 'disaccordo colle leggi di Dio e della Chiesa ,
queste, dopo aver guastato il paese , andranno
in nulla col perpetuo vostro disonore ed infamia.

47. L'ordine delle famiglie, dice il cavaliere
Persoglio, esige leggi invariabili sul matrimonio.
Ottimamente: e appunto per questo Iddio ha
sottratto tutto ciò che riguarda l'essenza del

matrimonio al potere civile; perchè questo potere è essenzialmente variabile, e essenzialmente variabili sono le sue leggi. Appunto per questo volle Iddio stesso intervenire colla sua suprema autorità e colla sua grazia nel vincolo coniugale, perchè questo vincolo è il fondamento delle famiglie, da cui dipende l'ordine delle medesime. Sapete voi in virtù di che questo fondamento sia stabile e quest'ordine si conservi? Non in virtù delle leggi civili, ma in virtù di queste parole: *Quod Deus coniunxit, homo non separet.* Le riconoscete voi queste parole? Sapete di che virtù sono fornite? Ascoltatelo: « Il cielo « e la terra passeranno, ma le mie parole non « trapasseranno » (1).

Ecco l'invariabilità delle leggi sul matrimonio, la vera, la sola invariabilità. Questa invariabilità sopravvive non solo alle leggi civili, ma ai regni e agl'imperi stessi che cadono, variano, si permutano di continuo: questa invariabilità non abbraccia solo il Piemonte, o l'uno o l'altro regno od impero; è una invariabilità che incomincia col cominciare del mondo, e si conserva sino alla fine; che non abbraccia un popolo, ma tutto il genere umano: una invariabilità non affidata alle fragili e vacillanti forze del potere civile. L'uomo, variabile sempre, non può che recare la variabilità sua pro-

(1) Matt. XXIV, 35.

pria in quelle leggi. *Coelum et terra transibunt, verba autem mea non praeteribunt*: ecco qual è l'unico vero e stabile fondamento dell'ordine delle famiglie.

48. Ma il signor cavaliere Persoglio vuole che la legislazione sul matrimonio sia anche uniforme; ed è di nuovo alle sole leggi civili che domanda questa *uniformità*; nelle sole leggi civili egli la vede possibile. Veramente egli si è formato un gran concetto de' legislatori civili, se, togliendo a Dio i suoi attributi, a queste sue divinità di nuova specie li concede. Ma se invece d'idolatrare in tal modo il potere umano si vuol far uso della ragione, dove mai si ritroverà una vera uniformità di leggi sul matrimonio, se non nelle leggi di Dio stesso? Non sono forse uniformi le leggi di Dio e quelle della Chiesa? Qual cittadino, o grande o piccolo, o potente o debole, o monarca o suddito, o ministro o senatore o deputato, non è perfettamente uguale in faccia a tali leggi? Su ciò che riguarda l'essenza e l'indissolubilità del vincolo coniugale, ha mai dispensato con alcuno o potea dispensare la Chiesa? Quante lotte non ebbe ella a sostenere cogli imperanti e coi legislatori umani, per conservare intatta l'indissolubilità del matrimonio, e con essa la pace e l'ordine delle famiglie? A quante persecuzioni non soggiacque ella per tutelare appunto l'ordine delle famiglie, che su quella indissolubilità

riposa, contro legislatori o leggi umane, che tentavano così spesso di perturbarlo? Dove sarebbe andata a quest'ora la santità del vincolo coniugale e l'indissolubilità di quel nodo, se fosse stata abbandonata agli umani legislatori, alle loro corte vedute, alla varietà infinita delle loro opinioni, alle loro passioni momentanee, alla superbia che ingenera in essi la forza brutale e la materiale potenza, che si vedono nelle mani? Se la Chiesa e i Pontefici Romani, ad ogni aberramento dei legislatori umani, non avessero alzata la voce in nome di Dio e gridato: alto là: *usque huc venies;* e così riprovate e cancellate le loro leggi? L'indissolubilità matrimoniale sarebbe mille volte perita nelle mani dei civili legislatori; perchè se essi sono quelli che rendono indissolubile il matrimonio, da essi pure dipenderebbe il renderlo solubile, giusta la nota regola: *Nihil tam naturale est quam eo genere quodque dissolvere, quo colligatum est* (1); ovvero l'altra: *Omnia quae iure contrahuntur, contrario iure pereunt* (2). E così perita l'indissolubilità, sarebbe altresì perito con essa miseramente ogni ordine nelle famiglie, ogni dignità nelle unioni, ogni certezza e legittimità nelle successioni; e la famiglia così perturbata, avrebbe perturbata necessariamente

(1) Reg. 35.
(2) Reg. 100.

la stessa civile comunanza. Legislatori piemontesi, ecco la falsa via per la quale vi s'invita ed eccita a correre : mostratevi uomini previdenti; non vi lasciate prendere alle grida degli stolti.

49. Ma per tornare a quello che dicevamo a principio, qual'è l'idea che si formano i nostri legalisti dell'uniformità delle leggi civili ? Concepiscono un' *uniformità materiale*, come abbiam detto, che astrae da tutte le disuguaglianze, secondo le quali si classificano gli uomini. Ma poichè, dopo aver gittato là questo principio, essi non potrebbero applicarlo con coerenza, se non distruggendo tutte le legislazioni finquì state nel mondo, e formando altre leggi livellatrici al modo de' più estremi socialisti, il che è impossibile e ripugna colle positive loro cognizioni ; perciò da quel principio non deducono se non quelle conseguenze che loro garbano al bisogno, senza accorgersi di contraddirsi rispetto all'altre che non deducono ; e fra le materie, alle quali ne' tempi nostri applicano il principio dell' uniformità materiale, sono le religiose, e fra queste il matrimonio ; onde il cavaliere Persoglio, senza riguardo alcuno alle diverse religioni, vuol sottoporlo « direttamente, uniformemente, invariabilmente « al potere civile ».

All'incontro, qual'è la vera uniformità, di cui le leggi civili devono essere fornite? L'uni-

formità formale, se ci si permette questa parola; e ne diamo subito la spiegazione. Tutti i
cittadini hanno delle disuguaglianze di fatto,
ciascuno ha la sua sfera di diritti naturali ed
acquisiti, di fatto anche questa, ciascuno ha
certi titoli a cui sono appoggiati i suoi diritti,
e anche questi titoli sono de' fatti. Fra questi
titoli e fra questi diritti ci sono quelli che appartengono alla coscienza, alla credenza, alla
religione, o al culto professato da essi. Le diverse
classi de' titoli e de' diritti classificano naturalmente, e ancora di fatto, i cittadini in varii
gruppi; e così li classificano altresì le religioni
diverse: poniamo, c'è la classe de' cattolici, c'è
quella degli ebrei, c'è quella de' protestanti, ec.
Ma tutti però convengono, o convenir possono,
nella qualità di cittadino del medesimo Stato.

Trattasi di far delle leggi civili, e tosto si
presentano due sistemi.

Il primo vuole che la legge civile consideri
tutti i cittadini dello Stato unicamente in riguardo della qualità di cittadino, che è a tutti
comune, prescindendo affatto da qualunque
altra disuguaglianza: vuole che le leggi civili
sieno fabbricate tutte sopra una mera astrazione; chè la qualità di cittadino, separata da
tutte le altre, è un' astrazione purissima. E i
seguaci di questo sistema di conseguente proclamano l'uniformità materiale delle leggi civili;
chè le leggi davvero diventano uniformi per

tutti, quando si suppone che tutti gl'individui non siano altro che cittadini, e però perfettissimamente uguali. Tale è il sistema francese, voglio dire quello della rivoluzione dell' 89; sistema che in teoria fu spinto tanto avanti, che, nel purificare la qualità di *cittadino* da tutti gli altri elementi, si venia a prescindere anche dalla qualità di *uomo*, onde le leggi si facevano pel solo cittadino e non più per l'uomo! Nella pratica poi, divenendo la teoria impossibile, si entrava in innumerevoli e patentissime contradizioni, e quindi una lotta accanita e perpetua nella società fra i *teorici* dell' uniformità materiale, ed i pratici. Nè la società cesserà mai d'agitarsi, fino a tanto che non sarà abbandonata quella teoria assurdissima, e la ragione e la natura delle cose non riprenderà il suo impero. Questa è una delle cause più profonde della perpetua inquietudine, comunicata pur troppo all'Europa intera, nella quale quella grande nazione si dibatte da sessant'anni a questa parte, e si strazia da sè medesima, senza trovar mai riposo e consistenza: questa è la cagione profonda, per la quale colà è resa impossibile qualunque forma di governo, e seguiterà ad essere impossibile, finchè la teoria, che non si deva considerar altro che la qualità astratta di cittadino o della uniformità materiale delle leggi, sia espulsa. E questa è la teoria altresì dei nostri legalisti che vanno in coda alla Francia, e che non imparano mai niente dall'esperienza.

Il secondo sistema vuole all'incontro, che la legge civile riconosca *tutti i fatti*, tutti i diritti, tutti i titoli di diritto e tutte le disuguaglianze specifiche che questi fatti stabiliscono fra i cittadini, e non si limiti specialmente alla qualità comune a tutti di cittadino: non vuole spianare e livellare tutte le disuguaglianze, che distribuiscono i cittadini di lor natura in diverse condizioni; vuole che la legge si adatti a tutte queste condizioni, a tutti i fatti che possono stabilire disuguaglianze giuridiche, ma che per tutti i gruppi di cittadini che si trovano nella stessa condizione ed hanno gli stessi titoli precedenti di diritto, la legge sia uguale ed uniforme, sicchè nissun cittadino goda d'alcun privilegio sopra gli altri che naturalmente si trovano in condizione eguale ed hanno titoli e diritti precedenti di specie uguali. E questa è l'*uniformità formale* delle leggi: sistema possibilissimo a ridursi in pratica, voluto dalla natura delle cose e conforme alla giustizia. Questo sistema s'appoggia sul principio, che i governi civili sono istituiti non già a fine di *creare* i diritti, non a fine di *tutelare* solamente la qualità di cittadino, che essi stessi veramente creano; ma sono instituiti per tutelare tutti affatto i diritti che hanno gl'individui componenti lo Stato, la maggior parte dei quali

preesiste alla istituzione della civil società ed è
fondata in natura; per proteggere l'esercizio
di tutto questo complesso di diritti; per fare
che, esercitati tutti liberamente da chi li possiede, si svolgano, prosperino, si aumentino
ne' debiti modi, cioè senza danno o ingiuria dei
diritti coesistenti, prevenendone o impedendone
o riparandone le collisioni. Questo è il sistema
inglese od americano, e in quest'ultimo paese
s'applica con più di coerenza.

50. Noi siamo per questo sistema; noi siamo
persuasi che il fondamento della legge civile
non sia già la presunta onnipotenza creativa
de' diritti, quasichè questi — come pur dicono
i nostri legalisti — non esistessero, se non per
la legge civile; ma quel fondamento sia per lo
contrario *il rispetto a tutti i diritti* preesistenti
alla legge medesima. E siamo per questo sistema:

4.° Perchè crediamo indubitabile che la
società civile sia istituita unicamente per tutelare tutti i diritti delle famiglie e degl'individui
che le compongono e che hanno titoli anteriori
alla stessa società civile, e per tutelarli deve
considerarli, e considerare i fatti sopra cui si
fondano: chè il non considerare questi fatti, e
promulgare leggi indipendenti da essi è un distruggere e un annullare i detti diritti, non
un tutelarli e custodirli. Onde in tal caso la
legge diventa non solo dispotica e tirannica,

ma un vero ladroneccio ed assassinio organizzato; e non è verisimile per fermo, che gli uomini abbiano voluto raccogliersi in civili comunanze, per essere ladroneggiati e assassinati. Quindi, se si dibatte da tanto tempo seco stessa la società europea, questo stesso dibattersi è una protesta contro il falso sistema de' governanti e legislatori; e non cesserà di dibattersi, come dicevamo, fino che non abbia espulso da sè sì pernicioso e velenoso germe che s'inserì nel suo seno.

2.° Perchè crediamo che i legislatori non possano creare diritti che vadano menomamente in collisione coi diritti preesistenti degli individui e delle famiglie a cui danno leggi; onde riteniamo che i legislatori umani non abbiano che poteri limitati, e che essi e le leggi stesse siano ingiuste e tiranniche, quando trapassano tali confini. I regni e i governi civili, scriveva il gran vescovo d'Ippona, rimossa da essi la giustizia, altro non sono che *magna latrocinia*.

3.° Perchè crediamo, che le leggi debbano posare sul solido fondamento della *verità* e non sulle *finzioni*. Tutto quello che non ha per fondamento la verità, è turpe passeggiero e dannoso; e le leggi non si fondano sulla *verità*, se non si fondano su *fatti reali*, ma su astrazioni chimeriche, concetti indeterminati, parole senza senso, come son quelle che si usano ad ingannare i popoli.

I nostri legalisti vi fanno credere che i legislatori possano fare qualunque legge essi vogliano, e che qualunque legge, giusta ed ingiusta, debba essere adorata, e sia un ribelle colui che non l'adora, e si possa infierire contro costui qual violatore della maestà delle leggi. Noi all'incontro riputiamo con tutti i maggiori pubblicisti e con tutti i Padri della Chiesa che le leggi ingiuste non sieno leggi, e per usare delle parole di S. Tommaso d'Aquino: *huiusmodi magis sunt* VIOLENTIAE *quam leges* (1).

54. Non curandosi i legalisti, che le leggi abbiano a loro fondamento la verità e la giustizia, essendo esse ai loro occhi idoli, a cui tutti devono ergere altari e bruciare incensi, sono amantissimi delle *finzioni legali*, e credono che l'onnipotenza della legge possa sostituire la finzione alla verità, possa fingere che esista quello che non esiste, e fingere che non esista quello che esiste. Così pretendono essi rispetto al vincolo conjugale che la legge debba *fingere* che non esistano le obbligazioni e i diritti religiosi dei cittadini, che non esistano le coscienze, che non esista il cattolicismo, e i dogmi del cattolicismo, che riservano alla Chiesa ciò che spetta all'essenza del matrimonio dei cittadini cattolici. Su questa finzione essi vogliono che il matrimonio sia sottoposto al solo potere

(1) *Sum.* I, II. *Quaest.* XCVI, IV.

civile, che questi faccia leggi uniformi e invariabili intorno ad esso per tutti i cittadini, di qualunque religione esser possano. Essi portano all'infinito le finzioni della legge, e su questo fondamento, menzognero e nullo in sè stesso, vogliono inalzato l'edifizio della nostra legislazione. Secondo essi — se pur si tirano le conseguenze dai loro principi —, la legge può fingere anche il consenso nei contratti, in cui non ci sia stato vero consenso dalla parte dei contraenti. E che vi abbiano certi contratti in cui la legge possa supplire il consenso, è stato detto e si può dire, benchè con improprietà di parlare: poniamo nei casi in cui il consenso si deve presumere, o esso sia per altro titolo obbligatorio. Ma quando mai fu detto da chi ebbe un po' di senno, che nel contratto matrimoniale possa la legge fingere il consenso che non esiste e che non può esistere? Questo sarebbe un offendere la dignità personale dell'uomo: insultare e violare la natura umana intelligente e libera; abbassare la persona al grado di cosa. Che legge è quella che prende così fattamente a ludibrio l'umanità? Eppure una legge civile sul matrimonio, che faccia astrazione dalla religione cattolica, come la francese, è necessitata di fingere in molti casi quel consenso che non esiste nella coscienza dei cattolici. Infatti tutti credono i cittadini cattolici all'ecumenico Concilio di Trento e però credono che questo Concilio li abbia resi inabili a contrarre matrimonio senza le forme prescritte dalla Chiesa, e abbia dichiarati irriti e nulli i contratti che si tentano fare senza tal condizione. I cattolici lo sanno, ma taluni di essi, vinti ed accecati da qualche passione, mettendo sotto i piedi la propria coscienza, si congiungono in faccia alla legge civile; il consenso è nullo; i contraenti lo sanno: la legge civile finge il consenso che non esiste. L'uno dei coniugi, stimolato dai rimorsi, sapendo pienamente che il consenso, da lui materialmente e non formalmente prestato, è nullo ed invalido, vuole abbandonare il concubinato. Ma la legge civile, che avea prima finto la validità del consenso, ora finge di nuovo anche il consenso materiale che è già cessato nel coniuge ravveduto; e su questa *finzione*, colla prepotenza della forza bruta, l'obbliga a perseverare nel sacrilegio e nel concubinato da lui abborrito. Ecco le leggi giustissime, veracissime, sapientissime, liberalissime dei nostri legalisti !

Ognuna di tali astrazioni è una finzione, o anzi un amplissimo fonte di finzioni legali, o piuttosto di menzogne, e su questa nullità, su questa mancanza di reale sostegno si vuol rifabbricare la patria nostra legislazione !

52. Le finzioni della legge possono essere di due specie: le une di *mera forma*, come

quella della legge Cornelia, che fingeva esser
morti in città coloro che morivano presso i
nemici, acciocchè godessero del diritto di testare
al pari degli altri, e come quella altresì della
morte civile : le altre di *sostanza* ; come quella
della legge francese sui matrimoni che finge
non esistere, rispetto a questi il cattolicismo,
e i diritti e doveri religiosi che ne precedono.
Le finzioni di mera forma si possono considerare come un parlar figurato introdotto nelle
legislazioni, e non sono un difetto sostanziale,
perchè infine è salvata la sostanza del diritto.
Il progresso nondimeno della legislazione tende
manifestamente ad escludere il parlare figurato
e metaforico dalle leggi, che devono essere
scritte in linguaggio proprio e privo al tutto
di falsità ; onde vediamo la legislazione del
Belgio ed altre aver soppresso la metafora della
morte civile (1). Ma le finzioni di sostanza

(1) Anche le finzioni di mera forma intaccano bene
spesso la sostanza, a meno che non si prendano in senso
limitato, e però incoerente e manchevole di quella pre-
cisione che devono avere le leggi. Così la *morte civile*
esprime che, rispetto a tutti gli effetti civili, la persona
si considera come morta. Ma se si dà alla morte civile
tutta questa estensione di significato, quanti assurdi non
ne vengono? Il diritto matrimoniale appunto ce ne somministra gli esempi. La moglie di chi è morto civilmente
potrebbe rimaritarsi. Così appunto la intendono i legalisti
ed i tribunali francesi ; secondo costoro, anche dopo l'abo-

distruggono gli stessi diritti naturali e religiosi come fa la legge francese sul matrimonio, ed altre foggiate su quello stampo. Ora gli uomini creati per la verità e per la giustizia, non saranno mai soddisfatti, mai non impareranno a *rispettare* la legge civile, se la conosceranno mendace, cioè fabbricata sopra astrazioni e finzioni, e però stolta ed ingiusta. E se il rispetto alla legge civile non è ragionevole, e di conseguente non è spontaneo, come, o legalisti, vorrete obbligare i cittadini a questo rispetto della legge, voi che pretendete di più d'impor loro l'obbligazione di adorarla? Vorrete strappar loro questo rispetto colla forza bruta? Sì certo, questo è l'unico mezzo che vi resta, e l'avete già adoperato, ma invano coll'Arcivescovo di Torino e di Cagliari, col consiglier Giriodi e con altri. Lungi da noi il vostro liberalismo, lungi da noi il regno della forza bruta. lungi la stoltezza di quelli che credono che la forza possa imporre il rispetto delle leggi, sentimento delle anime libere e intelligenti!

53. Rimossi così i pregiudizi dei legalisti, possiamo venire alla questione che ci siamo proposta: « *Entro quai limiti* il governo possa « *far leggi sul matrimonio* ».

lizione della legge del divorzio, la morte civile scioglie il vincolo coniugale! La materialità e la servilità di tali uomini merita non meno riso e compassione, che sdegno!

Due sono le cose che si ricercano: che cosa il governo civile *non possa fare* circa il matrimonio dei cattolici, e che cosa *possa fare*.

Risulta chiaramente da quello che abbiamo detto che tutte le cose, che il governo civile non può fare, circa il matrimonio dei cattolici si riassumono in due proposizioni.

I.ª Il potere civile non può fare tali leggi le quali, o direttamente o nelle loro conseguenze, disconoscono per vero matrimonio quello che un cattolico ha contratto in modo conforme alle leggi della Chiesa;

II.ª Il potere civile non può riconoscere per vero matrimonio quello, che un cattolico avesse tentato di contrarre contro alle leggi della Chiesa, e che non fosse dalla Chiesa riconosciuto.

E infatti abbiamo veduto, che pei cattolici c' è un matrimonio solo, e che questo matrimonio è quello in cui interviene la Chiesa e lo riconosce, che non ve ne ha alcun altro fuori di questo, e che tutto ciò è dell'*essenza* del cattolicismo (Art. 5, 27).

Se dunque il potere civile colle sue leggi, o in sè stesse o nelle loro conseguenze, dichiarasse, che quello che è matrimonio non è matrimonio, mentirebbe; sostituirebbe una *finzione legale* alla verità:

Del pari se il potere civile colle sue leggi in sè, o nelle loro conseguenze, dichiarasse

matrimonio quello in cui la Chiesa non è inter-
venuta, mentirebbe ancora, direbbe che è
quello che non è, sostituirebbe di nuovo una
finzione della legge alla verità.

Un potere civile, che colle sue leggi pretende di annullare dei *fatti reali*, che pretende
di fare che ci sieno i fatti reali dove non ci
sono, non ha per fondamento la verità; e un
potere che non ha per fondamento la verità,
e che si crede d'essere da tanto da poter fingere che ci sia quello che non c'è, o fingere
che non ci sia quello che c'è; è un potere in
aria, privo di senno, d'onestà e di giustizia,
e però frivolo e insussistente.

54. Tale si rese il potere civile in Francia
con diverse sue leggi, e specialmente con quella
del matrimonio civile, tanto vagheggiata dai
nostri legalisti.

Per dirlo di nuovo, il matrimonio civile è
una *finzione legale.* Il governo francese non
vuol. vedere che questo matrimonio. Or bene,
che cosa ha fatto con ciò? Egli ha distrutto,
ha abolito agli occhi suoi il matrimonio vero
che non vuol vedere, e si è imposto una strana obbligazione di non vedere altro, se non
matrimoni falsi, che non sono matrimoni. Ha
preferito di esser creatore di chimere, piuttosto che umiliarsi alla verità, e sanzionare
una verità che non è l'opera sua. L'orgoglio
vuol creare, invece di accettare quello che ha

creato Iddio. L'orgoglio vuol distruggere quello che ha creato Iddio. Ma l'orgoglio dell'uomo, quando s'accinge a creare, non crea che il nulla, o la menzogna, che è meno ancora del nulla, e la sua punizione sta appunto nella nullità delle sue creature: ha sempre i dolori del parto, ma partorisce vento: vento e nulla è appunto il matrimonio civile. L'orgoglio non può nemmanco distruggere quello che ha creato Iddio: coloro che Iddio ha congiunti in matrimonio, sono congiunti, che che faccia o finga il potere civile, e restano congiunti con un vincolo indissolubile, ancorchè il potere civile finga e dichiari il contrario. La coscienza degli uomini onesti abborrirà l'empietà di tali leggi, e si manterrà perpetua la lotta e inconciliabile fra questa coscienza, che non si può vincere o abolire per alcuna finzione o per alcuna astrazione legale, e il governo che la disprezza ed insulta.

I matrimoni cattolici dunque sono de' fatti che il potere civile non può nè fisicamente nè moralmente distruggere, e che del pari non può creare; che devono essere riconosciuti alla stessa guisa di tutti i fatti reali, per dar solido fondamento alle leggi, non offendere contro la ragione e la verità, non violare un'obbligazione religiosa e morale.

55. La legislazione civile dei Francesi sul matrimonio fu indubitatamente uno de' frutti dell'incredulità del tempo: la legislazione in-

glese fu uno de' frutti dell'eresia e dello scisma.
Meno male l'eresia e lo scisma dell'ateismo. Si
aggiunge che, come abbiam veduto, non attecchì
mai in Inghilterra il sistema delle *astrazioni* e
della *materiale uniformità* delle leggi. Quindi
in quella nazione la legge non fu mai atea; si
mostrò bensì infetta di eresia e di scisma, ma
questo stesso era prova, che que' legislatori
non prescindevano dai fatti religiosi, ma ne
tenevano conto nel fare le loro leggi, ed erra-
vano d'un errore religioso, e non di mancanza
d'ogni religiosa credenza. Quindi la legge inglese sul matrimonio rispetta di gran lunga più
le credenze religiose, che riconosce, e dalle quali
non astrae, che non faccia la legge francese, la
quale non le vuol vedere, nè riconoscere, e
perciò legalmente le annulla.

Ma ci si dica: le leggi dell'ateismo e quelle
dell'eresia e dello scisma saranno dunque degne
d'essere ammirate e ricopiate dai legislatori
piemontesi? Sarà cosa onesta e assennata il
farne un regalo ad un popolo credente e cattolico, come è il subalpino? I Piemontesi, gli
Italiani non incominceranno mai a pensare da
sè? Non si formeranno mai la coscienza di poter
concepire anch'essi qualche cosa di proposito?
Sempre un'ammirazione, sempre una servilità
delle cose altrui! Sempre un voler vestirsi degli
abiti fatti all'altrui dosso, e non al proprio! E
quel che è più strano, un'inclinazione al peg-

gio, a ciò che è più irreligioso, cioè al così detto matrimonio civile alla francese, istinto morboso, che si manifesta tanto nello scritto del signor Persoglio, quanto nell'articolo inserito nel *Risorgimento* del 27 febbraio.

56. La legge inglese, noi dicevamo, è meno irreligiosa della francese, ed anzi si può dire, che in Inghilterra non sia punto irreligiosa, benchè sarebbe irreligiosissima in Piemonte. In fatti:

1.° Non essendo in Inghilterra pubblicato il Concilio di Trento come in Piemonte, i matrimoni fatti senza la presenza del proprio parroco sono validi in faccia alla Chiesa, qualora non ci abbiano altri impedimenti; e però l'istituzione del registratore civile non impedisce mai la validità; laddove in Francia ed in Piemonte i matrimoni fatti alla presenza del solo registratore civile, senza quella del proprio parroco, sarebbero meri concubinati.

2.° Il registratore inglese, dopo i *relief-acts* del 1836, assiste al matrimonio celebrato davanti al ministro cattolico, e si reca altresì a tal fine nelle cappelle cattoliche; con che riconosce il matrimonio religioso; e i matrimoni poi degli anglicani sono validi celebrati davanti il ministro anglicano, anche senza il registratore, e senza alcun'altra formalità. In Francia all'incontro i pretesi matrimoni fatti alla *mairie* sono al tutto separati da ogni indizio religioso: il

potere civile superbamente esclude ogni relazione colla religione, e vuol essere al tutto solo.

3.º La leggei nglese dunque non astrae punto
dalla religione, e soprattutto non astrae dalla
Chiesa stabilita, laddove la legge francese con
una manifesta empietà non riconosce per valido
il matrimonio fatto davanti alla Chiesa cattolica,
e arriva financo a punir quelli che lo contraes-
sero prima del così detto matrimonio civile, e
ciò con una incoerenza la più stravagante;
giacchè, mentre la legge si fonda sull'astrazione
dai fatti religiosi, in appresso poi si ricorda, e
tien conto di questi fatti, quando si tratta di
punirli; e mentre non impone alcuna pena al
pubblico concubinato, la impone a quelli che
ricevono il sacramento del matrimonio davanti
ad un sacerdote cattolico! Così l' unione sacramentale è divenuta un delitto; l'unione concubinaria non è alcun male! Riporre poi la validità del matrimonio unicamente nel contratto
civile, come fa la legge francese, è un'eresia e
un' empietà. Laddove non è tale il semplicemente registrarlo, riconoscendo che la validità
precede a questo atto civile.

4.º L'atto del cancelliere Hardwicke del 1754
affidava alla Chiesa stabilita la registrazione
de' matrimoni secondo certe formalità prescritte:
non prescindeva dunque dalla Chiesa. Era intollerante, perchè obbligava i dissidenti, fra i
quali i cattolici, a subire le formalità volute

dalla Chiesa anglicana. Ma alla fin de' conti non intaccava l' *essenza* del matrimonio cattolico, come fa la legge del così detto matrimonio civile alla francese, la quale si arroga di produrre la validità stessa del vincolo coniugale. I cattolici, che in Inghilterra fino al 1856, si univano colle formalità volute dalla Chiesa anglicana, contraevano senza bisogno d'altro un vero e legittimo matrimonio, riconosciuto dalla Chiesa cattolica, la quale non esigeva e non esige in Inghilterra, come dicevamo, la presenza del parroco e di due testimoni. Col *bill* di sir Roberto Peel, che stabilisce i registratori civili, senza che la validità del matrimonio cattolico venga punto toccata, s' aggiunse ai cattolici una maggiore libertà religiosa, restando essi esonerati dal dover comparire nelle Chiese anglicane. Nè pur questa legge dunque intaccò l'essenza del matrimonio cattolico come fa il sistema del così detto matrimonio civile in Francia, e come farebbe in Piemonte, se ci fosse trapiantato: fu solo una legge di tolleranza e di libertà religiosa.

57. 5.º Nell' articolo del *Risorgimento* del 27 febbraio 1851, intitolato « Matrimonio Civile » si vuol trar profitto al proprio sistema dall'osservarsi, che il governo inglese, coll'atto del 1754 e coi susseguenti, stabilì molte formalità che non possono trasgredirsi, senza incorrere nel delitto di fellonia. E certo, anche

il governo civile può stabilire delle formalità ,
come diremo in appresso, purchè non tocchino
l'essenza del vincolo coniugale ; ma qualunque
sieno le formalità prescritte dalla legge inglese
intorno alla pubblicità , ai termini, ai bandi ,
alle opposizioni, alle dichiarazioni delle parti ,
ecc. , conviene bene ricordarsi quale sia quel
governo che le fece, quali le credenze religiose
di quel governo ; e devono ben esser diverse
da quelle del Piemonte, se pure non si mira a
stabilire lo scisma anche presso di noi.

Infatti , si consideri primieramente che il
governo inglese , si può dire , ha concentrata
nelle sue mani l'autorità politica e insieme la
religiosa, e ciò non solo per l'immensa influenza
che ci ha la Chiesa stabilita, e che viene esercitata dai lordi ecclesiastici (cosa di cui non c'è
vestigio in Piemonte), ma ben anche per i principî stessi di quella Chiesa separata, che vede
nella regina il capo temporale della Chiesa ,
capo che in sostanza col suo consiglio privato
giudica di tutto, anche de' dogmi, come ultima-
mente si è veduto , avendo dichiarato non necessario il dogma della rigenerazione battesimale. Onde quel governo che, per cagione dello
scisma , s'arroga tanto d'ecclesiastica autorità ,
non fa punto nè poco di maraviglia, che pretenda di potere determinare le formalità, che
riguardano il matrimonio. Altra cosa è il Piemonte: questo popolo , per grazia di Dio , non

è ancora scismatico: non attribuisce al suo governo ciò che è solo proprio della Chiesa e del Romano Pontefice, nella comunione del quale si trova. La stessa Chiesa in Inghilterra non sussiste, che in forza della legge civile. Perciò, qualunque sieno le leggi di quel governo in materie ecclesiastiche, sono sempre conseguenti: le stesse leggi sarebbero inconseguentissime nel Piemonte cattolico, che riconosce l'autorità del Papa e della Chiesa.

Di poi si consideri che, secondo la Chiesa anglicana protestante, il matrimonio non è sacramento, e perciò resta il contratto isolato come lo vogliono gli eretici, e non qual è pei cattolici. Quando il matrimonio cessasse d'essere sacramento anche pei cattolici del Piemonte, si capirebbe allora in qualche modo, come ci si potesse applicare l'inglese legislazione. Ma il pretendere che una legislazione, creata sopra un fondamento così erroneo come deve essere questo per tutti i cattolici, che il matrimonio non sia sacramento, potrà egli convenire ad un popolo, qual è il piemontese, che ributta da sè una tale eresia? E i nostri legislatori non sapranno dunque far altro che ricopiar le leggi che stanno bene agli eretici e scismatici, onde regolare con esse un popolo che professa la cattolica fede? Se vogliono esser cattolici essi stessi, studino un po' la propria religione; se non si curano d'esser tali, almeno abbiano cura dell'onestà e dell'onore, e non tradiscano un popolo cattolico, che è loro affidato. Che se poi si parlasse della legge francese; la cosa, come apparisce da tutto quello che abbiamo detto, è troppo più grave.

58. Ed è ancora a considerarsi un'altra differenza notabilissima fra l'Inghilterra e il Piemonte. Tutte le sètte separate dalla Chiesa cattolica perdettero ogni forza ed ogni stabilità. Le variazioni delle Chiese protestanti, di cui il Bossuet diede una classica storia, sono perpetue: l'incertezza, la mutabilità e l'esitazione in esse non ha mai posa nè fine. La sola forza dei governi temporali può sostenerle e ritardare alquanto il momento della loro estinzione, ma le persuasioni e le credenze si sottraggono alla forza, e svaniscono, come le essenze più sottili attraverso dei pori del vaso. È cosa indubitata a tutti gli osservatori, che la stessa Chiesa anglicana cadrebbe in breve, a malgrado delle sue ricchezze, se la forza materiale di quel civile governo non la puntellasse. Ora, quando le comunanze religiose si trovano in sì misero stato, senza fisse e comuni persuasioni e credenze, certo non sono più in caso di assicurare nè l'indissolubilità, nè la stabilità, nè l'onestà, nè la religiosità de' matrimoni: tutto è incerto, tutto vacilla nelle loro mani. Allora i governi civili sentono il bisogno di accorrere essi stessi al pericolo in quel modo che possono,

e di provvedere alla sicurezza e alla regolarità delle unioni, acciocchè non pericoli l'ordine delle famiglie. Ma chi vorrà paragonare la debolezza e l'incostanza delle sette divise dalla cattolica Chiesa, colla fortezza e colla costanza di questa? Chi può dissimulare, che la Chiesa cattolica è di lunga mano più consistente e potente di tutti i governi civili, ai quali immortale sopravvive; e che a lei sola, alle sue dottrine dogmatiche, alle sue massime morali, allo spirito con cui dirige la sua disciplina, appartiene solo l'immutabilità e l'inviolabilità? Che se le sue leggi possono essere modificate nelle materie disciplinari, con quanta maturità, lentezza e prudenza non si vanno facendo tai cangiamenti? La leggerezza e i capricci subitanei degli uomini e degli stessi legislatori umani, bene spesso se ne adontano, e prendono da ciò pretesto d'invadere la sua autorità perchè questa non fa così presto a cangiar le sue leggi, come fan essi. Ai fanciulli pare sempre soverchia la lentezza e il consiglio degli uomini maturi. Così si cade nelle contraddizioni più manifeste. Altri vi dice, come il cavaliere Persoglio, che le leggi sul matrimonio devono essere invariabili, e perciò vuole che il potere civile se ne impossessi; altri s'adirano, che la Chiesa sia così stazionaria, e vogliono che il governo metta la mano sulle leggi matrimoniali perchè sieno una volta variate. Fatto sta che non è punto a stupire, se l'Inghilterra, con una Chiesa che è divenuta un'ombra vanissima del potere civile, se la Francia in quell'epoca in cui ha proclamato l'ateismo, se la Germania con delle sètte protestantiche prive di qualsivoglia efficacia pratica, che altro non sanno più fare se non dividersi e suddividersi, non avendo più altro linguaggio che quello di Nembrotte, abbiano sentito il bisogno di salvare in qualche modo il matrimonio, rendendolo un oggetto quasi esclusivo della legislazione civile, instabile anche questa, ma ad ogni modo più potente delle sette che s'appigliano al potere temporale, come il naufrago ad una trave che ondeggia, per non affogare. Non è questa la condizione di quella Chiesa, che da diecinove secoli a questa parte esiste e governa sempre immutabile tante e così varie nazioni; che, come un immenso scoglio, resiste a tutti i flutti, che cozzando in esso, s'infrangono; che stende il potere delle sue leggi e de' suoi decreti a tutti i confini della terra; che fece piegare davanti ad essi e modificarsi tutte le legislazioni de' più grandi imperi e de' regni; che sola mantenne sempre e dappertutto l'indissolubilità del vincolo coniugale, contro gli attentati de' principi e de' civili legislatori e impresse profondamente il concetto di questa indissolubilità in centinaia di popoli, facendola scrivere in centinaia di codici; che rese venerabile e santo questo vincolo, e seppe così *impedire le malsicure unioni*, per impedire le quali il *Risorgimento* invoca la legge francese? Questa Chiesa seppe così dare alle famiglie un saldissimo fondamento, proteggendone l'ordine e la pace contro ogni umano potere, e a questa soltanto appartiene il Piemonte. Lo sappiano i legislatori piemontesi : ella resisterà ai loro attentati, e li annullerà, come ha resistito, e colla sua perseveranza ridotti al nulla, attentati di assai maggiori dominazioni.| Sappiano ed intendano i legislatori piemontesi, ch'essi si trovano in circostanze ¦ben diverse da quelle in cui furono i legislatori inglesi, francesi e tedeschi; e che appartiene alla sapienza legislativa il conoscere, dove| e per chi si fanno le leggi, le quali non si possono trasportare come le piante, benchè queste stesse non allignino in ogni clima. La differenza dunque fra le condizioni nelle quali furono fatte le leggi inglesi sul matrimonio, e le condizioni in cui si trova il Piemonte è grandissima ; or le leggi non sono savie, nè durevoli, se non hanno la loro origine nelle circostanze e disposizioni del paese e del popolo per cui si fanno.

59. Finalmente si avverta ancora, che lo spirito della legge inglese non è l'*uniformità materiale*, e che ella fa eccezione ai quacqueri ed agli ebrei, appunto per adattarsi alle credenze religiose di costoro.

60. È singolare il patrocinio che prende il *Risorgimento* del sistema vagheggiato da' nostri

legalisti. I sofismi, co' quali ne tratta la causa ,
sono sempre gli stessi. S' ascolti : « Trattasi di
« necessità spirituali, di pratiche religiose ?
« Appartiene alla Chiesa il determinarle e il
« regolarle ». Ottimamente : ma il matrimonio
de' cattolici è essenzialmente spirituale , è una
pratica religiosa, anzi è un sacramento : e
questo è di fede. Dunque , per tutto ciò che
riguarda la validità di questo contratto essenzialmente spirituale e l' indissolubilità del vincolo, appartiene alla Chiesa il determinarlo e il
regolarlo. « Trattasi di guarentire alle persone
« le qualità di moglie e di marito, di padre o
« di figlio , la proprietà dei congiunti, i diritti
« legittimi di figliazione, la riserba che la legge
« assicura alla prole legittima, l' usufrutto del
« genitore, la pensione della vedova; vantaggi
« tutti che assicura l' ordine sociale agli indi-
« vidui ed alle famiglie ? E in tal caso appar-
« tiene ai governi stabilire le condizioni, nelle
« quali si possono civilmente riconoscere le
« dette qualità , condizioni che scaturiscono
« *dalla natura stessa delle cose*, nello scopo di
« impedire che l'esercizio di un diritto sia pre-
« giudizio di un altro, che il bene dell'uno sia
« a scapito altrui; indispensabile necessità di
« ordine generale , di libertà e di giustizia ».
Quello che è singolare si è che in tutte queste
parole non ce n' è una sola che venga da noi
impugnata : le accordiamo tutte, tutte senza
eccezione. Che cosa vuol dir questo? Vuol dire

che il nostro dissidio non riguarda il principio
contenuto in quelle parole, e l'abbiamo mostrato di sopra (28, 32); non riguarda il principio che al governo civile s'aspetti il guarentire
a'cittadini i nominati diritti, e lo stabilire le
condizioni alle quali si possono riconoscere le
dette qualità. Qual è dunque la vera questione
che si evita di continuo? — Si è unicamente
questa: COME il governo civile debba fare tutto
ciò: se nello stabilire le dette condizioni, nel
guarentire i detti diritti, egli possa procedere
a pieno arbitrio, se non abbia certe obbligazioni da osservare, se non debba tenere verun
conto dei doveri che gli sono imposti dalla
fede religiosa del popolo a cui civilmente presiede, se possa fingere titoli di diritto, che sono
riguardati come nulli dalla coscienza, o fingerne
di quelli che la coscienza cattolica riguarda
come sacrileghi. Ecco la vera questione: l'ammettere il principio che può esistere tra'cattolici un *matrimonio civile*, cioè un valido matrimonio, che non è sacramento perchè non vi
intervenne la Chiesa, è lo stesso che oppugnare
il cattolicismo. Può far questo un governo civile, che si dice cattolico, pretendendo di essere
a ciò obbligato per garantire alle persone le
qualità giuridiche e stabilirne le condizioni?
Non è questa una strana pretesa, o piuttosto
un vanissimo pretesto? Voi stesso dite che le
condizioni nelle quali si possono civilmente ri-

conoscere le dette qualità, *scaturiscono dalla natura stessa delle cose:* attenetevi adunque a questo principio, non pretendete di creare colle leggi la natura delle cose, fingendo quello che non esiste. La natura del matrimonio dei cattolici è quella che voi dovete avere in vista nello stabilire le dette condizioni, e non credervi follemente autorizzato a pervertire la natura delle cose. Astrarre da' fatti, e specialmente da quelli che sono costituiti dalla coscienza dei cittadini, non è certamente un seguire la *natura delle cose.* Può dunque il legislatore civile stabilire le condizioni, nelle quali si debbano riconoscere le qualità delle persone, può guarentire i diritti annessi o conseguenti a queste qualità; ma nell'esercizio di questo suo potere, egli deve ricordarsi che ha delle gravi obbligazioni da adempiere, ch'egli non può menomamente violare la giustizia, la moralità e la religione, non può mettersi sotto i piedi la fede religiosa dei popoli.

64. Così i diritti del potere civile devono essere controbilanciati, temperati e guidati dai doveri, questi limitano l'esercizio di quelli, e lo rendono sapiente e salutare al paese. E nel fatto nostro abbiamo già indicato i due limiti oltre i quali non può trascorrere il potere civile, cioè quello, pel quale egli è obbligato a riconoscere, in principio, ogni matrimonio dei cattolici valido in faccia alla Chiesa, e quello, pel

quale è obbligato a non riconoscerne verun altro. E questo è quanto un dire:

1.° Che il governo civile d'un popolo cattolico deve accettare tutti gli impedimenti dirimenti della Chiesa, senza eccezione.

2.° Che non deve aggiungere alcun impedimento nuovo di tale natura.

3.° Che deve riconoscere l'indissolubilità del vincolo a quel modo stesso che lo riconosce la Chiesa e non altrimenti.

4.° Che in tutto questo deve conformarsi ai giudizi della Chiesa, e a questi giudizi dare la sanzione civile.

62. Abbiamo veduto quello che il potere civile non può fare: vediamo ora quello che può fare circa i matrimoni de' cattolici.

E primieramente, escluso tutto quello che non può fare, e che si racchiude nelle due proposizioni sopra indicate e nelle loro quattro conseguenze, il resto rimane soggetto al potere civile. Gli rimane ancora un campo vastissimo dove esercitarsi e far prova della sua sapienza legislativa.

E però:

1.° Qualora i legislatori civili trovassero necessario al pubblico bene apporre al matrimonio certe condizioni in aggiunta di quelle della Chiesa, essi possono stabilirle in forma d'impedimenti proibenti, cioè possono vietare per legge i matrimoni, che non abbiano tali condizioni;

p. e., i matrimoni de' minori senza il consenso de' genitori, o l'omissione di formalità dalla stessa legge civile prescritte (1); e così pure da noi il governo in molti casi proibisce ed incaglia i matrimoni dei militari.

2.º Il potere civile può impedire, anche per vie di fatto, che tali matrimoni avvengano. Ma se, non arrivando a tempo la sua vigilanza, sieno già avvenuti, egli è obbligato a riconoscerli, come un fatto compiuto e indistruttibile.

3.º Può punire coloro, che sottraendosi alla vigilanza governativa contraggono tali matrimoni vietati dalle leggi civili.

63. E qui si consideri che questi mezzi di impedire preventivamente, o di punire tali matrimoni possono essere efficacissimi in mano del governo civile, a far sì che tali matrimoni non si contraggano, o se taluno li contraesse, il caso fosse così straordinario ed eccezionale, da non recar alcun pregiudizio alla cosa pub-

_____

(1) Il cav. Persoglio scrive: « Non sarà a maravigliarsi, « se la legge civile CREERÀ impedimenti dalla più severa « morale stabiliti, quale sarebbe quello tra i figli naturali « e i figli adottivi dello stesso padre ». Stia certo il signor cav. Persoglio, che la Chiesa Cattolica non verrà da lui ad imparare la severa morale, da lui, che non sembra molto sapiente nè in morale, nè in legge, quando mostra d'ignorare, che la cognazione legale è uno degli impedimenti dirimenti in vigore almeno da dieci secoli, tanto presso la potestà ecclesiastica, quanto presso la laicale, e che però non c'è bisogno di CREARLO.

blica. Laonde il pretendere che sia necessaria al governo la facoltà di porre *impedimenti dirimenti il vincolo*, per provvedere al pubblico bene e all'ordine delle famiglie, è del tutto fuor di ragione; anche per questo, che esso governo può ottenere il medesimo intento coll'esercizio dell'altra facoltà, di stabilire impedimenti impedienti (1). E veramente, non sono in mano del potere civile tutti i mezzi per impedire i matrimoni, ch'egli creda veramente nocevoli al bene sociale, o a quello delle famiglie, mezzi e preventivi e penali? Come si può occultare al governo un matrimonio, quand'egli adoperi i mezzi che sono in suo potere, perchè non si occulti? La Chiesa non vuole certo, che si facciano i matrimoni di nascosto, e per evitare questo inconveniente ha stabilito le pubblicazioni. Che se qualche volta fa bisogno di dispensare da queste, il potere civile può benissimo esigere d'esserne avvertito in tempo, affinchè non gli resti occulto il matrimonio che dee seguire, e possa esaminare se

---

(1) Fra quelli, che hanno dimostrato non essere necessaria al Governo la facoltà di porre impedimenti dirimenti per tutelare l'ordine e gl'interessi delle famiglie, è da vedersi Barruel: *Les vrais principes sur le mariage*, p. 46. — Financo alcuni di quegli autori, che sembrano accordare allo Stato la facoltà degl'impedimenti dirimenti, confessano che questa non è necessaria agli scopi del governo civile. V. Lhuillier, *Observat.* in Launonium, p. 118, 112 et seq., 164, 173, 174. — Pey, *Autour des deux puiss.*, t. III, III° part., cap. III, §. 8, p. 163, 175, 181, 192.

ha le condizioni da lui richieste. Il governo può
rendere sindacabili gli sposi, i genitori, i parenti, tutti quelli a cui fosse stato noto il progetto di quel matrimonio se non gli venisse
denunziato in tempo. Nulla v'ha in ciò di contrario alle leggi della Chiesa, e non resta altro
se non che il governo regoli tutta questa parte
con moderazione e previdenza, con rispetto alle
persone ed alle cose, che vanno rispettate, e
colla minor molestia possibile de' cittadini. Ma
se il governo non sa usare de' mezzi leciti, che
ha pur nelle mani, se manca di vigilanza, e
quindi si fa qualche matrimonio contro il suo
divieto, n'attribuisca la colpa a sè stesso, e non
metta la mano profana a sciogliere il sacro legame. E chi mai vorrebbe unirsi in matrimonio
contro il disposto dalle leggi, qualora i novelli
coniugi dovessero passare in prigioni separate
un solo anno senza potersi vedere? Chi vorrebbe esporsi a venir condannato a gravi multe,
le quali potrebbero essere applicate anche ai
genitori e tutori, che, sapendo e potendo, non
avessero avvisato in tempo del matrimonio il
governo? Ad ottenere dunque il fine che si
propone la civil potestà, non c'è bisogno alcuno,
che questa s'arroghi l'autorità di stabilire impedimenti dirimenti; e il menare tanto romore,
come fanno i nostri legalisti, per attribuire
questa autorità al potere civile, non dimostra
già un vero zelo pel bene pubblico e per l'or-

dine delle famiglie, ma una gara contenziosa, un astio contro la Chiesa, di cui con sì frivolo pretesto si vuol invadere ed usurpare l'inalienabile potestà. A che vale dunque l'argomento de' legalisti per concedere al civile potere il diritto di mettere impedimenti che dirimano il matrimonio? Ecco questo grande argomento: il potere civile deve avere i mezzi necessari per provvedere al bene pubblico e a quello delle famiglie; ma la facoltà di mettere impedimenti, che dirimano il matrimonio, è uno di questi mezzi che gli sono necessari: dunque egli deve averla.

Si cerchi quanto si vuole ne' libri e nei ragionamenti de' legalisti: essi non trovano altro argomento per sostenere la loro tesi: se le loro dicerie si spogliano delle vane parole, e si riduce al netto il loro pensiero, non si rinviene mai altra prova, altro argomento, che il sopra riferito. Ma quanto non è egli debole e fallace? Chi non vede, che è supposta gratuitamente la minore del sillogismo che fanno? Ed anzi che non è punto nè poco vero, che il governo civile abbia bisogno della facoltà di mettere impedimenti che dirimano il matrimonio, per provvedere al pubblico bene ed al bene domestico? La sapienza di Dio e della Chiesa pose già tali impedimenti dirimenti, che provvedono al bene pubblico e delle famiglie, e che possono essere dal governo civile sanzionati. Egli è pure a stupire che i governi si credano in caso da farne la censura e di trovarne fra essi di inutili, sostituendone altri migliori. La Chiesa di più, come abbiam detto, lascia liberissimo il governo civile d'ammettere altri impedimenti proibenti, per que' matrimoni, che al bene civile si credessero inopportuni; e questi matrimoni il governo civile può farli cessare se vuole, aggiungendo una sanzione sufficiente a' suoi divieti. Il bene dunque della società civile e della domestica è assicurato; e il civile governo, avendo in mano altri mezzi da impedire i matrimoni, ch'egli reputa inconciliabili col bene pubblico, deve limitarsi a far uso di questi senza arrogarsene de' superflui (1). Il sistema de' legalisti

(1) Vi hanno dei casi in cui anche le leggi francesi si contentano di punire quelli che contraggono matrimoni proibiti dal potere civile, senza dichiararli perciò nulli o privarli dei diritti civili. Così per un decreto del 16 giugno 1808 è proibito al soldato di contrarre matrimonio senza il consenso del consiglio di amministrazione, ed agli ufficiali senza il consenso del Ministro della guerra. Ora la pena di quelli che mancano a questa disposizione non è altra che la destituzione, e la perdita dei diritti alle pensioni e alle ricompense militari. *Ceux d'entre eux qui auront contracté mariage sans cette permission, encourront la destitution et la perte de leurs droits tant pour eux que pour leurs veuves et enfants à toute pension ou récompense militaire.* Così il decreto. Questo è il sistema che un governo cattolico deve seguire: punire quant'è necessario quelli che sfuggendo alla sua vigilanza contraggono matrimoni vietati: non mai considerare questi come nulli

dunque è fondato sopra un'aperta fallacia, sopra una supposizione immaginaria, e procede da uno spirito cavilloso e ostile alla Chiesa, colla quale gli piace sempre di contendere.

64. Si disputa da alcuni, se il governo potrebbe privare degli effetti civili certi matrimonî fatti conformemente alle regole della Chiesa. Esaminiamolo secondo i sopra esposti principî. Abbiam detto che, quando c'è un matrimonio di cristiani cattolici, il potere civile deve riconoscerlo esistente, valido e legittimo, e non può fingere che non esista. Ammesso e riconosciuto questo fatto, di quali effetti civili rimane a parlare? Forse di quello della legittimità della prole? Ma non riuscirebbe una contradizione il dire riconosco esistente un legittimo matrimonio, riconosco e tutelo i diritti reciproci de' coniugi (giacchè questo è essenziale, acciocchè si possa dire, che il potere civile riconosce esistente un matrimonio), e poi non riconosco per legittimi i figliuoli che ne nascono? Se questo voi fate per punire i genitori, che si accoppiarono violando la legge civile, perchè scaricare il gastigo maggiore sui figli innocenti? Assolutamente parlando, quel potere civile, che riconoscesse l'esistenza d'un tal matrimonio, tutelando i diritti maritali dei coniugi, e poi

quando sono già contratti. E lo stesso principio fu eziandio pienamente rispettato nelle disposizioni governative che vennero da noi stabilite durante il regno del Re Carlo Alberto circa i matrimonî dei militari.

incrudelisce sui figliuoli, non offenderebbe, almeno direttamente, la dottrina cattolica: la fede sarebbe salvata: ma opererebbe nondimeno stoltamente ed ingiustamente. Ha forse bisogno il potere civile di ricorrere ad un tal genere di punizioni, quando egli ne ha in mano tant'altre ugualmente e più ancora efficaci? La questione dunque degli effetti civili, o parte dal principio, che non esiste quel matrimonio che esiste veramente, e allora si nega l'opera di Dio, e si separa quello che Dio ha congiunto; ovvero parte dal principio che quel matrimonio esiste, come esiste di fatto, e in tal caso non resta che la privazione degli effetti civili, riguardanti i beni temporali, e di quelli che riguardano i figliuoli, la quale è incoerente e crudele. La separazione dunque degli effetti meramente civili dal fatto del matrimonio è impossibile, o perchè ella si fonda sul falso principio, che ci sieno due matrimoni tra cristiani, l'uno ecclesiastico e l'altro civile, l'uno sacro e spirituale, l'altro profano: o perchè, se si ammette che uno solo sia il matrimonio de' cristiani, parte di questi effetti civili sono inerenti allo stesso matrimonio, qual è la tutela dei coniugali diritti; parte sono la conseguenza dei primi, come quelli che riguardano le successioni (1).

(1) A questo non hanno posto mente alcuni scrittori cattolici, i quali hanno attribuito al potere civile la facoltà di privare indistintamente degli effetti civili certi

65. 4.° Il governo civile ha ancora il diritto di registrare i matrimoni, e di considerare questa registrazione, come la *prova legale* della esistenza del matrimonio, ma egli non ha menomamente il diritto di mettere a questa registrazione nessuna condizione, per la quale venisse mai ricusato un matrimonio qualunque esistente di fatto, come è quello contratto secondo le leggi della Chiesa; o per la quale venissero a registrarsi dei matrimoni non esistenti, come sono quelli che la Chiesa cattolica giudica nulli.

Questa registrazione suppone il matrimonio già formato, e però deve essere posteriore al medesimo, deve essere aperta a tutti e soli i matrimoni fatti in faccia alla Chiesa cattolica, anche a quelli, che fossero proibiti dalle leggi civili, valendo l'adagio, che *factum infectum fieri*

matrimoni esistenti di fatto a giudizio della Chiesa. Essi non considerarono se non gli effetti civili riguardanti i beni temporali e le successioni ereditarie; ma fra gli effetti civili devono computarsi anche i diritti coniugali reciproci, lo stato non libero de'coniugi, onde niun di essi può essere autorizzato dal potere civile a separarsi dall'altro, o a passare ad altre nozze. Se questi ultimi effetti non fossero mantenuti intatti dal potere civile, sarebbe segno che questo parte dalla *finzione* della non esistenza del matrimonio, che è quella che noi combattiamo come irreligiosa, e tale che offende i diritti d'un popolo cattolico. Nell'inavvertenza che qui notiamo è caduto anche l'autore per altro commendevolissimo (G. Moser) dell'operetta *De impedimentis matrimonii* etc., editio quinta. Mechliniae 1847. Cap. XXIII.

nequit. Ma il governo può esigere sotto la pena di multa ed altre tali specie di pene, che così fatta registrazione presso l' ufficiale civile sia eseguita entro un certo tempo dalla celebrazione del matrimonio; e può benissimo considerare il matrimonio come non avvenuto, fino che non è registrato, non essendo già questa una *finzione*, ma semplicemente una mancanza della *prova legale*, la quale il governo può certamente esigere e determinare. Ma acciocchè la registrazione si possa considerare come una mera prova del matrimonio, questa, ancorchè venga ritardata dalla negligenza de' coniugi, o di quelli che concorrono alla registrazione, deve valere a provare l' esistenza del matrimonio, anche precedentemente alla registrazione medesima, cioè fino dal momento, in cui fu veramente celebrato. L'omissione dunque della registrazione dee poter supplirsi sempre in ogni tempo, benchè si possano punire quelli che la ritardano oltre al termine fissato.

Questi sono i confini, entro i quali il governo civile può esercitare la sua potestà circa il matrimonio de' cattolici senza offendere le leggi di Dio, di Cristo e della Chiesa, la violazione delle quali è ad un tempo violazione de' diritti d'un popolo cattolico.

66. Ma, per rispetto ad altre religioni ammesse nello Stato, il potere civile può ricevere benissimo una maggiore estensione, benchè non possa, senza violare la libertà di coscienza,

prender per base delle leggi che egli facesse circa i matrimonî di tali religionari, dei principî opposti essenzialmente alle credenze de' medesimi.

A ragion d'esempio : gli Ebrei s'attengono circa i matrimonî alla legislazione mosaica ; il governo, che fa delle leggi per regolare i matrimonî degl'Israeliti, dee partire da tali principî, che non s'oppongono in modo alcuno alla legislazione mosaica, e che non producano mai nella loro applicazione un caso, nel quale un matrimonio, che non è riconosciuto per valido dalla coscienza degl'Israeliti, venga dichiarato tale civilmente; e viceversa sia civilmente considerato per non avvenuto un matrimonio, che è tale secondo la coscienza degl'Israeliti. Ma, salvato questo principio, senza del quale il governo mancherebbe all'obbligazione a lui inerente di tutelare e proteggere i diritti religiosi de' cittadini, egli può del resto stabilire molte altre cose intorno a tali matrimonî, ai quali non presiede un'autorità ecclesiastica così viva e reale, e che non provvede ampiamente, come fa la Chiesa cattolica per l'autorità ricevuta dal divino suo Fondatore.

67. Il potere civile può anche regolare in gran parte i matrimonî degli eretici, senza violare la loro libertà di coscienza. Poichè, quantunque gli eretici, per sè considerati, sieno soggetti alle leggi della Chiesa, tuttavia essi non se ne credono tenuti, e il governo, che

ammette tali sètte nello stesso Stato, dee supporre in essi civilmente la buona fede. Gli eretici dunque non considerano l'union coniugale come sacramento (1); le loro credenze non sono fisse e strettamente obbligatorie, vigendo fra essi l'interpretazione individuale della Scrittura, che può cangiare ogni giorno, e cangia di fatto la credenza di ciascheduno, almeno di quelli che hanno qualche coltura. Quindi per loro la fede e la coscienza non ripugnano menomamente a ricevere dal governo civile quelle leggi che stima bene di fare per regolare i loro matrimoni; le decisioni e i regolamenti delle loro autorità ecclesiastiche non hanno una forza assoluta sulle loro coscienze, e sono considerate come disposizioni di buon ordine, che possono esser cangiate, e di cui il governo civile può farne di migliori. La stessa indissolubilità del vincolo coniugale non è tanto forte ai loro occhi, quanto può essere a quelli d'un governo cattolico. Si sono veduti i capi di tali sètte, Lutero, Melantone ed altri, fare senza scrupolo delle eccezioni, financo alla legge della monogamia (2). Le leggi e le formalità dunque, che

(1) E infatti gli eretici in Francia, dopo replicate istanze ottennero nel 1787 di celebrare i matrimoni senza bisogno di formalità religiose, ed accettano senza alcuna ripugnanza della coscienza gl'impedimenti dirimenti che piaccia al governo d'imporre ai loro matrimoni. Vedi Baston, *Concordance*, pag. 27.

(2) In occasione della legge francese sul matrimonio, il signor Portalis diceva al corpo legislativo: *La maxime*

prescrivesse il governo, potrebbero recar loro qualche molestia, ma non sarebbero mai da essi considerate come illecite, o come contrarie alla loro fede religiosa; e potrebbero anche riescire utilissime, specialmente se il governo fosse così savio da ravvicinare le condizioni de' loro matrimoni a quelle che sono indispensabili pe' cattolici; il che senza lesione alcuna delle coscienze addurrebbe il vantaggio della maggior possibile uniformità.

III. QUESTIONE.

Qual' è la relazione delle leggi civili sul Matrimonio colla libertà religiosa.

68. Abbiamo finqui dimostrato che un governo cattolico, e anche un governo non cattolico ma onesto, che deve far leggi sul matrimonio

qu'on ne peut contracter un second mariage, *tant que le premier subsiste, constitue le droit universel de toutes les nations policées* (Code et motifs, p. 230, 234). Ora chi ha fatto che la massima, di cui parla qui il signor Portalis, acquistasse tanta forza nel mondo da costituire il diritto universale di tutte le nazioni incivilite? È cosa di fatto, che fu la Chiesa Cattolica, che potè tanto, ed ottenne un successo così maraviglioso mediante l'esercizio di quella potestà sul matrimonio che le diede Cristo, e che ora i governi civili, bamboli da lei educati, le voglion rapire. I fondatori del protestantismo, ribellati alla Chiesa, s'allontanarono tosto da quella massima, che il sig. Portalis chiama « il diritto universale delle nazioni civili »: questo fatto merita d'essere ben considerato da' governi.

per un popolo cattolico, qual è il Piemontese, è obbligato a tenersi entro certi confini, e questi confini gli abbiamo stabiliti, rispondendo alla precedente questione. Qual'è dunque la ragione, per la quale i civili legislatori ripugnano a contenersi entro tali confini? Qual'è la ragione, vogliamo dire, che si mette in campo dai legalisti per ispingerli a trapassarli? *La libertà di coscienza:* ecco la gran parola, colla quale si crede di rovesciare d'un tratto, senza nemmen bisogno di ragionare, tutto quello che noi abbiamo detto fin qui.

Dopo dunque che noi abbiamo dimostrato ciò che il potere civile non può fare, e ciò che può fare secondo la dottrina del cattolicismo, è necessario che esaminiamo la questione stessa in relazione al principio della liberetà religiosa di coscienza.

69. I più di quelli che hanno sempre sulle labbra, o confitta nell'immaginazione questa libertà, sanno poi che cosa ella sia? C'è molto ma molto da dubitare che non lo sappiano: ed ecco la ragione del dubbio: se lo sapessero, non metterebbero in campo mai e poi mai la religiosa libertà di coscienza per sollecitare il potere civile a fare delle leggi sul matrimonio, che vengano in collisione con quelle della Chiesa. Poichè con queste leggi appunto il potere civile si mette nella occasione e nella necessità di violare la libertà di coscienza, come apparirà da quello che diremo in appresso.

Convien dunque separare prima di tutto le idee confuse, indeterminate e fantastiche, che molti aggiungono a questa espressione: libertà di coscienza, e chiarirne la vera e precisa significazione.

Che cosa è dunque la libertà di coscienza? La libertà di coscienza è il diritto, che ha ciascun cittadino e ciascun uomo di soddisfare pienamente alle *obbligazioni*, che gli impone la propria coscienza, senza che le leggi civili gli mettano alcun impedimento, o gli arrechino, per cagion di questo, castigo o molestia, ed anzi difendendolo contro gl'impedimenti che potessero mettere a lui gli altri uomini con modi ingiusti. Ecco quello che significa l'espressione, libertà di coscienza.

La quale definizione non può essere contrastata da alcuno, perchè è evidente: il più sacro diritto dell'uomo è quello di poter soddisfare liberamente ai doveri che la propria coscienza gli impone. Questo diritto non può essere violato da legge alcuna, sotto alcun pretesto, e deve essere tutelato dalla legge civile a ciascuno.

70. Di qui discende indeclinabilmente la conseguenza:

Che il potere civile offende colle sue leggi e coi suoi atti la libertà di coscienza de' cittadini, ogniqualvolta le dette leggi, o i detti atti, in sè o nelle loro conseguenze riducono i cittadini a tal condizione, nella quale non possono adempire pienamente e liberamente alle obbligazioni che la coscienza impone loro, ossia non possono farlo senza esporsi alle pene, o alla persecuzione, o a' danni e molestie di qualunque genere (1).

Questa è la forma generale, colla quale si può conoscere senza ingannarsi, quando le leggi, o i governi civili offendano la libertà di coscienza, e quando non l'offendano.

74. Questa è altresì la regola generale per distinguere i concetti falsi che corrono intorno la libertà di coscienza. Credono alcuni, che la *libertà di coscienza* equivalga ad *antipatia religiosa*, e quindi ogniqualvolta o i governi civili, o i begli spiriti sfoggiano antipatie e prodezze contro la religione, sono celebrati di liberalismo, quasi solo allora esercitassero e favorissero la

(1) Sono da notarsi queste parole del Cav. Persoglio « La religione è intatta tuttavolta che i fedeli hanno facoltà di eseguirne i precetti, e godono la più alta protezione nel libero esercizio della medesima ». Conviene dunque con noi nella sentenza, che la libertà religiosa consista nel potere ogni cittadino adempire tutte le *obbligazioni* che gli impone la religione che professa, ed essere in questo protetto. Ma questo legalista, come tutti gli altri, ci accorda il principio senza poi avvedersi delle conseguenze che ne derivano: se si fosse avveduto, o avrebbe negato quel principio, o avrebbe abbandonata la sua teoria sul matrimonio civile che contradice ad esso, come chiaramente vedremo.

libertà religiosa, e ne proclamassero il principio. E di conseguenza poi nasce che gli uomini timorati ed onesti, prendendo in una significazione così erronea la libertà di coscienza, la detestino e la abborriscano, come ella fosse un medesimo coll'irreligione e coll'empietà. Ma se ci sono degli uomini, sieno questi ministri, o deputati, o altro, che ripongono la libertà di coscienza nell'irreligione, altro non significa questo, se non che alla pravità dell'animo va congiunta l'ignoranza più grossolana. No certo, non è lo stesso, *antipatia religiosa e libertà di coscienza*, che è quel. diritto che ha ciascun uomo di soddisfare liberamente a ciò che reputa suo dovere.

72. Si consideri dunque la definizione che n'abbiam data, e che non può essere impugnata da nessuno che conservi qualche po' di senso comune; e se ne avranno i corollari seguenti:

1.° Se la libertà di coscienza è la facoltà inalienabile, che ha ogni uomo di soddisfare alle obbligazioni, che la coscienza gl'impone, dunque questa libertà suppone che vi abbiano obbligazioni religiose e morali;

2.° Dunque il diritto sacrosanto della libertà di coscienza non può spettare che a quelli, che riconoscono d'avere una coscienza, e delle obbligazioni religiose e morali, loro imposte dal dettame di questa coscienza; e però tutti coloro i quali professassero di non avere alcuna religione, costoro non potrebbero rivendicare a sè stessi il diritto della libertà di coscienza in materia religiosa ; perchè chi non ha , o non riconosce d' avere obbligazioni , non può avere il diritto d'esser libero ad edempirle ;

3.° Dunque si devono distinguere due cose che si confondono continuamente ; l'una è di impedire l'uomo dall' adempire alle proprie obbligazioni di coscienza , e l'altra è d' obbligare un uomo a fare qualche cosa, a cui non crede d'essere obbligato. La prima di queste due cose è sempre una violazione del natural diritto della libertà di coscienza, la seconda all'opposto non è una violazione di questo diritto , perchè non viene l'uomo costretto a far nulla di quello ch'egli creda *illecito*, ma solo a far qualche cosa di ciò , ch'egli crede non essergli obbligatorio : e però questo sarà una soperchieria, un'ingiusta molestia , secondo i casi e le circostanze , ma non mai e poi mai una violazione del diritto della libertà di coscienza. Poniamo il caso, che si volesse costringere un padre incredulo a far battezzare i suoi figliuoli. In conseguenza della sua incredulità egli non si reputa obbligato a fare che sia amministrato il battesimo alla sua prole. Ma se non crede d'essere obbligato a far battezzare i suoi figliuoli, neppur crede di essere obbligato a non farli battezzare ; chè egli considera il battesimo come un rito superfluo , nè utile, nè nocevole. Venendo dunque obbligato a sottoporre i figliuoli suoi al battesimo, egli non è già obbligato con questo a violare nessuna delle obbligazioni che gli imponga la sua coscienza. Potrà forse lamentarsi come d'una molestia che gli si cagiona; ma non potrà mai dire che la libertà della sua coscienza sia stata offesa e violata in modo alcuno, e non gli si è già imposto con questo di credere al battesimo: nulla gli si impose che s'opponesse ai suoi doveri di coscienza; gli si impose solo una cosa, ch'egli crede indifferente, e nulla più. Costringere un uomo a fare una cosa, ch'egli stesso crede indifferente, e però lecita, non è mai un violare la libertà di coscienza: sarebbe bensì un violarla il costringerlo a cosa ch'egli giudicasse illecita. E tuttavia se quella cosa è religiosa, come sarebbe nel caso mentovato il battesimo, voi vedrete quell'uomo, a cui s'impone, armarsi di tutte le sue antipatie religiose, e agitato da un odio e da una bile, di cui non apparisce alcuna ragione, invocare altamente, ma fuor di proposito, la libertà di coscienza, e fare i più strani lamenti che questa libertà sia stata, rispetto a lui, indegnamente violata.

Ora tutto questo fracasso è privo affatto del più piccolo fondamento: si confonde il *diritto*, che ha ogni uomo di fare quello a cui si tiene obbligato in coscienza, col *piacere* di soddisfare alle proprie antipatie religiose. Eppure queste antipatie nessuno gliele toglie per ciò, se le vuol conservare, nessuno lo obbliga a credere, resti pure dunque nella sua incredulità. Che fa l'incredulità? Persuade l'uomo di non avere obbligazioni religiose : appunto perciò non produce obbligazioni di coscienza, ma solo ne distrugge. Se dunque si tratta d'increduli, i quali professino non avere obbligazioni religiose, la loro libertà di coscienza non può essere violata giammai nella sfera delle cose religiose: gli atti religiosi per essi non sono tali, sono indifferenti, sono superflui. Obbligati ad essi dalle leggi, non sono obbligati a cosa colpevole, secondo il loro stesso giudizio, ma solo a cosa molesta. All'incontro si supponga che, invece d'una assoluta incredulità, taluno professi una credenza religiosa, che dichiarasse peccaminoso il battesimo; poniamo che questa fosse il quacquerismo. In tal caso una legge, che lo rendesse loro obbligatorio, violerebbe manifestamente la loro libertà di coscienza. V'ha dunque una immensa differenza fra l'offendersi la libertà di coscienza d'un uomo, e l'imporsi a quest'uomo cose, le quali non gli sono comandate dalla sua coscienza, ma neppur riprovate. Queste ultime potranno essere moleste finchè si vuole alle sue antipatie religiose, ma non mettono l'uomo nella condizoine di dover offendere la propria coscienza per conformarsi alle leggi: altro è una molestia qualunque, altro un rimorso: altro soggiacere ad un incomodo, ed altro vedersi costretto ad una colpa. Il primo potrà lamentarsi che gli si toglie la felicità; il secondo potrà lamentarsi a troppo più forte ragione, che gli s'insidia l'onestà morale: questi si querela giustamente, che si voglia violare la sua libertà di coscienza; quel primo non può muovere la querela stessa, ma querelarsi forse del danno che si fa alla sua tranquillità: al primo si sottrae il bene morale; al secondo solamente un bene eudemonologico: la coscienza non ha da far nulla con questo secondo, bensì col primo.

73. Era necessario porre in chiaro in che cosa consista la libertà religiosa di coscienza, e quando le leggi civili offendano questo sacro diritto dei cittadini.

La libertà di coscienza dunque non consiste nella facoltà di soddisfare alle proprie *antipatie religiose*, come volgarmente si crede, ma consiste nella facoltà di soddisfare alle proprie *obbligazioni religiose* senza molestia di sorte; e questa facoltà è un diritto inalienabile d'ogni cittadino: onde le leggi civili offendono la libertà di coscienza de' cittadini, quando, o li costringono a violare le loro obbligazioni religiose, o a questo gl'incitano, o loro infliggono delle pene per tal cagione.

Stabilito questo principio, si presenta incontanente la domanda importantissima, pei nostri legislatori:

« Se le leggi civili devono piegarsi e modificarsi, secondo le religioni de' cittadini, e le obbligazioni che queste impongono : o per lo contrario, se le religioni e le obbligazioni religiose de' cittadini devono piegarsi e conformarsi alle leggi civili ».

Questa ricerca è importante, perchè essa conduce a stabilire un principio capitale, regolatore di tutta la legislazione civile.

Se le leggi civili devono piegarsi o modificarsi secondo le religioni de' cittadini, in tal caso si professa che la religione è superiore alle leggi civili, e che quelle devono ubbidire a questa.

Se le religioni devono piegarsi e modificarsi secondo le leggi civili, in tal caso si professa che le leggi civili sono superiori alla religione, e questa deve ubbidire a quelle.

74. Questa seconda sentenza è professata da quei governi che aspirano all'onnipotenza ; ora nell'onnipotenza dei governi muore ogni liberalismo, e altro non resta che il più bieco dispotismo ; s'estingue ogni spiritualismo, ed altro non resta che il più abbietto materialismo; è questo il regno della forza bruta.

La prima sentenza è professata da tutti gli uomini ragionevoli, che hanno qualche senso d'umanità, e che non si trovino attualmente al potere, o non abbiano venduto sè stessi agli uomini del potere, come sogliono fare certi magistrati. In questa sentenza le leggi civili hanno perduto la loro fierezza e il loro orgoglio, e sono umiliate sotto la verità e sotto la divinità; ma in quella vece appariscono adorne d'un decoro morale, che le rende rispettabili agli occhi di tutti, e sono osservate per amore da' cittadini. Questa è una sentenza eminentemente liberale.

È chiaro da sè, che la fede e la dottrina cattolica, d'accordo colla religione, stanno da questa parte, e riprovano la sentenza contraria.

75. La maggioranza nondimeno de' nostri legislatori si mostrò persuasa, che la religione e la coscienza devono piegare davanti alle leggi civili, i dibattimenti in occasione della proposta e della votazione delle leggi Siccardi mostrarono quanto poco finora si conoscano presso di noi i principî di un vero liberalismo. Le obbligazioni religiose de' cittadini furono dispregiate, calpestate, distrutte col più barbaro dispotismo: fu retta la fede de' patti stretti colla Chiesa cattolica; e la forza trionfò, come un' ebbra, delle soggiogate libertà religiose, e della coscienza oppressa de' cattolici cittadini.

Prevarranno le antipatie religiose alla libertà di coscienza, anche nella formazione delle nuove leggi, che ci si minacciano sul matrimonio? Prevarrà il sistema dell' onnipotenza brutale delle leggi civili, a cui deva conformarsi e modificarsi la religione? E perchè non sarà mai vero che il cattolicismo si pieghi o modifichi, prevarrà dunque quel sistema, che accende la più acerba, la più inconciliabile delle discordie e delle lotte, tra le leggi civili e la religione e la legge di Cristo? Che profitto al paese dalla discordia degli animi e dall'avversione, che si semina nelle coscienze stesse, verso al governo? Se mai avvenga che nella coscienza de' cittadini cattolici il governo apparisca sacrilego e scomunicato, sarà egli con questo più forte? È questo il bene ch'egli crede d'arrecare al Piemonte, e che il popolo piemontese ha diritto di aspettarsi? Ecco in quanti imbarazzi già si trova lo Stato: egli è isolato; egli è in lotta colla Chiesa: tutti quelli che sono colla Chiesa deplorano la condizione in cui il governo s'è posto per un vano orgoglio, e nella condizione misera e debole di questo paese deplorano quella dell'intera nazione.

Quand'anche il Piemonte fosse una nazione di prim'ordine, la condizione a cui si è ridotto darebbe molto a pensare agli uomini politici e a tutti i cittadini intelligenti. Il pretendere dunque di fare tanto da sè, è un orgoglio che non conviene neppure ai governi delle prime potenze. I nostri ministri e i nostri legislatori abbassino la testa, temperino la loro superbia: considerino, che i legislatori di nazioni tanto maggiori del Piemonte, come sarebbero quelli d'Inghilterra e degli Stati-Uniti d'America, sono molto più umili di essi, e per ciò stesso più assennati e guardinghi: essi non pretendono mica di formare delle leggi, davanti alle quali debbano inchinarsi e ubbidire le religioni e le coscienze, ma si contentano che le loro leggi s'inchinino e si rendano ossequiose ed ubbidienti alle religioni de' cittadini. Così rispettano la libertà religiosa di coscienza, e non si mettono mai nella necessità, in cui s'è messo il Piemonte, di non poter fare che le sue leggi sieno osservate, senza che il governo incrudelisca contro coloro che vogliono soddisfare alle sacre obbligazioni loro imposte dalla propria coscienza. Eccovi le leggi inglesi che, come quelle degli altri Stati, impongono ai cittadini il dovere di giurare in certi casi davanti ai tribunali. Ebbene, v'ha nel paese una religione tollerata, che proibisce ai suoi seguaci ogni giuramento. Che fa la legge davanti a questo ostacolo religioso? Quelli che pretendono *l'uniformità materiale* delle leggi, e che per ciò vogliono le stesse identiche leggi per tutti i cittadini, qualunque sia la loro credenza, deciderebbero il caso, dicendo, che davanti all'onnipotenza della legge tutto deve piegare; che la legge deve essere invariabile ed uniforme per tutti; che il potere civile deve fare astrazione dalle religioni e dalle credenze: deciderebbero in somma, che quella religione dovesse piegarsi ed umiliarsi davanti alla legge, e si dovessero costringere quei cittadini per vie di fatto a far quello che loro vieta la propria co-

scienza. Tale è il sistema dei nostri legalisti :
tale è il sistema spiegato e seguito dai nostri
legislatori · e ministri in occasione delle leggi
Siccardi. Ma la vecchia, l'illuminata Inghilterra
non l'intende così : quei legislatori non hanno
tanto orgoglio ; quelle leggi non pretendono
d'essere superiori alla coscienza de' cittadini :
eccovi che essi si piegano riverenti, s'abbas-
sano e s'umiliano davanti a quella religione
che vieta il giuramento, cioè a quella de' quacqueri, e questi religionari vengono pienamente
dispensati dall'obbligazione civile di prestare il
giuramento, perchè l'*obbligazione civile* va in
collisione con un'obbligazione maggiore, cioè
coll'*obbligazione religiosa*.

La credenza de' quacqueri è assai strana,
come ognun sa, e impone delle strane obbligazioni, financo quella di non pagare le imposte
al governo. E che fa quel governo, non già
borioso come il nostro, ma forte? Monta forse
in sulle furie per questo? Infierisce contro quella
povera gente? Niente affatto: si piega e si adatta
anche in questo alla loro coscienza; e invece di
obbligare i quacqueri colla forza a pagare essi
stessi le imposte, s'adatta il governo, rispettoso
a tutto ciò che si riferisce alla coscienza, e
prende da sè stesso qualche oggetto nelle bot-
teghe, o nelle case de' quacqueri, ivi prepara-
togli da quacqueri stessi, colla vendita del
quale oggetto si compensa dell'imposta dovuta-

gli. Lo stesso rispetto alle coscienze negli Stati Uniti d'America. Vuole la legge che il cittadino interrogato dai giudici su qualche fatto, deponga tutto quello che sa. Ma la religione cattolica impone il silenzio sacramentale rispetto a ciò che il sacerdote cattolico conosce per la confessione. Se alla legge si dovesse piegare la religione e la coscienza, e non viceversa quella a queste; se fosse vero che le leggi civili dovessero farsi, con un'astrazione da tutte le religioni, uniformi per tutti i cittadini a qualunque classe appartengano; se i legislatori civili dovessero prescindere dai *fatti reali*, che differenziano i cittadini, egli è chiaro che il governo degli Stati-Uniti, governo accattolico, dovrebbe, ogni qual volta quel caso avvenga, perseguitare i sacerdoti cattolici, come il governo del Piemonte perseguita l'Arcivescovo di Torino. Ma queste scempiataggini inumane ed altere sono proprie de' governi inetti ed inesperti, fiacchi di mente e di cuore. E però la legge civile degli Stati-Uniti si piega ed umilia ossequiosa davanti all'obbligazione, che la religione cattolica impone al suo sacerdote, di un assoluto silenzio sulle cose udite nella confessione, e si contenta di perdere la sua uniformità materiale per tutti i cittadini, per acquistare in quel cambio le doti della ragionevolezza, della giustizia, dell'equità e della religiosità.

76. Concludiamo dunque:

1.° La libertà religiosa di coscienza non può esistere, se la legge civile non si piega e adatta alle coscienze de' cittadini, mostrandosi rispettosa alle loro religiose credenze.

2.° La legge civile non può adattarsi alle coscienze e credenze religiose de' cittadini, se essa parte dal principio di astrarre da tutte le credenze, e quindi da tutte le obbligazioni religiose, affine di riuscire materialmente uniforme per tutti i cittadini, qualunque religione professino.

Tali sono le due condizioni indeclinabili, alle quali solo le leggi civili possono mantener la libertà religiosa.

77. Replichiamolo: la libertà di coscienza, considerata come diritto non è la voglia immorale e colpevole di vilipendere e combattere impunemente la religione: è la facoltà morale di adempire alle proprie obbligazioni, e però non può essere relativa che a persone, le quali abbiano delle credenze e riconoscano delle obbligazioni imposte alla loro coscienza dalle medesime. Qualunque sieno tali credenze religiose, supposto solo che sieno ammesse, o semplicemente tollerate dal governo civile, devono essere dal governo medesimo rispettate, ed egli offende la libertà religiosa di coscienza, ogniqualvolta colle sue leggi o co' suoi atti obbliga questi uomini credenti a mancare alle loro obbligazioni, o li seduce acciocchè vi manchino, o li

punisce se non vi mancano. Un governo che fa tutto questo è vizioso, immorale ed illiberale.

Quando tutti i cittadini professano la stessa religione è difficile che il governo civile arrivi a tali eccessi. Ma allorchè nello stesso paese sono ammesse diverse religioni, allora il governo s'espone facilmente colle sue disposizioni, o coi suoi atti a violare la libertà religiosa, o per imperizia ed ignoranza, o per mala fede.

E il governo cade necessariamente in questo gravissimo sbaglio, e pecca contro la libertà religiosa, ogniqualvolta s'ostina a voler dare alle sue leggi quella *uniformità materiale*, di cui abbiamo già mostrato il difetto profondo, e ricusa di adattare le sue leggi alla diversità delle religioni professate da' cittadini, contento di dare alle sue leggi l'*uniformità formale*, che è la sola giusta e ragionevole. Ecco con qual sicurezza un uomo di legge della Francia proponeva, come sistema inevitabile ed unico possibile, questo falsissimo e viziosissimo principio: « È ben certo », (così il signor Malleville in occasione delle discussioni circa il Codice civile al consiglio di Stato), « è ben certo che in « un paese che *protegge tutte le religioni*, la « legge non può considerare il maritaggio, che « sotto i rapporti civili ed astrazione fatta dai « riti religiosi » (4).

(4) « Analyse raisonnée de la discussion du Code Civil au Conseil d'État. T. I, tltr. v. » — Gli uomini di legge

78. È singolare sentire un uomo che non vede possibile altro sistema che questo, e che nello stesso tempo parla di *protezione* accordata a tutte le credenze! Qual inconseguenza! Qual brevità di vedute! Un potere che *protegge* tutte le religioni, non potrà far altro colle sue leggi che prescindere da tutte, considerare nel far le leggi come se le religioni non esistessero? Che cosa si farebbe in un paese, dove non si proteggesse nessuna religione ed anzi non ci fosse religione alcuna? Sarebbero dunque trattati nello stesso modo da' legislatori un popolo, se potesse esistere, che fosse al tutto privo d'ogni idea religiosa, ed un popolo che si divide in diverse credenze. E sarà questo un proteggerle tutte, come dice il signor Malleville? Si chiameranno protettrici di tutti i culti quelle leggi che sarebbero adattate solamente ad un popolo di atei? Quale assurdo più manifesto?

79. Noi dimostreremo pertanto che se v'ha un popolo diviso in varie credenze, a cui si

sogliono essere tanto poco informati della religione cattolica, che confondono sempre i *riti religiosi*, da' quali si suol accompagnare il matrimonio, con quelle condizioni che ha stabilite la Chiesa per la validità del medesimo. Vogliamo dunque aver distinto una volta per sempre quei *riti religiosi* che non sono necessarî alla validità del contratto nuziale, i quali non appartengono alla nostra questione, dalle dette *condizioni* da cui dipende la validità e l'essenza del matrimonio.

debba dare una legislazione, e se questa legislazióne si compone col principio indicato, di dover fare astrazione da tutte le religioni, si avrà indubitamente:

I. Una legislazione che riuscirà incoerente, o fin da principio, o ben tosto appresso nelle modificazioni che dovrà infallibilmente subire.

II. Una legislazione che offenderà necessariamente la libertà religiosa; e provocherà la persecuzione contro gli uomini di coscienza che verranno adempire alle loro obbligazioni religiose.

80. Incominciamo dal primo.

Dimostrare che una legge non può a meno di contradirsi, che non può sussistere a lungo senza essere modificata e ricevere nel suo seno principî contradittorî a quelli su cui fu stabilita, è lo stesso che dimostrare che una tal legge è fondata su' principî falsi o manchevoli, e che ella è essenzialmente impossibile. Una tal legge, appunto perchè è impossibile, perchè non può durare senza ricevere modificazioni che la rendano incoerente con sè medesima, non è per fermo sufficiente a proteggere una sola delle varie credenze religiose de' cittadini: e però neppure è sufficiente a mantenere la libertà religiosa de' cittadini. Dunque i legislatori, quando danno al paese leggi di tal sorte, peccano contro la libertà religiosa.

Incominciamo dal dimostrare come una legislazione fatta per un popolo di credenti, e che tuttavia astrae da tutte le credenze , non si mantiene a lungo senza che lo stesso potere civile si trovi obbligato a fare nuove disposizioni che vanno in contradizione con essa.

L'esperienza della Francia ci sta davanti: il buon senso ci aiuti a cavarne profitto.

81. Ci fu un momento in cui venne proclamato in Francia l'ateismo: quivi ebbe la sua culla l'indicata legislazione ; quivi nacque il principio della legge atea.

Ma in breve tempo si dovette proclamare da quei legislatori l'esistenza di Dio : fu una prima incoerenza , e pure bastevole anch'essa sola a mostrare l'impossibilità del principio.

La religione cattolica venne poi restituita alla Francia nel 1804 , e allora molte leggi e disposizioni religiose comparvero. Altrettante incoerenze , altrettante prove dell'impossibilità della legge atea.

82. Tuttavia questo principio non si abbandonò intieramente: per confusione della ragione umana si mantenne in molte leggi quel principio che venia smentito in tante altre. A ragion d'esempio, l'istruzione pubblica si volle sottrarre , quant'era possibile, ai diversi culti ; dico quant'era posssibile , poichè anche qui apparve nel fatto l'inapplicabilità del principio. Si tentò dunque di dare una certa *uniformità materiale* pe' cittadini di tutti i culti , anche alle leggi riguardanti l'istruzione pubblica. Era

cosa contro natura : sopravvennero dunque altre rivoluzioni, come accade sempre quando le leggi dello Stato sono incoerenti ed oppugnano la natura delle cose. Finalmente si pensò ad un rimedio : fu invocata la libertà dell' insegnamento ; e allora una terribile lotta negli spiriti. Combatteva da una parte il vecchio principio rivoluzionario dell'*uniformità materiale delle leggi*, fondata sull' astrazione da tutte le religioni e gl' interessi acquisiti in conseguenza di tali leggi da molto tempo invalse ; all' altra parte combatteva la ragione, la giustizia patente, la necessità delle cose. Passare da un sistema a un altro con piena coerenza era impossibile : la limitazione della mente umana sostiene le più grandi umiliazioni, prima di lasciare i pregiudizi ed abbracciare la verità. Si venne dunque ad una nuova transazione tra la verità e l' errore ; a nuove incoerenze. Non si potea più sostenere la legge atea, che astrae da tutti i culti e che parea la cosa sola possibile ai tempi del signor Malleville ; non si aveva il coraggio d' abbandonare l' uniformità materiale : invece dunque di adattare le leggi alle diverse religioni, rispetto a ciò che le riguardassero, che cosa si fece? Da una mostruosità si precipitò in un'altra non minore. Invece di astrarre e prescindere da tutte le religioni, come si facea, si pensò di metterle tutte insieme, e di farne un *sincretismo*, un impasto di nuovo genere, e da questo strano partito uscì fuori il presente Consiglio superiore d'istruzione pubblica, composto di cattolici, di ebrei, di protestanti, di razionalisti, d'increduli, coll'obbligo di formar tra di loro un'opinione unica ed una volontà unica, che sola diriga l'istruzione pubblica della Francia, cosa che diede argomento da piacevoleggiare con tanto sale al signor Cormenin: *Se disputer et s'entendre, paix et guerre, oui et non, blanc et noir, affirmation et négation, ami et ennemi, eau et feu, jour et nuit, lutte dans le Conseil supérieur; lutte dans les Conseils académiques; lutte organisée; lutte partout, tout cela est absolumente la même chose, à ce qu'ils disent* (1).

Le cose fatte a questo modo non dimostrano solo mancanza di senno, ma di senso comune; e questo senso comune è tolto anche agli uomini più ragguardevoli dall'ostinazione e dal pregiudizio conficcato nelle loro menti dell'uniformità materiale delle leggi.

83. Quest'uniformità materiale e assoluta per tutti i cittadini sembra ad alcuni necessaria per dare a tutti un'educazione nazionale uniforme, senza riflettere che la nazione non vantaggia nulla dall'imporre a tutti i cittadini un unico stampo, e questo imperfetto e mo-

---

(1) « Liberté, gratuité et publicité de l'enseignement, par Timon. Deuxième édition. Paris 1850 ».

struoso; che invece di unire la nazione, in tal modo ella s'irrita e si divide; che l'andare contro natura è una politica falsa, nocevolissima all'unione della nazione col governo, ed impossibile; che la nazione s'unisce e fortifica, non già coll'uniformità materiale, ma coll'armonia fra le diverse membra, come un corpo umano, dove i piedi non possono ricevere la forma delle mani, nè la testa quella dello stomaco; che vi hanno bensi de' diritti e de' vincoli comuni ed uniformi tra tutti i cittadini, e sono quelli che derivano dalla pura qualità di cittadino, e quando le leggi non hanno per oggetto che questi, possono benissimo essere uniformi: ma che non si possono distruggere, nè dimenticare altre qualità, che cagionano diverse varietà importantissime tra i cittadini, le quali richiedono delle leggi speciali. Onde l'opinione che le leggi devano essere tutte materialmente uniformi per dare unità alla nazione, è al massimo grado sciocca ed imprevidente.

84. Ma sapete voi che cosa si copre sotto quest'opinione? Si copre un secreto che serve benissimo a spiegare quell'istinto, che inclina i legislatori verso l'uniformità materiale delle leggi; e questo secreto si è la voglia d'una smisurata potenza, che sogliono aver in corpo gli uomini che governano. Poichè quando le leggi sono *materialmente uniformi*, il governo s'assicura con esse il più sformato dispotismo;

chè con tali leggi tormenta a sua voglia tutti i cittadini, li sottomette tutti e li schiaccia sotto il peso inesorabile della sua legge; ha un pretesto da entrare per tutto, di ficcare il naso e le mani dove gli piace, e nelle proprietà e nei corpi morali, e nelle famiglie e nelle coscienze. Tutte le disuguaglianze si risentono all'inesorabile uniformità delle leggi, e se si risentono, sono tutte colpevoli e ribelli; il governo è in facoltà o di far loro grazia clementissimamente, o di martirizzarle e di crocifiggerle per delitto di fellonia, secondo l'illuminata politica dell'opportunità.

Il principio dunque, che i legislatori civili devono fare astrazione da tutti i fatti religiosi, e fabbricar leggi uniformi per tutti i cittadini, come se questi non professassero religione alcuna, non può nè logicamente nè fisicamente applicarsi. I legislatori sono cacciati dalla natura delle cose ben tosto in un gran numero d'incoerenze e di contradizioni, come prova la ragione e come conferma l'esperienza e la storia della legislazione francese. Essendo questa stata obbligata suo malgrado di rinunciare a quel principio, e tuttavia volendo tener co'denti quell'altro dell'uniformità delle leggi per tutti i cittadini, rovesciò, come vedemmo, nell'altra mostruosità del *sincretismo religioso*. In fatti, se si vuole compilare delle leggi materialmente uniformi per tutti i cittadini, non ci sono che i due sistemi, bestiali entrambi, dell' *ateismo legale* e del *sincretismo religioso*. Nel fatto, appunto perchè assurdi, sono impossibili egualmente: l'uno e l'altro fa perdere ai legislatori la loro dignità, perchè li obbliga a mostrarsi incapaci di coerenza, e li necessita a moltiplicare e variare continuamente le leggi civili, rappezzandole e puntellandole con nuove incoerenze, forse per provare al mondo, che le leggi civili, come insegna il cavaliere Persoglio, hanno il privilegio dell'*invariabilità*.

Ma torniamo al matrimonio, e vediamo, se le leggi dell'89, del 92 del Codice Napoleonico poterono mantenersi coerenti al principio sul quale furono coniate, di fare cioè astrazione da tutte le religioni professate nello Stato, ciò che il signor Malleville credeva non soltanto possibile, ma l'unica cosa possibile.

85. Secondo questo principio, tutti gli impedimenti stabiliti dalla Chiesa, che traevano l'origine da obbligazioni religiose, furono esclusi da que' legislatori, e così i voti solenni, la cognazione spirituale, la disparità del culto, l'ordine sacro, financo la pubblica onestà e il ratto. Ma nel 1804 fu tolta ai preti cattolici la facoltà di contrarre matrimonio. Il fatto religioso dell'ordine sacro ricomparve dunque nella legge civile: fu dunque riconosciuta nel corso di pochi anni la falsità del principio, che la legge dovesse prescindere e astrarre dai fatti reli-

giosi. L'astrazione da questi fatti, che il signor Malleville diceva l'unica base possibile delle leggi, fu trovata appunto impossibile: l'esperienza mostrò, che non solo i legislatori devono tener conto de' fatti religiosi, ma che l'impossibilità sta nella pretesa di fare il contrario, per quanto buona voglia se ne abbia.

Fu appunto in quell'occasione, che il signor Portalis il vecchio, presentando il Concordato del 1804 al Corpo legislativo, stabilì il principio direttamente contrario a quello del signor Malleville, il principio solo veramente possibile, solo ragionevole, solo morale, mostrando, che le teste disordinate in Francia dalla rivoluzione cominciavano a raccomodarsi, e il fumo dell'errore e delle passioni lasciava il varco ad un raggio di luce. Perocchè le parole di questo insigne uomo di legge al Corpo legislativo furono queste, e s'ascoltino bene:

Quelques personnes se plaindront de ce que l'on n'a pas conservé le mariage des prêtres; MAIS LORSQUE L'ON ADMET, OU QUE L'ON CONSERVE UNE RELIGION, IL FAUT LA RÉGIR D'APRÈS SES PRINCIPES. *Mais s'arroger arbitrairement de perfectionner les idées et les institutions religieuses, sont des prétentions contraires à la nature des choses. On ne pourrait entreprendre de perfectionner une religion sans convenir qu'elle est vicieuse et conséquemment sans la détruire par les moyens dont on userait pour l'établir.*

Tali sono le parole pronunciate dal signor Portalis il vecchio : sono parole di ragione e di buon senso : sono parole che dimostrano che i Francesi ricuperavano queste doti perdute nella rivoluzione. Noi invitiamo i nostri legislatori a considerare quelle parole, e il vero principio di una legislazione sana ed onesta che contengono. *Quando s'ammette o si conserva una religione, conviene trattarla secondo i suoi principi.* Signori ministri, senatori e deputati, ammettete voi la religione cattolica in Piemonte? Se l'ammettete, trattatela dunque secondo i suoi principi. Se volete dunque far le leggi sul matrimonio dei cattolici, le vostre leggi sieno formate secondo i principi della religione cattolica : non fate astrazione da questa : se fate astrazione, non è vero che l'ammettete, non è vero che la conservate: se non fate astrazione — e v'è impossibile il fare veramente una tale astrazione, come è stato impossibile in Francia — dunque riconoscetela pienamente, riconoscete la sua dottrina sul matrimonio, non istendete a violarla la mano sacrilega. Non potete ammetterla e riconoscerla senza in pari tempo riconoscervi a lei sudditi e figliuoli: non c'è nulla di mezzo, o ammetterla, e quindi trattarla nelle vostre leggi secondo i suoi principi, come v'insegna quel legista francese, oppure distruggerla : sarete in tal caso empi, ma non sarete sleali ed ipocriti.

86. Mi direte forse che il principio del signor Portalis non fu applicato alla legislazione francese con tutta coerenza. Ve l' accordo. E in fatti col non più riconoscersi il matrimonio de' preti la legge cessava dall' astrazione, e comprendeva in sè stessa la religione cattolica. Ma se la comprendeva, perchè poi lasciare, che rimanessero ancora esclusi gli altri impedimenti dirimenti voluti dalla religione medesima? Questi erano impedimenti come l' ordine sacro, e ad egual titolo. Se si accetta il disposto dalla religione cattolica intorno a questo, perchè non si accetta il disposto dalla medesima religione intorno agli altri? Se non si astrae dalla religione, conviene ammetterla tutta qual è; se si astrae, non conviene ammetterla in parte alcuna. Rimane dunque nella legge francese la più strana incoerenza. Da noi tutto questo si accorda, ma la colpa non si può attribuire al principio accennato, e per sè evidente, del signor Portalis: sì, ai pregiudizi dei legalisti francesi, che li resero incapaci di una buona logica. I pregiudizi, come abbiam già detto, non si depongono d' un tratto, e quando le menti sono ammalate, non si risanano in un momento: la medicina non porta subito il suo effetto. Quel principio del sig. Portalis è appunto la medicina di tutte le legislazioni astratte e irreligiose: è il preservativo contro quelle che pericolano di ammalarsi e di prendere la stessa

lebbra. Quelli che devono essere custodi della legislazione piemontese, adoperino dunque quel principio a preservarla dall'infezione pestilenziale: guai se essi stessi la inoculassero alle patrie leggi!

87. Raccogliamo dunque il discorso nelle seguenti proposizioni:

I. Una legislazione fondata sull'astrazione dai fatti religiosi, cioè dalle obbligazioni e dai diritti religiosi dei cittadini, è impossibile, perchè non può conservare, almeno a lungo, la coerenza con sè medesima, ed è obbligata a cadere in perpetue contraddizioni.

E davvero per essere coerente, oltre tutto quello che s'è detto di sopra, essa non dovrebbe mai neppure fare un'allusione allo stato religioso delle persone, con che si semplificherebbe, a dir vero, di molto la legislazione piemontese, le fatiche del Parlamento, e gli atti de' signori ministri!

II. Che dovendo per lo contrario una savia legislazione possibile, per un popolo che non sia ateo, tener conto de' fatti religiosi (specialmente se si vanta di tollerare e proteggere le diverse credenze de' cittadini), essa non deve dimenticare nessuno di tali fatti, quando sono essenziali in modo da venirne obbligazioni e diritti religiosi, perchè altrimenti si renderebbe incoerente con sè medesima, e si suiciderebbe.

III. Che una tale legislazione per conseguente deve trattare la religione ammessa nello Stato, secondo i principi della medesima, e non contrariarli giammai.

IV. Che dunque le leggi civili sul matrimonio de' cattolici devono pienamente conformarsi ai principi cattolici su questo argomento, non astrarre da questi principi; e però riconoscere per validi quei matrimoni, che riconosce la Chiesa cattolica, e per invalidi quelli, che sono dichiarati tali dalla medesima Chiesa.

88. Una legge civile fondata sul principio di dover fare astrazione dalle diverse credenze de' cittadini è impossibile, come abbiamo dimostrato. Quindi avviene sempre che ben tosto ella sia modificata da nuove leggi fondate sul principio contrario, cioè sul principio, che la legge deve tener conto delle credenze de' cittadini. Allora c'è la contraddizione e la lotta nelle stesse leggi, e, finchè dura questa lotta, c'è lo scontento e la malsania, della nazione e del suo governo. Chè a questo modo s'indeboliscono i governi e le nazioni. Ora noi dicevamo che una legislazione impossibile, com'è pure una legislazione incoerente, è incapace di tutelare la libertà religiosa. Agli uomini non del tutto ebeti o acciecati da' pregiudizi de' legulei, questa proposizione sarebbe chiarissima e non bisognevole di ulteriore dimostrazione. Ma noi siamo obbligati a dimostrarla! In tale stato d'in-

fermità si trovano le menti de' nostri statisti e de' nostri legislatori! E per dimostrarla, quanto è richiesto dall'argomento che noi trattiamo, terremo il metodo seguente: esporremo i diritti religiosi de' cattolici verso il loro governo per ciò specialmente che riguarda il matrimonio, e dimostreremo che ciascuno di questi diritti verrebbe manomesso ed infranto qualora si facesse una legge sul matrimonio basata sul principio dell'astrazione da ogni credenza, a imitazione della francese.

89. Poniamo dunque sott'occhio tutti questi diritti religiosi de' cittadini cattolici verso al governo, e poi dimostriamo di ciascuno a parte, che una legge sul matrimonio fatta a imitazione della francese l'infrange iniquamente e lo distrugge.

Diritti religiosi del popolo cattolico verso il governo civile, relativi al matrimonio.

I. I cittadini cattolici, anche semplicemente a titolo di libertà religiosa, hanno il diritto, verso chi li governa, d'avere delle leggi civili, che non facciano astrazione dal cattolicismo e che sanzionino tutti que' diritti e correlative obbligazioni che traggono l'origine dal medesimo.

II. I cittadini cattolici, anche semplicemente a titolo di libertà religiosa, hanno il diritto di pretendere che il potere civile, *sotto nessun pretesto o finzione legale*, non indebolisca colla sua legislazione l'indissolubilità del vincolo coniugale, fondamento delle famiglie, e del loro buon ordine, non meno che dell'incivilimento delle nazioni.

III. I cittadini cattolici, anche a semplice titolo di libertà religiosa, hanno il diritto di pretendere dal governo, che questo non dia loro scandalo facendo una *professione legale* d'incredulità.

IV. I cittadini cattolici, anche a semplice titolo di libertà religiosa, hanno il diritto di pretendere dal governo, che questo colle sue leggi o co' suoi atti, nè direttamente, nè indirettamente, nè con finzioni, nè con cavilli legali, non inciti al male, non gl'inciti a ciò che la loro credenza religiosa dichiara male.

V. I cittadini cattolici, anche a semplice titolo di libertà religiosa, hanno il diritto di pretendere dal governo, che questo, sotto nessun pretesto o per nessuna finzione legale, non li costringa COLLA FORZA a permanere nel concubinato o nell'adulterio da cui verrebbero uscire.

VI. I cittadini cattolici, anche a semplice titolo di libertà religiosa, hanno il diritto di pretendere dal governo, che questo, sotto verun pretesto o finzione legale, non tolga ai sacerdoti cattolici la libertà di esercitare, senza soggiacere a vessazioni o persecuzioni, il loro sacro ministero.

VII. I cittadini cattolici, anche a semplice titolo di libertà religiosa, hanno il diritto di pretendere dal governo, che questo, sotto verun pretesto o finzione legale, non diminuisca alla donna quella libertà e quella dignità, che il cattolicismo le ha data, e che è divenuta uno degli elementi della civiltà de' popoli.

VIII. I cittadini cattolici, anche a semplice titolo di libertà religiosa, hanno il diritto di pretendere dal governo, che questo, sotto verun pretesto o finzione legale, non obblighi i padri di famiglia e gli altri parenti a riconoscere per legittimo matrimonio de' loro figliuoli e parenti quello che non è tale, e a lasciare le loro sostanze a figliuoli illegittimi e adulterini, come neppure a subire il gravissimo dolore di vedere un figliuolo, o un parente, vivere in concubinato e in adulterio sotto la protezione della FORZA BRUTA del governo, con infamia non legale, ma realissima, delle famiglie, e senza poterlo richiamare al dovere, o ch'egli vi possa ritornare.

IX. I cittadini cattolici, anche a semplice titolo di libertà religiosa, hanno il diritto di pretendere dal governo civile, che questo, sotto nessun pretesto o finzione legale, colle sue leggi non semini la discordia religiosa nelle famiglie e nella nazione.

X. I cittadini cattolici, anche a semplice titolo di libertà religiosa, hanno il diritto, che scaturisce dai precedenti, di pretendere dal potere civile, che questo riconosca tutti gli impedimenti dirimenti il matrimonio imposti dalla Chiesa, e non ne riconosca verun altro.

Tali sono i diritti che ha un popolo cattolico verso i suoi legislatori e verso il suo governo: questi diritti devono rimanere inviolabili e costituiscono altrettanti limiti della potestà legislativa e giudiziale: il potere civile che gli infrange è tirannico.

Rifacciamoci dal primo e vediamo come una legge sul matrimonio alla francese lo violerebbe.

PRIMO DIRITTO.

90. Dicevamo dunque che: « I cittadini cattolici, anche semplicemente a titolo di libertà religiosa, hanno il diritto verso chi li governa, d'avere delle leggi civili, che non facciano astrazione dal cattolicismo, e che sanzionino tutti que' diritti e correlative obbligazioni che traggono l'origine dal medesimo ».

Che la libertà religiosa non sia realmente tutelata da una legge che astrae dalla religione, risulta dalle cose dette, dall'essere una tal legge impossibile, incostante, incoerente con sè medesima. Ma dimostriamolo più direttamente sciogliendo il sofisma che ci oppongono i legislatori francesi e piemontesi. Essi dicono: « Il governo civile dee rimettere alla coscienza di ciascheduno le obbligazioni religiose, e perciò non dee sanzionarle colle sue leggi, ma *permettere* d'infrangerle liberamente a tutti quelli che vogliono sottrarsene ».

91. Questo sofisma è fondato in un concetto vago, indeterminato e confuso delle obbligazioni religiose. Se il *permettere* a ciascun cittadino di adempirle e di non adempirle non traesse mai seco la conseguenza della violazione de' diritti d'altri concittadini, quella sentenza de' legalisti potrebbe passare. E in fatti ci hanno non poche obbligazioni religiose che sono unicamente morali e strettamente personali per modo che dalla loro infrazione non deriva alcuna infrazione de' diritti altrui; e tanto il vantaggio dell' adempirle, quanto il danno del non adempirle ritorna puramente sulla persona che le adempisce, o non le adempisce. A ragion d'esempio, l'ascoltar la Messa i dì festivi, soddisfare al precetto pasquale e simiglianti, sono obbligazioni religiose, a cui l'uomo può mancare senza offendere i diritti di nessun altro suo simile. Rispetto a queste la legge può benissimo abbandonarle, non dico alla coscienza, ma alla volontà di ciascuno, e non aggiungervi alcuna sanzione: può far questo senza offendere menomamente la libertà religiosa de' cittadini. Basta solo, rispetto a tali obbligazioni, che la legge non metta i cittadini

in una impossibilità o in una difficoltà d'adempirle. Poichè, se la legge avesse per conseguenza di mettere i cittadini nell'impossibilità o anche nella difficoltà di adempiere un' obbligazione religiosa qualunque, con questo violerebbe la loro libertà di coscienza. A questa sola parte si restringe dunque il dovere del legislatore, rispetto a quelle obbligazioni religiose, che sono di natura meramente morale e non punto giuridica.

92. Ma i legalisti estendono indebitamente lo stesso discorso a tutte affatto le obbligazioni religiose dei cittadini, e in questo sta il loro sofisma. Quello che vale per alcune, essi lo pronunciano di tutte; e la turba ignorante, o semignorante, resta facilmente presa a quella speciosa sentenza, perchè corrono subito sotto l' attenzione quelle obbligazioni religiose, la cui trasgressione non danneggia, se non chi le trasgredisce, e il pensiero di tali uomini non va più avanti, e non cerca, se forse non ve ne possano essere d'altra specie. Ora d'altra specie appunto ce ne sono: vi sono delle obbligazioni religiose, le quali hanno una natura non semplicemente *morale*, ma *giuridica*: obbligazioni, vogliamo dire, da una parte, alle quali corrisponde nell'altra parte un diritto religioso; obbligazioni che non si possono trascurare senza danno altrui, senza che de' diritti altrui naturali e religiosi rimangano offesi. Di questa specie d' obbligazioni presenta appunto un esempio

manifestissimo, e solenne, il matrimonio. Perocchè le obbligazioni matrimoniali sono reciproche, e a fronte dell'obbligazione dell'una delle parti, sta sempre il diritto dell'altra, onde quella non può essere infranta, senza che rimanga questo violato. Laonde, qualora il potere civile rimettesse puramente alla coscienza dei cittadini l'adempire o no tali obbligazioni religiose (e si noti bene, religiose, non meramente civili), ne verrebbe che i diritti religiosi dei cittadini non sarebbero dal governo tutelati, e che la religione non sarebbe protetta (quando nel sistema stesso del signor Malleville la protezione di tutte le credenze è un dovere del governo); che perciò non sarebbe sufficientemente tutelata la libertà religiosa, perchè, tolti via i diritti che nascono all'uomo dalla religione, è tolta la libertà, chè il diritto non è altro che una libertà: cioè una libera facoltà di avere, di godere, e di far qualche cosa. È dunque un manifesto sofisma quello de'legalisti, che pretendono dover il governo civile rimettere alla semplice volontà de'cittadini l'adempimento di TUTTE le obbligazioni religiose, e *permetter loro* indistintamente d'infrangerle secondo il capriccio delle passioni momentanee. Perocchè, se il governo può permettere a ciascuno di trasgredire le obbligazioni religiose, che non recano detrimento ad altri che a lui stesso, non può permettere che sieno trasgredite, quelle obbligazioni religiose, che recano danno altrui e lesione degli altrui diritti religiosi.

98. E per conoscer meglio la fallacia dello specioso argomento lo si consideri da un altro lato. Dicesi, che il governo deve *permettere*. Se si trattasse d'una sola permissione, non ci sarebbe nessuna difficoltà; niuna opposizione ci sarebbe da parte nostra, non avremmo ad osservare se non una cosa sola, che la permissione d'infrangere impunemente le obbligazioni religiose si potrebbe benissimo invocare a titolo di *tolleranza*, ma non a titolo di *libertà religiosa*, come fanno i legalisti per quella confusione d'idee che hanno ereditata dagli atei della Francia. Non è già *libertà di coscienza* il potere infrangere impunemente le obbligazioni religiose: la libertà di coscienza è tutto il contrario, come abbiamo veduto, e consiste nel potere adempire impunemente le proprie obbligazioni religiose, e di non essere obbligato da pene, incomodi, ovvero ostacoli legali a trasgredirle. Questo è il vero concetto della libertà di coscienza; all'incontro il poter mancare alle proprie obbligazioni religiose è un male che può essere tollerato dalla legge civile, e non una libertà di coscienza. Colui, che venisse obbligato dall'autorità delle leggi civili ad adempire alle obbligazioni religiose e morali, non è già per questo solo obbligato a violare la propria coscienza: potrà dunque lamentarsi dell'*intol.*

leranza del governo se si tratta di obbligazioni meramente morali, potrà dire che il governo lo costringe ad una cosa inutile, molesta ed ingiusta, se si vuole; ma non sentirà per questo rimorso nell'adempire la legge, e però la sua coscienza non rimarrà punto offesa.

94. Ma lasciata da banda quest'osservazione, ammettiamo che il governo possa *permettere* a titolo di tolleranza, la trasgressione delle obbligazioni religiose. L'ammettiamo a condizione che *di fatto* sia un semplice *permettere*. Quando non si tratta che di *permettere*, passi pure; ma se una conseguenza necessaria del *permettere* fosse il *costringere*, allora non si abusi più della parola *permettere*; si parli chiaro, si dica tutto ciò che si vuole: si formoli la proposizione secondo l'intera verità, e la proposizione che ne risulterà, sarà questa: il potere civile dee *permettere* ai cittadini l'inosservanza delle obbligazioni religiose, e in conseguenza di questa permissione, COSTRINGERE altresì i cittadini a non osservarle. Ora chi sosterrebbe una proposizione così formolata? Chi non vedrebbe tosto la tirannica assurdità? Chi non direbbe non solo intollerante quel legislatore, che la prendesse a regola delle sue leggi, ma violatore ancora de' sacri diritti della coscienza e di ogni libertà religiosa?

Eppure questo si vuole in fatto da' nostri legalisti: da parte le vane parole, da parte tutte le chiacchere ; si consideri la realtà del fatto, chè questa sola è che importa. Voi parlate del permettere, e fingete, o scioccamente o colpevolmente, di non conoscere le conseguenze che derivano da questo permettere. Perchè le dissimulate, se le prevedete, e se non le prevedete, perchè fate i legislatori, o i maestri de' legislatori?

Non può un governo *permettere* certe cose senza che ad un tempo ponga sè stesso nella necessità di *costringere* a certe altre. Perocchè se il governo permette a' cittadini di fare checchessia, egli con questa permissione ne dà loro la facoltà ed il *diritto*, e quindi già si trova nella necessità di difendere la sua permissione e il *diritto* con questa accordato, e quindi di *costringere* tutti gli altri cittadini a uniformarsi alle conseguenze che procedono da tal diritto. Se dunque il diritto che acquista un cittadino in virtù della permissione che gli è accordata dalla legge civile di violare le sue obbligazioni religiose, non può esercitarsi senza la cooperazione di un' altra persona, e questa non può cooperare all'esercizio di un tal diritto senza trasgredire da sua parte la legge religiosa, e mancare alla propria coscienza, che farà il governo? Certamente costringerà quest' altra persona a fare quello, che la coscienza le vieta, per tutelare il diritto accordato alla prima, di fare quello che è dalla sua religione proibito. In

fatti , si supponga che il governo permetta ad
un cittadino di contrarre un matrimonio vie-
tato e dichiarato invalido dalla Chiesa cattolica,
giustificando questa permissione colla solita ragione che adducono i legalisti, che la legge civile dee astrarre dalle obbligazioni religiose ,
per lasciare che tutti i cittadini facciano quello
che la loro coscienza loro prescrive. Contratto
in conseguenza di questa permissione un matrimonio illecito e nullo , viene il momento in
cui l' una delle due parti vuole soddisfare alla
propria obbligazione religiosa, e metter fine al
rimorso della propria coscienza , da cui è lace-
rata , col dividersi dal coniuge illegittimo, per-
messogli dalla legge. L' altro coniuge , ostinato
nel male che la legge gli permette, reclama che
la sua illecita congiunzione sia mantenuta dalla
pubblica autorità, che la permette l' infrazione
delle obbligazioni religiose ; e questa COSTRINGE
la parte , che si ravvede e che vuol adempire
ai religiosi doveri col separarsi, a permanere in
quello stato che la sua coscienza riprova e
condanna. È cotesta una semplice permissione
di mancare a un' obbligazione religiosa? Non è
abusata qui la forza e l' autorità pubblica a
violentare le coscienze? Il potere civile non
offende con ciò nel modo più riprovevole e
scandaloso la libertà di coscienza dei cittadini?
Trattasi dunque d' una semplice permissione di
fare il male, come dicono i legalisti, o non anzi

trattasi di una tal permissione, che trae seco il COSTRINGIMENTO al male? Perchè dunque si tace maliziosamente il *costringere* che si vuole insinuare e nascondere sotto l'onesto vocabolo di *permettere?* Ripetiamolo, non può il governo civile in queste materie *permettere*, senza sanzionare colla forza la sua permissione, e sanzionandola, accade bene spesso ch'egli costringa le coscienze, e ne violi iniquamente la libertà.

95. La classificazione delle obbligazioni religiose dei cittadini relativamente al dovere che ha il legislatore di considerarle nelle sue leggi, può farsi anche in altra maniera. Alcune di esse sono tali, la cui violazione non reca altro effetto che la colpa di colui che manca ad esse. Altre poi sono tali, la cui violazione non solo è *illecita*, ma trae seco l'effetto d'una *invalidità*. Vi hanno certe azioni colle quali si fa qualche cosa di morale o di giuridico, che resta anche dopo cessate le azioni medesime. A ragion di esempio, certe azioni mettono in essere il titolo d'un diritto, come i modi d'acquistare, ovvero il diritto stesso e l'obbligazione correlativa, come l'atto d'un contratto, o qualche cosa di reale, benchè ad un tempo spirituale, come accade ne' sacramenti che producono certi effetti reali e spirituali nelle anime. Tutte queste azioni, se sono tali, che producano veramente questo effetto permanente che resta dopo di esse, a produrre il quale sono ordinate, si dicono

valide; ma se manca loro alcuna di quelle condizioni che sono necessarie affinchè producano questo effetto, si dicono *invalide*. Altra dunque è la liceità dell'azione, altra la loro validità: lecite sono tutte le azioni non proibite dalla legge morale, benchè non producano cosa alcuna, che sussista dopo di esse: *valide* è un'appellazione che si dà soltanto a quelle azioni particolari che hanno la virtù di operare l'effetto permanente che abbiam descritto. E queste possono essere anche illecite e tuttavia valide. Così i matrimoni clandestini prima del Concilio di Trento erano validi, quantunque illeciti. Tutti gli impedimenti proibenti rendono il matrimonio illecito; ma i soli impedimenti dirimenti lo rendono invalido.

96. Ora che la legge civile permetta delle azioni illecite, questo può essere consigliato dalla *tolleranza civile*. Ma rispetto alle azioni che non solo sono illecite, ma anche invalide, il potere civile può fare l'una di queste due cose; o non determinar nulla intorno ad esse, se la materia è tale che non giudica importare al fine per cui è istituito il governo; o in caso diverso, in caso che giudichi dover disporre qualche cosa intorno ad esse, egli è obbligato a non *fingere* la validità di dette azioni, il che sarebbe stoltezza, ma a riconoscere il fatto della loro validità e della loro invalidità. Il governo può riconoscere la validità, ma non mai

crearla egli stesso, perchè, come abbiamo veduto già prima, stabilire una legislazione sopra fatti che non esistono è stoltezza, è darle per fondamento il nulla, è ingannare il mondo con delle parole e delle forme. Le forme prive di sostanza introdotte da legalisti nelle leggi civili sono similissime alle forme dialettiche della fine del medio evo; quando la dialettica si ridusse ad un formalismo, quando la sapienza si ripose in argomentazioni puerili, vuote di solide cognizioni cavate dai fatti, allora divenne dispregevole agli occhi di tutti. Le forme legali separate anch'esse dalla realtà de' fatti, recano il medesimo discredito e decadimento delle leggi. I legalisti adorano la forma; della materia e della sostanza nulla si curano. Noi vogliamo qui dare un esempio delle mostruose contradizioni in cui si perdono; e se fossero solo contradizioni gli abbandoneremmo alla lor sorte, cioè al giudizio del tempo; ma le forme legali, senza che soggiaccia loro alcuna materia reale, sono iniquità di grandissimo danno alla civile comunanza, e perciò non è perduto il tempo che impieghiamo a combatterle.

97. L'esempio è tratto dalla legge francese sul matrimonio. Udiamo dunque qualche sentenza di que' legalisti francesi a cui è principalmente dovuto il *sistema formalista*, cioè quel sistema legale, che fa consistere la legge civile in vuote forme. Gli autori del Codice, parlando

del matrimonio, sostenevano « que la loi ne
« s'occupe pas du CONTRAT NATUREL du mariage,
« qu'elle ne règle que le contrat civil » (1). Il
signor Tronchet parimenti dicea : « Le contrat
« naturel du mariage n'appartient qu'au droit
« naturel. Dans le droit civil, on ne connaît
« que le contrat civil, et ne considère le ma-
« riage que sous le rapport des effects ci-
« vils qu'il doit produire » (2). Lo stesso il
signor Merlin (3) e tutti generalmente i legalisti
francesi (4). Vi ha dunque, secondo questi lega-

(1) Conférence du Code, t. I, p. 86.
(2) Ivi, p. 86, 98, 402.
(3) Ivi, p. 670.
(4) Non crediate però che con questo io voglia negare
che gli stessi legalisti francesi dicano anche tutto il contrario. Il signor Nougarede (*Jurisprudence du Mariage et
Aperçu des changements qu'elle doit éprouver par l'aboli-
tion du divorce*. Paris, 1817, *L. XI. C. III, 1, 3, p. 367*)
vi dice che la legge francese ha considerato il *contratto
naturale* del matrimonio, e l'ha fatto per escludere la
giurisdizione ecclesiastica, non altro essendo l'intento
della legge che di dichiarare non eser necessario alla
validità del matrimonio qualunque sia osservanza religiosa. La pia intenzione di que' legislatori ! Ma dopo di
tutto questo, tutti convengono che quando la legge *finge*
che il contratto naturale non esista più, come nel caso
della morte civile, ella lo fa, perchè il contatto nel diritto civile non è altro che civile, e perchè il diritto civile non considera il diritto naturale, e non ammette
altro che sè stesso! A tali contradizioni ed arzigogoli furono e saranno sempre condannati per giusta punizione i
superbi legislatori dell' incredulità.

listi, una perfetta separazione fra il diritto civile e il diritto naturale. Il diritto civile sta da sè con perfetta separazione dal diritto naturale. Se il diritto civile contenesse lo stesso diritto naturale, in tal caso le maniere di dire che abbiam citate de' legalisti francesi non sarebbero che delle inesattezze di parlare suscettibili di benigna interpretazione. Ma se intendono che nel contratto civile del matrimonio non si conosca che il contratto civile, come dice espressamente nelle citate parole il signor Tronchet, in tal caso si esclude il diritto naturale dal diritto civile per modo, che questo rimane una pura forma legale vuota di sostanza, chè solo il diritto naturale è quello che può somministrare la materia e la sostanza al civile. E questo è appunto il pensiero di que' legalisti: per essi la legge civile è una forma vuota, concepita dal legislatore, e che ha valore indipendentemente dal diritto naturale, a cui può essere contraria. Ma se « il contratto naturale « del matrimonio non appartiene che al diritto « naturale, e nel diritto civile non si conosce « che il contratto civile », e quindi s'esclude il contratto naturale, che cosa rimane questo diritto civile? Noi lo possiamo raccogliere dagli stessi legisti francesi. Il Portalis, il Tronchet, il Bigot-Preameneu, il Malleville, nel proemio del progetto del Codice civile, si esprimono in questo modo: « Nous nous sommes convaincus

« que le mariage n'est ni un acte civil, ni un
« acte religieux, mais un acte naturel, qui a
« fixé l'attention des législateurs » (1). Confrontando dunque queste parole colle precedenti, si hanno queste due proposizioni:

1.° Il matrimonio non è un atto nè civile,
nè religioso, ma naturale;

2.° Nel diritto civile non si considera che
il contratto civile, e non il contratto naturale.

Ora qual è la conseguenza logica di queste
due proposizioni? Eccola inevitabile: il diritto
civile sul matrimonio non versa punto nè poco
sul matrimonio, perchè il matrimonio non è un
atto civile, ma naturale; e il diritto civile non
conosce che il contratto civile e non il naturale.
In virtù dunque di queste astrazioni sofistiche
i legalisti francesi considerano la legge civile
sul matrimonio, come una mera forma legale,
vuota della sostanza, perchè astratta interamente dal diritto naturale, al quale solo appartiene il matrimonio; giacchè il matrimonio,
per loro confessione, non è un atto civile, ma
naturale. Il formalismo della legge qui è al
sommo grado, cioè all'assurdo.

98. Egli è chiaro che non si possono evitare tali lambiccate sottigliezze de' legalisti, dannosissime alla società, se non si ricongiunge la
materia alla forma della legge, il diritto natu-

(1) Conférence du Code, t. I, p. 34 et seq.

rale al diritto civile : se non si stabilisce che la legge civile non può mai dipartirsi dalla legge naturale, non può mai venire in collisione con questa ; che la legge civile non ha forza per sè stessa, ma la riceve dal diritto naturale che si appropria; che una legge civile che venga in collisione colla naturale deve cedere a questa e riformarsi da' legislatori: che mai e poi mai una mera forma legale potrà distruggere un solo dei diritti assicurati all'uomo dalla legge naturale ; che questi diritti non si possono fingere dall' arbitrio del legislatore, e non si può neppur fingere che ci sieno ; e che tali finzioni, o forme legali, promulgate da' legislatori non sono più che vanissime parole, leggi non mai.

99. E acciocchè non si creda che la separazione e l'indipendenza della legge civile dalla legge naturale, stabilita dai legisti francesi, sia una cosa che resta nella teoria, e che non intendano mai di ridurre alla pratica un formalismo così cavilloso, prendasi il caso della morte civile, che è anche questa una forma legale in abito metaforico. I legisti francesi considerano per sciolto il matrimonio di chi è morto civilmente, e danno facoltà all'altro coniuge di rimaritarsi. Nello stesso tempo convengono, che questa non è che una *finzione della legge*, come la chiama espressamente il signor Delvincourt, perchè si sa bene che l'uomo che dicesi morto

civilmente, realmente vive ancora, e confessano, che quella soluzione del vincolo maritale e le nuove nozze sono indubitatamente contrarie al diritto naturale. Onde la legge civile che discioglie tali matrimoni è veramente, in questo caso, una pura FORZA LEGALE priva di ogni *substratum* naturale ; e pure quella forma legale così vuota è quella che dee prevalere; e quantunque l'essenza del matrimonio, secondo gli autori del codice francese, *sia un atto naturale che ha fissato l'attenzione de' legislatori*, tuttavia la legge può chiuder gli occhi a quest'atto naturale, e l'atto naturale è bello ed annichilato; come in altri casi la legge può fissare l'attenzione nel nulla e così fare che il matrimonio, quest'atto naturale, esista.

La legge dunque sostituisce parole alle cose ; le nazioni si governano colle parole; in quanto poi alle cose la legge civile può lasciarle da parte che poco importano ! E per levar via ogni scrupolo, sapete come si fa? Basta dichiarare che non è INTENZIONE del legislatore levar via le cose, ma solamente astrarre da esse, prescindere da esse : ecco tutto aggiustato: LA MANO DI FERRO del legislatore distrugge le cose sostituendovi delle parole che si chiamano legge; nello stesso tempo che l'INTENZIONE del legislatore vuol conservarle. Ecco tutto accomodato stupendamente. Non sembrerebbe vero, ma ve lo proverò coi testi medesimi dei legisti fran-

cesi. Il signor Locre scrive : « Le mariage, que
« l'individu frappé de mort civile contracte,
« est avoué par la loi naturelle et par la reli-
« gion. La loi civile n'a aucun pouvoir sur une
« telle union, et SON INTENTION N'EST PAS DE
« LA CONTRARIER » (4). Il signor Merlin : « La
« personne qui a épousé un mort civilement
« est sans doute liée à lui par une obligation
« naturelle; MAIS CETTE OBLIGATION n'ayant pas
« la sanction de la loi, EST AUX YEUX DE LA
« LOI COMME SI ELLE N'EXISTAIT PAS » (2). La
legge dunque :

4.° Riconosce l'adulterio che commette uno
de' coniugi passando ad altre nozze quando
l'altro è morto civilmente;

2.° Se questo coniuge vuol passare all'adulterio, la legge lo sostiene COLLA FORZA e dichiara questo adulterio LEGITTIMO MATRIMONIO;

3.° Finalmente si scusa dichiarando non
essere SUA INTENZIONE che abbia luogo questo
adulterio che per essa è legittimo matrimonio
sanzionato colla forza.

« Io perderò, dice Iddio, la sapienza dei
sapienti: » non sappiamo come la superbia dei
legislatori umani possa essere confusa e sver-
gognata in un grado maggiore di questo.

(4) Esprit du Code civil, t. I, p. 404.
(2) Code et motifs, t. II, p. 566, note.

100. E quello che mette il colmo a questa vergogna si è che tali legisti, quando applicano questa legge, che dell' adulterio conosciuto e confessato da essi medesimi pretende fare un legittimo matrimonio, dichiarano d'attenersi alla NATURA DELLE COSE. Un tribunale supremo mostrando una sentenza con cui dichiarava nullo un matrimonio di persone colpite dalla morte civile, così s'esprime: *Attendu qu'il est* CONTRE LA NATURE DES CHOSES *que des condamnés à la mort civile puissent contracter un mariage qui produise des effets civils, comme l'a proclamé l'article 23 du Code, et qu'il s'ensuit nécessairement que le mariage dont il s'agit, contracté pendant que les parties étaient l'une et l'autre en état de mort civile, a été radicalement nul dans son principe, etc.* (1). La morte civile adunque d'un uomo che tutti sanno che vive e mangia e beve e veste panni, è divenuta per opera de' legalisti LA NATURA DELLE COSE; e giudicare secondo questa FINZIONE è un giudicare secondo LA NATURA DELLE COSE! Queste baratterie e scambietti de' legalisti sono continui nel paese delle leggi astratte, cioè nella Francia. Vedete il signor Baston: egli vi dice una bellissima sentenza, che « il diritto di congiungersi in ma-« trimonio è talmente naturale all' uomo che

(1) Questa sentenza è del 16 maggio 1808, appresso Merlin; *Répert. de Jurispr.*, t. X, p. 583.

« NIUNA POTESTÀ può privarne assolutamente
« alcuno » (4). Ne verrebbe spontanea la conseguenza, che se *nessuna potestà* può privare
alcun uomo di tal diritto, dunque neppure la
potestà civile; e così questa ammetterebbe
qualche limite. Non abbiate timore, perchè c'è
il suo rimedio : basta che la legge FINGA che
l'uomo sia morto, ed ecco che l'uomo resta
privato di quel diritto che gli dà la natura e
di cui si confessa non poter essere spogliato da
nessuna potestà della terra ! Infatti lo stesso
signor Baston vi assicura che la morte civile è
una impedimento, che dirime il matrimonio, e
rende l'uomo inabile a contrarlo ! Voi vedete
che la potenza che ha la legge civile di FINGERE
rimuove da essa ogni limite che le potesse mettere LA NATURA ; poichè la legge finge che non
ci sia la natura e che non ci sieno i limiti che
impone la natura: lo spediente è graziosissimo!

Altri legisti più timorati se la scapolano
per un'altra gretola. Essi vi dicono con un tuono
di devozione che la legge francese sul matrimonio rispetta, lascia intatto, non tocca menomamente il vincolo naturale e religioso del matrimonio, e sono contentissimi d'aver .trovata
questa parola di *effetti civili* (giacchè tutto l'ar-

(4) Concordance des lois civiles et des lois ecclesiastiques de France touchant le Mariage. Paris, 4824,
p. 103 *bis.*

tifizio sta nel sostituire delle parole alle cose, e in fare che quelle caccino via queste) e di poter concedere alla legge di distruggere di fatto il vincolo matrimoniale, dividendo i coniugi colla FORZA, e facendo che un d'essi contragga l'obbligazione dell'adulterio sotto il nome di matrimonio, chiamando tutto ciò semplicemente GLI EFFETTI CIVILI. E per vero, dal momento che tra gli effetti civili si enumerano anche i doveri e i diritti maritali reciproci de' coniugi, egli è chiaro, che annullando colla legge questa sorte d'effetti civili, i due coniugi sono liberati da ogni vincolo, e possono passare all'adulterio sotto la protezione della legge e della FORZA PUBBLICA.

404. La legge dunque ridotta a pure forme legali, sicchè non ha bisogno alcuno di avere per sua materia la realtà delle cose, i diritti e fatti naturali e religiosi, non può essere sufficiente per tutelare veramente e senza frode od inganno i diritti religiosi de' coniugi cristiani: le chiacchere, i cavilli, le sottili distinzioni, le astrazioni sofistiche de' legalisti non possono surrogare l'effetto, che la legge non produce, e che pur dovrebbe produrre, cioè la vera tutela di que' diritti. Tali *forme legali* non sono leggi, benchè promulgate col nome di legge: esse sono menzogne obbrobriose della pubblica autorità: esse ipocritamente mentiscono quando dichiarano di tutelare la libertà religiosa delle co-

scienze de' cittadini: tradiscono, prostituiscono, offendono in mille maniere questa sacra libertà: abusano della forza in molti casi per COSTRIN- GERE i cittadini all' ADULTERIO e per tenerveli infissi sotto il mentito nome di matrimonio: co- tali leggi sono adunque inique e non soddisfano punto, anzi contrariano al diritto che ha un popolo cattolico verso a quel potere civile che lo regge. Questo dunque può giustamente di- mandare ed esigere d'avere leggi, come dice- vamo al principio, che « non facciano astra- zione dalla loro religione, ma che sanzionino tutti i diritti e le obbligazioni correlative che traggono l'origine dalla religione che professano, solamente queste leggi essendo in verità suf- ficienti a tutelare la loro libertà religiosa ».

SECONDO DIRITTO.

102. II. Un altro rispettabilissimo diritto dicevamo esser quello, che hanno i cittadini cattolici verso il potere civile, « di esigere che, *sotto nessun pretesto o finzione legale*, il mede- simo potere civile non indebolisca l' indissolu- bilità del vincolo coniugale, fondamento delle famiglie e del loro buon ordine, e dell'inciivili- mento delle nazioni ».

Dall'enunciazione di questo diritto appari- sce, che egli non è solo un diritto de'cittadini del Piemonte, ma è un diritto sacro di tutte le nazioni civili dell'intera cristianità. La Chiesa cattolica, che è la madre dell'incivilimento cristiano, e l'adunatrice della più grande e della più augusta delle società umane che comparissero sopra la terra, cioè di quel corpo di nazioni che si chiama cristianità, ha posto a fondamento di questa grand'opera il diritto divino dell'indissolubilità del vincolo coniugale, e colla potenza ch'ella sola possiede, lo ha profondamente radicato nelle menti, nelle leggi e nei costumi.

103. I legalisti colpiti da una cecità inesplicabile non vedono la luce di questo fatto. Come se questo fatto non esistesse, attribuiscono solo a sè stessi il potere di dar ordini al matrimonio: « NOUS AVONS DÉTERMINÉ CES FOR-« MES (del matrimonio): la publicité, la solem-« nité des mariages peuvent seules prévenir « ces conjonctions vagues et illicites, qui sont « si peu favorables à la propagation de l'espè-« ce (1). Il était impossible D'ABANDONNER CE CON-« TRAT À LA LICENCE DES PASSIONS » (2). Noi sentiamo al solito l'eco di questi vanti de' legisti francesi. Il signor Persoglio teme che la legitti-

(1) Gli autori del Codice, Portalis, Tronchet, Bigot-Preameneu, Malleville, Confér. du Code, t. I, p. XXXIV e segg.

(2) Portalis, Code et motifs, t. II, p. 221.

mità della prole *sia abbandonata al caso* (1) : il *Risorgimento* aspetta una nuova legge civile con cui si provveda alle *malsicure unioni* (2). Povera umanità se ha dovuto aspettare fino al secolo XVIII e XIX , acciocchè il matrimonio , fondamento delle famiglie, incominci a non esser più abbandonato alla licenza delle passioni, o venga finalmente sottomesso per opera dei legalisti francesi e de' loro discepoli a delle forme stabili !

104. Tutti i cattolici, a qualunque nazione appartengano, dimandano ed hanno il diritto di dimandare appunto questo da' governi , che le loro unioni maritali , che dalla sapienza e dall' autorità piena di reale efficacia della Chiesa cattolica , a cui appartengono, furono regolate e a forme precise sottomesse pel corso di diciotto secoli , non vengano ora dai governi civili sottratte all'ordine , alla regolarità , alla stabilità di cui godono da tanto tempo, acciocchè non c' entri appunto la licenza delle passioni e il caso a perturbarle e funestarle. Perocchè se il governo civile FINGE di non vedere quell'ordine e quella dignità che ha dato ai matrimoni dei cattolici la morale potenza della loro religione; se crede di dover far tutto da capo , quasichè

---

(1) Orazione supracitata. Nell'annuale apertura del Magistrato d'Appello.

(2) 27 febbraio 1851.

il matrimonio fra le nazioni cattoliche fosse ancora simile a quello dei selvaggi, e non esistessero fra di noi che unioni fortuite ed incerte, abbandonate al caso; se vanaglorioso si presenta ad un popolo cattolico, qual è il Subalpino, come uno appunto di que' benefattori che raccolsero gli uomini dispersi pei boschi e gli adunarono i primi in civili comunanze, dando forme ai matrimoni, che non ne avevano; se pretende che con queste spavalderie un popolo incivilito come il nostro dimentichi tutta la legislazione ecclesiastica e civile, che da tanti secoli regolò il matrimonio, e si persuada che la nuova legge promessa dal conte Siccardi sarà la prima, l'unica che regoli i matrimoni dei piemontesi e li sottragga al caso e alla licenza delle passioni, egli presume soverchiamente di sè e domanda una credulità impossibile ed insultante alla nazione. No, non si tratta d'una legge da farsi per matrimoni, che non abbiano ancora forme ed ordini regolari e che sieno abbandonati al caso; trattasi di fare una legge per cangiare appunto quelle forme e quegli ordini in virtù de' quali il matrimonio fu in Italia e in ogni altro paese cattolico fino a questo tempo ben governato, e che lo resero, certo, venerabile e santo, e di sostituire altre forme ed altri ordini; trattasi d'una smania di distruggere e d'innovare; trattasi d'uno studio d'esagerare la necessità e l'urgenza di tali innovazioni fino a far credere, che senza di esse le unioni maritali procederebbero incerte, vacillerebbe la stabilità e l'ordine delle famiglie e prevarrebbe la licenza delle passioni! Tanta importanza si danno i legalisti, tanto credono di potere! Che col solo dire bianco al nero e nero al bianco valgano a cangiare alle cose i loro colori.

Per fermo non hanno bisogno i matrimoni dei cattolici piemontesi d'essere regolati con nuove leggi per evitare le unioni incerte e perchè non sieno abbandonati al caso, checchè si dicano i legalisti: questi matrimoni fin qui ebbero sempre un compiuto regolamento, non furono mai abbandonati al caso, non furono mai spogli di forme legali. Se dunque possono esser fatte nuove leggi, queste però non sono di quella somma ed essenziale necessità che tanto si ostenta; e questa stessa ostentazione dee giustamente allarmare i cattolici, che vedono in essa dimenticato e disprezzato quanto fece la Chiesa e quanto fece la lunga serie de' monarchi Sabaudi fino a Carlo Alberto ossequiosi alla Chiesa.

105. O il potere civile dunque, che al presente assume di rinnovare le antiche leggi del Piemonte, intende di proteggere con esse l'indissolubilità e la santità del vincolo coniugale in accordo colla Chiesa; di modo che questa indissolubilità e santità sia protetta e guarentita

ad un tempo dalle due potestà, ed in tal caso
l'opera de' legislatori piemontesi sarà giusta e
santa, e riscuoterà l'approvazione dell'opinione
pubblica che alla fin fine in Piemonte non può
essere che quella de' cattolici; ovvero il potere
civile mal consigliato da' legalisti, scolaretti servili de' nuovi principî legislativi trovati dalla
rivoluzione dell'89, preferisce di FINGERE che
non esista e non sia mai esistita la Chiesa cattolica e le sue leggi, e che il Piemonte non abbia e non abbia mai avuto una patria legislazione sul matrimonio; e, fondato in questa
finzione ed astrazione, assume d'introdurre
leggi totalmente nuove sul matrimonio, consi-
derandolo come un mero contratto civile sul-
l'esempio già stantio della Francia, e pretende
di essere egli solo, il potere civile, quel potere
che ha virtù di rendere stabile e indissolubile
il matrimonio munendolo de' principî della *più
severa morale*, come ci canta il cavaliere Persoglio; e in tal caso in questo attentato del
potere civile contro alla propria religione, il
popolo cattolico del Piemonte vede giustamente
minacciata ed offesa la sua libertà religiosa,
perchè vede minacciata la santità e l'indissolubilità stessa del vincolo coniugale, che è il
primo bene e il primo diritto delle cristiane famiglie.

E che un potere civile, il quale con una
negazione legale del cattolicismo dica ad un

popolo cattolico: « Io, io solo, o cittadini, non la Chiesa, come pel tempo passato, io solo darò forme ai vostri matrimoni, io CREERÒ impedimenti dirimenti DALLA PIÙ SEVERA MORALE stabiliti: io solo colle mie leggi IMPEDIRÒ LE MALSICURE UNIONI: io solo vieterò i matrimoni clandestini: per me i matrimoni non saranno più abbandonati AL CASO ED ALLA LICENZA DELLE PASSIONI. In queste nuove mie leggi non sarà più nominata la Chiesa, il matrimonio non sarà più sacramento, ma solo contratto civile: i cittadini dovranno prima osservare queste mie leggi, e poi, quando rimanga loro possibile, adempiranno a quanto comanda Iddio e la Chiesa, se pur vorranno prestarci fede: quando poi le mie leggi, venendo in collisione colle leggi di Dio e della Chiesa, impediranno i cittadini dall'osservare queste seconde, che io non riconosco, allora tutti quelli che le vorranno osservare verranno dichiarati RIBELLI e FELLONI, e dalla FORZA PUBBLICA come tali puniti e perseguitati ». Un governo che dica tutto questo ad un popolo cattolico, lo dica col solo fatto, o anche colle parole; lo dica solo implicitamente, o anche esplicitamente; un tal governo deve essere necessariamente considerato da un popolo qual è il piemontese, che ripone il maggior tesoro nella sua fede, come nemico e distruttore della sua libertà religiosa, perchè nemico e distruttore della sua religione.

E nel vero si può egli offendere maggiormente questa libertà, che coll'oppugnare la religione cattolica? E non la si oppugna la religione dai governi quando le loro leggi non la proteggono? quando la considerano come non esistente? quando le leggi si basano sopra principî essenzialmente ad essa contrarî, come accade nel caso in cui le leggi sul matrimonio suppongono, che questo non sia matrimonio, ma puro contratto civile? Quando le dette leggi vengono direttamente in collisione colle leggi della Chiesa, dimodochè non si possano eseguir queste, se si vogliano eseguir quelle?

106. Questa verità è così patente che può essere confermata con delle autorità, che non parranno certamente di leggier peso ai nostri legalisti: noi li rimettiamo dunque a MIRABEAU, li rimettiamo a FAUCHET, due rivoluzionari appunto dell'89. Che cosa dicono costoro sulla pretensione del potere civile di far leggi sul matrimonio indipendenti da quelle della Chiesa? Essi dichiarano che questo è un attentato contro l'essenza del cattolicismo. Tale fu il giudizio di quegli uomini certo non sospetti ai nostri legalisti, certo non ispirati dalla corte di Roma.

Si sa quanto il Principe di Kaunitz era legalista e come fu uno de'primi a dare lo scandalo, a mettere sacrilegamente le mani, coll'assolutismo che gli era proprio, nel matrimonio cattolico, e come la santa Sede gli si oppose fortemente. Parlando d'una risposta di quel Principe ad una nota del nunzio Garampi, risposta piena di quel freddo orgoglio, che è il carattere delle corti di quel tempo, in continua lotta col potere ecclesiastico, Mirabeau s'esprime in questo modo alquanto ironico: « Voilà, sans « doute, une réponse digne de l'autorité sou- « veraine: mais est-ce la réponse d'un prince « catholique, apostolique, romain, d'un adhérent « aux canons du Concile de Trente, qui forme « la règle de foi du catholicisme même le moins « ultramontain? Le Concile de Trente défend « à la puissance séculière de se mêler des cau- « ses matrimoniales: *Si quis dixerit causas* « *matrimoniales non spectare ad judices eccle-* « *siasticos, anathema sit*, dit le douzième canon « de la session 24 de ce Concile. S'il est vrai « que le mariage étant un sacrement, toutes « les causes matrimoniales ressortent unique- « ment de la jurisdiction ecclésiastique, c'est « à l'Eglise, dont la hiérarchie est également « de droit divin, à régler la manière de juger « ses causes, et en qui réside la puissance « d'ordonner sur chacune; car, vouloir régler « les divers droits de la hiérarchie chrétienne, « établie de Dieu même, comme dit le Concile « de Trente, C'EST ASSUREMENT LE PLUS GRAND « ATTENTAT DE LA PUISSANCE POLITIQUE CONTRE

« LA RELIGIEUSE » (1). I nostri legalisti meditino questa sentenza di Mirabeau: egli giudicava che il metter le mani nel matrimonio, per ciò che spetta alla sua essenza e alla sua validità e nelle cause relative, fosse il maggior attentato del potere politico contro il potere spirituale. E se la cosa è così, non hanno ragione i cattolici a vedere in questo attentato infranta la loro libertà di coscienza? Può esistere la libertà di coscienza pe' cattolici, quando si opprime la potestà ecclesiastica e si tenta di rapire dalle sue mani quel potere che essa decide dogmaticamente esserle proprio ed essenziale? Se il potere ecclesiastico in Piemonte viene impedito, colle leggi e colla forza del poter secolare, di esercitare l'autorità che ha per diritto divino; dov'è la libertà religiosa? V'avrebbe egli libertà religiosa rispetto alla religione cattolica, quando non solo non si proteggesse, ma neppure si tollerasse che la Chiesa cattolica esercitasse l'autorità, che ad essa è essenziale, qual è quella sul matrimonio dei fedeli?

Claudio Fauchet, che cadde sotto la ghigliottina della Convenzione nazionale il 31 novembre 1793, insegni ora al signor cavaliere Persoglio dove sia la SEVERA MORALE, a nome della quale egli invita il poter temporale a

_____

(1) Dall'opera di Mirabeau, intitolata: *Monarchie prussienne.*

stabilire un matrimonio che dipenda da lui
solo, e a non riconoscere più il matrimonio vero
de' cattolici, che è quel della Chiesa. Ecco le
parole di quest'uomo della rivoluzione: le ascolti
con attenzione: « On continue d'objecter: L'au-
« torité des gouvernements sur les contrats,
« sur la justice distributive et commutative,
« sur les mariages, et sur tous les autres actes
« qui ont rapport à la morale ou aux sacre-
« mens, que deviendrait-elle ? Ce qu'elle doit
« être : une autorité purement exécutrice. Les
« lois civiles ne peuvent jamais créer la mo-
« rale ; elles doivent toujours la suivre et l'en-
« joindre. Vous avez, par la première de vos
« lois, qui est la base de toutes les autres, une
« religion. — Il faut donc laisser là tous les
« barbouillages que certains théologiens et ju-
« risconsultes de France et d'Allemagne, pour
« flatter le dispotisme des princes et des tribu-
« naux, ont écrit sur le mariage, par exemple,
« considéré comme sacrement, et dans ses rap-
« ports moraux. Il n'appartient qu'à l'Eglise de
« décider cette doctrine. Ce qu'elle a fixé au
« Concile de Trente, est au-dessus de toutes
« les atteintes des trônes, et lie souveraine-
« ment les consciences. Il y a sacrement, où
« l'Eglise catholique dit qu'il y a sacrement; il
« y a bonnes moeurs où l'Eglise dit qu'il y a
« bonnes moeurs. Toutes les puissances tem-
« porelles ensemble ne pourraient pas changer

« un iota à la vérité de ces principes. Les
« évêques sont les sujets des princes, au
« temporel, oui; au spirituel, non. Ce sont les
« pinces qui sont, sous ce rapport, sujets de
« l'Eglise. On brouille tout, lorsqu'on ne fait
« pas ces distinctions. — Peuples et rois, vous
« dépendez également de Dieu', c'est-à-dire, de
« la justice et de la morale, en un mot, de la
« religion, sans laquelle il n'existe ni vertu
« réelle, ni droits inviolables, ni société posi-
« tive » (1).

107. Un potere civile, che presume d'esser
capace di dare egli solo colle sue leggi consistenza e stabilità al vincolo coniugale, senza
bisogno di riconoscere punto nè poco il suggello infrangibile che vi mette Iddio medesimo
e la Chiesa cattolica, non può definirsi, che un
potere vanaglorioso e ignorante. Noi non desi-
deriamo certo, che anche il Piemonte faccia
questa brutta figura, che pur troppo hanno
fatto altri prima di lui.

Intanto il popolo cattolico del Piemonte
non si fiderà mai d'un governo, che gli promette troppo più che non possono le sue forze,
e le forze di qualunque governo temporale. È
cosa notoria a tutti quelli che conoscono la
storia della leggi umane e degli umani legislatori, che nè quelli nè questi possono dare una

---

(1) *Discours sur la réligion nationale*. Paris 1789.

guarentigia sufficiente di fare quel che promettono, cioè, non dico di dare, ma neppure di mantenere al matrimonio la sua certezza e la sua indissolubilità, e molto meno di renderlo venerabile e santo.

Questa indissolubilità, come pure questa santità, non può venire e non venne mai al matrimonio, se non si vuole cancellare tutte le storie, da altro fonte, che da Dio stesso.

Tutti i legislatori del mondo anteriori al 1789 si confessarono impotenti a questa grand'opera di dare consistenza e indissolubilità al matrimonio; e però vi fecero intervenire la divinità. Per una ragione simile, alla divinità si rivolsero sempre spontaneamente gli uomini nell'atto solenne di stringere giuste nozze: ben intendendo, che queste non acquistavano dignità, se non dalla fede perpetua e dalla castimonia coniugale, in faccia alle quali obbligazioni l'infermità umana sentiva d'aver bisogno d'uno straordinario aiuto, e ciascuno de'coniugi l'invocava dalla divinità per sè non meno che pel consorte. « Un sen-
« timento profondo ed universale nei popoli
« — dice uno scrittore moderno — ha sempre fatto
« trovare un atto religioso nella celebrazione
« dell'unione coniugale. Per verità, un atto, per
« cui si suggella la più intima, infocata e du-
« ratura delle amicizie, e l'uomo, togliendosi
« in aiuto una compagna preparatagli da Dio,
« si costituisce capo d'una nuova famiglia e

« procreatore di una nuova stirpe, potrà forse
« compiersi senza prenderne gli auspizi dal-
« l'alto?. E certo, lo stesso paganesimo non ha
« permesso che la divinità si rimanesse estra-
« nea ad un rito di tanta conseguenza per gli
« uomini. Lo Zendavesta non determina egli,
« a mo' d'esempio, le preci che debbono accom-
« pagnare le cerimonie degli sponsali e del
« maritaggio? Colla preghiera e coll'acqua be-
« nedetta non cercano forse i Siamesi di con-
« sacrare i loro matrimoni? E i Cinesi non
« usano forse celebrare lor nozze in una do-
« mestica cappella, in faccia alle tavolette sa-
« cre, bruciando profumi, invocando le anime
« de' trapassati, chiamando in brieve la reli-
« gione a tutela di quell'atto ordinato dal cielo?
« Che dirò poi de' Greci e de' Romani, i quali
« riconoscevano divinità che presiedevano ai
« matrimoni? »

108. Le passioni rivoluzionarie spezzarono
tutte le tradizioni più sante del genere umano:
soffocarono i sentimenti più intimi della natura.
Nel seno dell'ateismo del 1789 sursero de' nuovi
legislatori, l'orgoglio de' quali dispregiava l'esperienza de' secoli, e attribuiva un potere chime-
rico alle loro leggi, che niuno degli umani legisti
avea mai sognato. Questi furono gli autori della
separazione fra la legge civile e la religione, a cui
diedero il libello di ripudio, e quindi anche gli
inventori del così detto Matrimonio civile. Era

un diritto nuovo opposto intieramente al diritto ricevuto da tutte le genti. Gli stessi autori del Codice civile, che ne furono gli eredi, ne convennero: « Tous les peuples ont fait intervenir « le ciel dans un contrat qui doit avoir une si « grande influence sur le sort des époux » (1). Ma i pregiudizi sono troppo tenaci, e quella verità conosciuta rimase sterile.

Non è dunque necessario nemmanco esser cattolico per conoscere, che il potere temporale, quando attribuisce a se solo la tutela del matrimonio, e promette di dargli colle sue leggi stabilità, impegna la sua parola in cosa che non può mantenere, e perde il credito col darsi tai vanti e col disdegnare il concorso della religione.

109. Ma un popolo cattolico teme troppo più dalle promesse infide d'un tal governo: perocchè egli ha troppo maggiori argomenti per riconoscerle infide.

1.° Un popolo cattolico riguarda siccome sacra la indissolubilità del matrimonio, e il solido fondamento di questa indissolubilità lo vede nelle parole di Dio e di Cristo: « L'uomo non separi « quelli che Dio ha congiunto ». Onde, quando il governo civile dichiara di voler prescindere colle sue leggi dalla religione, allora, davanti agli occhi d'un popolo cattolico, toglie via il fondamento dell'indissolubilità. Così privata del

_____

(1) *Code et motifs*, t. II, p. 222.

suo fondamento l'indissolubilità del matrimonio non esiste più, e se esiste, non esiste per la legge civile, ma per i costumi cristiani, che contrastano all'empietà della legge. Per certo, la legge civile, che prescinde dalla religione cristiana, prescinde dalla indissolubilità. Infatti se non c'è l'indissolubilità religiosa, non c'è neppure l'indissolubilità civile. Una indissolubilità del matrimonio puramente civile, è una parola, una chimera vana e buffonesca. Un popolo cattolico non si lascerà mai ingannare a questo modo; egli sa che delle leggi puramente civili non possono produr niente di morale, non possono dare fondamento ad una vera indissolubilità. Sia pure che il legislatore umano lo voglia, poniamo anche di buona fede: egli NON PUÒ, non ne ha le forze.

110. 2.º Un potere civile, che facendo astrazione dalla religione, pretende di stabilire da se solo l'indissolubilità del vincolo coniugale, cercherà il fondamento di una tale disposizione, o nel diritto naturale, o nella volontà arbitraria del legislatore. Il diritto naturale primieramente è suscettivo di tante interpetrazioni su questo punto, quanti sono gl'ingegni e le inclinazioni degli uomini, e la legge civile non può obbligare il pensiero degli uomini a interpretar la legge naturale piuttosto in un modo che in un altro: di poi la stessa legge civile non riconosce altra autorità che se stessa, secondo

i legisti : « La loi ne s'occupe pas du contrat
« naturel du mariage — elle ne régle que le
« contrat civil » (1). Non resta dunque per unico appoggio dell'indissolubilità matrimoniale,
se non la *volontà arbitraria* del legislatore umano. I legalisti spacciano, che questa volontà sia
invariabile ed onnipotente ; ma noi sostituendo
alla loro immaginazione la storia, l'abbiamo veduta vacillante sempre, variabilissima, debo-
lissima, e soggetta a tutti gli errori (45—47).
— Ci direte: perchè dunque in Francia non è
perita l'indissolubilità del matrimonio ? — Vi
rispondiamo: che quest'indissolubilità in Francia ha ricevuto varie ferite, ma che non è perita, perchè il potere civile rispetto a lei É TAN-
TO IMPOTENTE, che non solo non è capace di
stabilirla, ma neppure è capace di distruggerla,
benchè possa gravemente offenderla e vulne-
rarla. Il potere civile, che s'arroga di dar fondamento all'indissolubilità matrimoniale, la di-
struggerebbe certamente, se non ci fosse chi
veramente la sostiene senza di lui e contro di
lui, vogliam dire la Chiesa cattolica, ch'egli
paventa ogniqualvolta vuol fare il male, perchè ella è più forte di lui.

     111. 3.° Non solo il potere civile è di natura
variabile, e non può dare da sè solo invariabilità
a cosa alcuna e molto meno può costituire l'in-

_____
(1) *Conférence du Code,* t. 1, p. 89.

dissolubilità del vincolo coniugale, ma di più il potere civile (non il potere astratto, ma gli uomini che lo esercitano) soggiace a molte malattie, illusioni, vertigini, passioni, istinti morbosi d'imitazione e così via; e fra queste malattie c'è anche quella dell'empietà. Si giudichi, se il deposito dell'indissolubilità matrimoniale sarebbe affidato in buone mani, se sarebbe sicuro, quando non ci fosse altro che il potere civile a custodirlo e a difenderlo; quel potere civile che pretende anzi di *crearlo*, perchè non riconosce, giusta le teorie legalistiche, altro potere che sè solo! Uno sguardo alla Francia in cui l'incoerenza d'un potere civile ammalato per empietà giunse al sommo. Si pone questo principio: « La legge civile dee fare astrazione da ogni religione ». Quindi i sacri voti non sono più impedimenti dirimenti, perchè non esistono più in faccia alle legge. Ma come non esistono più? Come la legge astrae da essi? Anzi no, che non fa da essi astrazione: ella se ne ricorda, e li fa ricomparire in iscena nella stessa legge costituzionale. Ma perchè ci devono ricomparire? Acciocchè possano esservi riprovati. Odasi la costituzione del 3 settembre 1791 : « La loi ne reconnaît plus ni voeux religieux, « ni aucun autre engagement QUI SERAIT CON- « TRAIRE AUX DROITS NATURELS ou à la consti- « tution ». La legge civile dunque fa astrazione ad un tempo e non fa astrazione dalla religione:

fa astrazione se si tratta di escludere le sue leggi , non fa astrazione se si tratta di condannarle : il potere civile è veramente beato di dichiarare contrario ai diritti naturali quello che è di essenza del cattolicismo ! E qui ricomparisce il diritto naturale nella legge civile , di cui ella prima facea senza. I legalisti, logici acutissimi, battono le mani. — Per non deviare dal principio che la legge civile fa astrazione dalla religione, l'ordine sacro cessa d'essere un impedimento dirimente; ma la legge apre poi gli occhi , che aveva chiusi per non vedere l'ordine sacro, e allora di nuovo lo vede, e senza far più astrazione da lui, *comanda* che i preti menino moglie con decreti, *dont le but était de détruire le catholicisme en France* (1). Così il potere civile che ha imposto a sè stesso di far astrazione dalla religione, se ne dispensa quando

---

(1) Il tribunale di Parigi nella sentenza del 19 giugno 1828 intorno la causa scandalosa Dumontell : « Attendu que si depuis cette époque , à la fin de 1792 et « dans l'année 1793 , plusieurs décrets de la Convention « ont encouragé et même ordonné le mariage des prêtres « catholiques, ces décrets, dont le but était de détruire « le catholicisme en France, ont perdu toute leur force « depuis le concordat du 1802 ». — Quanti sieno stati gli sforzi del potere civile sotto la Convenzione per indurre i sacerdoti cattolici e sforzarli a contrarre sacrileghe nozze, è narrato da Grégoire nella sua opera : « *Histoire du mariage des prêtres en France*, particul. « dep. 1789, c. VII ».

gliene prende il ticchio di farle guerra, dando sempre nuove prove di quella invariabilità e di quella logica coerenza, che gli attribuisce il cav. Persoglio co'suoi colleghi. Ora quando si considerano queste ed infinite altre aberrazioni del potere civile, non sarà maraviglia, se un popolo cattolico crederà che non sia sicura nelle sue mani l'indissolubilità del vincolo matrimoniale. Farà bensì stupore la cocciuta e baldanzosa ignoranza dei legalisti, i quali pretendono che « non si possa esitare a sottoporre il matrimonio direttamente, uniformemente, invariabilmente al potere civile, il quale *creerà* impedimenti dalla più *severa morale* stabiliti ». Costoro vi parlano del potere civile, come fosse una cosa sempre uguale, impassibile come una divinità, a cui la *severa morale* non può mancar mai, nelle cui mani si può e si dee abbandonare dal popolo con tutta tranquillità la coscienza e ogni cosa.

112. Fra gli stessi protestanti gli uomini di retta intelligenza riconobbero che la stabilità e la santità del matrimonio era tutt'altro che sicura nelle mani del potere civile: la sola autorità della Chiesa e della legge di Dio ne poteva esser l'efficace custode. Noi porremo sotto gli occhi de'lettori la testimonianza di un protestante giudizioso ad un tempo e dotto: possano i nostri ministri, prima di presentare alle Camere il loro progetto di legge sul matrimonio,

meditare. le seguenti parole tolte dalle *Lettere
sulla storia della terra e dell'uomo* del signor
Deluc (4):

« J'ai frémi toutes le fois que j'ai entendu
« discuter philosophiquement l'article du ma-
« riage. Que de manières des voir, que de sy-
« stèmes, que de passions en jeu ! On nous
« dit que c'est à la législation civile d'y pour-
« voir ; mais cette législation n'est-elle donc
« pas entre les mains des hommes dont les idées,
« les principes changent ou se croisent ? Voyez
« les accessoires du mariage qui sont laissés à
« la législation civile ; étudiez, chez les diffé-
« rentes nations et dans les différens siècles,
« les variations, les bizarreries, les abus qui
« s'y sont introduits, vous sentirez à quoi tien-
« draient le repos des familles et celui de la
« société, si les législateurs humains en étaient
« les maîtres absolus. Il est donc fort heureux
« que, sur ce point essentiel, nous ayons une
« loi divine, supérieure au pouvoir des hommes.
« Si elle est bonne, gardons-nous de la mettre
« en danger, en lui donnant une autre sanction
« que celle de la religion. Mais il est un nom-
« bre des raisonneurs qui prétendent qu'elle
« est détestable ; soit : il en est pour le moins
« un aussi grand nombre qui soutiennent qu'elle

(4) *Lettres sur l'Histoire de la terre et de l'homme,*
t. I, p. 48.

« est sage, et auxquels on ne fera pas chan-
« ger d'avis. Voilà donc la confirmation de ce
« que j'avance; savoir, que la société se divi-
« serait sur ce point, selon la prépondérance
« des avis en divers lieux. Cette prépondérance
« changerait par toutes les causes qui rendent
« variable la législation civile, et ce grand objet
« qui exige l'uniformité et la constance, pour
« le bonheur et le repos de la société, serait le
« sujet perpétuel des disputes les plus vives.
« La religion a donc rendu le plus grand ser-
« vice au genre humain, en portant sur le
« mariage une loi sous laquelle la bizarrerie des
« hommes est forcée de plier; et ce n'est pas
« là le seul avantage que l'on retire d'un code
« fondamental de morale, auquel il ne leur est
« pas permis de toucher ».

443. Riassumiamo dunque: se il poter civile indebolisce l'indissolubilità e la santità del
matrimonio, egli offende il diritto che hanno i
cittadini cattolici, che sia conservato inviolabile
un sì prezioso tesoro, che possiedono in virtù
della loro religione e che da alcun altro potere
non riconoscono. E tutto ciò che offende la religione cattolica, offende la libertà religiosa di
chi la professa, perchè non si può più esser
cattolico sotto un tal governo, senza vedersi
afflitto e oppresso da una legge che insidia e
distrugge ciò che alla religione essenzialmente
appartiene. Ora l'indissolubilità del vincolo

matrimoniale è in pericolo, se il potere temporale pretende, che le sue leggi sul matrimonio sieno indipendenti da quelle di Dio e della Chiesa cattolica, e sieno a queste superiori, di maniera che egli possa determinare tutto ciò che vuole in una tale materia, senza riguardo a queste, ed anzi facendo una totale astrazione da queste. E ciò perchè il potere civile oltre non esser competente, giusta la cattolica fede, in un tale argomento, è debole, incerto, vacillante, mobile alle opinioni umane ed ai partiti, e talor benanco vizioso ed irreligioso. Che se esso promette baldanzosamente quello che non può attenere, tanto meno un popolo cattolico ed assennato si dee fidar di lui, quanto più magnifiche e franche sono le sue promesse.

E per vero dire, i diversi poteri civili che comparvero sulla terra a governar le nazioni, non andarono mai d'accordo tra loro, quando presero a far leggi sul matrimonio, contrarie a quelle della Chiesa. Non solo sarebbe impossibile indicare due legislazioni di diversi Stati sul matrimonio, le quali, deviando dalle norme ecclesiastiche, si trovassero poi appieno concordi, ma non si trovano neanco concordi le legislazioni successive del medesimo Stato. Non si trova altro accordo e coerenza, che nelle disposizioni canoniche, e in tutte quelle legislazioni civili, che se le sono giudiziosamente appropriate. I legalisti stessi non se la intendono quando prendono a dare i loro consigli a' governi : tante teste , tante sentenze. Andrebbe all'infinito chi volesse indicare le loro discrepanze : pure diamone un cenno. Gli autori della legge francese non posero il ratto fra gl'impedimenti dirimenti. Ma non così l'aveano pensata gli autori del codice di Giustiniano , che lo riposero anzi fra gli impedimenti perpetui (1), onde la Chiesa dovette temperarne l'eccessivo rigore (2). — Il cavaliere Persoglio vuole abolito l'impedimento dell'impotenza (già s'intende antecedente al matrimonio , chè altrimenti non ci sarebbe bisogno di parlarne). Se questo pensiero gli sia suggerito dalla *severa morale*, non lo sappiamo : sappiamo però che i legislatori civili d'altri tempi la pensavano appunto all'opposto del cavaliere Persoglio, giacchè furono le leggi romane, che indussero un tale impedimento , conforme certamente alla natura delle cose, non così alla mente del nostro legalista (3).

144. Dalle quali differenze d'opinioni dei legisti civili, che si potrebbero moltiplicare senza fine , apparisce per lo meno una cosa , che quelle forme che il potere civile pretende di dover dare al matrimonio pel bene pubblico,

(1) Tit. *De Raptu Virg. et Viduar.*
(2) Il Concilio di Trento, tenendo una via di mezzo, fece del ratto un impedimento solamente fino a tanto che la rapita dimorava in potestà del rapitore.
(3) Vedi Benedetto XIV. *De Synodo*, l. IX, c. X, n. 2.

non sono poi tanto certe nè assolutamente necessarie, come si vuol far credere : onde il potere civile non sapendo neppure egli, con tutta
sicurezza , che cosa debba fare , gli resta il
dovere di procedere con meno fierezza e con
più di rispetto inverso la sapienza della Chiesa,
che mostra d'essere tanto più costante e savia
nei suoi principî e nelle sue leggi.

115. Supponiamo che il potere civile pro-
clami l'indissolubilità del vincolo financo al-
l'esagerazione, come vuole il cavaliere Persoglio,
professandosi di mantenerla anche a fronte del-
l'impotenza (e i legalisti danno sempre giù negli
eccessi, o da una parte o dall'altra). Che varrebbe tutto ciò ? La medesima indissolubilità
sarebbe per questo sicura nelle mani del potere
civile ? Oibò, chè, come abbiam detto, *omnia* ,
quae jure contrahuntur, contrario jure pereunt;
onde quello stesso potere , che ha promulgato
tali leggi , può sempre abolirle a sua voglia ,
secondo il consiglio di altri legalisti , o degli
stessi che si mutino d'opinione, e farne di contrarie, e così l'indissolubilità che un legislatore
ha stabilita, può esser tolta da un altro legislatore
che gli succede, o da lui stesso, qualora il potere di Dio e della Chiesa non la sostenesse. I
legalisti francesi , maestri de' nostri, una volta
professarono l'opinione contraria a quella del
cavaliere Persoglio, e allora rigettarono francamente l'*indissolubilità* del coniugio. Nella legge

del 25 settembre 1792 che stabilisce il divorzio, e distrugge apertamente l'indissolubilità matrimoniale, si dà la ragione legalistica d'una disposizione di tal natura, dicendovisi. « Que le mariage « N'ÉTANT QU'UN CONTRAT CIVIL, la faculté du di- « vorce résultait de la liberté individuelle, dont « un engagement indissoluble serait la perte ». Infatti se il potere civile se ne sta tutto solo ed isolato da ogni altro potere, egli ha tanto ragione di stabilire l'indissolubilità, quanto di distruggerla; il legalista Persoglio lo consiglia a conservarla: i legalisti del 92 lo consigliavano ad abolirla: legalisti da una parte e legalisti dall'altra: tutto resta opinabile. Qual' opinione prevarrà dunque sul potere civile? Ora l' una ed ora l' altra: e qui si verifica , che l'indissolubilità del matrimonio, e con essa il fondamento della famiglia, è ABBANDONATA AL CASO.

116. Quando l' indissolubilità matrimoniale fu distrutta in Francia da' legalisti nel 1792 *sous le prétexte*, dice un recente scrittore francese , *d'une rigueur hypocrite* (ed è appunto la *severa morale* del cavaliere Persoglio), *et n'étant mue en réalité que par sa haine contre la religion catholique, elle supprima la séparation de corps* , molti uomini corrotti abbandonarono le loro mogli , ed ottenuto il divorzio , si ammogliarono anche più volte di seguito. Ogni anno diminuivano i maritaggi, e i divorzi crescevano. Nell' anno IX della repubblica , si fecero a Pa-

rigi 4000 matrimoni, e v' ebbero 700 divorzi:
nell' anno X, 3000 furono i matrimoni, e 900 i
divorzi. Il che dimostrò, come il divorzio invece d' essere un rimedio che invitasse i cittadini al matrimonio, ne gli allontanava. I legalisti toccando con mano la corruttela che recava
ai pubblici costumi la legge del divorzio, opera
loro, la modificarono nel codice, limitandone le
cause, ciascuna delle quali però rimase ancora
un fonte amplissimo di dissolutezza, di delitti
e di miserie. Nel 1816 finalmente il divorzio fu
abolito: l'opera de'legalisti insensati fu distrutta. Ma questi tornarono pochi anni dopo alla
carica, e negli anni 1832 e 1833, la Camera
de' deputati votò di nuovo la legge sul divorzio,
respinta dalla saviezza della Camera dei pari.
Non basta: nel paese nel quale s'inventò il principio che il governo civile debba astrarre dalle
religioni, videsi un ministro ebreo riproporre la
legge del divorzio per un popolo di cattolici!
Ognuno intende, che noi parliamo della proposta
del signor Cremieux ministro della giustizia,
fatta all' assemblea nazionale il 26 maggio 1848.
La coscienza cattolica e il buon senso della
maggioranza de' Francesi la rigettò anche allora (1). Ma chi potrebbe assicurarsi della co-

---

(1) Molte petizioni furono presentate contro la proposizione di questa legge. Quella del consiglio municipale
di Metz diceva in sostanza, che il divorzio era riprovato
dalla pubblica opinione, condannato dalla morale, non

stanza di tal fatta di ministri, e di tal fatta di legislatori civili? Così dunque l'indissolubilità del matrimonio è un giuoco nelle mani de' legalisti, e il potere civile, quando non la distrugge, non le dà che un' esistenza effimera.

117. Ma neppure per quel tempo, d'una durata affatto incerta, in cui il potere civile seguisse il consiglio di que' legalisti, che per mostrarsi zelanti dell' indissolubilità la vogliono

favorevole alla libertà religiosa, ma violatore di essa in principio e in pratica. In quella degli operai di Parigi si diceva: « Ci insultano, parlando di divorzio. I gentiluomini « vorrebbero mantellare le lor turpitudini, facendo credere « che sieno nostre. La repubblica uscì pura dalle mani « di Dio e del popolo: ha da conservarsi pura come il « popolo. Il divorzio? Forse gli operai pigliano moglie a « tempo? No: l'operaio quando prende moglie, la prende « con intenzione di vivere, di soffrire e di morire con « lei ». Molti giornali, come il *Popolo costituente* dell' abate Lamennais, l'*Assemblea nazionale* ed altri, combatterono vigorosamente tale proposta. Nell' articolo dell'*Unione* si legge: « Ecco il divorzio proposto! Vi si dice, « vale a dire, la famiglia rimessa in questione nella so- « cietà. Non si vuol più la repubblica semplicemente, « vuolsi la dissoluzione. E il signor Cremieux ardì di fare « questa proposizione all'Assemblea nazionale! Così egli « viene a troncare ogni questione di organamento sociale, « viene a mettere la società politica fuori della cristiana, « e a materializzare affatto la società civile ». L' Episco- pato fece sentire altamente la sua voce contro un tale scandalo, ed il Vescovo di Châlons non mancò d' osser- vare, come il divorzio fosse un passo retrogrado, che avviliva la donna, tanto nobilitata e ingentilita dal cri- stianesimo. Vedi l'*Ami de la Religion*, 31 maggio 1848.

mantenuta anche a fronte dell'impotenza antecedente (che è quanto dire, pretendono l'impossibile, volendo indissolubile quel contratto che
non esiste, perchè mancante del suo oggetto),
neppure per questo tempo l'indissolubilità sarebbe sicura nelle mani del potere civile. E sapete perchè? Perchè il potere civile si riserva
sempre la facoltà di FINGERE. Quello dunque
che egli vi dà con una legge, che si dimostra
tenera fin all'eccesso dell'indissolubilità, ve lo
toglie poscia a man salva con una FINZIONE LE-
GALE. La finzione, oh la finzione della legge è
pure un gran comodo in mano del potere civile! Già voi vedete, che l'indissolubilità del cav.
Persoglio a fronte dell'impotenza antecedente,
è ella stessa fondata su una FINZIONE. Poichè
non resta più che un contratto finto dalla legge,
quando due contrattano d'una cosa che non
esiste, e dove per conseguenza non può esistere
nè pure un consenso. Se dunque secondo i legalisti la legge può *fingere* il consenso, e financo
la materia del consenso, creando un'indissolubilità dove non esiste il nodo da dissolvere;
ugualmente può anche fingere, che il contratto
veramente indissolubile che esiste, non esista
più. E così di fatto ella fece e fa la legge francese: ella FINGE che un uomo sia morto: ora
divenuto l'uomo cadavere, e già seppellito per
la virtù che ha di fingere la legge civile, la
moglie di lui, che la legge finge essere una

vedova, già può rimaritarsi non fintamente a chi vuole, e la legge si trova in dovere di proteggere la finta libertà della donna, e colla autorità pubblica e colla forza brutale, ella la divide dal suo legittimo marito che vorrebbe ritenerla, quantunque sia morto, e la dà in preda all' adultero. Questo è quello che fa la legge francese 'sul matrimonio: la venerabile santità delle leggi, che è cotesta! I nostri legalisti ne vanno spasimati morti.

118. Gli stessi più onesti legalisti francesi, come il Delvincourt (4), convengono che il coniuge di colui che la legge finge morto, se passa ad altre nozze, commette adulterio. Che si può conchiudere dunque? 1.º Che la legge civile colle FINZIONI LEGALI può distruggere a sua volontà l'indissolubilità del matrimonio; 2.º Che quando dice di ammetterla in un tale sistema, inganna turpemente i cittadini cattolici, distruggendo il fatto e sostituendo restrizioni mentali e vane astrazioni; 3.º Che una tal legge mutando nome alle cose, e chiamando bene il male, e male il bene, dà la denominazione di matrimonio legittimo all' adulterio, e di adulterio al matrimonio legittimo; 4.º Che una tal legge invece di proteggere i veri matrimoni de' cittadini cattolici, prende sotto la sua protezione gli adulteri più svergognati, cancella ed annulla i

(4) *Cours de Code civil*, t. I, notes, p. 44.

sacrosanti diritti dei veri coniugi, e crea sozzamente i diritti degli adulteri; 5.° Che la santità della giustizia e delle leggi in tal modo non esiste più, ma in luogo della legge esiste una violenta empietà sozza e profana. Lo considerino attentamente que' tra i nostri legalisti e legislatori, a cui rimane qualche coscienza.

119. S'aggiunga a tutto questo un' altra riflessione. Ogniqualvolta i legislatori civili hanno a votare delle leggi che si riferiscano a cose religiose e morali, in questo tempo in cui sono indebolite le credenze, si vedono pur troppo assaliti da un parossismo febbrile; il che dee far desiderare a tutti i buoni che la legge promessa sul matrimonio non sia presentata a queste nostre Camere, la cui maggioranza s'è mostrata sì appassionata e ma l'avveduta. L'Europa intera vide, come furono votate le leggi Siccardi, con qual leggerezza, con qual tripudio insolente di poter fare un affronto alla santa Sede, mancando al patto stretto dalla nazione per mezzo dei suoi principi, a un patto così sacro e solenne, contro il diritto delle genti e di tutti i popoli civili e cristiani. Se alle nostre Camere si proponesse una nuova legge sul matrimonio, vi ha tutta la probabilità di credere che si darebbe al mondo lo stesso spettacolo d'immoralità, d'irreligione e d'insensatezza. E questi stessi caratteri apparirono nella maniera, colla quale furono formate le leggi fran-

cesi sul matrimonio; lo spirito fu il medesimo:
la stessa causa, gli stessi effetti. A giudizio
de' migliori scrittori legali della Francia, la legge
francese sul matrimonio contiene molte contraddizioni inconciliabili, e ciò appunto per la fretta
con cui fu fatta e pel predominio de' pregiudizî
che oscuravano le menti de'legislatori. Ecco
come ne giudica il signor Toullier: « Le titre du
« mariage, je ne puis vous le dissimuler, m'a
« paru fort imparfaitement rédigé. Je suis loin
« d'en imputer la faute aux savans commis-
« saires qui ont coopéré à sa rédaction. Je ne
« l'attribue qu'à LA RAPIDITÉ avec laquelle ils
« furent forcés de travailler, AUX PRÉJUGÉS du
« temps, à la diversité des opinions régnantes al-
« lors, à l'incertitude des événemens futurs » (1).

120. Questa legge riconosciuta in Francia
come l'opera dei pregiudizî, incoerente, difet-
tosa per molte parti (2), non cessa tuttavia di

---

(1) Vedi Ios. Carrière: *De Matrimonio*, n. 939.

(2) Fra i difetti d'una tal legge, che pretende di porre
impedimenti dirimenti al matrimonio, è da notarsi quello,
che gl'impedimenti ci sono equivocamente espressi, onde
infinite questioni legali e contraddittorie sentenze de'tribunali. A ragion d'esempio, quando si tratta di cognazione e affinità naturale, delle pubblicazioni, degli atti
ossequiosi de' figli di famiglia, della competenza dell'officiale civile, del domicilio, del numero de' testimoni, del
luogo dove il matrimonio dee essere celebrato, ec.: circa
queste materie è difficile il determinare fin dove la legge
obblighi sotto pena di nullità; di che molte unioni re-

esser l'idolo de'nostri legislatori, veri retrogra-
di! Essa, quella legge, è così priva di senno

stano pur troppo *malsicure*. — L'esperienza inoltre disin-
gannò molti uomini di legge, che stavano in buona fede,
circa i vantaggi sperati invano dalle innovazioni introdotte
nelle leggi. Si levarono ai parrochi i registri de'matrimonî
e si consegnarono ad officiali civili, credendoli sicurissimi
in queste mani. Il fatto mostrò il contrario, e innumerevoli matrimonî rimasero in Francia privi di un documento
certo. S'ascolti attentamente come parlava Siméon davanti
al tribunato su questo argomento: il testimonio, come
si vede, è autorevole: « La révolution trouva les regi-
« stres de l'état civil entre les mains des curés. Il faut
« avouer que les registres étaient bien et fidélement te-
« nus par des hommes dont le ministère exigeait de l'in-
« struction et une probité scrupuleuse. Ils n'ont pas
« toujours été remplacés dans cette fonction importante ;
« on a fréquemment remarqué dans plusieurs communes
« des inexactitudes, des omissions, quelquefois même
« des infidélités, parce que dans les unes ce n'était plus
« l'homme le plus capable, et dans d'autres le plus mo-
« ral qui etait chargé des registres » (*Code et motifs*?
t. II, p. 109). Se questo testimonio non basta, ne ag-
giungeremo un altro più autorevole ancora.

Nel 1816 ecco come parlava su questo argomento il
ministro della giustizia in Francia: « Cette innovation,
« comme tant d'autres, n'a pas eu des résultats heureux.
« Dans les villes considérables on est parvenu à régula-
« riser la tenue des registres jusqu'à un certain point
« — mais dans les campagnes, ou on n'y a pas tenu de
« registres, ou ils l'ont été d'une manière bien imparfai-
« te — quel parti prendre dans de telles circonstances,
« Un gouvernement sage, étranger à tout esprit de parti,
« et que les vues du bien public seules dirigent, ne
« doit se décider que par les moyens qui remplissent

come è priva di religione, attalchè non solo non protegge pienamente i diritti de'coniugi legittimi, ma di più pone ella stessa le cause, per le quali la loro unione si rende *incerta e malsicura*. E infatti, dichiarando i tribunali francesi invalidi que'matrimoni, nella formazione de'quali non vengano praticate certe formalità davanti all'officiale civile, accade bene spesso, che per la negligenza di questo officiale, e non per alcuna colpa de'coniugi stessi, quelle formalità riescano difettose: è un lamento degli scrittori francesi (1). Ora v'abbiano due villici, che in tutta buona fede contraggano matrimonio: ignari delle sottigliezze legali si rimettono all'ufficiale stabilito dalla legge: questi, o per trascuratezza, o per malizia, omette taluna

« d'une manière plus parfaite son objet. Il ne reste donc
« qu'à examiner, qui, des curés et des desservans, ou
« des maires, est plus propre à tenir les registres de
« l'état civil d'une manière conforme aux vues que la loi
« a eues en les établissant. Il me semble qu'on ne peut
« guère balancer à se décider en faveur des premiers. Ils
« ont pour eux d'abord l'avantage de l'invention, et la
« nécessité de tenir des registres exacts par des consi-
« dérations religieuses ». Così depone L'ESPERIENZA —
Vedi anche il signor de Bonald, *Pensées et discours*, t. II,
p. 180 e segg.

(1) « Quoad praxim quotidianam : quicumque ea
« novit quae quotidie fiunt, praesertim in parochiis ru-
« ralibus, non ignorat ab officiariis civilibus negligi multa
« ex iis, quae a lege praescribuntur circa matrimonium ».
Carrière, n.° 940.

delle formalità prescritte. Dopo qualche tempo, la donna sedotta da un furfante e da lui istruita, ricorre alla potestà civile e adduce per causa della nullità del suo matrimonio la mancanza delle prescritte formalità. Il tribunale con tutta la maestà delle leggi strappa dal fianco del suo legittimo sposo la moglie infedele, e la dà in balìa dell'adultero seduttore, imponendo con una sentenza la più insultante alla moralità non meno che alla religione, che questi ultimi sieno riconosciuti per legittimi consorti. Così il povero marito, nelle società civili fornite di tali leggi, è men sicuro di possedere la sua compagna che gli ha giurato fede, di quello che sia sicuro un selvaggio, che se la può difendere a un bisogno colla sua clava e colle sue freccie.

121. Da tutte queste osservazioni dunque risulta che il potere civile, da sè solo considerato, non ha nè una vera autorità di stabilire l'indissolubilità del matrimonio, nè la costanza e la forza di mantenerla, vacillando un tal potere in balìa di diverse scuole e partiti, soggiacendo a molte infermità umane, e specialmente ad esser guasto dall'immoralità e dall'empietà, mancando spesso di previdenza, variando di opinioni e di principî, facile a cadere nell'incoerenza con sè stesso, inclinato al dispotismo ed all'arbitrio, trasportato dalle passioni del momento, guidato sovente da falsi consiglieri, che con sofismi e cavillazioni infinite

gli persuadono di poter mutare la natura delle cose a sua volontà, e creare un'altra natura per via di finzioni legali. In un tale potere un popolo cattolico non può avere alcuna fiducia, quando con una insensatezza pari alla superbia a lui si rivolge e gli dice: « Io, io solo, separandomi dalla Chiesa cattolica, vi prometto di dare colle mie leggi forme certe a' matrimoni; io ne proclamerò l'indissolubilità meglio della Chiesa, perchè la manterrò anche *a fronte dell' impotenza;* io farò astrazione da tutte le religioni, e prima di tutto dal cattolicismo, e così il matrimonio e l'ordine delle famiglie non sarà più abbandonato al caso: io solo posso fare tutto ciò ». Un popolo cattolico dal profondo della sua coscienza gli risponderà indubitatamente: « O voi siete pazzo, o voi, signor potere civile, meritate LA RELEGAZIONE, perchè il nostro *Codice penale* all'articolo 164 porta scritto così: « Chiunque con pubblici insegnamenti, con arringhe (e arringhe sono quelle che si fanno nelle Camere), o col mezzo di scritti, di libri o di stampe da esso pubblicati o spacciati (e perciò molto più colle leggi che si scrivono e si stampano e spacciano per tutto lo Stato) attacca direttamente o indirettamente la religione dello Stato con principi alla medesima contrari (come sarebbe che lo Stato possa mettere impedimenti dirimenti al matrimonio, o che possa giudicare delle cause che riguardano la validità del matrimonio, riservate dal Concilio di Trento alla Chiesa coll'anatema) sarà punito colla RELEGAZIONE ». In questa pena e in altre dello stesso, tit. I, lib. II del *Codice penale*, voi, signor potere civile, siete incorso ed incorrete coi principi che mi annunziate e cogli sforzi che fate per divulgarli e corromper le nostre menti. Ma queste pene da voi meritate non c'è nessuno che ve le applichi, e però credete d'andarvene impunito. Ora io, popolo cattolico, vi dichiaro, che finchè professerete principi cotanto opposti alla mia fede, non ho alcuna confidenza in voi. L'indissolubilità de'nostri matrimoni viene solo da Dio e dalla santa Chiesa cattolica, da cui voi volete separarvi coll'astrazione. Mettendo da una parte la Chiesa, voi mettete altresì da parte l'indissolubilità. Ma io ho un sacrosanto diritto in virtù del quale posso pretendere da voi, governo civile, che non mettiate da parte l'indissolubilità religiosa del matrimonio; il che non potete fare prendendo la cosa sul serio, e non buffoneggiando, se non col riconoscere e col porre la vostra sanzione alle leggi della Chiesa su questa materia. Io, popolo cattolico del Piemonte, ho il diritto di pretendere da voi, governo civile, che nè direttamente, nè indirettamente, nè per via di frodi, di finzioni, di forme legali, di cavillazioni, suggeritevi da'legulei, portiate alcun detrimento o indebolimento all'indissolubilità e alla santità de'nostri matrimoni. Attentando di indebolire o di distruggere questa indissolubilità e santità, voi minacciate ed offendete le nostre coscienze: voi ci togliete quella *libertà religiosa*, di cui siamo in possesso da tanti secoli, voi profanate le nostre unioni e le nostre famiglie, ci rapite quella pace religiosa, in cui siam vivuti fin qui, per accendere fra di noi la discordia. Mutate dunque condotta: proteggete lealmente i nostri religiosi diritti, e cessate d'ingannarci con promesse e vanti così mendaci ».

Terzo diritto.

122. III. « I cittadini cattolici, anche a semplice titolo di libertà religiosa, hanno il diritto di pretendere dal governo che questo non dia loro scandalo, facendo una *professione legale* di incredulità ».

Il governo civile dee proteggere tutti i diritti dei cittadini: questa è una tesi ammessa da tutti, dagli stessi legalisti di Francia. Se deve proteggere tutti i diritti, dunque anche i religiosi, che sono i più cari e preziosi d'un popolo credente. Ma se deve proteggerli, dunque la legge civile non può fare astrazione da essi; chè non si possono proteggere, se non se ne tiene contó. Quel governo che facesse semplicemente astrazione dalle religioni e dai diritti

religiosi, sarebbe al tutto indifferente rispetto
ad essi, e però non si curerebbe punto di essi,
come se non esistessero: farebbe quelle leggi
che gli piacessero, senza poi esser sollecito, se
esse andassero a ferire o a distruggere, sì o
no, quei diritti e quelle religioni, poichè il fare
astrazione da una cosa, è supporre, ossia fingere che non esista. E quando si finge che una
cosa non esista, non si può più aver timore
d'offenderla o di distruggerla, qualunque cosa
si faccia. E così appunto fecero i legalisti francesi coll'istituzione del matrimonio civile: offe-
sero con essa senza scrupolo l'essenza del cattolicismo col pretesto di farne astrazione. Ma
perciò appunto si contraddicevano quando affer-
mavano di proteggerli tutti. Bella protezione a
dir vero! La contraddizione di cotesti legalisti
è in tutte le loro parole: essi arrivano a dirvi,
che l'astrazione dalle religioni è *une conséquence
nécessaire du pacte social*, QUI, N'EXCLUANT PAS
DE CULTE, N'EN RECONNAÎT CEPENDANT AUCUN (1).
*Non riconoscere veruno de'culti e non escluderne
alcuno* è una contraddizione che non può
sfuggire agli occhi di qualunque uomo di buon
senso, eccettuati soli i legalisti. Che un individuo non voglia riconoscere alcun culto, e
tuttavia non ne escluda alcuno, si può intendere, supponendo che questo individuo sia

(1) *Conférence du Code*, t. II, p. 2.

uno scettico, che dubita di tutto: fino che il dubbio sta racchiuso nella sfera del pensiero, s'intende. Ma che un potere civile possa far leggi, senza riconoscere alcuna religione, e però senza che le sue leggi ricevano alcun limite dalle obbligazioni che le religioni impongono ai cittadini, e nello stesso tempo dichiari di non escludere alcuna religione, questo ripugna. Questo è un assurdo evidentissimo. O la legge si ferma dove incomincia l'obbligazione religiosa, e in tal caso è falso, che non riconosca quella data religione, quel dato culto; o la legge passa oltre, come se l'obbligazione religiosa non esistesse, e in tal caso è falso ch'ella non escluda quella religione, quel culto; perchè anzi positivamente lo esclude, opponendosi a lui e distruggendolo. L'arzigogolo dunque de'legalisti, che la legge possa fare queste due cose ad un tempo, non riconoscere la religione e non escluderla, è al tutto indegno d'uomini che abbiano la facoltà di ragionare: è un sofisma di mala fede, che contiene una contraddizione e che s'adopra a coprire l'incredulità e l'irreligiosità della legge.

123. La legge dunque sul matrimonio civile, e tutte le altre fondate sull'astrazione dalla religione, sono logicamente assurde, e come tali un insulto al buon senso del popolo; e moralmente inique ed empie, e come tali uno scandalo solennissimo e continuo dato dal potere civile a tutta la nazione. Il popolo, nella sua

semplicità piena di buon senso, suppone, che
il legislatore metta per base delle sue leggi
de'principî veri, e non de'principî falsi. Se dunque la legge parte dal principio, che non esista
la religione, e quindi dispone tutto ciò che le
aggrada, benchè in opposizione alla religione
stessa, egli è chiaro che ella insegna e persuade al popolo l'ateismo. Certo, se la legge
civile potesse astrarre dalla religione, ma in
tal modo da non venir mai in collisione con
essa, ella non proteggerebbe la religione, che
è uno de'suoi principali doveri, per consenso
di tutti, ma neppure la astierebbe e la perse-
guiterebbe. Ora questo è appunto impossibile:
se la legge non bada a ciò che prescrive la religione, forz'è che si metta in collisione con
essa. E che cosa traggono seco queste collisioni
della legge civile colla religione? È ben chiaro:
LA PERSECUZIONE RELIGIOSA; chè c'è persecuzione
religiosa, ogni qualvolta un governo, col pretesto di fare eseguire la sua legge, sommette
un cittadino a pene, vessazioni e molestie per
ragion di coscienza. E n'abbiamo sott'occhio
l'esempio dolorosissimo. Alla persecuzione religiosa ha dovuto venire il nostro governo, tostochè i legalisti gli hanno fatto far delle leggi.,
che si collidono con quelle della Chiesa, met-
tendosi sotto i piedi le convenzioni più sacre (1).

(1) Il principio di tutte le persecuzioni religiose da
quella di Nerone, fino all'ultima che infierirà sulla terra,

124. Una legge come quella del matrimonio civile, che si fonda sull'ateismo legale, fa una speciale professione d'eresia agli occhi de'cattolici, perchè è un'eresia l'affermare che il matrimonio dei cattolici non sia sacramento, nel quale dee intervenire la Chiesa. Il governo civile erige una cattedra contro la cattedra della Chiesa di Gesù Cristo. I cittadini cattolici da

viene proclamato con queste parole ipocrite ed orgogliose pronunciate dal cavaliere Persoglio in quel suo discorso col quale eccita il governo a formare una legge anticattolica sul matrimonio: « La fermezza dei magistrati e « nel punire i reati, quando questi si presentano coi ca- « ratteri tutti dalla legge penale stabiliti, e nel frenare « gli abusi, quando se ne verificano gli estremi, ricorderà « al paese che al disopra delle leggi e dei poteri dallo « Statuto ordinati non vi ha potere di sorta nella civile « nostra società ».

Quando il potere civile vuole esser unico nella civile società, allora in questa società non c'è più Dio, nè legge naturale e divina: il potere civile privo di qualunque freno o limite, perchè non riconosce altro che sè stesso, divora lo Stato ed i cittadini, e i cittadini devono lasciarsi da lui mangiar vivi, o tagliare a pezzi, o arrostire a tutta sua comodità; poichè su qual ragione fonderebbero i loro lamenti? Qual altro potere potrebbero invocare in loro difesa, se non vi ha *potere di sorta nella civile società* sopra quel potere che li dirompe co'suoi denti a guisa di maciulla? Forse ricorreranno al diritto naturale, a Dio loro creatore, o alla Chiesa lor madre? E che sono questi poteri in paragone del civile? La fermezza de' magistrati nel punire questi felloni, ricorderà al paese, che al disopra delle leggi civili non vi ha potere di sorta. Questa è una dottrina da tigri, non da uomini.

una parte sentono la voce della Chiesa, che dice loro: « Questo matrimonio è legittimo e santo ». Dall'altra sentono la voce del potere civile che pure dice loro: « Questa stessa unione è illegittima e concubinaria ». Da una parte la Chiesa cattolica dice: « Questa unione è concubinaria ed adultera ». Dall'altra il potere civile dice: « No, quest'unione dalla Chiesa cattolica dichiarata adultera e concubinaria, io vi dico che è legittima, e come tale dovete riconoscerla ». Povero popolo cattolico! A chi crederà delle due potestà? Se crede alla Chiesa, detesterà il suo governo e le sue leggi civili, e ne incorrerà le pene. Se crede al suo governo, mancherà alla sua coscienza e alla sua fede religiosa. È questa la tranquillità, è questa la libertà di coscienza che si vuol dare al popolo subalpino, mediante le nuove leggi sul matrimonio che gli si promettono, o piuttosto che gli si minacciano? S'ascolti la voce della Francia, della Francia in parte disingannata: è forse contenta quella nazione delle sue leggi? La parte che è ancora in essa credente, e che è pur sempre la maggiore, si gloria forse, si compiace del suo matrimonio civile? o non piuttosto lo deplora amaramente? « Quelle impiété! » esclama uno de'suoi recenti scrittori. « Non—seule-
« ment le Code civil déclare que le mariage
« fait à la mairie est suffisant, mais dans l'esprit
« et l'intention de ses auteurs, le mariage re-

« ligieux, le sacrement est comme non-avenu,
« comme s'il n'était pas. Aux yeux du législa-
« teur deux personnes mariées aux pieds des
« autels, selon les lois de l'Eglise, ne seraient
« pas réellement mariées. L'acte civil est placé
« au-dessus de la sanction religieuse. L'Eglise
« dont les doctrines sont invariables et doivent
« être rigoureusement observées serait donc
« obligée, d'après vous, de céder devant la
« loi des hommes. Ainsi, vous faites violence
« aux régles établies par le suprème modérateur
« de l'univers. Lorsque le prince des apôtres
« comparut avec Jean devant les magistrats de
« Jérusalem, il leur dit qu'il n'y avait pas de
« salut par aucun autre nom que celui de
« Jésus-Christ, et vous prétendez que l'on peut
« administrer le mariage dont ce divin Sauveur
« a fait un sacrement, sans invoquer ce divin
« Sauveur ! mais vous ne pouvez croire que
« les vrais fidèles regardent le mariage civil
« comme un acte sérieux. À leurs yeux c'est
« un acte sans valeur devant Dieu. Ils savent
« très-bien que ce n'est pas l'officier de l'état
« civil qui a été chargé par Jésus-Christ d'unir
« les deux époux » (4).

(4) Fin d'allora che venne introdotto il matrimonio civile, fu riconosciuto per uno scandalo dalle stesse persone men religiose. Sofia Arnoult, donna di teatro, celebre per le sue arguzie, soleva chiamare il matrimonio repubblicano : Il sacramento dell'adulterio.

QUARTO DIRITTO.

125. IV. « I cittadini cattolici, anche a semplice titolo di libertà religiosa, hanno il diritto di pretendere dal governo, che questo colle sue leggi o co'suoi atti, nè direttamente nè indirettamente, nè con finzioni nè con cavilli legali, gli inciti al male, cioè gli inciti a ciò che la loro credenza religiosa dichiara peccaminoso, col falsare le idee, dichiarando matrimonio quello che non è tale ».

Quando la legge, facendo astrazione da quella religione, che deve proteggere, professa l'incredulità legale e l'eresia, e così scandalizza tutto un popolo cattolico, già con questo solo ella tende una rete alla debolezza e fragilità umana e si rende insidiatrice delle coscienze. Ma una legge, che stabilisce un matrimonio civile, diviene seduttrice per più lati. Fra gli uomini vi hanno sempre pur troppo di quelli, che, deboli e fragili, soggiacciono alla tentazione delle passioni. Ma mancando loro chi li protegga nelle loro opere malvagie, se ne contengono. Ora si faccia innanzi il potere temporale, fornito di tutta la forza materiale, e dica a costoro così: «| Io stabilirò delle forme legali pel male: voi che bramate di farlo, potrete farlo sotto queste mie forme legali: quando voi lo farete sotto queste forme, io metto, o miei cari malvagi, tutta la mia forza materiale a vostra disposizione; così voi farete il male che vi piace impunemente. Io poi mi difenderò presso tutti quelli a cui non piace questa mia disposizione, dicendo loro: che *non ho avuto intenzione* di promuovere il male, ma che ho fatto scomparire il male da'miei occhi, mediante una pia *frode legale*, cioè facendo astrazione dalla legge naturale e religiosa che lo proibisce ». A chi non sembrerebbe stupendo questo discorso? A chi non sembrerebbe, che i legislatori che lo facessero, dovessero aver perduto insieme colla coscienza anche il cervello? Eppure, se vogliamo uscire dalle ambagi, e da tutto il linguaggio sofistico, questo e non altro è il discorso, che i legalisti promotori del matrimonio civile vengono facendo a un popolo cattolico.

426. In Francia gli uomini stessi di legge onesti e coscienziosi, come Nougarède, vanno d'accordo nel considerare il matrimonio civile, come un'istituzione che induce all'incredulità e all'immoralità, che trae seco il disprezzo di tutte le obbligazioni annesse al vincolo coniugale, e che quindi rende infelici le famiglie. « La legge di cui parliamo, dice un recente teologo francese, si oppone ad un tempo alla religione ed ai costumi, poichè favorendo i matrimonî meramente civili, è cagione, che molti si spoglino d'ogni sentimento di religione. Quelli

che formano tali matrimoni si rimangono quasi
stranieri alla Chiesa ed ai pastori di lei, ed è
ben noto che rinunziata la religione cattolica
per lo più non ne abbracciano alcun'altra, ma
le rigettano tutte. Si oppone anche ai buoni
costumi: chè la dottrina della Chiesa, che ad-
dita l'*onorabile connubio* e il *gran sacramento*,
chiama alla memoria degli sposi i gravi doveri
a cui soggiacciono, e li sancisce colla sua autorità, e gli agevola loro colla grazia; laddove
la legge che presenta il matrimonio come un
mero contratto civile, privo d'ogni sacro e religioso elemento, lo spoglia della riverenza che
gli è dovuta', onde s'introduce quella depravazione di costumi che cadde sotto gli occhi di
quelli che hanno scritto recentemente con più
accuratezza sull'argomento: *Le décret du ma-*
riage contractuel (cioè del contratto civile),
dice il sig. Nougarède, *devait amener, et a effec-*
tivement amené, LE MÉPRIS DE TOUTES LES OBLI-
GATIONS QUI NAISSENT DE L'UNION CONJUGALE » (1).
Lo stesso sig. Merlin confessa, la legge francese
non avere appieno provveduto ai buoni costumi (2).

127. Che dunque la legge civile riconosca,
dichiari legittima, prenda sotto la sua protezione

---

(1) *Histoire des lois sur le mariage,* t. II, p. 416.
(2) *Répertoire universel et raisonné de Jurispruden-*
ce, etc. Paris, 1827-28, t. V, p. 703-4.

un'unione, che la religione cattolica condanna come immorale, sacrilega, concubinaria e adultera, egli è un incitamento al male, dato dalla legge medesima ai cittadini. Tutti quelli de'quali vacilla la fede, e in cui dominano le passioni materiali, trovano modo quindi di poter compiere un'unione, nella quale le obbligazioni, che ad essa sarebbero annesse, non esistono più per essi; e nella legge stessa che li ha uniti ritrovano sovente de'motivi per potersi dividere. Dalla religione a cui non prestano più obbedienza neppure ricevono istruzioni ed aiuti: le famiglie formate da tali unioni, sono il domicilio dell'immoralità, i figliuoli ne sono le vittime.

Eccovi due coniugi, che si sono giurata fede perpetua davanti a Dio ed alla Chiesa. L'uno di essi, poniamo il marito, di dissoluti costumi, trova maniera di abbandonare la fedele compagna, facendo valere davanti a' tribunali un impedimento civile, poniamo la mancanza di qualche formalità, dichiarata essenziale dalla legge, cercando nuovi piaceri coll'unirsi ad altra donna, oggetto della sua incostante passione. La legge civile condanna in tal caso la virtuosa sua moglie a passare tutto il resto della sua vita nella solitudine e nel celibato, giacchè la coscienza le divieta altre nozze, e ricompensa la dissolutezza del perfido, che le ha tradita la fede, colla gioia degli adulteri che gli permette. La legge dunque impone una gravissima pena alla virtù ed alla coscienza, e premia il vizio di colui che manca a' più sacri doveri. Ora ogni qualvolta gli uomini sono posti dalla legge in tal condizione, che non possano soddisfare alla propria coscienza, senza riceverne pena e dolore, e mancandovi ne hanno profitto e guiderdone, la legge pecca evidentemente in due modi, cioè coll'invitarli ed incitarli al male, e col violare la libertà della loro coscienza, affliggendo quelli che ne seguono religiosamente il dettame.

128. Dove conduce l'idea d'un matrimonio civile, che in fine è quella d'una unione puramente materiale? Fu già osservato da altri, conduce al più turpe comunismo: la Francia minacciata nelle sue viscere da questo cancro raccoglie il frutto del suo matrimonio civile: la piaga dovea manifestarsi e si manifestò più acerba nella classe degli operai: « Al vedere », dice lo scrittore che abbiamo più volte citato, « come la legge francese degradasse il mari- « taggio all'occhio del cittadino cattolico, e ne « lo traesse giù al livello delle contrattazioni « della fiera e del mercato, delle vendite, per- « mute e locazioni, cominciava a dir uno: se « dunque trattisi d'una mera convenzione, a « che cercarvi la presenza del sindaco? Non « torna egli a un medesimo l'obbligarvisi con « privata scrittura? Detto, fatto. Ecco donde « mossero quelle clandestine ed avventizie as-

« *sociazioni*, le quali formano la piaga più can-
« crenosa delle grandi città: ecco l'unica forma
« del patto coniugale, che sia conosciuta dal-
« l'operaio miscredente. E c'è forse da mara-
« vigliarsene? Non sono forse logiche quelle
« sue deduzioni? D'altra parte che cosa po-
« tranno le idee religiose sopra gente di pro-
« fessione o almen di fatto incredula, assorta
« tutto il giorno nel pensiero della materiale
« occupazione del materiale sostentamento, di-
« stolta per tempissimo dagli insegnamenti e
« dalle pratiche cristiane, o non mai forse alle
« medesime applicata? O che avranno a temere
« dalla civil legge essi che ai figli non lasce-
« ranno altra eredità che quella delle braccia,
« e che son certi di viversela per ogni verso
« impuniti e fors'anco inosservati? Infelice po-
« polo! Sotto una legge che si chiama di liber-
« tà, invece di camminar veloce sulle tracce
« del progresso, tu precipiti all'infimo grado
« dell'umanità, e vai rasentando l'imo fondo
« dell'abbrutimento. Se ne vuole una prova
« lampante di cotesto sciagurato progresso?
« Ecco una tavola statistica comparativa dei
« trovatelli. Nel 1784, cioè prima che s'*incivi-*
« *lisse* il matrimonio, se ne contavano in Fran-
« cia un 40,000, ed oggi invece, grazie anche
« alla legge matrimoniale tendente a vie più
« straniare il cittadino dalla sua religione,
« quelli sommano all'ingente cifra di 96,700. E

« non comprendiamo fra questi i fanciulli al-
« lattati furtivamente dalle lor madri ancora
« nubili, alle quali nel 1845 ben cinquantadue
« dipartimenti stanziavano determinati sussidi.
« Ora troppo è facile a comprendersi la posi-
« zione sociale di codesti genitori fortuiti, non
« che quella dei figliuoli usciti da tali aggrega-
« zioni, dipendenti sempre da un volere mu-
« tabile e non mai fisse ad un medesimo foco-
« lare. Con questa libertà di sciogliere gli antichi
« e stringere nuovi patti non essendo stabile
« l'unità della famiglia, manca del pari al ge-
« nitore la stabilità nel primato della gerarchia
« domestica: direi anzi, che mai non lo possiede
« in realtà, sendo illusorio il potere su quei
« capi, che potrebbero ad ogni menomo volere
« sottrarsene. Ora codesti sciagurati non ap-
« partenendo alla società fra cui vivono, nè
« pel vincolo della famiglia, nè per quello della
« proprietà, sono come altrettanti stranieri in
« mezzo de' cittadini. Nulla importa ad essi
« del bene nazionale, esclusivamente egoisti,
« sempre avidi d'ammigliorare la propria sorte,
« sempre speranzosi di profittare nei più ter-
« ribili rivolgimenti del paese. In questo, che
« non osano quasi dire lor patria, perchè non
« trovano patria quelli che non vi hanno il
« nucleo della famiglia, la fanno come da av-
« venturieri, per sistema e professione impre-
« sari di ogni rivoluzione. E se tali sono i ge-

« nitori, quali poi i figli? I figli, che talvolta
« non conobbero i genitori, dispajati di mutuo
« concerto, o per capriccio d'un solo, nei primi
« anni del loro effimero contratto? I figli cui
« appena toccò la sorte di nascere sotto il tetto
« paterno, portati come furono, prima che alla
« chiesa, all'asilo della carità pubblica?

« E di questi figli, senza genitori legali e
« senza affetti, ne nasce al dì d'oggi uno fra
« quindici legittimi; di questi figli si fa visi-
« bile ciascun anno l'incremento. Povera na-
« zione che porta nelle sue viscere questo
« tarlo edace, questo verme divoratore! Essa
« mi ricorda la precaria esistenza di quelle
« società antiche, minacciate ogni dì da quel-
« l'ingente moltitudine di schiavi ch'elle si
« chiudevano in seno, elemento straniero, anzi
« eterogeneo, anzi fieramente ostile. Ha dun-
« que il matrimonio civile provocato in Francia
« una *demoralizzazione legale*, vi ha condotto
« un elemento incompossibile coll'unità ed ar-
« monia sociale, ha spiantato le fondamenta
« della famiglia e con essa impossibilitata la
« sussistenza della società. Non è per ciò ma-
« raviglia, se la più moderata magistratura di
« Francia lamenti la fatal risoluzione dello spo-
« gliare il maritaggio di sua sanzione reli-
« giosa ».

129. L'incitamento al male equivale alla
violenza: i legalisti stessi dicono ratto, tanto

quello d'una donna trasportata a forza, quanto quello d'una donna sedotta e persuasa a fuggire col seduttore. Se dunque il costringere un uomo a violare le proprie obbligazioni è un'offesa della sua libertà di coscienza, del pari è un'offesa il sedurlo col presentargli facili occasioni al male. La legge civile dunque che fa questo, lede la libertà religiosa del popolo. Ma questo fa appunto una legge che invita i cittadini cattolici a stringere un matrimonio di solo nome, dichiarato dalla loro religione una unione fornicaria od adultera, quale è quel che si dice impropriamente matrimonio civile; gli invita a un tanto misfatto, promettendo loro protezione, ed il premio di tutti quei vantaggi, che ad un matrimonio legittimo s'aspetterebbero, con grave danno de' legittimi coniugati. Chè a questi ed a' figliuoli da loro santamente procreati, dovrebbero passare quei beni, che la legge civile assegna a' figliuoli del concubinato e dell'adulterio.

Quinto diritto.

130. « I cittadini cattolici, anche a semplice titolo di libertà religiosa, hanno il diritto di pretendere dal governo, che questo, *sotto nessun pretesto o per nessuna finzione legale*, li costringa COLLA FORZA a permanere nel concu-

binato, o nell'adulterio, da cui vorrebbero uscire ».

Riassumendo quello che abbiam detto, quando il legislatore civile disdegna d'accettare la legislazione ecclesiastica sul matrimonio, e non riconosce altro diritto matrimoniale, che quello che si racchiude nelle leggi fatte da lui, offende la libertà religiosa del popolo cattolico: 1.º perchè fa astrazione dal cattolicismo e dalle obbligazioni e diritti che ne derivano; 2.º perchè indebolisce la persuasione dell'indissolubilità del vincolo coniugale; 3.º perchè dà un perniciosissimo esempio alla nazione; 4.º perchè incita e seduce il popolo all'irreligione ed alla scostumatezza. Abbiamo dimostrato tutto ciò, per quanto ci pare, ad evidenza. Ora aggiungiamo che il potere civile seguendo un sistema così funesto, si mette nella necessità d'esercitare delle speciali violenze e persecuzioni per costringere i cittadini a operare contro il dettame della propria coscienza.

E prima di tutto osserviamo, che ogniqualvolta il potere civile pretende d'imporre al matrimonio impedimenti dirimenti, sia che n'aggiunga a quei della Chiesa, sia che escluda alcuni di quelli che la Chiesa ha posto, viene con questo stesso a stabilire l'eresia d'un matrimonio civile; giacchè professa con ciò di non riconoscere per veri matrimoni alcuni di quelli che sono tali a giudizio della Chiesa, e di riconoscere per veri matrimoni alcuni di quelli che non sono tali per giudizio della Chiesa. Ecco dunque i casi che indubitatamente nascono, posta una legge così contraria alla cattolica religione:

1.º Due cittadini cattolici si uniscono davanti alla legge; a malgrado che ci sia di mezzo un impedimento dirimente stabilito dalla Chiesa, onde la Chiesa non interviene punto alla loro unione, che dichiara nulla ed illegittima. All'indomani d'una tale unione profana, riconosciuta dalla legge civile come fosse un vero matrimonio, l'uno de' due, poniamo la donna, tocca dai rimorsi della sua coscienza, si pente del suo misfatto, in cui era incappata per femminile debolezza. Ella fugge dal consorzio dell'uomo, che sa pur troppo non essere suo marito. Ma questi cieco dalla passione, od ostinato nella malizia, ricorre al potere civile per riavere la pretesa sua moglie. Ecco qua da una parte LA FORZA BRUTA del governo, dall'altra LA COSCIENZA: ecco il tristo spettacolo d'una lotta fra la forza materiale e morale. Il governo diventa feroce e violento contro la coscienza di quella infelice: egli la opprime, la perseguita dappertutto per niun'altra colpa che quella di bramare di ricuperar l'innocenza: il governo insegue co' suoi sgherri questa donna che vuole divenire savia e virtuosa, e presa la restituisce al falso marito, la obbliga colla forza a permanere nel suo peccato. E questa infelice ha già perduta altresì la sua dote, posta dalla forza del governo in mano di quell'uomo, ch'ella, secondo il dettame della sua coscienza, non può considerare per marito, ma per suo seduttore e per suo traditore ! Tale è la libertà religiosa de' legalisti, che domandano a nome di questa una legge sul così detto matrimonio civile.

134. 2.º Due cittadini cattolici si congiungono legittimamente coll'intervento della Chiesa. Nondimeno nella formazione del loro matrimonie si mancò a quanto prescrive la legge civile, o per loro negligenza, o per negligenza non loro propria, ma dell'officiale civile, come assai spesso accade in Francia, specialmente nelle campagne. Il marito colla sua cattiva condotta consuma la dote della moglie che già gli ha dato dei figli, e dopo di ciò ricorre ai tribunali civili perchè dichiarino la nullità del suo matrimonio. Questi in fatti la dichiarano, o perchè non fu contratto in faccia alla legge, o perchè viziato dalla mancanza di qualche forma che la legge esige come essenziale alla validità. La donna dunque è rimandata a casa spogliata del fatto suo, o abbandonata sulla strada, e la prole considerata come spuria: il tristo marito passa ad altre nozze, sempre protetto di delitto in delitto dalla legge civile. Ma viene finalmente il tempo in cui apre gli occhi, e pentitosi de'suoi falli vorrebbe abbandonare l'adultera, datagli

dalla legge civile, e ristorare l'infelice sua moglie legittima dell'infedeltà usatale, col riceverla seco. Non può eseguire nè l'una nè l'altra di queste due gravissime obbligazioni, che gli sono imposte dalla sua coscienza e dalla sua religione. La legge civile armata dalla FORZA BRUTALE lo costringe a malgrado de'suoi rimorsi a perseverare nel male, a continuare ad essere spietato e crudele coll'infelice donna, a cui ha tradita la fede, a continuare a tradirla convivendo coll'adultera, di cui pure ha figli : questi sono dalla legge intrusi nella famiglia in luogo de'figliuoli legittimi. Tale è l'ordine delle famiglie come lo concepiscono un Persoglio e tutti gli altri legalisti !

132. 3.° Una legge civile sul matrimonio o prescinde dalla religione cattolica, o no. Se non prescinde dalla religione cattolica, deve riconoscere e rispettare tutto ciò che prescrive questa religione, e non riconoscerne e rispettarne una parte e l'altra no. Poichè, se si ammette che il cattolicismo ha l'autorità d'imporre obbligazioni, in tal caso conviene accettarle tutte : allo stesso titolo che una di esse si riguarda come degna di rispetto, sono degne di rispetto tutte le altre. In questo caso dunque la legge civile sul matrimonio procederà d'accordo coll'ecclesiastica. Se poi la legge civile sul matrimonio prescinde dalla religione cattolica, allora quante collisioni simili alle precedenti

non devono necessariamente accadere fra la forza bruta del governo e la coscienza de'cittadini? I voti solenni, a ragion d'esempio, non saranno più un impedimento dirimente per una legge che astrae nel modo detto dalla religione. Ci sia dunque un religioso, che, mancando alla fede giurata a Dio e alla Chiesa, fugga dal chiostro, seduca una vergine ricca (potremmo anche supporre una vergine a Dio consacrata) e la sposi, o creda di sposarla, davanti alla legge civile. Ecco una serie di delitti, la violazione della promessa giurata a Dio ed alla Chiesa, la seduzione della fanciulla, e il contratto civile di matrimonio. La legge pigliando sotto la sua protezione un uomo così dispregevole, lordo probabilmente di molti altri delitti, ne premia l'iniquità coll'assicurargli e il possesso della fanciulla ingannata e da lui corrotta, e delle ricchezze che questa gli reca. Può ben pentirsi questa infelice, può consumarsi nella tristezza e nel pianto, può riconoscere il suo peccato e lo stato di perdizione, in cui trovasi l'anima sua! La legge civile la mantiene fissa, col peso enorme della sua potenza brutale, nel suo peccato e nella sua disperazione; incoraggiato e assistito dal governo, quel perfido traditore dell'innocenza non si lascia sfuggir la sua preda. Un potere civile di tal fatta si rende complice di tutti que'delitti: la legge è divenuta lo stromento della perversità più consumata. E questa legge così oppressiva delle coscienze, resa istrumento del demonio, della perversione violenta de'cittadini, è pur quella che da'nostri legalisti s'invoca a titolo di libertà di coscienza! L'ostinazione e la conferma nel male, in cui si vogliono mantenere i cittadini colla forza quand'essi vorrebbero liberarsene, è lo scopo d'una tal legge.

133. 4.° Due giovani cattolici si sono maritati senza il consenso de'genitori, incorrendo così, supponiamo, in un impedimento posto dalla legge civile. Secondo le loro convinzioni religiose sono veri marito e moglie, e quindi credono di avere ed hanno il dovere di convivere insieme, d'assistersi e d'esercitare tutti gli altri coniugali doveri. La moglie promette già un figliuolo, verso il quale riconosce d'aver pure delle sacre obbligazioni. Ma sull'istanza de'genitori, i quali così operando mancano ai doveri della lor fede, la legge civile SEPARA COLLA FORZA quegli sposi, colla FORZA impedisce loro l'adempimento de'propri doveri, colla FORZA li priva della loro felicità. Di nuovo qual libertà di coscienza sotto una tal legge tirannica? (1).

Egli è dunque evidente, a chi non vuole negar la luce, che la legge francese sul matrimonio, e ogn'altra legge che si diparta dalla dottrina della Chiesa cattolica, è opposta alla

_____

(1) Veggasi trattata questa materia più alla distesa nella *Filosofia del Diritto*, di A. Rosmini, N. 1299–1318.

libertà di coscienza, e quindi oppressiva e tirannica: i casi da noi addotti potrebbero essere
moltiplicati d'assai; ma bastano per dimostrare
ad evidenza l'insensatezza de'nostri legalisti, che
invocano una tal legge, e la invocano a nome della
libertà di coscienza! Non sanno per verità quello
che si dicano.

SESTO DIRITTO

134. « I cittadini cattolici, anche a semplice titolo di libertà religiosa, hanno il diritto
di pretendere dal governo, che questo, *sotto
verun pretesto o finzione legale*, non tolga ai
sacerdoti cattolici la libertà d'esercitare, senza
soggiacere a vessazioni e a persecuzioni, il loro
sacro ministero ».

Non è libera una religione, quando i ministri di lei non possono esercitare liberamente
il loro religioso ministero. Se la legge civile
mette loro impedimento in un tale esercizio, o
li fa soggiacere a incomodi o pene, essa offende
la libertà religiosa di coscienza. La offende nei
sacerdoti, che non possono soddisfare ai propri
doveri, senza cader sotto la sferza del potere
temporale; la offende in tutto il popolo credente, che patisce ne'suoi sacerdoti, e non ne
può ricevere liberamente gli aiuti spirituali, ai
quali ha un sacro diritto. Ora tutto questo fa
la legge del matrimonio civile.

1.° Supposta una tal legge, il sacerdote cattolico, volendo fare il suo dovere, dee riprovarla: il primo dovere del cattolico sacerdote è quello di predicare da disopra ai tetti la verità, senza timore della potenza, e svelare le ingiustizie della stessa legge civile, quando sono evidenti, ed essa è manifestamente contraria alle obbligazioni religiose. Il sacerdote cattolico trovasi dunque in tal caso in aperta opposizione colla legge civile: egli è obbligato dal suo ministero a dichiarare, che tutti que'matrimoni contratti unicamente in faccia alla legge, e che la legge dichiara legittimi, non sono tali; è obbligato a dichiarare, che la legge mentisce ed inganna il popolo; che tali unioni sono fornicarie od adultere; tutti quelli che le contraggono, se non si convertono, non possono essere più ammessi a ricevere i sacramenti della Chiesa. Questa opposizione costante, fra la voce de'sacerdoti cattolici e la voce della legge civile, non può a meno di produrre una costante discordia e lotta, dalla quale avvengono molti incomodi ai sacerdoti medesimi per cagione appunto, che adempiono alla sacra loro obbligazione, e quindi anche ne possono venire molti atti di persecuzione manifesta dalla parte del potere civile, se questo vuol sostenere la pretesa autorità e dignità della sua legge (1).

(1) Qualche teologo francese, come Giuseppe Carrière, s'è mostrato inclinato a ricevere gl'impedimenti civili,

135. 2.º La legge francese sul matrimonio mette molti ostacoli ai sacerdoti cattolici nell'esercizio del loro ministero, e li pone spesso in gravi angustie, con che lede ed opprime certamente, colla forza bruta, la loro coscienza. Due persone vivono in concubinato: l'una di esse venuta al punto della morte chiama il sacerdote: dividerla dall'altra è difficilissimo: non si può provvedere alla sua salute, che unendole in matrimonio. Ma per eseguire ciò che prescrive la legge agli articoli 63, 64 e 169 del codice civile, ci abbisognano almeno undici giorni. Se il sacerdote fa il suo dovere e per salvare quell'anima passa alla formazione di quel matrimonio secondo le leggi della Chiesa cattolica, egli incorre le pene comminate dalla

come veramente dirimenti il matrimonio. Ma con quale autorità, se la Chiesa non li ha mai ricevuti per tali? Può forse un teologo, colla sua privata opinione, rendere obbligatorî degl'impedimenti, a costituire i quali ci vuole indubitatamente una espressa legge della Chiesa? Se la Chiesa non ha stabiliti tali impedimenti, ella conseguentemente riconosce la validità de' matrimoni, ancorché ci intervenissero que' pretesi impedimenti. E se la Chiesa indubitatamente li riconosce per veri matrimoni, come vi possono essere de' privati teologi che li mettano in dubbio? Rammentiamo le parole di S. Tommaso: « Determinatur contractus et officia spiritualia lege Ecclesiae. Prohibitio legis humanae non sufficeret ad impedimentum matrimonii, nisi interveniret Ecclesiae auctoritas, quae idem etiam interdicit ». In IV, dist. XLII, q. II, art. II ad 4.

legge. La legge dunque punisce un sacerdote, perchè adempie i doveri più gravi che gli impone il ministero della sua religione: la legge si oppone colle sue pene alla salvezza dell'anima: i cittadini cattolici dunque sono posti nell'alternativa, o di mandare in perdizione le anime proprie e le altrui, o di disubbidire alla legge civile. È questa libertà di coscienza? è libertà religiosa? è un permettere che ciascuno viva secondo le sue credenze ed adempia le pratiche del suo culto? Tale è l'idea della libertà di coscienza, per dirlo di nuovo, a cui è arrivata la sapienza de' nostri legalisti! In un giornale francese si legge a questo proposito: « Nous le demandons, n'y aurait-il pas de la « cruauté à vouloir défendre au ministre de « Dieu de donner la bénédiction nuptiale en « pareille circonstance? Aussi tout prêtre qui « connaît ses devoirs ne balancera-t-il pas un « instant; il prétera son ministère spirituel, « dût-il étre condamné plus tard comme cou- « pable d'attentat à l'ordre public (1) ».

136. 3.º Gli imbarazzi gravissimi che la legge sul matrimonio civile ha creati in Francia al ministero sacerdotale, sono descritti da un recente scrittore francese in questo modo: « Il « nous serait impossible de signaler ici tous les « embarras, toutes les difficultés que suscitent

(1) Journ. histor. littér. de Liège, t. I, pag. 477.

« au ministère sacerdotal les mariages contra-
« ctés devant l'officier de l'état civil avant
« l'application du sacrement. La religion n'étant
« plus consultée aujourd'hui, beaucoup de per-
« sonnes se marient sans connaître leurs de-
« voirs. Par suite du mariage civil, les pasteurs
« se voient comme contraints de donner la
« bénédiction nuptiale à des personnes qui
« n'ont aucune disposition pour recevoir le sa-
« crement du mariage. De leur refus il pour-
« rait naître des scandales. Combien n'y-a-t-il
« pas d'individus qui, après avoir rempli les
« formalités civiles, se réunissent et vivent
« maritalement sans songer aux prescriptions
« de l'Eglise ? On en voit qui, après la décla-
« ration faite devant l'officier de l'état civil,
« vont demander à leurs curés la bénédiction
« nuptiale ; mais ne voulant pas remplir les
« obligations imposées par la religion, ils ré-
« pondent à leurs curés: Vous ne voulez pas
« nous marier de suite, nous allons nous réunir
« parce que nous sommes à la commune. Il se
« rencontre souvent dans ces prétendus maria-
« ges des empêchements dirimants dont l'Eglise
« ne juge pas convenable de dispenser. Voilà
« donc deux personnes mariées aux yeux de
« la loi, mais leur union est criminelle aux
« yeux de la religion, ce n'est qu'un honteux
« et scandaleux concubinage. Ce n'est cepen-
« dant pas à la religion à céder devant la loi hu-

« maine, ce n'est pas à Dieu à obéir aux hom-
« mes, mais aux hommes à obéir à Dieu, à
« renoncer à leurs passions. Ces deux person-
« nes ne peuvent se sauver qu'en se sépa-
« rant. — En présence des mariages contractés
« devant l'officier de l'état civil, que devient
« le commandement de l'Eglise : hors le temps,
« noces ne feras ? Afin d'éviter les réunions
« scandaleuses des personnes mariées à la
« commune, les pasteurs sont forcés d'admini-
« strer le sacrement du mariage pendant l'avent,
« le carême et la semaine sainte » (1).

Da' quali fatti, che l'esperienza giornaliera
ci mostra avvenire in Francia, si vede manifestamente che, stabilito in una nazione cattolica
il così detto matrimonio civile, l'esercizio della
religione cattolica non è più libero, i sacerdoti
di questa religione non possono più adempire
appieno gli offici annessi al loro sacro ministero,
e soprattutto non possono cavarne quel profitto
spirituale pel quale è instituito, e la salvezza
stessa delle anime è messa talora in pericolo.
Rimane per conseguente di nuovo dimostrato
che una tal legge si oppone alla libertà di coscienza e l'offende da molti lati.

(1) Encyclopédie catholique, art. *Mariage.*

SETTIMO DIRITTO.

437. « I cittadini cattolici, anche a semplice titolo di libertà religiosa, hanno il diritto di pretendere dal governo, che questo, *sotto verun pretesto o finzione legale*, non diminuisca alla donna quella libertà e quella dignità, che il cattolicismo le ha data, e che è divenuta uno degli elementi della civiltà dei popoli ».

La legge sul matrimonio civile in Francia toglie la libertà religiosa, specialmente alla donna, e per molte guise l'opprime. Ora è da tutti riconosciuto, che l'oppressione della donna è segno di barbarie; di quella barbarie a cui pose rimedio solo il cristianesimo, togliendo sotto la sua protezione questa parte debole del genere umano, difendendola contro la prepotenza della parte forte, sollevandola dall'avvilimento in cui era caduta presso tutte le genti, e in cui giace ancora da per tutto, ove non risplende la luce evangelica e la parola della Chiesa non giunge; e accrescendola di tanta dignità morale da renderla maestra de' miti ed onesti costumi, e centro gentile ed ornamento della cristiana società! Il cristianesimo fece tutto questo specialmente con quella dottrina e con quella potestà, che rese santo e venerabile il *connubio* e il *toro immacolato*, in cui la sposa è divenuta simbolo della Chiesa, lo sposo, di Cristo: fra essi non si può dare dissensione, nè altra gara che di generosità e di sacrifizio: il nodo è indossolubile: i diritti e le obbligazioni sono reciproche, i coniugi rispetto a queste sono dichiarati uguali.

I quali vantaggi, che Gesù Cristo conferisce specialmente alla donna nel sacramento del matrimonio, sono non curati, disconosciuti affatto, aboliti da quella legge che riconosce un matrimonio compito in una semplice formalità davanti all'ufficiale civile, con esclusione di qualunque elemento religioso. Questa legge retriva riconduce la donna, quanto è da sè, a quello stato in cui si trovava nel mezzo del paganesimo, e in cui si trova ancora fra le tribù selvaggie; ed anzi in una condizione assai peggiore; chè anche fra gli idolatri e fra i selvaggi si sente il bisogno d'un intervento divino nel fatto più solenne della vita umana, cioè in quella congiunzione dell'uomo e della donna, che fonda una nuova famiglia e una nuova stirpe. Che se una tal legge non riconduce nei costumi tutta quella barbarie di cui ella è gravida, non è certo sua colpa, ma bensì prova della sua impotenza: contro di essa stanno i costumi cristiani, contro il suo malefico influsso tuona la voce della Chiesa, che ammaestra e premunisce i suoi fedeli. Sebbene adunque gli effetti

funesti alla religione ed ai costumi d' una tal
legge in Francia sieno stati grandissimi, e il
misero stato della'società francese ben lo dimostri, tuttavia la barbarie di quella legge si deve
desumere non tanto da questi effetti, quanto
dall'intrinseca sua natura; poichè ella distrugge
il primo elemento della civiltà delle nazioni
europee, che è l'elemento religioso del matrimonio, e distrugge il concetto sublime della
moglie cristiana, opera tutta del solo cristianesimo.

Se noi ascoltiamo le voci degli stessi Francesi non sentiremo che lamenti sui tristi effetti
d'una legge tanto anticristiana e selvaggia. Essi
osservano, fra le altre cose, in quante angustie
sia posta la coscienza della donna intemerata,
quando dopo essere stata impalmata davanti
all'ufficiale civile, il preteso sposo ricusa di
compiere ai religiosi doveri e di celebrare un
cristiano matrimonio, e tuttavia vuol godere i
vantaggi della sua unione. A quanti tormenti
della coscienza quella donna infelice non trovasi
in preda! Quante non sono le tentazioni, le
seduzioni de' parenti stessi irreligiosi, davanti
alle quali pur troppo spesso cade la sua debolezza, non senza portare poi nell'anima un
amaro rimorso tutta la vita e financo un'avversione a quell'uomo, con cui è costretta di
convivere e che sa pur troppo non essere suo
marito, ma un nemico che la rovina e la perde

eternamente! Con quali occhi pieni di lacrime
la misera madre non rimira i figliuoli illegittimi
che di continuo le rammentano il suo peccato!
Sotto questa oppressione giace la coscienza
della sciaguratissima donna, e tutto ciò in
virtù di una legge che gli atei hanno proclamata a nome della libertà di coscienza!

138. L' uomo reo e cupido, che ha ingannata e tradita in tal maniera la misera donna,
altro non cercava forse nel preteso suo matrimonio che d'impossessarsi della dote della moglie; e quella legge barbara e crudele gli con-
segna tutti i beni della moglie, tosto che egli
ha compito quelle formalità davanti all'uffiziale
civile, senza punto curarsi della cerimonia religiosa. Onde la donna rimane spoglia incontanente di tutto il suo avere; nuovo e terribile
laccio teso alla sua coscienza. A questa ella
non può più ubbidire, se non s'arma della fortezza dei martiri. Tale è la libertà religiosa
guarentita ai cittadini cattolici dalla legge sul
matrimonio civile.

Ma udiamo queste stesse barbarie, lamen-
tate dagli scrittori della Francia. Uno d' essi
così s' esprime: « La loi serait injuste et bar-
« bare, qui commencerait par mettre les biens
« de la femme à la disposition du mari, et qui
« lui refuserait l'act par lequel seul la femme
« peut croire la personne du mari engagée à
« la sienne, et réciproquement: et c'est cepen-

« dant ce qui arrive aujourd'hui dans ces
« unions consenties sous la promesse de les
« faire consacrer par la religion , et trop sou-
« vent restées sans exécution » (1).

Un altro scrittore francese più recente de-
scrive in questa maniera gli effetti di quella
legge iniquissima : « Il arrive tous les jours
« dans les classes ouvrières que des jeunes
« hommes se hâtent de contracter des mariages
« civiles afin de s'aider de la dot de leurs
« femmes. Parmi celles-ci , plusieurs veulent
« que leur union reçoive la sanction de l'Eglise,
« mais leurs prétendus , usant de leurs droits
« comme maris aux yeux de la loi, s'emparent
« des biens des leurs épouses. Incrédules, sans
« respect pour les lois de la religion, ils éludent
« le sacrement. Les femmes, de leur côté, per-
« sistent à ne pas vouloir habiter avec leur
« maris avant la bénédiction du prêtre. Les
« parents des femmes interviennent , ils sont
« les premiers à les presser de se réunir avec
« ceux qu'ils nomment leurs maris, parce qu'ils
« ne veulent pas les nourrir. Alors ces infor-
« tunées sont comme forcées d'abandonner la
« religion et de renoncer à leurs salut. Par ces
« faits qui se répètent frequemment, l'ont peut
« apprécier toute l'immoralité de la loi sur le

(1) De Bonald, *Pensées et Discours polit.*, t. II, p. 206.

« mariage, et combien même elle est opposée
« à la liberté religieuse » (1).

Un altro scrittore pure francese aggiunge
l'osservazione, che la condizione di queste mi-
sere donne s'è aggravata ancor più per l'abo-
lizione della legge sul divorzio: onde non hanno
più speranza di poter infrangere quelle catene
peccaminose, di cui sono avvinte in grazia di
quella barbara legge, che fu data alla Francia
sotto l'ipocrita e scellerato pretesto della libertà
religiosa (2).

(1) Encyclopédie Catholique, art. *Mariage*.

(2) La confusione delle idee nelle menti de' legisti
francesi è arrivata al sommo grado, per la lotta de' due
principî contradittori: 1.° che la legge deve astrarre dalle
religiose credenze; 2.° che non deve offendere la libertà
religiosa. Essendo questi due principî in piena contradizione, e però nella pratica impossibili ad eseguirsi, accade, che ogniqualvolta ne' casi particolari que' due principî entrano in collisione, insorga una terribile discordia
fra i legalisti stessi, secondo che prevale nelle loro menti
l'uno o l'altro de' due principî. Diamone un esempio: Una
donna cattolica sposi un uomo, che ha emessi i voti religiosi, senza che la donna lo sappia. Questo errore della
donna è sufficiente a sciogliere il matrimonio? Si presentano le due schiere de' legalisti: quelli nelle menti dei
quali prevale il principio che la legge deve astrarre dalle
religiose credenze, lo negano di tutta forza. Di questa
opinione sono i signori Merlin (Répertoire universel et
raisonné de Jurisprudence etc. V.° *Empéchem.*, § V, art.
n. IV, t. V, p. 743) e il sig. Chardon (Tr. du Dol, t. I,
n. 22, p. 29). Quelli nelle menti de' quali prevale l'altro
principio della libertà religiosa, sostengono che quell'er-

OTTAVO DIRITTO

139. « I cittadini cattolici, anche a semplice titolo di libertà religiosa, hanno il diritto di pretendere dal governo, che questo, *sotto verun pretesto o finzione legale*, non obblighi i padri di famiglia e gli altri parenti a riconoscere per legittimo matrimonio de' loro figliuoli e parenti quello che non è tale, e a lasciare le loro sostanze a figliuoli illegittimi e adulterini; come nè pure a subire il gravissimo dolore di vedere un figliuolo o un parente vivere in concubinato o in adulterio sotto la protezione della FORZA BRUTA del governo, con infamia non legale, ma

rore è sufficiente ad annullare il matrimonio. Di questa opinione è il sig. Nougarede (Jurisprudence du mariage, l. III, c. V, n. 3 , p. 42) e il sig. Tullier (Le Droit civil français , suivant l'ordre du Code 5, edit. Paris. 1830 , t. VI, n.° 50) che scrive così : *La loi civile deviendrait odieuse et tyrannique, si elle contraignait une femme trompée à vivre dans une union contraire à sa religion et à sa conscience.* E in conformità di quest'ultima opinione pronunciò una sentenza la Corte di Colmar il 6 dicembre 1842 (vedi Sirey, Recueil, *Des lois et arrêts*, t. XII, 2.ª part., p. 89).

E questo conferma ciò che noi diciamo di continuo, che il principio che la legge debba astrarre dalle credenze religiose, offende necessariamente nelle sue conseguenze la libertà religiosa, e ne distrugge affatto il principio.

realissima, delle famiglie, e senza poterlo richiamare al dovere , o ch'egli ci possa ritornare ».

Ora la legge frodolente e sofistica del matrimonio civile offende manifestamente e in più
modi questo sacro diritto de'padri di famiglia e
de'consanguinei. L'ipocrisia di questa legge
sembra dare a'padri di famiglia di più di quello
che gli dia la Chiesa cattolica; e non è maraviglia , perchè i legalisti danno sempre negli
eccessi ; quindi mentre la Chiesa ordina ai
figliuoli di dipendere dai consigli dei genitori,
quando vogliono passare a matrimonio, e a ciò
gli esorta con efficaci parole , ma senza però
dichiarare invalido il matrimonio contratto senza
il loro permesso, la legge francese esige il consenso de'genitori ne'matrimoni de'minori sotto
pena di nullità (4). Ora tutto questo non toglie,
che, data la detta legge del matrimonio civile,
i genitori cattolici non vengano spesso a provare
un dolore acerbissimo per l'unico motivo di re-

---

(4) La legge francese sul matrimonio è dettata con
tale negligenza, che non si cura neppure di esprimere
chiaramente , quando le formalità prescritte sieno comandate sotto pena di nullità, e quando non sieno. Così
l'omissione degli atti rispettosi prescritti a' figliuoli dagli
articoli 452 e 453 del Codice, non si sa se costituisca
un impedimento dirimente nelle menti de' legislatori , o
solo proibente. Una sentenza della Corte di Tolosa del
29 luglio 1828 (Sirey, t. XXIX, 2.ª part., p. 29) la consi-
derò come dirimente; pure la maggior parte degli autori
francesi opinano , che debba essere soltanto proibente.

ligione. E veramente, se c'è un figliuolo irreligioso, il quale ripugni dal prepararsi alla celebrazione del matrimonio a quel modo che esige la Chiesa, per non abbandonare la mala vita, e quindi voglia unirsi con una figlia solo civilmente, i genitori si trovano posti nell'alternativa, o di negare il consenso a un tal matrimonio, o di vedere il figliuolo legarsi ad un concubinato vergognoso ed infame agli occhi di tutti i cattolici e della sua propria parentela. Nel primo caso, essi soggiacciono ad un amaro dolore, appunto perchè impediscono il collocamento del figlio, che perciò s'abbandona maggiormente agli stravizi, e si irrita ed inimica co'suoi propri genitori; nel secondo caso essi subiscono una pena ancora più acerba in vedere il figliuolo perduto in un'unione illegittima, disonorata la famiglia, introdotti in essa dei figliuoli spuri od anche adulterini, come sarebbe se lo stesso figlio, o la donna che prende, avessero ottenuto lo scioglimento d'un matrimonio legittimo e religiosamente contratto, per cagione di qualche impedimento civile. Ancora, se i genitori negano il consenso, il figliuolo, passata la minore età, è aiutato dalla legge che lo protegge nella sua corruttela, si congiungerà civilmente a dispetto de'suoi genitori e del parentado.

Ecco di quanta infelicità la legge sul matrimonio civile ricolmi nelle sue conseguenze i

padri e le madri e le intiere famiglie! E qual
è la colpa che si punisce così crudelmente ?
Non altra, che la fede religiosa di quegli onesti
genitori e di quelle timorate famiglie: questo è
tutto il delitto che la legge percuote, indirettamente sì, ma pur verissimamente: la sola
coscienza dell'uomo retto è quella che una tal
legge perseguita ferocemente e flagella. Tale,
diciamolo ancora, è la libertà di coscienza
de' legalisti!

NONO E DECIMO DIRITTO

140. « I cittadini cattolici, anche semplicemente a titolo di libertà religiosa, hanno il
diritto di pretendere dal governo civile, che
questo, *sotto nessun pretesto o finzione legale*,
colle sue leggi non semini la discordia religiosa
nelle famiglie e nella nazione ».

Egli è chiaro, che se fra i membri di una
famiglia o di una cognazione v'hanno diverse
opinioni, di modo che alcuni s'attengano al
solo matrimonio civile, come lo chiamano, ed
altri rimangano fedeli alle credenze cattoliche e
alla propria religione, questo conviene che sia
una funestissima sementa di discordia e divisione degli animi. Così la legge sul matrimonio
civile estingue ed avvelena le più care affezioni,
e cagiona i più gravi patimenti a coloro che sono

più attaccati e fedeli alla loro religione. Ella offende dunque gravissimamente contro allo scopo pel quale devono esser fatte le leggi civili, che è quello di togliere, e non di fomentare le dissensioni: viola i diritti che i cittadini hanno verso chi li governa, e specialmente quello della libertà religiosa: ella è immorale ed ingiusta.

141. E da tutte le cose fin qui esposte discende, come indeclinabile corollario, il decimo de' diritti accennati, cioè discende « che i cittadini cattolici, anche a semplice titolo di libertà religiosa, hanno il diritto di pretendere dal potere civile, che questo riconosca tutti gl'impedimenti dirimenti il matrimonio imposti dalla Chiesa, e non ne riconosca verun altro ». Perocchè se il potere civile non fa questo, egli incorre in tutti gl'inconvenienti fin qui descritti, e in altrettanti modi offende la libertà religiosa de' cattolici cittadini, distruggendo cioè il solo vero matrimonio cristiano coll'astrarre dalla religione, indebolendo la persuasione dell'indissolubilità del coniugio, professando scandalosamente l'incredulità legale agli occhi d'una nazione credente e tenera delle súe credenze, incitando al male i cittadini, costringendoli anche colla forza bruta a perseverare nel peccato, impedendo i sacerdoti cattolici nell'esercizio del loro sacro ministero, opprimendo la dignità della donna, sottoponendo i padri di famiglia e le intere fa-

miglie a gravissimi dolori, per l'unica cagione della loro fede e della loro coscienza, e seminando in fine la discordia nelle famiglie medesime e nell'intiera civile comunanza.

IV QUESTIONE.

Qual è la relazione delle stesse leggi colla tolleranza civile.

142. Veniamo alla quarta delle questioni che ci siamo proposte, ed esaminiamo la relazione delle leggi civili sul matrimonio colla tolleranza civile.

Questa questione suol venire confusa con quella della libertà religiosa, quantunque sia affatto diversa.

Tali confusioni di questioni distinte, che, mentre son più, si prendono per una sola, recano grandissimo pregiudizio alla scienza ed alla pratica, in cui la scienza si trasfonde, perchè impediscono gli uomini di dare una netta soluzione a veruna delle questioni confuse insieme. Noi abbiamo dunque procurato di distinguere le idee di *libertà religiosa* e di *tolleranza*, e abbiamo detto, che « allora vi è libertà religiosa, quando ciascuno de'cittadini che professa una religione ammessa nello Stato, può conformare tutte le sue operazioni ai doveri che gl'impone la sua religiosa credenza, senza soffrire alcuna vessazione o persecuzione dalla legge o dal governo civile, nè per via diretta, nè per via indiretta, nè per alcuna finzione legale, nè per alcuna conseguenza, che realmente, o per una procedura cavillosa, si deduca dalla stessa legge ». La *tolleranza* all'incontro non consiste nella facoltà di adempire alle proprie obbligazioni; ma per lo contrario « nella permissione d'infrangerle, senza incorrere in alcuna pena civile »; il che ben mostra, quanto l'una cosa sia dall'altra diversa ed opposta.

A maggior dilucidazione pertanto di questa importantissima distinzione, noi troviamo necessario d'avvertire prima di tutto quanto segue:

1.º Che la verità religiosa è una sola, e quindi sarebbe cosa assurda l'ammettere più religioni vere.

2.º Che gli uomini che sono al governo, quando si supponga che sieno cattolici non possono riconoscere per vera altra religione che la cattolica; e quando si supponga che non sieno cattolici (grande sciagura sempre per un paese cattolico); devono essere uomini di buona fede, sicchè in buona fede professino la propria credenza, o non avendone sgraziatamente alcuna, cerchino la verità e rispettino le credenze altrui, avendo tanto di dottrina e di sentimento morale, che sappiano riporre la dignità di ciascun uomo, ed il suo vero onore, nel mantenersi egli ubbidiente alla propria coscienza, e nulla fare contro di questa. Che se quelli che sono al governo neppure avessero questo moral sentimento e naturale dettame, in tal caso la società civile sarebbe venuta a pessime mani, e sarebbe interamente perduta, avuto riguardo a quelli che la governassero; non esisterebbe più che per sè stessa, pei costumi familiari e individuali, e per le abitudini.

3.° Che le costituzioni degli Stati europei rispetto alla religione partono da due principî, poichè alcune di esse dichiarano una sola la religione dello Stato; e noi vogliamo parlare esclusivamente di quelle, che dichiarano per religion dello Stato la cattolica, ammettendone nello Stato delle altre per sola *tolleranza*: alcune poi non dichiarano nessuna delle religioni ammesse come religione dello Stato, ma ne ammettono un certo numero ad egual condizione.

143. La differenza fra questi due principî su cui basano le Costituzioni degli Stati d'Europa è questa, che dove il potere riconosce una religione dello Stato, con ciò stesso dichiara legalmente che sono *false* le altre, e quindi cattive, e perciò appunto si ammettono nella società civile per pura tolleranza. All'incontro, quando la legge non ammette alcuna religione dello Stato, ma ne riconosce alcune a condizioni uguali, allora non dichiara queste legal-

mente nè vere nè false, ma riconosce unicamente, che possono esser professate tutte dai cittadini in *buona fede*, cioè e la vera e le false stesse per un errore che dalla legge è supposto incolpevole.

Secondo il primo principio, che ammette una religione dello Stato, la legge parte dalla *verità oggettiva*, che non può esser che una. Secondo l'altro principio, che ammette più religioni senza che alcuna di esse si dichiari religione dello Stato, la legge non parte dalla verità oggettiva, ma dalle *persuasioni e credenze soggettive*, le quali possono esser tutte di buona fede, sebbene una sola di esse sia vera e l'altre false.

144. Il Piemonte, come tutti gli altri Stati d'Italia, ha una Costituzione fondata sul primo de'due principî che abbiamo indicati, e quindi ha per unica religione dello Stato la cattolica romana.

Ma noi vogliamo esaminare le leggi, che uno Stato può fare sul matrimonio, tanto nell'una che nell'altra ipotesi, cioè nell'ipotesi d'uno Stato che ammetta più credenze a condizioni eguali, il che faremo trattando questa quarta questione, in cui parliamo della tolleranza; e nell'ipotesi d'uno Stato, che dichiari per unica vera in faccia alla legge la religione cattolica romana, e per tollerate alcune altre, che è appunto la disposizione dello Stato piemontese, il che faremo trattando la questione seguente.

145. Quando dunque in una società civile sono ammesse a condizioni pari diverse religioni, come per esempio nel Belgio, sebbene quelli che la governano sieno cattolici, e quindi sieno persuasi, che la sola religione cattolica sia la vera, e l'altre tutte false; e quantunque in conseguenza di questo essi debbano desiderare che tutti gli uomini partecipino della stessa verità e dello stesso beneficio della cattolica fede; nondimeno, come uomini politici, debbono altresì gelosamente tutelare la libertà religiosa, rispetto ai credenti di quelle diverse religioni ammesse nello Stato. E nel modo del governare debbono partire dalla *supposizione*, che i membri di quelle diverse comunioni si trovano tutti in *buona fede*, e però niuno di essi deve avere alcuna taccia in faccia alla legge civile, per la sola cagione che aderisce ad una credenza falsa; e conseguentemente deve essere considerato e trattato come una persona onorevole, tostochè egli adempie coscienziosamente le obbligazioni della religione che professa, e che è dalla legge riconosciuta.

146. Rispetto poi a quelli che non osservano le obbligazioni della propria religione, o che non professano religione alcuna, e quindi dichiarano che non esistono per essi religiose obbligazioni di sorta; rispetto a questi, dico,

non esiste *libertà religiosa*, mancando la materia di questa libertà, che sono le obbligazioni di coscienza, ma può esistere la semplice *tolleranza civile* che altro non è, se non la permissione di fare *certi mali*, senza incorrere nelle penalità della legge.

447. Ritenuti questi principî, veniamo a considerare le leggi sul matrimonio. E primieramente da essi, e da tutto ciò che abbiam detto precedentemente, si raccoglie:

1.º Che se il governo civile facesse tali leggi sul matrimonio che traessero seco la conseguenza (ancorchè mal coperta da qualunque finzione legale) di collocare alcuno dei cittadini nell'alternativa, o di violare le leggi della propria credenza, o di soggiacere a vessazioni, o persecuzioni, o molestie di qualunque sorta, tali leggi non sarebbero solamente *intolleranti*, ma di più *lesive della libertà di coscienza*.

E, come abbiamo dimostrato, tali sarebbero inevitabilmente pei cattolici quelle leggi civili, che non riconoscessero tutti gl'impedimenti dirimenti della Chiesa cattolica, o a questi ne aggiungessero alcun altro.

2.º Che se il potere civile fa tali leggi sul matrimonio, in conseguenza delle quali nessun cittadino è posto al cimento di violare il sentimento religioso, con ciò non offende la libertà religiosa.

3.° Che se tali leggi civili impongono ai cittadini delle nuove obbligazioni, che non credono d'avere, come, a ragion d'esempio, se a quei cittadini che non hanno alcuna religiosa credenza, imponessero delle formalità, quali si vogliono, ancorchè queste avessero l'aspetto di formalità religiose, non violerebbero punto nè poco la loro libertà di coscienza, perchè non li costringerebbero con ciò a mancare ad alcun dovere di coscienza, ma solamente a far di più di quello a cui si credessero obbligati.

148. Quest'altimo principio è ammesso dagli stessi più dotti legisti francesi. Il sig. Vazeille riconosce, che non è un far punto violenza alla coscienza di chi non crede, l'obbligarlo ad un rito religioso, perchè non è questo un obbligarlo a cosa ch'egli creda esser peccato, ma solamente a cosa ch'egli stima superflua, a cagione che gli manca la fede. Ecco le sue parole degne di molta considerazione: « Dans nos sociétés civi- « lisées, il ne faut pas supposer qu'il y ait « des hommes sans croyance religieuse; et quand « on serait certain qu'il en existe, on ne de- « vrait point d'égards à leur folie. Ce ne serait « pas leur faire une violence fâcheuse que de « les obliger à porter aux pieds des autels les « sermens qu'ils font devant leur maire » (1).

_____

(1) Traité du Mariage, de la puissance maritale et de la puissance paternelle. Paris, 1825.

Il sig. Odilon Barrot, partendo dallo stesso principio nel suo rapporto sulla proposizione del signor de Schoen, confessa che la legge civile potrebbe interdire il divorzio a protestanti, senza offendere la loro libertà religiosa, poiché quantunque essi non credano all'indissolubilità, tuttavia non si credono neppure obbligati al divorzio. La stessa dottrina è professata da un recente scrittore francese, appropriandola a questa stessa autorità di Odilon Barrot, colle seguenti parole:

« Disons aussi qu'on PRIVE LES MEMBRES
« D'UNE RELIGION DE LEUR LIBERTÉ, lorsqu'on
« leur prescrit DES ACTES CONTRAIRES à leurs
« CROYANCES, lorsqu'on leur impose des croyan-
« ces qu'ils repoussent, lorsque, pour ne pas
« sortir de l'objet qui nous occupe, comme on
« le fait à l'égard des catholiques par la loi du
« divorce, on sanctionne par une loi la violation
« d'une religion par ses propres disciples. Mais
« ni pour les juifs, ni pour les protestants le
« divorce n'est un précepte: au contraire Ils
« pensent que l'indissolubilité est l'état le plus
« parfait. Dès-lors, en déclarant dans le for
« extérieur par la loi civile, le mariage indis-
« soluble, on ne gêne pas leur liberté : on ne
« contrarie pas leur croyances: ce n'est qu'un
« nouveau frein ajouté à leurs passions par la
« loi civile, comme le loi religieuse l'impose
« aux catholiques » [1]. »

(1) Encyclopédie Catholique, art. Divorce.

Egli è dunque ammesso da tutti, che non è contrario alla libertà di coscienza l'obbligare i cittadini a qualche cosa di più di ciò a cui si credono obbligati in coscienza, foss'anco a un rito religioso a cui non prestano fede; ma che è bensì un violare la loro libertà di coscienza obbligarli a qualche cosa ch'essi credano peccaminosa, come accade sempre rispetto a'cattolici, quando le leggi civili aggiungano o tolgano agl'impedimenti, che dirimono il matrimonio, stabiliti dalla Chiesa (1).

149. Da questi principî apparisce quanto sia vano il pretesto di quelli che dimandano l'istituzione d'un matrimonio civile. E che? essi vi dicono, vorreste voi costringere ad una cerimonia religiosa colui che non crede? E non offendete voi con questo la libertà di coscienza? — Costoro mostrano di non sapere in che cosa consista la libertà di coscienza. Se il cittadino che nacque cattolico viene obbligato dalla legge civile a unirsi in matrimonio secondo le leggi della Chiesa, con ciò non resta offesa menomamente la libertà della sua coscienza, non obbligandolsi a nulla di ciò che egli creda illecito e

(1) Il sig. Baston, che nella sua *Concordance des lois civiles et des lois ecclesiastiques de France touchant le Mariage*, Paris, 1824, è eccessivamente favorevole al potere civile; dimostra però alla p. 124 esser conforme alla libertà dei culti il lasciar libero a ciascuno di seguire la religione che vuole, quantunque poi la legge esiga l'osservanza delle obbligazioni che ne derivano.

peccaminoso: chè nè anche colui, il quale ha perduto la fede, reputa di peccare contro la propria coscienza, attenendosi a quelle leggi, ma reputa solo quelle formalità per lui superflue: sarebbe cosa ridicola l'immaginare o supporre, che chi non crede, sia poi così scrupoloso da temere di peccare solo per questo che ubbidisce alla Chiesa, o anzi, nel caso nostro, al governo. Poichè, se egli non vuol considerare quelle disposizioni e quelle forme come religiose, gli è pienamente libero di considerarle come formalità puramente civili. Chè infatti, sebbene il poter civile non possa fare che le leggi sue proprie diventino religiose, può far benissimo che le leggi ecclesiastiche diventino anche leggi civili.

E questo già basterebbe per rispondere a coloro che patrocinano il matrimonio civile, perchè temono che sia un violare la libertà di coscienza, costringere i cattolici, che non credono, ad osservare le leggi della Chiesa: e intendasi bene, non già tutte le leggi della Chiesa, ma quelle sole che costituiscono le condizioni d'un matrimonio valido.

150. Ma restano a considerarsi delle altre cose. Il savio legislatore penetra colla sua perspicacia nei cuori degli uomini, e colà trova la verità senza lasciarsi ingannare dalle parole. Non vi sono molti tra di noi che professino un aperta incredulità: le interne convinzioni pur troppo saranno scosse: è impossibile che

la fede si conservi immobile in tanti che s'ab-
bandonano perdutamente ai godimenti materiali,
o agli affari di quaggiù, senza volgere mai il
pensiero alle cose del cielo. Ma che perciò?
Credete voi, che in costoro non esista più affatto
la coscienza? Credete voi, che vi dicano pienamente il vero quando asseriscono di non creder
nulla, di non tenersi obbligati ad alcun religioso
dovere? Non lo credete di certo, se ben conoscete il cuore degli uomini. La maggior parte
di questi, ancorchè in quel modo vi parlino,
tuttavia sanno internamente di parlare e di
operar male, e sentono più o meno rimorso di
quel dispetto che dimostrano pei religiosi doveri.
Onde voi coll'aprir loro la porta al male, isti-
tuendo un così detto matrimonio civile, lungi
dal rispettare la loro coscienza, altro non fate,
che porgere loro più sicura l'occasione di operare contro la propria coscienza, e di subirne
più acerbo il tormento. Poichè essi disubbidiscono
alla propria coscienza non veramente per quella
incredulità che manifestano, ma spesso unicamente per la servitù delle passioni a cui soggiacciono, sedotti dalle quali, mancano ai propri
doveri, e rimorsi da questi mancamenti, professano quella incredulità, colla quale tentano
d'illudersi, cacciando da sè il pensiero d'un
legislatore divino, e della sua severa giustizia,
a cui non possono pensare senza sgomento. Se
la legge civile dunque seduce i cittadini ad

operare contro il dettame della propria coscienza, porgendone loro facile occasione ed invito, ella non favorisce la libertà di coscienza, ma si oppone a questa medesima libertà, poichè due modi di ledere la libertà di coscienza sono questi appunto, il *sedurla* ed il *violentarla*, e non meno è colpevole il primo che il secondo.

151. I legalisti dalla severa morale eccitano il poter temporale a stabilire il così detto matrimonio civile per una grande tenerezza, che vi assicuran d'avere per la purità della religione. S'inquietano assai costoro del pericolo, che, obbligando i cattolici alle leggi della Chiesa cattolica sul matrimonio, venga profanato questo sacramento! L'ipocrisia di questi severi moralisti non può velarsi, se non a quelli che non hanno mai imparato il catechismo, poichè tutti quelli che l'hanno imparato, sanno ad un tempo e che il matrimonio è un sacramento istituito da Gesù Cristo, e che tutti quelli che vogliono formare un matrimonio civile, che non è sacramento, abusano sacrilegamente del nome e della materia del sacramento medesimo. Vogliono dunque cotesti legalisti bigotti, che la legge civile tolga via la profanazione del sacramento coll'istituire e premiare di temporali vantaggi una legale, pubblica, e solenne profanazione del sacramento medesimo! La stessa ragione ipocrita de'legalisti era stata prodotta in Francia, e colà vi si rispose ampiamente

dagli uomini di buon senso : « On s'effraie -
« dice uno di quegli scrittori — des profanations
« scandaleuses qui auraient lieu , si le Code
« civil exigeait la réception du sacrement pour
« la validité du mariage. Mais le mariage étant
« invalide aux yeux de la religion sans le sa-
« crement, c'est donner un scandale plus grand
« encore que de se contenter du contrat civil,
« c'est déclarer que l'on ne se tient pas pour
« obligé par les lois de l'Eglise. Le Code civil,
« qui consacre cette désobéissance , n'est-il pas
« une protestation toujours subsistante contre
« la foi, une invitation permanente faite au
« peuple de renoncer à la religion, de se passer
« de Dieu , de mépriser les enseignements de
« l'Eglise, de s'affranchir de son autorité ? » (1).

152. — Concludiamo dunque :

1.° Che obbligare i cittadini cattolici ad
osservare ne'loro contratti nuziali le condizioni
imposte dalla Chiesa per la validità de'medesimi, non è un offendere la loro libertà di coscienza, ancorchè essi dichiarassero di aver
perduta la cattolica fede.

2.° Che si deve ragionevolmente supporre,
che in tali cittadini cattolici, almeno nella maggior parte , quando dicono di non credere e di
non essere obbligati ad ubbidire alla Chiesa , la
coscienza religiosa e la fede che hanno ricevuta

(1) Encyclopédie Catholique , art. *Mariage*.

dall'infanzia non sia del tutto spenta, e però non vadano immuni da quegli interiori rimorsi, che almeno di tempo in tempo sogliono esperimentarsi da quelli che mancano ai propri doveri.

3.º E di conseguente, che la legge, che coll'istituzione di un matrimonio civile gli aiuta e presta loro la comodità di violare le dette obbligazioni della propria coscienza, diminuisce la loro stessa libertà di coscienza e la offende collo scandalo pubblico e colla seduzione.

Ritenute e fissate le quali cose, non rimane che a cercare se il matrimonio civile, che, come vedemmo, è un'istituzione che non si può in alcun modo domandare a titolo di *libertà di coscienza*, si possa nondimeno dimandare a titolo di *tolleranza civile*.

453. E non si può certamente domandarlo neppure a questo titolo. Anzi le ragioni per le quali non si può invocare il matrimonio civile nè anche a titolo di tolleranza, in gran parte risultano dalle cose dette.

Noi ne enumereremo qui le principali:

4.º Della tolleranza civile, come di tant'altre cose, corrono al dì d'oggi i più falsi e stravaganti concetti. Certi pensano che non abbia confine, che il governo civile debba tollerare tutti i disordini delle passioni umane. Se questo fosse vero, non ci sarebbe in Europa un solo governo tollerante, ed anzi non può esistere

alcun governo ammettendo quel principio di
tolleranza illimitata. A ragion d'esempio, in
nessuno Stato d'Europa si tollerano tutti i culti
indistintamente, anche quelli che sono viziati
da superstizioni abbominevoli, contrarie alla
legge naturale. Nella medesima Francia, in cui
si fece sì larga parte alla tolleranza, non è
permessa la poligamia, nemmeno per quelli a
cui la propria religione la permettesse, e al
presente non è permesso più il divorzio (1). La
tolleranza dunque dee avere un certo limite.
La legge civile dee tollerare che i cittadini
manchino alle loro obbligazioni religiose, dee
permettere questo male solamente allorquando
ella non può impedirlo senza produrre un male
maggiore. Ora permettendo ai cittadini cattolici
di unirsi in matrimonio, senza osservare le

(1) Vogliamo qui notare, che lo stesso sig. Malleville
ritiene che la proibizione del divorzio non sia contraria
alla libertà de'culti, quantunque taluno di essi lo permetta, e ciò perchè, niun culto fa di esso un precetto
(*Analyse raisonnée de la discussion du Code civil au
Conseil d'État*, tit. VI, p. 241). Qui dunque conviene
con noi questo legista francese nel riconoscere, che la
libertà religiosa consiste unicamente in questo, che la
legge non metta impedimento all'osservanza delle obbligazioni religiose, e non consiste già nel permettere, che
i cittadini manchino alle loro obbligazioni, o che facciano
tutto quello che a loro piaccia di fare: il governo può
limitare la sua tolleranza, e può obbligare i cittadini a
quello a cui non si tengono obbligati, senza offender
punto la loro libertà religiosa, come dicemmo.

condizioni prescritte dalla Chiesa, si permette o tollera un male, che si può con facilità impedire, specialmente in uno Stato dove quel male non è introdotto, e si può impedire senza che ne consegua alcun pubblico danno, evitandone anzi uno grandissimo, che procederebbe dall'introduzione di questa nuova specie di tolleranza.

Tutti i più grandi legislatori, tutti i più profondi uomini di Stato, hanno riconosciuto, che la religione è il più forte cemento degli individui e delle famiglie, che un popolo è più unito, concorde, forte in guerra ed in pace, florido per la sua prosperità e dignità morale, quant'è più religioso e concorde nella religione. Queste sono le qualità desiderabili al Piemonte, desiderabili all'Italia. Ora, volete voi, o legislatori piemontesi, spogliare la nazione e il paese di queste qualità, delle quali siete chiamati a rivestirlo? Rendere il popolo irreligioso? E come lo renderete tale? Niun mezzo più efficace di quello di *secolarizzare*, secondo le vostre frasi, il matrimonio: niun mezzo più pronto, che di introdurre il matrimonio civile.

154. 2.° Ma quand'anco la legge civile dovesse o potesse seguire una tolleranza illimitata, cosa mostruosa ed assurda, non si potrà mai introdurre il matrimonio civile, a titolo di *tolleranza*. Si potrà cancellare dai nostri codici il titolo de' reati contro il costume pubblico, e

financo quello de'reati contro l'ordine delle famiglie; si potranno abolire le pene annesse a questi reati : questa sarà un'insensatezza, una vera stoltezza, a cui pure potrete dare il nome di tolleranza. Ma non potrete mai e poi mai dare il nome di tolleranza all'istituzione del così detto matrimonio civile. E sapete perchè? Perché con questa istituzione, con questa sola denominazione di matrimonio civile, voi, o legislatori, fate di più che semplicemente tollerare, che semplicemente non punire. Voi, con questa denominazione, vi fate oltracciò maestri e professori d'una dottrina falsa, eterodossa ed empia: voi dichiarate con ciò essere matrimonio quello che non è tale. Altra cosa sarebbe, se voi lo chiamaste concubinato e poi lo permetteste. Allora sarebbe *tolleranza*; perchè chiamandolo concubinato, riconoscereste già con questo solo che è male, che non è punto matrimonio, che non si punisce, perchè si trova meglio di tollerarlo. All'incontro chiamandolo voi *matrimonio*, pronunciate una menzogna, offendendo la moralità, dite bene al male, applicate un titolo onorevole e santo a ciò che non è altro che l'effetto dell'infermità e della corruzione umana: non tollerate in questo modo, ma autorizzate e raccogliete in un vaso d'onore la sordidezza, presentandola così onorata agli occhi del pubblico. Per tal modo, con quella denominazione, voi stessi venite a falsare le idee del popolo, che dovreste aggiustare : una tál legge non sarebbe dunque tollerante, ma corruttrice.

455. 3.º L'istituzione d'un preteso matrimonio civile non può passare per una semplice legge di tolleranza, anco per quello che abbiamo detto, cioè perchè con una tale istituzione il governo offende positivamente la libertà religiosa de' cattolici, ne offende tutti i religiosi diritti, i quali noi abbiamo ridotti a dieci capi. Se niuno di questi rimane intatto in faccia alla legge del preteso matrimonio civile, come si potrà chiamar questa una legge di semplice tolleranza ? Se il governo può tollerare il male, non deve farlo egli stesso. Ma coll'introduzione del matrimonio civile egli si rende autore di questo male. Così facendo dunque, non sarebbe tollerante, anzi intollerantissimo, e darebbe ampia materia ai cittadini cattolici di esercitar essi la tolleranza e la pazienza verso di lui.

456. 4.º Abbiamo veduto oltrecciò, che se un governo civile può tollerare quelle immoralità degli individui, le quali non nuocono che a loro stessi, egli non può tollerare quelle che, oltre nuocere a chi le commette, hanno di più per effetto di violare i diritti degli altri, e ciò perchè il governo civile, in virtù della sua stessa istituzione, ha il dovere di tutelare tutti i diritti dei cittadini. Ma pubblicata la legge del preteso matrimonio civile, accade che gli

uomini irreligiosi, che se ne servono per soddisfare alle proprie passioni, acquistino dalla stessa legge la facoltà o il potere di ledere i più sacrosanti diritti de' loro simili, come sono appunto i religiosi. Un governo civile dunque non può in alcun modo autorizzare quelle unioni de' cattolici, le quali fossero contratte in onta delle leggi religiose; perchè questo sarebbe un abbandonare la tutela dei diritti più cari e preziosi de' cittadini, che gli è affidata dalla Provvidenza, e non una semplice tolleranza.

457. 5.° Finalmente si faccia un'altra considerazione. Il potere civile ha per principalissimo ufficio di tutelare tutti i diritti de' cittadini: il che è tanto vero, che per questo appunto che di una tale tutela è incaricato il governo, i cittadini hanno dismessa la facoltà che avevano di difendere da sè stessi i propri diritti per via di fatto; facoltà, che vige nello stato di natura, in quello stato in cui le famiglie non sono ancora aggregate nella civile comunanza. Se dunque il governo si dispensasse da tale ufficio e lasciasse alcuni diritti de' cittadini senza tutela, riviverebbe il natural diritto di ciascheduno di difendersi e farsi ragion da sè stessi, il che turberebbe l'ordine pubblico e sconvolgerebbe la società. Se dunque il governo civile dee soddisfare pienamente e lealmente al dovere della tutela di tutti i diritti de' citta-

dini, i quali a questa condizione rinunziarono a tutelarli da sè medesimi, egli non può tollerare colle sue leggi, che niuno di questi diritti venga offeso impunemente. Questa sarebbe una tolleranza contraria al fine stesso del civile governo.

Di più: se il fine del civile governo richiede, che abbia luogo la tutela di tutti i diritti, dunque non solo de' diritti degl'individui ma ben anche di quelli delle società riconosciute, e, fra queste, della Chiesa cattolica, che è quella de' Piemontesi. Ora i cattolici sono legati con un vero contratto alla loro Chiesa, stretto nel battesimo e rinnovato ogniqualvolta l'hanno poi riconosciuta adulti. Questo contratto dà alla Chiesa cattolica dei diritti non solo privati, ma pubblici, perocchè la Chiesa cattolica ha essenzialmente un *fóro interno* non solo, ma ancora un *fóro esterno*; ha un'esistenza non solamente privata e nascosta quasi nel secreto delle coscienze, ma *pubblica* altresì e *regolamentare*; e questo fóro esterno, questa esterna e pubblica esistenza, questi regolamenti disciplinari che riguardano l'ordine delle cose visibili e sociali, è così essenziale alla Chiesa cattolica, che senz'esso non può esistere. Consegue dunque, che quando un potere civile qualunque dice di riconoscere la Religione cattolica, dice con questo di riconoscere questa Chiesa, non solo come la direttrice e la maestra delle coscienze, ma ben

anche come un' autorità e una società esterna
istituita da Gesù Cristo, e avente un capo visibile suo Vicario in terra nel Romano Ponteﬁ-
ce; e di riconoscere perciò i diritti e le obbligazioni reciproche, che passano fra lei e i suoi
membri, i quali hanno giurata a lei fede e
hanno stretto con essa anche un contratto
esterno, non solo un' obbligazione meramente
spirituale ed interna. Ora alle cose esterne appartiene, pure il matrimonio dei cattolici e le
leggi, che lo regolano, della Chiesa. I cattolici
mancano alla fede giurata alla Chiesa, se pretendono di fare de' matrimoni, sottraendosi alle
sue prescrizioni: i diritti esterni della società
religiosa con questo sono infranti; e gli infrange,
gli annulla egli stesso il governo civile invece
di tutelarli, quando, facendo astrazione da
questi sacri diritti, osa autorizzare da sè solo
un' unione tra l' uomo e la donna cattolici, ed
osa dichiararla legittima e darle altresì la venerabile appellazione di matrimonio.

458. Noi non ci possiamo trattenere dal
riportare qui le sensate parole d'un magistrato
francese, scritte a dir vero in un'altra occasione
(all'occasione che un tribunale autorizzò il matrimonio del celebre Dumonteil), ma che fanno
tutto al caso nostro:

« Puis ne fera-t-on pas justice une fois de
« cette étrange philosophie du droit qui con-
« sacre la promesse faite à l'individu, et ne

« tient nul compte de la foi jurée, je ne dis
« pas à Dieu (ils sont incompétents à son
« égard), mais à la société religieuse tout-en-
« tière? Pour ces habiles gens, les juristes, une
« seule loi, la volonté individuelle, une seule
« notion, celle de *contrat*, régit ou explique
« tout le monde moral. Le thème n'est pas
« varié; mais il est fécond: sur la souveraineté
« comme sur le divorce, sur la constitution de
« la société comme sur celle de la famille, un
« seul mot dit tout, répond à tout. Contrat,
« voilà le mot d'ordre de l'époque. Or, dans
« les fortes têtes dont je parle, l'idée de *contrat*
« implique celles de formes civiles déterminées;
« partout où elles manquent, il n'y a pas lieu
« à obligation, et il n'a pu naître un droit.
« Qu'a-t-il fallu de plus à Rousseau pour éta-
« blir que la société n'est point, comme on
« l'avait cru, chose sainte, chose nécessaire,
« mais aggrégation fortuite et provisoire, pure
« convention tacite tout au plus, laquelle peut
« cesser demain? Qu'a-t-il fallu de plus à
« d'autres pour proclamer que le mariage n'est
« qu'un acte révocable, reçu par un notaire *ad*
« *hoc* qu'on appelle maire, d'où la conséquence
« assez prochaine que le concubinage n'est qu'une
« manière d'acte sous seing privé; car, a dit
« un avocat dans la cause Dumonteil, la loi
« civile n'enseigne pas la morale » (1).

(1) *Revue Européenne*, t. II, p. 347, 348.

159. A queste ultime parole il dotto magistrato francese che le ha proferite, soggiunge: « Sans doúte elle ne l'enseigne pas, mais elle « la respecte; car la morale est aussi une loi; « *nata, non scripta lex* ». E queste possono servire di risposta e d'istruzione anche al sig. cav. Persoglio, il quale colle più false idee intorno alla libertà di coscienza che abbiamo di sopra combattute, col solito tuono dell'ipocrisia legalistica così vi dice: « Non è invero oggetto « della legge civile l'imporre un sacramento a « chi nol vuole, nè può dessa avere per mis. « sione di astringere i cittadini a riceverlo, nè « di punire chi vuole astenersene, oggetti questi « estranei al di lei officio: nè la religione, tutta « fede e persuasione, potrà mai accontentarsi « di avere nel suo grembo fedeli per forza ».

E per cominciare da queste ultime parole, sappia il sig. Persoglio, che la Chiesa cattolica non verrà da lui ad imparare nè la più *severa morale*, nè quello di cui ella deva contentarsi o non contentarsi; ma egli bensì deve scegliere fra queste due cose: o d'uscirsene dalla Chiesa, che niuno il ritiene per forza; o professarsene discepolo, e da lei stessa imparare la morale, da lei stessa udire con umiltà quello che ella vuole e desidera; e quando scelga quest'ultimo partito e riconosca la Chiesa cattolica per sua maestra, allora egli potrà diradare dalla sua mente i pregiudizi e le tenebre dell'ignoranza che l'offuscano. Allora imparerà a disapprovare quello che la Chiesa disapprova e condanna, qual' è il matrimonio civile, e a deporre innanzi a una tale condanna il proprio errore; imparerà che la Chiesa non si contenta certamente di avere nel suo grembo fedeli per forza, ma che meno ancora si contenta di quei governi, che, colle loro leggi atee e piene d'orgoglio umano, corrompono i suoi fedeli e gli aiutano a perdere la persuasione e la fede nelle rivelate verità; imparerà che fra due mali, la Chiesa tollera il minore, e lo tollera appunto perchè è *tollerante* e compassionevole alle infermità umane: che se ella non si contenta di avere dei fedeli per forza, molto meno si contenta d'avere per forza degli infedeli: e che, nella sua sapienza, reputa un male minore, che i battezzati, ancorchè abbian perduta la fede, unendosi in matrimonio ricevano un sacramento, benchè non ne ricevan la grazia per la loro mala disposizione, di quello sia, che si uniscano concubinariamente per mano di un notaio, che fa rogito d'una menzogna legale e d'un sacrilegio, dichiarando a nome dell'autorità pubblica matrimonio, quello che altro non è che uno scandaloso concubinato; e che reputa questo un minor male, perchè l'uomo battezzato profana il sacramento del matrimonio, tanto se lo riceve senza fede, quanto se pretende di fare un matrimonio civile e intieramente profano;

ma in questo secondo caso lo profana maggiormente e con più scandalo ; reputa questo minor male , perchè , oltre la profanazione scandalosa del sacramento matrimoniale di tali coniugi, concorre a profanarlo la pubblica autorità e i suoi officiali, onde si moltiplicano i sacrilegi e gli scandali ; reputa questo minor male , perchè i coniugi, che, quantunque senza fede, ricevono il matrimonio secondo le leggi della Chiesa, possono poi, cessato il bollore delle passioni, convertirsi a Dio , riacquistare la fede e far rivivere la grazia del sacramento convivendo poscia insieme come veri coniugi cristiani ; laddove que'pretesi coniugi, che non si sono uniti secondo le leggi della Chiesa, ma con un concubinato legale, più difficilmente si convertono ai proprì doveri, perchè aggravati d'un delitto maggiore, e perchè prevedono, che conseguenza della loro conversione sarebbe la loro separazione ; e quando uno d'essi si convertisse, specialmente se fosse la parte più debole, sarebbe ritenuta dall'altra parte e colla PRIVATA VIOLENZA, e colla FORZA DELLA LEGGE, e colla SEDUZIONE dell'amore e dell'interesse, nel laccio del peccato, e, o non riuscirebbe mai a rompere questo laccio fatale, o solo dopo lungo tempo e dolorosi sforzi, dopo discordie e litigi difficili e dispendiosi ; dappoichè quella legge ipocrita che non ha scrupolo di formare e autorizzare dei matrimoni nulli, e di rompere dei matrimoni validi e sacramentali, ostenterebbe poi tutto lo scrupolo e tutta la lentezza in disciogliere i matrimoni nulli, che ella stessa ha finto esser validi e indissolubili (1).

460. Impari tutto ciò il sig. Persoglio dalla sua maestra la Chiesa cattolica, se pur vuole appartenere a questa, e impari di più, che qualora la legge civile obblighi i cittadini cattolici a contrarre i loro matrimoni secondo le leggi della Chiesa, non ne consegue ch'essa gli obblighi ad esser FEDELI PER FORZA: poichè essi possono essere infedeli quanto vogliono, ancorchè si congiungano in matrimonio in un modo conforme alle leggi della Chiesa. Qualora il governo sanzioni queste leggi, esse diventano

(1) Quando la legge è viziosa nella sua origine, perchè si fonda sopra un errore, allora di necessità ella produce altri errori. Così se una legge, come la francese sul matrimonio, pone il matrimonio dove non esiste, deve poi per necessità mantenere, il più possibile, questo matrimonio come se esistesse. La legge francese oltrecciò, regolando le varie nullità pe'matrimoni, non ebbe tanto riguardo alla validità o invalidità intrinseca del matrimonio, quanto alla pace, alla sicurezza delle famiglie e al bene pubblico (vedi i discorsi del Portalis e del Bonteville, *Code et motifs*, t. II, p. 249 e seg., 291 e seg.). E che in dubbio nel fôro esterno si deva stare per la validità del matrimonio, non c'è punto che dire. Ma questo giusto principio trae seco ingiustissime conseguenze, quando s'applica a pretesi matrimoni civili, i quali, secondo la dottrina della Chiesa cattolica, non sono già dubbiosi, ma certamente nulli.

leggi non solo ecclesiastiche, ma ancora civili; e però que'cattolici, i quali hanno la disgrazia d'aver perduta la fede, sono liberissimi di conformarsi ad esse come a semplici leggi civili; il che dipende per intero dalla loro fede e interna persuasione, che non rimane perciò violentata, nè obbligata a cosa alcuna, e perciò in essi la libertà di pensare rimane perfettamente intatta.

Dal che si rileva maggiormente la vanità di quel sofisma replicato da'legalisti fino alla sazietà, che « non è oggetto della legge civile « l'imporre un sacramento a chi nol vuole, nè « può dessa avere per missione di astringere i « cittadini a riceverlo, nè di punire chi vuole « astenersene, oggetti questi estranei al di lei « officio ». Perocchè se la legge civile obbliga i cattolici a stringersi in matrimonio secondo le leggi della Chiesa, essa non impone per questo di credere al sacramento a chi non vuol crederci, e chi non ci crede, non crede nè pure di ricevere un sacramento congiungendosi a quel modo, e però costui non può lamentarsi che gli sia imposto un sacramento, quando nella sua persuasione ciò che gli è imposto sono delle formalità bensì, ma non già un sacramento, e gli rimane tutta la libertà di esser perverso quanto gli aggrada, onde non s'avvera mai ciò che suppone il sofisma del nostro legalista, che la legge astringa a ricevere un sacramento que'cittadini, che non ci credono punto nè poco. Ma la legge civile in tal caso impone tutte quelle formalità, che nella persuasione de'soli credenti formano il sacramento, e nella persuasione degli altri non sono che formalità civili, a cui si possono sottomettere, come a tant'altre disposizioni della legge medesima. La legge, io dico, fa questo pel pubblico bene, e perchè, se nol facesse, si metterebbe poi nella necessità di violare la libertà di coscienza de'veri credenti (a'quali soli sembrano i nostri legalisti voler negare questa libertà), e lo fa, altresì, perchè in tal modo conserva e rispetta maggiormente la stessa libertà di coscienza de'miscredenti, giacchè questa libertà involve il diritto di poter passare quandochessia dall'errore alla verità, dall'incredulità alla religiosa credenza, onde i miscredenti che avessero fatto un matrimonio civile e poi si convertissero alla fede, entrambi, o uno d'essi, non si trovassero nella dura alternativa o di doversi dividere, per ubbidire alla coscienza, od essere costretti a permaner nel peccato; e finalmente lo fa per tutelare e rispettare quel solenne e pubblico contratto, con cui nel cattolicismo l'individuo si lega alla società religiosa, società riconosciuta dallo Stato, il qual contratto fu suggellato da Dio stesso nel battesimo, e fu confessato e confermato da ogni cattolico educato cattolicamente che esercitò qualche tempo gli atti religiosi della sua religione.

161. Ma lo stesso cav. Persoglio ben mostra di sentire come l'istituzione d'un matrimonio civile adduca in cimento la libertà di coscienza de'credenti cattolici: lo fa vedere con un ripiego, che egli propone, improvidente al maggior segno, che ben dimostra tutto l'imbarazzo, nel quale è entrato colla sua legalistica teoria. Questo ripiego è proposto da lui come un tratto generoso, che la legge civile si compiace d'usare alla Religione dello Stato, come egli dice, quasi non osando di pronunciare il nome di questa Religione: udiamo dunque le sue parole:

La legge « renderà poi un vero omaggio « alla Religione dello Stato quando autorizzi « l'immediata separazione tra'coniugi, ove a « richiesta d'uno di essi l'altro si rifiuti di « compiere il voto religioso ».

162. Davvero che queste parole fanno conoscere al Piemonte di possedere un profondo giurisprudente! Davvero che con questi novelli Ulpiani e Triboniani la nostra legislazione diverrà l'ammirazione del mondo! Nè pure tutti i legalisti della Francia insieme hanno saputo trovare un espediente così stupendo come quello che qui propone il cav. Persoglio! Facciamoci sopra poche osservazioni.

1.° « Un'immediata separazione fra'coniugi! » Queste parole in bocca di un uomo del fòro sono pur curiose. Intende forse il sig. Persoglio per immediata separazione, che il

potere civile autorizzi la separazione tra'coniugi
senza che intervenga alcun processo, senza
discussione, senza prove legali, e quindi senza
spese, senza proroghe, senza dilazione di tempo,
senza intervento di avvocati, di causidici, di
giudici? Se intende tutto questo, egli è molto
liberale, e mostra un gran saper legale! Se
poi ci ha da passare di mezzo tutte queste
formalità e spese, come l'autorizzazione ai coniugi di separarsi sarà *immediata?*

163. 2.° E trattasi d'una separazione *tra'coniugi!* E d'una separazione, che non può
essere già solamente *autorizzata,* come co'soliti
equivoci s'esprime il legalista, perchè si suppone che la richiesta ne sia fatta da un solo
de'coniugi, d'una separazione dunque che deve
essere eseguita COLLA FORZA, e la legge civile
non ha altro istrumento che la forza: quello
che la forza ha unito, la forza separa: la cosa
è facilissima. Eppure si tratta di due coniugi.
Poveri coniugi!

164. 3.° Ma di quale separazione parla il
cav. Persoglio fra due, che pur riconosce per
coniugi? D'una separazione *a toro et mensa,*
o d'una separazione, che sia insieme dissoluzione del matrimonio? Questo non ve lo dice
il nostro legalista; nel che mostra di nuovo la
sua grande prudenza legale.

4.° Vediamo dunque, che cosa ne consegua
dalle due ipotesi. Se si tratta d'una sola sepa-

razione *a toro et mensa*, la legge nella sua liberalità condannerà ad un perpetuo celibato due persone, che ella stessa riconosce per coniugi, ch'ella stessa ha preteso di congiungere in matrimonio: a questo modo la legge civile proteggerà l'opera sua, avrà piantato un albero per condannarlo immediatamente alla sterilità. E per qual colpa infliggerà una pena sì grave? Unicamente perchè l'un di essi richiede che l'altro coniuge compia il voto religioso, cioè per un motivo di coscienza. Così la coscienza, secondo la dottrina del sig. Persoglio, ora deve entrare nella legge civile, ora no. Fino a che i coniugi non vogliono ubbidire alla coscienza, o non vogliono almeno soddisfare ai loro doveri religiosi, la legge deve premiarli e lasciarli uniti. Tostochè uno di essi parla di doveri religiosi, la legge deve punirli coll' *immediata separazione*. Tale è la libertà di coscienza dei legalisti, e tutto ciò per la gran ragione che il sacramento non è oggetto della legge civile.

165. 5.° Che se per immediata separazione il cav. Persoglio intende la dissoluzione del matrimonio civile, peggio ancora, peggio d'assai. Quel legalista così austero che pretende doversi mantenere l'indissolubilità del vincolo a fronte dell'impotenza, questo stesso alla sola richiesta di uno de' coniugi proporrebbe che sia disciolto il vincolo immediatamente. Se le sue ambigue e confuse parole andassero intese in questo

modo, ci sarebbe in Piemonte altro che divorzio! Un uomo e una donna di buon tempo potrebbero cangiare di compagnia ogni settimana; perocchè in un giorno si presenterebbero all'ufficiale civile che li annoderebbe nel santo matrimonio, e, dopo passata una sola notte insieme, nel dì seguente l'uno di essi, tocco da scrupolo di coscienza, potrebbe richiedere che l'altro compiesse il voto religioso, e rifiutandosi questo, ne seguirebbe l'immediata separazione; e quindi tosto appresso la donna si congiungerebbe davanti all'ufficiale civile con un altro uomo, e l'uomo con un'altra donna, e questo giuoco potrebbe rinnovarsi quante volte si volesse. La strada al comunismo sarebbe legale, legalissima, e si farebbe servire la religione di pretesto a percorrerla. Tale è appunto la religione de' legalisti. Che semplicità di costoro! Per fare un vero omaggio alla religione dello Stato vogliono che questo « autorizzi l'immediata separazione tra' coniugi, ove a richiesta d'uno di essi l'altro si rifiuti di compiere il voto religioso ».

466. 6.° Il signor Persoglio propone che la legge autorizzi l'immediata separazione tra' coniugi, ove a richiesta di uno di essi l'altro si rifiuti di compiere il voto religioso, separazione, che si può ripetere naturalmente più volte al mese, come dicevamo, e non fa eccezione alcuna circa il tempo in cui quei coniugi fossero stati

insieme, e circa l'avere avuto o no dei figliuoli dal loro matrimonio civile. Ne verrà per conseguenza la necessità di qualche altra legge coniata dalla stessa sapienza legale, la quale ordini che alla separazione di tali coniugi, o alla dissoluzione di tali coniugi, i figliuoli sieno mandati allo spedale o alla casa dei trovatelli, acciocchè diventino buoni cittadini allevati a spese dello Stato; e così il sig. Persoglio pensa che il potere civile debba provvedere all'ordine delle famiglie, troppo *compromesso*, se ci influissero le leggi della Chiesa.

167. 7.° Allorquando a richiesta d'uno dei coniugi congiunti civilmente, l'altro si rifiuti a compiere il voto religioso, la legge del signor Persoglio autorizza l'immediata separazione tra loro. Ma perchè? Perchè l'altro si rifiuta di compiere il voto religioso. Che colpa è questa? Vorrà dunque la legge costringere quest'altro coniuge a ricevere in tal caso il sacramento a cui egli si rifiuta? Può cader questo nella mente del signor Persoglio, il quale professa che « non è oggetto della legge civile l'imporre un sacramento a chi nol vuole, e che non può astringere i cittadini a riceverlo, nè punire chi vuole astenersene? » Ed òra all'opposto lo stesso sig. Persoglio quasi nello stesso periodo abbandona questo suo principio, e vuole che la legge privi della compagnia che la medesima legge gli ha dato, quel coniuge innocentissimo,

che si rifiuta a compiere il voto religioso, e ciò
contro i patti del preteso contratto nuziale; perocchè, essendosi uniti con un contratto meramente civile, si sono essi obbligati alla perpetua
comunione della vita senz'altra condizione?
Questo appunto: a meno che il sig. Persoglio
non pretenda di stabilire un matrimonio civile
condizionato, per modo che l'uomo e la donna,
che s'uniscono davanti all'ufficiale civile, vengano a dare il loro consenso con questa formola o somigliante: Io ti sposo in faccia alla
legge, a condizione che, se mai io mi conver-
tissi a Dio e tu non volessi convertirti, io ti
possa tosto abbandonare. — Che pensare sgan-
gherato è cotesto! Che contraddizioni mostruose
nelle teste di questi legalisti che oggidì abbin-
dolano il paese!

468. Ma per tornare a noi, la legge civile,
rispetto al matrimonio, non può fare che una
di queste due cose: o riconoscere e sancire il
contratto che ogni cattolico ha stretto colla società religiosa a cui appartiene, obbligandolo
ad osservare le formalità prescritte dalla Chiesa
alla validità de' matrimoni: nel qual caso non
è punto nè poco lesa la sua libertà di coscienza, ma anzi tutelata, nè con ciò è costretto di
credere cosa alcuna; ovvero, per salvare la
libertà di coscienza, conviene ricorrere al ripiego del sig. Persoglio, che tutti i matrimoni,
che i cattolici fanno contro le leggi ecclesiasti-

che , possano essere disciolti , tostochè la coscienza richiama l'uno e l'altro di essi ai loro religiosi doveri: e in tal caso non si hanno più che unioni effimere, che si sciolgono e si rannodano ad ogni mutare di opinione religiosa dell'uno de' coniugi, e non solo ad ogni mutare di opinione religiosa, ma ad ogni finzione che piacesse di fare ad una delle due parti stanca dell'altra per liberarsene. E poichè quest'ultimo partito, oltre essere del tutto immorale in sè medesimo, e atto a cangiare la legge civile in una manifesta buffoneria, non è verosimile che possa essere mai abbracciato da alcun governo; non rimane a conchiudersi, se non che qualunque legislazione civile, che voglia veramente rispettare la libertà religiosa di coscienza, non può *tollerare* che i cattolici si congiungano contro le leggi della Chiesa, o attribuire alle unioni profane il nome di matrimonio; chè, quando ciò tollerasse, colla sua stessa tolleranza si renderebbe intollerantissima: per tollerare il male, diverrebbe intollerante del bene, offendendo i sacri diritti della libertà religiosa.

Risulta da tutto questo, che il dovere di rispettare la *libertà religiosa* dee essere adempito da ogni governo civile anteriormente al dovere della *tolleranza*; chè è cosa assai più importante che sia tutelato ad ogni cittadino il diritto che ha di poter fare liberamente il bene e liberamente soddisfare alle proprie obbligazioni di coscienza in ogni momento della sua vita; di quello che sia permesso ad altri cittadini di fare il male, e di mancare alle proprie obbligazioni morali e religiose, nel che sta la tolleranza; nè la tolleranza del male si può ammettere, se con questa s'impedisca ad altri il bene a cui la propria coscienza gli obbliga, poichè allora sarebbe un tollerare il male e non il bene.

169. E per riassumere, la tolleranza civile non può aver luogo, se non alle seguenti condizioni: 1.° Che si tolleri il male per evitare un male maggiore; 2.° Che sia pura tolleranza, e che il potere civile, col pretesto di *tollerare* il male, non lo promuova, o non lo approvi, non lo autorizzi, non lo insegni, o non confermi e mantenga nel male colui che vi si è abbandonato, mettendogli colle sue leggi ostacolo ad uscire dalla sua infelice condizione; 3.° Che la tolleranza non riguardi un male di tal natura, che chi lo commette si ponga nella necessità d'infrangere i diritti altrui; 4.° Che il potere civile, col pretesto della tolleranza, non ponga sè stesso in condizione di dover violare ed infrangere egli medesimo la libertà religiosa e i diritti religiosi de' cittadini; 5.° Che il governo, col pretesto della tolleranza, non disconosca e lasci senza difesa i diritti della Chiesa cattolica, che ha il dovere di tutelare come tutti gli altri

diritti o individuali o sociali dei cittadini, pei quali fa le leggi, e pei quali le eseguisce.

Risulta finalmente che la legge del preteso matrimonio civile non può essere in alcun modo invocata a titolo di tolleranza, perchè una tale tolleranza sarebbe priva di tutti que' cinque caratteri, senza i quali ogni tolleranza civile è una iniquità, un'empietà, un abuso dell'autorità che vien meno al fine della sua istituzione.

———

V. QUESTIONE.

Qual' è la relazione delle stesse leggi colla Religione dello Stato.

« E chi non vede, che importi questo
« vocabolo, religione di Stato ? Importa,
« che i precetti di lei sieno guida e norma
« alle leggi dello Stato ; importa, che le
« dottrine di lei siano dal civile potere
« protette, perchè tenute da questo in
« conto di veraci, in quella guisa me-
« desima, che il privato crede alla reli-
« gione che professa ; importa, che tale
« religione abbia sullo Stato, sul civile
« potere quel dominio, che sulla privata
« condotta di ciascuno ha quella religiosa
« credenza, alla quale ha dato il nome ».
PARISIS, Vescovo di Langres, *Quesiti
di Coscienza*, II.

170. In trattando le questioni precedenti
abbiamo dimostrato :

1.º Che il *principio della tolleranza* non
conduce il governo civile a formare leggi sul
matrimonio che si collidano con quelle della
Chiesa, nè giustifica il governo che le facesse.

2.º Che lo stesso principio da ciò lo dis-
suade, polchè colla formazione di tali leggi
diverrebbe al sommo intollerante.

3.º Che ancor meno il *principio della libertà religiosa* può giustificare il governo civile che ponesse mano a far tali leggi.

4.º Che anzi tali leggi offenderebbero gravissimamente la libertà di coscienza de'cattolici.

Ma tutti questi argomenti ricevono una nuova gravità ed efficacia dall'essere la religione cattolica romana l'unica religione dello Stato subalpino, come sta scritto nel 4.º Articolo dello Statuto costituzionale.

171. Questo primo articolo, come tutti gli altri che seguitano, limitano il potere de'nostri deputati e senatori, de'nostri ministri, del re medesimo. Qualunque potere dello Stato piemontese operi contro quello che sta scritto nella carta costituzionale, oltrepassa la sua autorità, ne abusa, si rende veramente reo di fellonia, ancorchè il suo delitto si rimanga impunito, dà un nuovo scandalo al mondo e al paese, a cui insegna a rompere perfidamente la fede, avvilisce e trascina nel fango la legge fondamentale, su cui si regge al presente la nostra società civile, indebolisce il regno piemontese, scavandone il fondamento, e da parte sua ne apparecchia la rovina, con qual danno di tutta la nazione italiana non è a dire. Se la leggerezza presuntuosa de'nostri legalisti intenda o no queste verità, noi lo ignoriamo: se essi continueranno ad illudersi e a credere di poter andare avanti colle finzioni,

cogli inganni, colle menzognere parole, e coi
principi legalistici della francese rivoluzione,
traendo il paese a condizioni sempre peggiori,
e così compromettendo gravemente l'esistenza
stessa della Costituzione, di nuovo dirò che
l'ignoro. Ma qualunque cosa sieno essi per fare,
non sarà meno vero quello che dicevamo, e se
non servirà a rinsavirli, rimarrà una protesta
contro la falsa politica, che avrà fatta la rovina
di questa bella e forte contrada d'·Italia.

172. Osserveremo dunque, che il primo
articolo dello Statuto costituzionale, il quale
dichiara la religione cattolica romana l'unica
religione dello Stato, è una solenne e giurata
promessa al popolo piemontese, che le sue leggi
non saranno atee, che la legge civile non intende punto nè poco di fare astrazione dalla
religione, e che la stessa religione cattolica con
tutto ciò che contiene, e però anche co'suoi
sacramenti, checchè vadano blaterando i legalisti, è un oggetto che viene considerato dalla
legge piemontese; l'oggetto primo, l'oggetto cioè
a cui è attribuito il primo luogo in quella legge
fondamentale e costitutiva, per la quale il Piemonte esiste come società politica, dalla quale
dipendono tutte le altre leggi, nè si possono
scostare senza essere per sè stesse nulle.

173. In qual maniera dunque si potrà mai
in Piemonte, fino che esiste il presente Statuto,
fare delle leggi sul matrimonio, le quali si fon-

dino sul principio di astrazione dalle credenze religiose; quando la Costituzione dello Stato, lungi dall'autorizzare questa astrazione, dichiara per la prima di tutte le cose, che la cattolica romana è la Religione dello Stato? E se le leggi civili sul matrimonio non possono astrarre dalla Religione cattolica, senza mettersi in contraddizione col primo articolo dello Statuto, che cosa resterà a fare, se non a uniformarle alle leggi della Chiesa per tutto ciò che riguarda all'essenza del matrimonio? Poichè se si rendessero uniformi solo in parte, e in qualche altra parte contrarie, non si riconoscerebbe più in questa parte quella Religione, che lo Statuto dichiara essere dello Stato. La qual religione è un fatto indipendente dallo Stato: ed ella è indivisibile, come è invisibile Iddio; o tutta, o nulla: chi ne ammette una parte, non l'ammette ma la rigetta, chè una parte della Religione Cattolica è l'eresia, non la Religione stessa. Non rimane dunque ai nostri legislatori altra alternativa che questa: O di far tali leggi, che violando lo Statuto, lo abolirebbero; o di far tali leggi, che non vengano in alcuna collisione colla Religione dello Stato.

174. Il primo articolo dello Statuto s'accorda pienamente con quanto è scritto nei due primi articoli del nostro Codice civile:

« 1.º La Religione Cattolica, Apostolica,
« Romana è la sola Religione dello Stato ».

« 2.º Il Re si gloria di essere protettore
« della Chiesa, DI PROMUOVERE L'OSSERVANZA DELLE
« LEGGI DI ESSA nelle materie che alla potestà
« della medesima appartengono.

« I Magistrati supremi veglieranno a che si
« mantenga il migliore accordo tra la Chiesa e
« lo Stato; ed a tal fine continueranno ad
« esercitare la loro autorità e giurisdizione in
« ciò che concerne agli affari ecclesiastici, se-
« condo che l'uso e la ragione richiedono ».

Ora reputeranno forse i nostri ministri, o
i nostri deputati, il popolo piemontese gonzo a
tal segno da potergli far credere che l'istituzione d'un matrimonio civile *promuova* l'osservanza delle leggi della Chiesa, che è il primo
principio della patria legislazione? O si vorrà
disprezzare a tal segno l'opinione e la coscienza
di questo popolo? Si prenderà una tal via per
rendere il Piemonte moralmente rispettabile agli
occhi dell'Europa e dell'Italia, o per renderlo
forte coll'interiore concordia? (1).

(1) Allorquando nel 1814 fu data alla Francia quella
Carta che dichiarava la cattolica romana Religione dello
Stato, tutti sentirono, che la legge sul matrimonio civile
non si potea più conciliare coi principî della Carta. Tuttavia quella legge non si potè abolire, e rimase la lotta
nelle leggi, come pure nei costumi, cagione profonda
per la quale in Francia non può consolidarsi alcuna forma
di governo. Tanto è difficile rimediare ad un errore che
dei legislatori improvvidi ed irreligiosi introducono con
somma leggerezza e demenza nelle leggi.

175. Abbiamo veduto qual sia la differenza fra una Costituzione che ammette e riconosce diverse credenze, senza dichiararne alcuna per religione dello Stato, e una Costituzione che dichiara una data credenza qual religione dello Stato, e tollera solamente le altre. Questa ultima Costituzione, parte dalla *verità oggettiva* d'una data religione, nel caso nostro del cattolicismo: la prima non pronuncia nulla sulla verità oggettiva di alcuna religione, ma parte dal principio di *varie credenze soggettive di buona fede.*

Quel governo che rimette agl'individui il giudizio della verità della religione, entra con essi nell'obbligazione di non far cosa alcuna opposta a un tal giudizio, e conseguentemente a quella credenza religiosa che ciascuno elegge; e di proteggere i diritti reciproci dei credenti, che emanano dalle loro credenze; diritti parte de'quali passano tra gli individui, e parte tra gl'individui e la stessa società religiosa. Noi abbiamo dimostrato, trattando la quarta questione, che quand'anco il Piemonte si trovasse nella condizione di questi Stati, che considerano le diverse credenze de'cittadini come uguali, e concedono a tutte la stessa protezione, ancora non gli sarebbe lecito in modo alcuno di fare delle leggi civili sul matrimonio, che venissero in qualche collisione con quelle della Religione Cattolica, che è certamente quella della massima parte de'Piemontesi. Ma questa obbliga-

zione, che ha il Piemonte, di non far leggi
che si collidano con quelle della Chiesa, diviene
assai più grave e importante, dall'avere il Piemonte dichiarata Religione dello Stato la Cattolica, il che è quanto dire dall'averla *legalmente*
giudicata come l'unica vera, e tutte l'altre come
false, e però semplicemente tollerate; chè la
tolleranza non ha per oggetto che il male o
l'errore.

176. Quando una legislazione proclama il
principio d'una Religione dello Stato, che è
quanto un riconoscere legalmente quella Religione per l'unica vera, allora il governo (e il
Piemonte in questo caso) è obbligato di mostrarsi
persuaso della VERITÀ di questa Religione in
tutte le sue nuove leggi e in tutte le sue disposizioni. Se si promulga qualche legge, o si
fa qualche disposizione od atto governativo contrario ai principî di quella religione, che la
legge fondamentale confessa per l'unica vera,
chi governa si mostra di mala fede, abusa del
suo potere, tradisce lo Stato. Egli non si disonora solamente per la contraddizione che introduce nella legislazione, non si rende solamente ingiusto per la ragione che offende i
religiosi diritti de'cittadini; ma di più merita
la *taccia legale* di nemico della verità e di empio;
e diciamo la *taccia legale*, perchè quella legge
stessa fondamentale che professa una religione
per sola vera ed obbligatoria, dichiara, con ciò

stesso, colui che offende questa Religione, offensore di Dio e odiatore del vero. Tale è l'illazione logica, che proviene dal principio d'una Religione dello Stato, e però il primo articolo della nostra Costituzione stimmatizza di una così vituperosa e infame nota censoria tutti coloro, sieno ministri, senatori, o deputati, che proponessero, o votassero delle leggi, che s'opponessero a'principî della Religione Cattolica, come sarebbe quella d'un preteso matrimonio civile. O conviene dunque prima di tutto cangiare la Costituzione piemontese (dando così un nuovo esempio di quella invariabilità, che i legalisti attribuiscono al potere civile), o convien confessare che la legge stessa, la Costituzione di questo regno, condannerebbe, come infrattori del patto fondamentale della nazione, coloro che alle nostre Camere proponessero, o che in esse votassero la detta legge.

177. E non è già che quando in una data nazione è riconosciuta una religione dello Stato, non debba il governo proteggere anche tutte quelle altre religioni, che ci sono tollerate, e i diritti religiosi di questi religionarî: il governo dee certamente fare tutto ciò e partire altresì dal principio legale, ch'essi professino quelle loro credenze in buona fede. Questo dovere lo ha il governo, tanto se v'abbia una religione dello Stato, quanto se non v'abbia. Ma dove c'è una religione dello Stato, il governo dee pro-

teggere questa a due titoli invece che a un titolo solo, cioè dee proteggerla: 1.° Partendo dal principio, che tutte le credenze di buona fede meritano rispetto e protezione, e questo vale ugualmente per tutte le credenze, alle quali sono addetti i cittadini d' uno Stato. 2.° Partendo dal principio che la credenza o religione dello Stato non solo merita rispetto e protezione, perchè è professata in buona fede da' cittadini, ma merita di più rispetto e protezione, perchè è la sola vera. Ora ciascuno di questi due titoli trae seco logicamente delle illazioni, che devono servir di guida e di altrettante regole ai legislatori ed ai governatori dello Stato, acciocchè i primi non facciano delle leggi, i secondi non facciano degli atti, incoerenti coll' uno o coll' altro di que' due principî.

178. E veramente non sarebbe egli assurdo l' immaginare, che il legislatore col dichiarare la religione dello Stato cattolica, avesse voluto fare una cosa del tutto inutile? O dovesse rimanersene del tutto sterile una legge, che, pel posto che occupa nella Costituzione, comparisce siccome il primo fondamento dello Stato? Ed ora non sarebbe egli inutile e sterile il primo articolo dello Statuto, se i legislatori nostri potessero liberamente far delle leggi contrarie ai principî della cattolica religione? Ci vuole tanto poco buon senso per intenderlo, che gli stessi legisti della Francia nol dissimularono punto;

e a noi basterà recare le parole di una sentenza emanata dalla regia corte di Parigi il 27 dicembre 1828, che nell'esposizione de' motivi, dice fra le altre cose così:

« Attendu que c'est dans cet état qu'est
« intervenue la Charte constitutionnelle, don-
« née par le Roi à ses peuples, qui dispose,
« art. 6, que la religion catholique, apostolique
« et romaine est la religion de l'ÉTAT; qu'une
« pareille disposition NE PEUT ÊTRE STÉRILE ET
« SANS EFFET; que la conséquence la plus na-
« turelle et la plus immédiate de cette dispo-
« sition, c'est que l'auteur du pacte fondamen-
« tal des Français, qui a voulu assurer à tous
« les cultes et plus encore au culte catholique,
« qu'il proclamait la religion de l'ÉTAT, appui
« et protection, n'a pu vouloir qu'un des prin-
« cipes essentiels de cette religion fût violé
« publiquement..... » (1).

CONCLUSIONE.

179. E qui noi crediamo di poter oggimai metter fine alla nostra discussione sulle leggi civili, che riguardano il Matrimonio de' Cristiani, poichè ci pare che le diverse riflessioni e considerazioni, che abbiamo collocate sotto gli oc-

(1) Sirey, t. XXIX, 2.° part., p. 33 e segg.

chi del pubblico sul grave argomento, sieno
bastevoli a convincere tutti gli uomini assennati e di buona fede, che l'introdurre in Piemonte delle leggi civili, simili a quelle che diede
alla Francia la rivoluzione tremenda, che fa
traballare ancora quel suolo sotto i piedi dopo
più di dodici lustri, sarebbe un atto di demenza
da parte del Ministero e del Parlamento, e un
sintomo funestissimo delle sorti future del paese.
Noi abbiamo veduto, che tali leggi si opporreb-
bero ai principî essenziali della cattolica religione, e quindi offenderebbero e turberebbero
la coscienza del religioso popolo subalpino, e
seminerebbero in tutti i cattolici l'avversione
ad un governo così insensato, indebolirebbero
il Piemonte, sia facendogli perdere sempre più
la sua morale riputazione in faccia all'Europa
ed alla sempre cattolica Italia, sia gittando una
separazione ancor più profonda fra il Piemonte
e la Santa Sede, la cui influenza si può dispre-
giare dagli stolti, ma non è men grande per
questo sulle nazioni, la cui benefica amicizia
fece e farà fiorir tanti Stati; sia gettando il
seme delle discordie nelle famiglie e suscitan-
dovi discrepanze ed animosità religiose; sia facendo che le forze mentali del paese si esauri-
scano in deplorabili questioni teologiche, a
imitazione del Basso Impero, invece di concentrare l'attenzione de' legislatori, e de' cittadini
ad un tempo, in quelle cose che potrebbero

rendere questo paese unito, prospero e forte, modello di sapienza agli altri Stati Italiani; sia finalmente aprendo la porta al decadimento dei costumi ed all'empietà, per la quale strada pur troppo il costumato e religioso Piemonte va facendo ogni dì spaventosi progressi. Noi abbiamo veduto, che invano si ricorre da' legalisti, pregiudicati e privi d'ogni solido sapere, alla libertà di coscienza, per eccitare i nostri legislatori a darci una legge sul Matrimonio civile, ricopiando colla solita servilità gli errori della vicina Francia, che soffre tutti i tormenti e le vergogne a lei prodotte dalle sue aberrazioni, senza potersene ancor liberare; poichè il principio stesso della libertà di coscienza è quello che impone ai governi, che non vogliono perdere sè stessi nelle tirannidi, di riconoscere la santità de' matrimoni de' Cristiani e quelle leggi di Dio, di Gesù Cristo e della Chiesa, dalle quali quella santità proviene, e che sola può sufficientemente guarentire la costanza e mantenere l'indissolubilità del vincolo matrimoniale, fondamento delle cristiane famiglie e dell'ordine delle medesime. Noi abbiamo veduto, che del pari invano si ricorre, per lo stesso fine colpevole di corrompere la patria legislazione intorno al cristiano coniugio, all'altro principio della tolleranza da quelli stessi legalisti, che nella confusione delle loro menti scambiano il concetto della libertà religiosa con quello diversissimo della tolleranza, e che anche quest'ultimo principio stesso, lungi dal favorire la legge d'un matrimonio civile, la condanna altamente, riuscendo ella nel fatto intollerantissima, non dico già solo del male, ma dello stesso bene. Noi finalmente abbiamo veduto, che fino che il Piemonte non cancella la prima delle sue leggi fondamentali, colle quali il cattolicismo è dichiarato religione dello Stato, e però è dichiarato altresì legalmente la sola vera religione, una legge sul matrimonio civile sarebbe l'atto del più manifesto infrangimento della sua costituzione. Non solo il Parlamento ecenderebbe il suo mandato, ma la legge stessa fondamentale conterrebbe nel suo seno una prova legale dell'empietà del Parlamento, il cui atto rimarrebbe agli occhi di tutti gli uomini assennati del paese irrito e nullo, e privo d'ogni autorità. Non esiste in fatti nel Parlamento piemontese, molto meno nel Ministero, il potere o di cangiare, o d'offendere menomamente la cattolica religione; non esiste dunque il potere d'istituire un matrimonio puramente civile, poichè una tal legge s'appoggerebbe indubitatamente sopra un errore contro alla cattolica fede, e ne vulnererebbe profondamente la libertà e l'esercizio. Vogliamo dunque sperare, che quanti ci sono in questo regno subalpino uomini intelligenti e cordati, cittadini che amano la patria, prudenti senatori, coscienziosi deputati, intenderanno la gravità della quèstione e la studieranno pacatamente, non disdegneranno di ponderare il valore delle considerazioni, che abbiamo esposte in questo scritto. Il Piemonte non può essere salvato dal precipizio, sull'orlo del quale andò scherzando fin quì, se non dal concorso energico di tali cittadini assennati e retti, se pur questi, cessando dalla loro inerzia e fiacchezza, s'uniranno per tempo e provvederanno con tutti i mezzi legali alla salute minacciata della patria. Del rimanente noi sappiamo, che le più evidenti ragioni non possono persuadere coloro, i quali non vogliono persuadersi: sappiamo che nell'umanità vi dee essere sempre la lotta de'due principi del bene e del male, che la città di Dio e la città del demonio saranno sempre alle mani, e da una battaglia feroce si passerà ad un'altra più feroce ancora: sappiamo che v'ha un odio invincibile contro di Gesù Cristo e della sua religione, il quale non si può estinguere giammai nè placare, e che quest'odio si arma di tutti i sofismi, prende il tuono d'una tranquilla ragione, quando appunto è più concitato, si copre d'una ipocrisia la più raffinata, fa pompa ed abuso de'più bei principi di severa morale e d'umanità. Nel rapporto sullo stato religioso della Francia presentato al Consiglio de'Cinquecento nel 1797 si diceva:

« Les lois qui accompagnèrent ou suivirent
« la constitution anarchique de 1793 ne respi-

« rent que·la haine prononcée d'un culte et le
« mépris de tous, EN PARLANT SANS CESSE DE LA
« LIBERTÉ DE TOUS (1). Ce principe ne fut parmi
« nous qu'une amère dérision jointe à une cruel-
« le tyrannie ». Se questa tirannia debba anche
presso di noi toccare il suo colmo, non lo sappiamo; ma non ne avranno leggier conto da rendere
a Dio i buoni Piemontesi, che, essendo in un
numero assai maggiore de'tristi, se ne stanno
colle mani alla cintola, e si lasciano da pochi
vigliaccamente sopraffare, quando, svegliandosi
dal sonno, potrebbero ancora salvare la religione e la patria. Se i pochi la vinceranno
ecco lo spettacolo che offrirà il Piemonte: non
ci si vedrà che DEI IMMEMORATIO, ANIMARUM
INQUINATIO, NATIVITATIS IMMUTATIO, NUPTIARUM
INCONSTANTIA, INORDINATIO MOECHIAE ET IMPUDI-
CITIAE (2).

(1) Chi volesse aver sott'occhio un saggio pieno di
spirito delle strane contraddizioni, nelle quali si man-
tennero sempre involte le leggi francesi circa la libertà
religiosa, veda l'articolo inserito nel III tomo della *Revue
Européenne*, Paris 1832, col titolo *Liberté religieuse,
Projet de loi*, p. 223 e segg.

(2) Sap. XIV, 26.

———

DIALOGHI TRE

SUL

MATRIMONIO

Questi tre Dialoghi furono scritti e pubblicati da A. Rosmini nella **Biblioteca**, *Religione e Società* di Casale, dopo che il Progetto di legge sul Matrimonio fu votato nella Camera de' Deputati nel 5 Luglio del 1852, ma prima che fosse respinto dal Senato.

DIALOGO I.

Un gran numero di sofismi, diffusi per tutta Europa in quest' ultimi cent' anni, aiutati da passioni materiali e da interessi mal intesi, occuparono talmente le intelligenze, che presero forma di pubblica opinione. E avvenne quel che suol sempre avvenire, che gli errori splendidi d'una falsa luce e avvalorati da qualche specie di consenso della moltitudine semidotta che invase la stampa, nel tempo stesso che asservirono le menti, le imbaldanzirono. La vanità non è mai il prodotto della vera scienza, e si può arguire con sicurezza qual sia l'impero degli errori e de' pregiudizi nelle società dal grado di millanteria con cui esse esagerano i propri progressi. Solo dal tempo, che più presto o più tardi separa la verità dall'errore, si può aspettare il pieno rimedio a questo delirio di vanità e d'ignoranza, di cui siamo spettatori.

Tuttavia non mancano uomini di buona fede ,
che quantunque illusi, non sono ancora furiosi,
e se danno un orecchio alla turba che grida ,
riservano l' altro a chi ragiona. Rivolgendoci a
questi soli (non potendoci aspettar dagli altri
che villanie) vogliamo consegnare a queste
carte un dialogo che di questi giorni passati
udimmo tenersi da un cavaliere e da un suo
amico , sul progetto di legge concernente il
contratto civile di Matrimonio , adottato dalla
Camera de' deputati il 5 luglio 1852 ; e conti-
nueremo a scriverne altri , se i colloqui tra
questi due personaggi si continueranno , e noi
avremo la sorte d' assistervi ascoltatori.

Erano due uomini che ragionavano di
buona fede sopra un argomento flagrante , sul
quale il Piemonte trovasi diviso in due inconciliabili parti, l' uno e l' altro al sommo amanti
della patria e inviolabilmente attaccati alla Religione cattolica ; ma mentre l' amico , non ap-
pagandosi delle ciarle de' partiti fanatici , esa-
minava con imparzialità le leggi e gli atti del
governo , il cavaliere era un costituzionale di
buona fede, che avea subìto, senza accorgersi ,
l' influenza del partito governativo , e di quel-
l' aura di moderazione di cui si circondano i
dottrinari , e stava per la legge , almeno come
cosa da tollerarsi. Recatosi dunque il cavaliere,
dopo la chiusa delle Camere, a trovare l'amico
suo in campagna, il mattino di buon'ora usciti

insieme a passeggiare nel bosco, cadde il discorso sul detto progetto di legge, vivo argomento della giornata, e Adolfo (chè così chiameremo il cavaliere) domandò all'amico, che gli paresse della legge testè votata; lamentandosi da parte sua del clero che l'avversava, per non intendere, diceva, com'essa, essendo una legge civile e fatta per tutti i cittadini di qualunque credenza, dovea prescindere dalle speciali obbligazioni religiose.

L'amico gli rispose, che avendo lungo tempo considerato quello spinoso argomento, e particolarmente il progetto di legge pur allora votato, lo trovava molto incoerente: non esser punto vero, che prescindesse affatto dalle obbligazioni religiose imposte dalla Chiesa cattolica: e anzi non poterne prescindere; e perciò appunto giudicava il concetto di quella legge contrario alla logica e al buon senso, perchè, riconoscendone alcune tra le obbligazioni della Chiesa, non le riconosceva poi tutte. Trovo quindi naturalissimo, soggiunse, che tutto l'episcopato in corpo condanni un tal progetto; e mi sembra strano che un ministro, che si professa cattolico, l'abbia proposto. Questo non si può spiegare, che mediante l'affascinamento che producono le opinioni erronee proclamate come progressive e liberali da un gran fracasso di voci pronte a trascinare nel fango tutti coloro che osano intraprenderne un tranquillo e coscenzioso esame.

Adolfo, a cui riusciva inaspettata una tale risposta. E che cosa poi trovate, disse, in questa legge, che possa essere opposto alle decisioni della Chiesa quando non si tratta che di diritti civili, su' quali lo Stato ha certamente facoltà di statuire?

La questione, mio caro, disse l'amico, è da voi mal posta: niuno mette in dubbio che lo Stato abbia la facoltà di statuire sui diritti civili; ma il dubbio che nasce riguarda solamente *il modo* col quale lo Stato è obbligato di statuire su questi diritti, a meno che non si voglia accordare al potere legislativo un illimitato dispotismo, ammettendo che gli sia lecito di statuire tutto quello che gli attalenta intorno ai diritti civili, senza i riguardi dovuti al giusto ed all'onesto, nel qual caso i cittadini tutt'altro che liberi, sarebbero de' veri schiavi. E venendo al particolare, si tratta di sapere, se uno Stato, che ha per primo articolo della sua Costituzione di professare la Religione cattolica, possa colle sue leggi opporsi alle dottrine e alle leggi di questa medesima religione; e se la coscienza d'un ministro che si dichiara cattolico, possa trovarsi tranquilla e senza rimorso, proponendo leggi contrarie ai principi del cattolicismo, chiudendo affatto gli orecchi alle decisioni della Chiesa universale, e alle voci di tutto l'episcopato subalpino.

Adolfo e l'Amico.

Adolfo. Ho veduto, prima di partire da Torino, l'indirizzo dell'episcopato Piemontese al Senato, e la dichiarazione de' vescovi Savoini : e non sono di quelli che attribuiscano questi atti a mire politiche o interessate ; lungi da me un sospetto così ingiurioso a tanti e tanto unanimi e rispettabili prelati ; anzi sono persuasissimo che la sola coscienza ha potuto dettar loro quegli scritti. Ma voi sapete che il clero , nei nostri tempi pur troppo, non trovasi alla testa del progresso : onde non credo poi illecito di temere , che i nostri vescovi non abbiano considerata la questione sotto il suo vero punto di vista , e si sieno limitati a considerarla colle idee d' un altro secolo. Lasciando dunque le dichiarazioni de' nostri vescovi , vorrei che voi mi diceste quali poi sieno le decisioni, che accennavate , della Chiesa universale , a cui si opponga questo progetto di legge , che non si potea non presentare perchè era stato promesso. Ho letto anch' io il Concilio di Trento e mi sembra, che, bene intendendolo, il progetto non si opponga alle sue decisioni.

Amico. Il Ministero disse appunto alle Camere quello che dite voi, cioè che « esso non potea a meno di presentare quel progetto di legge perchè era stato già solennemente promesso in occasione delle leggi Siccardi ». Ma, che vi pare che fosse questa dichiarazione? Una scusa? Certo o una scusa, o niente. Credeva forse il Ministero d'aver bisogno d'una giustificazione per presentare quel progetto. Questo gli tornerebbe veramente ad onore, perchè assicurerebbe la nazione che la coscienza non taceva in lui. Peccato che la scusa non è punto buona, non è buona per quelli che riguardano la legge proposta come anticattolica e come immorale, e per gli altri è superflua. In fatti me n'appello a voi stesso: vi pare che un progetto di legge anticattolico e immorale si avrebbe dovuto presentare per mantenere una promessa che, per la stessa ragione, sarebbe stata pure anticattolica e immorale?

Adolfo. Mai in questa supposizione: rinunziare piuttosto ai portafogli; credersi obbligati ad una promessa di tal natura non è da uomo di senno, nè da uomo onesto. Ma io non ammetto punto la vostra supposizione, e mi sembra, come vi dicevo, che questa sia un'esorbitanza di persone zelanti sì, ma di poca istruzione, che credono, che i nostri ministri vogliano opporsi alle decisioni della Chiesa congregata nel sacro Concilio di Trento; quand'essi non si vergognano di professarsi pubblicamente cristiani cattolici e riverenti alle leggi della Chiesa. E mi fa maraviglia che anche voi che ne sapete tanto, dubitiate dopo dichiarazioni così esplicite come quelle del cav. Boncompagni.

Amico. Rientriamo nel mio studio, se vi piace, e leggiamo qualche testo del sacro Concilio; poichè la questione non si può decidere colle sole dichiarazioni verbali di un ministro, che non appartengono alla legge nè hanno virtù di modificarla e di farla diventare un'altra, ma confrontando il testo stesso della legge colle dichiarazioni del sacro Concilio. — Eccola qua, ci sta il segno, alla sessione XXIV. Qui si legge tra l'altre cose, che coloro che attentassero di contrarre un matrimonio senza la presenza del parroco e di due o tre testimoni, sono al tutto inabili a contrarlo in tal modo, e il santo Sinodo dichiara tali contratti irriti e nulli, e anche gli irrita e gli annulla collo stesso decreto. — *Qui aliter quam praesente parocho, vel alio sacerdote, de ipsius parochi, seu ordinarii licentia, et duobus, vel tribus testibus, matrimonium contrahere attentabunt, eos s. Synodus ad sic contrahendum omnino inhabiles reddit; et hujusmodi contractus irritos, et nullos esse decernit, prout eos praesenti decreto irritos facit et annullat.* — Osservate che qui il sacro Concilio non parla del solo *sacramento*, ma parla dello stesso *contratto*, il quale, secondo la decisione della Chiesa, non può esistere altro che nella forma da lei prescritta. Ora, per fermarci a questo solo per intanto, non vi pare che a una tale decisione del Concilio s'opponga direttamente il progetto di legge che leva ed ag-

giunge impedimenti dirimenti, e all'articolo 23
stabilisce, che da' cittadini cattolici si possano
stringere contratti validi di matrimonio col solo
presentarsi al giudice mandamentale, senza
alcun bisogno della presenza del paroco, dichiarata necessaria dalla Chiesa per la validità del
contratto? Soggiunge poi.....

Adolfo. Perdonate un poco: l'ho veduto anch'io quel testo, ma in primo luogo vi fo notare,
che l'articolo 23 non è fatto pe'cattolici, pe'quali
è provveduto all'articolo precedente, che conserva la disposizione del Codice agli articoli 108
e 150. E l'articolo 108 — datemi il Codice —
eccolo qua, dice appunto così: « Il matrimonio
« si celebra giusta le regole e colle solennità
« prescritte dalla Chiesa cattolica, salvo ciò
« che è in appresso stabilito riguardo ai non
« cattolici ed agli ebrei ». Vedete dunque che
è ammessa pe'cattolici la celebrazione ecclesiastica: tutto questo è mantenuto dal progetto di
legge. La decisione del Concilio di Trento non
riguarda che i cattolici: ora quelli che secondo
l'articolo 23 seguente sono licenziati a fare il
loro matrimonio davanti al giudice mandamentale già rinunziano con ciò stesso implicitamente alla fede cattolica, e però non si possono
più comprendere nel disposto dal Concilio. D'altra parte quest'articolo era richiesto dal principio della libertà di coscienza: poichè, vorreste
voi costringere ad aver fede quelli che non ne

hanno? Gli obblighereste voi ad una cerimonia religiosa, in cui non credono?

Amico. Quest'è un sottile trovato (1), mio rispettabile Adolfo, ma, se vi compiacete d'ascoltarmi, spero che l'abbandonerete ben presto. Primieramente una rinunzia puramente implicita e interpretativa alla fede, quand'anco ci fosse, non è sufficiente a dichiarare un cittadino non più cattolico, e ogni peccato mortale col vostro modo d'interpretare, basterebbe per iscattolizzare i cattolici. All'incontro io sosterrei che neppure un'esplicita dichiarazione di rinunzia alla fede cattolica, fatta all'atto del matrimonio, dovrebbe essere accettata da un savio governo, stantechè chi aspettasse a fare la sua apostasia in tale occasione, darebbe manifestamente a vedere di non farla con persuasione, ma mosso dalla momentanea passione per condurre la donna, a cui s'è affezionato, in moglie. Ma non c'è bisogno di queste ricerche nel caso nostro, poichè lo stesso progetto di legge è abbastanza esplicito per non lasciare alcun dubbio che l'articolo 23 contiene una disposizione fatta unicamente pe' cattolici.

Adolfo. Le prove.

Amico. Considerate prima di tutto che l'articolo precedente del Progetto, cioè il 22, si richiama all'articolo 108 del Codice, che voi stesso

_____

(1) Il *Risorgimento* ne fece gran caso.

poco fa avete letto. In questo articolo del Codice
si distinguono i cattolici e i non cattolici, e pei
cattolici si stabilisce, che il matrimonio sia celebrato giusta le regole della Chiesa; per gli
altri con disposizioni particolari. Ora che cosa
dice il progetto di legge? « Tranne i casi espressi
« 'nell' articolo seguente, sta fermo in quanto
« alla celebrazione del matrimonio il disposto
« degli articoli 108 e 150 del Codice civile ».
A che cosa si riferisce l' eccezione : « tranne i
« casi espressi nell' articolo seguente? » Ne
sentite voi la forza? Quest' eccezione non può
cadere sui non cattolici, chè per questi è già
provveduto nello stesso articolo 108. Di più, se
valesse la vostra teoria, con cui pretendete che
non sieno più cattolici quelli che contraggono
matrimonio davanti al giudice mandamentale,
perchè con ciò violano le leggi della Chiesa, e
perciò bisogna lasciarli operare secondo la loro
coscienza, rimarrebbe illusorio e contradittorio
l' articolo 43 del progetto che dice: « chi ap-
« partiene ad un culto cristiano non può sposare chi non è cristiano, » perchè a più forte
ragione si dovrebbe dire aver rinunziato alla
fede chi volesse sposare una turca o un'ebrea.
Anzi in questo caso io credo, che il governo
non ammetterebbe che un uomo battezzato
contraesse matrimonio con un'infedele, nè pure
se quell'uomo facesse prima una dichiarazione,
esplicita quanto volete, di non credere più a

nessun dogma della fede cristiana. In caso contrario, ognuno che volesse contrarre quel matrimonio avrebbe un mezzo assai facile di eludere la legge col premettere la detta dichiarazione.

Ma c'è di meglio. E prima di dirvi cosa sia questo meglio, voglio richiamarvi alle vostre parole, con cui pur ora difendevate l'articolo 23, oggetto del nostro discorso. Voi dicevate, che quest'articolo era richiesto dal principio della libertà di coscienza, secondo il quale non si dee costringere ad aver fede quelli che non ne hanno. Lasciamo da parte che qui non si tratta di costringere ad aver fede (cosa del tutto interna), e che la libertà della coscienza, presa nel suo vero significato, non c'entra affatto, come mi verrà forse occasione di mostrarvi in appresso. Io v'invito solo ad osservare, che la legge non dice, che tutti quelli che non hanno la fede, possano andare dal giudice di mandamento a farsi maritare, come non dice che tutti quelli che vanno dal giudice a dichiarare il loro matrimonio, non sieno cattolici, anzi essa stessa li considera proprio come cattolici, abbiano nel loro interno fede o no. Vi piace vederlo? Osservate ch'essa gli obbliga a recarsi dal proprio parroco prima di tutto, per vedere s'egli può congiungerli. cattolicamente.

Adolfo. A recarsi dal proprio parroco, questo non c'è nella legge.

Amico. Non questioniamo di parole: volea dire che prima di dar loro la facoltà di ricorrere al giudice, gli obbliga a verificare (nè possono farlo se non ricorrendo dal proprio parroco) se il loro matrimonio possa farsi cattolicamente, come prescrive l'articolo 408 del codice, il che è quanto dire gli obbliga a verificare se rimangono di quegl'impedimenti ecclesiastici che il progetto di legge non riconosce per impedimenti, e dai quali non obbliga nessuno che voglia maritarsi a domandare dispensa alla Chiesa. Tutti quelli, ne' matrimoni de' quali non cadono di tali impedimenti, o da' quali furono dispensati, ancorchè non abbiano punto di fede, sono obbligati dallo stesso progetto di legge alla funzione religiosa, necessaria per giudizio della Chiesa cattolica a costituire un contratto matrimoniale valido, e però si suppone dal legislatore che tutti questi sieno cattolici. Notatelo bene, è il vostro progetto di legge che obbliga tutti questi indistintamente alla funzione religiosa, abbiano fede o no nella detta funzione; gli obbliga egualmente ancorchè vivano da pagani, ancorchè professino pubblicamente l'ateismo, ancorchè facciano quante dichiarazioni esplicite vogliano, d'aver perduta la fede al cattolicismo; e posto ciò, dovete convenire che non è il principio della libertà di coscienza che dettò l'articolo 23 del progetto, e che non è perchè la legge riguardi per accattolici alcuni cittadini nati cattolici, che dà loro la facoltà di dichiarare il loro matrimonio davanti al giudice di mandamento. Non incolpiamo, mio caro, la legge al di là di quello che si merita: essa non si usurpa la podestà di scomunicare i fedeli, e non ingiuria a questo segno i cittadini, da dichiararli o considerarli già non più cattolici per questo solo che vanno dal giudice di mandamento, com'essa loro permette, a onorevolmente maritarsi. La legge dunque, obbligando tutti quelli che, nati cattolici, non sono di poi passati a qualche altra sètta cristiana, ad eseguire la funzione cattolica, se può aver luogo, ancorchè sieno atei nel loro interno e nelle loro azioni esterne, dimostra aperto che presume che continuino ad appartenere a quella religione e a quella chiesa in cui sono nati. E notate di più, che se a' nostri legislatori venisse il ticchio di scomunicare quelli che fanno il loro matrimonio davanti al giudice mandamentale, questa scomunica ancorchè tacita sarebbe più grave ancora ne' suoi effetti intenzionali di quella della stessa Chiesa, perchè la scomunica della Chiesa è poi sempre una pena medicinale che cessa cessando il delitto che l'ha provocata e data la debita soddisfazione, mentre la scomunica che voi attribuite ai nostri legislatori civili come data a tutti quelli che si congiungono alla legale, davanti al giudice, sarebbe perpetua, irreparabile, chè perpetua e indissolubile è riguardata dalla legge l'unione che contraggono.

Adolfo. Io non m'ostino quando vedo la verità chiara ; ma.....

Amico. Udite ancora : vorrei sapere da voi se quelli che, non potendosi maritare da buoni cattolici per l'ostacolo di qualche impedimento dirimente, non si fanno scrupolo d'unirsi civilmente davanti al giudice, non essendo più cattolici secondo voi, appartengano forse per questo ai Valdesi.

Adolfo. Nè pure.

Amico. Dunque ai Calvinisti ?

Adolfo. Non so come c'entri questo *dunque.*

Amico. Io volevo in somma domandarvi , se voi separandoli dalla Chiesa, gli ascrivete a qualche sètta cristiana , poniamo ai Mormoni, che ora visitano Torino.

Adolfo. Non appartengono a nessuna sètta particolare.

Amico. Se dunque non appartengono più nè alla Chiesa cattolica, nè ad alcuna sètta cristiana, è conseguente che non sieno più cristiani. Vedete che la vostra illazione va molto più in là di quello che voi volevate. E pure, questo bisogna assolutamente saperlo, perchè provvedendo la legge pe'cattolici a parte, a parte per le sètte cristiane non cattoliche, a parte anche per gli ebrei, non si possono applicare queste leggi intorno al matrimonio senza saper qual religione professino i contraenti.

Adolfo. Io non posso dirvi altro se non che, qualora abbiano cessato d'essere cattolici, non essendosi uniti ad alcun'altra sètta, que' tali che fanno il matrimonio civile si possono considerare come non più cristiani.

Amico. Non vi domando se si possano, ma se si devano.

Adolfo. A me parrebbe di sì.

Amico. Non posso negare che questa risposta, per quanto strana e rigorosa possa parere, sia coerente al vostro principio. Ma avvertite, in tal caso non si può neppure applicar loro l'articolo 43 del progetto che vieta a chi appartiene al culto cristiano di sposare chi non è cristiano; e quindi cotesti cittadini, sebben nati cattolici e non passati ad alcuna sètta d'eretici, avranno il privilegio di potersi congiungere in matrimonio con donne ebree e turche e con ogni altra infedele.

Adolfo. Ma io non insisto, come vi dicevo....

Amico. Anzi, mio caro, voi che siete ottimamente istruito nella cognizione delle nostre leggi potete da per voi stesso considerare, che quelle che riguardano il matrimonio, dico tanto quelle contenute nel Codice quanto questa nuova, che non è ancor legge, distinguono bensì i cittadini in cattolici e non cattolici, appartenenti a sètte cristiane, e in ebrei, ma suppongono tutte che i cittadini professino una qualche religione e mai che sieno puri atei o deisti: qualificazioni, che sarebbe ben pericoloso imporre ad alcuni cittadini. Laonde se per lo contrario si deve ritenere, come voi volete, che quelli che fanno il matrimonio civile, appartengano a queste nuove classi d'atei e di deisti, non contemplate dalle leggi dello Stato, non potendosi più queste loro giustamente applicare, chè non li riguardano punto, è necessario ammettere che essi restando immuni da ogni legge, s'abbiano, in quant'al matrimonio, il singolare privilegio di essere ritornati allo stato di natura!

Adolfo. Sento tutta la forza della conseguenza.

Amico. E giacchè dalle conseguenze assurde si riconosce meglio la falsità de' principi, attendete se io ne deduco rettamente quest'altra.

Adolfo. Mi fareste ridere; quale?

Amico. Siete voi stesso convenuto, che dal progetto di legge che discutiamo non a tutti gli atei e deisti è conceduto di contrarre il matrimonio puramente civile, ma tra essi soltanto a quelli, che, avendo qualche impedimento ecclesiastico, non possono celebrarlo in faccia alla Chiesa.

Adolfo. Non nego.

Amico. Dunque, qui badate bene, dunque, io dico, la legge, nella vostra supposizione, è una legge di privilegi, e non d'uguaglianza civile; e di più siete obbligato di convenire anche, che è una legge di privilegi inauditi, perchè essa non privilegia già tutti gli atei, o tutti i deisti senza eccezione, sopra gli altri cittadini che professano una religione positiva, ma tra gli atei e i deisti ne privilegia solo alcuni, e questi scelti dal caso, perchè acquistano o no questo privilegio secondo che il caso porta che s'innamorino di una donna, rispetto alla quale incontri che ci sia qualche impedimento, o d'un'altra rispetto alla quale l'impedimento non ci sia, in virtù del quale accidente sono obbligati a maritarsi da cattolici.

Adolfo. E che volete che vi dica?

Amico. Che in tal caso la frazione di que' vostri atei o deisti, che rimangono soggetti, in virtù della legge sul matrimonio civile, ai canoni della Chiesa, invidiando alla sorte dei loro confratelli, manderà improperi contro alla legge stessa ingiusta e a chi l'ha fatta, senza risparmiare quelli che l'hanno presentata, e non senza apparenza almeno di verità; e così il nostro Ministero che per un'immensa paura di costoro la propose, colle più profonde convinzioni, non avrà in fine guadagnato nè manco il favore di questo partito sinistro, falliti al tutto i suoi calcoli di dinamica parlamentare.

Adolfo. Ma, in somma, io credo che su questo punto particolare.....

Amico. Crederete dopo; lasciatemi adesso finire, perchè io prenda di nuovo la difesa del Ministero contro le vostre calunnie.

Adolfo. Bella questa!

Amico. Sì, perchè il dire che il Ministero col suo progetto di legge consideri come atei o deisti tutti quelli che contraggono l'onorevole matrimonio civile, è una vera calunnia, e farebbe troppo gran torto anche al semplice buon senso dello stesso povero Ministero e de' nostri legislatori. Poichè a interpretar così l'atto di questi cittadini, che s'approfittano della comoda strada che loro apre la nuova legge, converrebbe ignorare affatto la natura del cuore umano e l'umana debolezza. Quanti mai non ci sono che operano contro coscienza, e contro quelle credenze che pur conservano nel loro cuore, dalle quali viene loro un incessante rimprovero che un tempo o l'altro si può cangiare in un germe di salute! Chi non sa, o chi non ha in qualche parte sperimentato la verità del *video meliora proboque*, *deteriora sequor*? E non sono cause sufficienti a spiegare un simile scorso del matrimonio contratto civilmente, l'ignoranza, la passione amorosa, l'avarizia o la stessa ambizione? E la passione non conduce anche dei cattolici deboli e depravati a incontrare la stessa infamia, e i danni moltiplici che nascono dal concubinato? Quanto più facilmente questi figli degeneri della Chiesa, schiavi infelici delle passioni, benchè straziati dalle voci di quella fede, che si conserva in essi, si risolveranno d'ora in poi a quel concubinato che la nuova legge prende sotto la sua protezione, e copre del regale suo manto, onorandolo del nome e dei diritti del matrimonio legittimo, dell' *honorabile connubium* dei cristiani? La proposta legge certamente, con una disposizione così falsa ed ipocrita, fomentando le passioni e l'immoralità, degrada sè stessa e si disonora; e mentre il fine delle leggi civili dovrebbe essere consentaneo a quello de' costumi, e venendo in aiuto di questi, porre un argine alla depravazione; il presente progetto rovescia l'argine, che ci aveva posto la Chiesa e lo Stato che la riconosceva per divina, affinchè le torbide acque della corruttela travolgano e gli antichi costumi piemontesi, e con essi la nazione, e la sommergano. Ma io uscivo di via: volevo dunque farvi osservare, che senza bisogno di ricorrere alla perdita della fede cattolica, troppe altre cause possono spiegare il fatto deplorabile di que' giovani, che, volendo fare un maritaggio proibito dalla Chiesa, ricorreranno per venirne a capo al giudice di mandamento. Dopo ciò riassumo e conchiudo tutto il ragionamento: conchiudo, cioè, che è vano negare che il progetto di legge sul Matrimonio civile, che si sta discutendo, s'opponga direttamente alla dichiarazione e decreto della Chiesa universale, la quale definì solennemente « non esistere contratto matrimoniale se non si stringa davanti al parroco e due o tre testimoni », e che perciò la coscienza d'un ministro cattolico illuminato non potea proporre quella legge, nè

la coscienza d'un deputato cattolico darle il voto
favorevole. E qui per appendice vi fo osservare,
che non solo l'articolo 23 è fatto pe' cattolici,
come vi ho lungamente provato; ma di più pei
cattolici soli ; di maniera che i soli cattolici
avranno questo singolar privilegio, di poter
congiungersi onoratamente in un' unione, che
la Chiesa cattolica condanna e punisce come un
pubblico e scandaloso concubinato, davanti al
giudice mandamentale, nulla innovando la proposta legge che sia riguardato dagli altri culti,
come a loro contrario, onde sarà tutto privilegio
de' cattolici la nuova infamia.

Adolfo. Io torno a dirvi che quando vedo la
verità non m'ostino, e da tutto quello che m'avete
fatto sapientemente osservare, ben intendo, che
la legge civile non si può fondare sopra una
presunta o interpretativa. incredulità de' cittadini ; anzi se il legislatore ha bisogno di distinguere i cittadini secondo le religioni che professano, come fanno tutte le leggi sul matrimonio,
è necessario ch'egli prenda per segno di distinzione qualche dato positivo ed esterno che ca-
ratterizzi in modo stabile il culto a cui i cittadini appartengono, come l'atto con cui sono
ricevuti in una Chiesa, quale pe' cattolici che
non sono passati ad altra comunione, è indubitatamente l'atto del loro battesimo, e per
questo e per tutte l'altre ragioni che m' avete
detto, riconosco che la disposizione dell' arti-

colo 23 riguarda i soli cattolici. E credo che sin qui dobbiate esser pienamente contento di me. Ma non pensate d' avermi ancora vinto, poichè io vi nego il più, non vi ammetto che con ciò la questione sia finita, nè trovo giusta la vostra conseguenza, cioè che il progetto di legge s'opponga al Concilio di Trento. Il sacrosanto Concilio, dico io, non può parlare che d' un contratto ecclesiastico: e il progetto di legge non riguarda che un contratto civile: dunque diamo a tutti il suo: lasciamo alla Chiesa il contratto ecclesiastico, chè ella il confermerà colla sanzione sua propria; al governo civile poi abbandoniamo il contratto civile.

A questa nuova istanza avea cominciato l' amico a rispondere valentemente quando, sopravvenuto non so quale accidente, dovette recarsi altrove. Rimasero dunque intesi, il cavaliere e l' amico, che alla prima ora libera avrebbero ripresa e proseguita la discussione.

DIALOGO II.

L'accidente sopravvenuto a interrompere il primo colloquio, come seppi di poi, era stato l'arrivo d'una famiglia torinese, che veniva a passare alcuni giorni nella villa dell' amico di Adolfo. Avvisatone, egli avea lasciato sollecitamente Adolfo per andare ad accogliere i nuovi ospiti, con una festa pari alla stima ed all'amicizia che reciprocamente e da lungo tempo l'uno e gli altri si professavano. Ma a malgrado che una parte di quel giorno si consumasse in trattenimenti co' nuovi sopravvenuti, come gli uffici dell' ospitalità richiedevano, Adolfo impaziente di continuare l'interrotta discussione, avea saputo cogliere alcune ore pomeridiane, nelle quali usciti quegli ospiti a vedere i vaghissimi dintorni del paese, potè aver seco l'amico, e a tutt'agio continuare con esso lui il ragionamento del mattino intorno al progetto di legge sul matrimonio civile.

Principiò dunque Adolfo stesso a riassumere il suo argomento, che credeva invincibile, della distinzione tra il contratto civile e il contratto ecclesiastico; estendendosi a dimostrare che sarebbe cosa assurda il negare al civile potere la facoltà di far leggi sul contratto civile; e in fine disse, che non era più il tempo in cui il governo potesse sostenere colla forza i canoni della Chiesa, ma che oggidì conveniva separare la Chiesa dallo Stato. A cui l'amico rispose:

Adolfo e l'Amico.

Amico. Non v'offendete, se io non trovo in questi vostri argomenti altro che vuote frasi, ricantate, è vero, da tutti i giornali, ma inefficaci allo scioglimento della questione; efficaci pur troppo ad oscurarla. Di esse e d'altre simili si sono rivestiti, quasi di una loro armatura, quei pregiudizi che opprimono la civile società e i governi troppo ammodernati, e tolgono agli uomini la libertà di pensare, mentre pretendono d'averla acquistata, la libertà, voglio dire, di rendersi un conto serio delle proprie opinioni. Io confido che la vostra mente messa in guardia si solleverà da sè stessa al di sopra dell'ammasso confuso di parole e d'idee indeterminate che costituisce la terribile scienza de' nostri politici, avvocati e giornalisti, e d'una turba che vive delle miche che cadono dalle mense di questi epuloni: dico scienza terribile, perchè questa turba colle loro guide, non avendone altra, si crede perduta se permetta a chicchessia di dubitarne, onde, intollerantissima della discussione, colla parola *tolleranza* in sulla punta della lingua, carica d'ingiurie que' codini e que' retrivi che chiedono licenza d' essere uomini ragionevoli. La vostra pazienza in ascoltare non solo le mie osservazioni, d'una parte delle quali avete anche riconosciuta la verità, ma anche queste uscite, che vi parranno probabilmente impertinenze, mi prova assai chiaro, che voi non appartenete al novero di costoro. Perciò appunto spero che noi alla fine c' intenderemo e ci accorderemo.

Adolfo. Lo desidero.

Amico. Per cominciare dall' ultime vostre parole, mi parlavate della separazione della Chiesa dallo Stato, cioè d' una questione che non appartiene al nostro argomento, a meno che voi non vogliate mutare lo Statuto, che nel suo primo articolo dichiara la sola religione cattolica, religione dello Stato: e voi ben sapete che importi mutare lo Statuto, niente meno d' una rivoluzione.

Adolfo. Quando fosse così, avremmo molti rivoluzionari in Piemonte che non sanno di essere tali: n' avremmo anco tra quelli che si mostrano più affezionati alla presente forma di governo.

Amico. Appunto. E guai a quello Stato che essendo appena costituito, produce in sè, quasi per una morbosa vegetazione, le uova di nuovi

rivolgimenti, e quelli stessi che avrebbero per
ufficio di consolidarlo, le covano, per non dire
le fecondano, chè forse voi ne ridereste, e ne
favoriscono lo sviluppo. Ma quando poi quelle
uova si schiudono, all'improvviso si ha una
famiglia in casa che non si sapeva d'avere. È
inutile per noi ora ricercare la specie d'animali
di cui sarà composta questa famiglia sopravve-
niente. Io voglio solo che conveniate, che noi
nella nostra discussione non dobbiamo già partire come da un'ipotesi, dalle condizioni future
e contingenti di questo nostro Stato, le quali
niuno ancora può indovinare con sicurezza quali
saranno. Ma, se vogliam dare una base solida
ai nostri ragionamenti, è uopo che, frenando
l'immaginazione, prendiamo a considerare lo
Stato, com'è costituito al presente, mediante lo
Statuto dato da Carlo Alberto, il quale tant'è
lungi che sia fondato sul principio della separazione della Chiesa dallo Stato, che anzi riconosce questa nel suo primo articolo quasi base
di tutti quelli che vengono appresso. Che se
alcuni colla pretensione d'essere solo essi gli
amanti della libertà costituzionale, di cui fanno
gli spasimati, poi, ora con frode e ora con in-
terpretazioni sgangherate e cavillose, e ora per
vie di fatto, quando n'hanno il potere, lo con-
traffanno e lo storpiano nelle sue parti più
vitali, qualunque sieno cotestoro, fossero deputati e ministri, altro titolo non si meritano,

come vi dicevo, che di rivoluzionari, di veri nemici, benchè mascherati, delle Costituzioni. E pur troppo ogni Costituzione di stampo francese ha prodotto sempre in ogni paese d'Europa quei suoi amici di parole e nemici di fatto, che non le hanno lasciato mai, in nessun luogo, lungo tempo di vita. D'altra parte la separazione della Chiesá dallo Stato è una questione così poco discussa e così poco analizzata, ch'essa trovasi ancora allo stato di una semplice frase; ed è appunto una di quelle frasi che romoreggiano come le noci rimescolate in un sacco, rumore che nulla significa, perchè niuno fin qui si curò di conoscere il valore, l'importanza, le conseguenze di quella ipotesi.

Adolfo. Mi fate venir in mente colle vostre parole il mio giuramento allo Statuto, a cui certo non mancherò mai. E poi sento la ragionevolezza dell'osservazione, e consento a lasciar da parte la questione generale della separazione della Chiesa dallo Stato.

Amico. Verrò dunque all'altra cosa che voi dicevate, cioè che sarebbe assurdo negare al governo civile la facoltà di statuire sul contratto civile. C'era bisogno di dirlo? Noi siamo già convenuti stamane che qui non si tratta di sapere se il governo possa statuire sul contratto civile, ma *come* possa e come debba statuire, non potendosi attribuirgli il diritto di fare leggi strambellate per l'unica ragione che ha il diritto di far leggi. Sarebbe un arguire da una proposizione astratta e universale ad una concreta e particolare, e così dedurre una conseguenza più ampia delle premesse, argomentare in verità alla moda, ma non bene però. Fissiamo dunque di nuovo la questione. Si tratta da noi di sapere unicamente « se il progetto di legge sul Matrimonio testè votato dalla Camera dei Deputati, sia degno o indegno d'un ministro cattolico » qual si dichiara di essere il ministro che l'ha presentato : si tratta unicamente di questo. La questione più generale poi : « Se il governo civile possa statuire sul contratto civile » è tale che non merita che ci si spendano parole ; chè quando si dice « contratto civile » è già sciolta colle parole con cui è proposta.

Adolfo. Mi compiaccio dunque, che voi riconoscete la distinzione ch'io vi facevo e che mi sembra innegabile, tra il contratto civile e l'ecclesiastico.

Amico. Badate, che, voi tornate ora, senza accorgervi, ad argomentare dall'astratto al concreto contro la logica. Io v'accordavo che il governo civile può statuire sul contratto civile, questo è il principio astratto. Ma la nostra questione tratta d'un particolare e concreto, cioè del matrimonio, e non sappiamo ancora che cosa sia il matrimonio de' cristiani, e se esso sia un contratto civile. Quest'è dunque quello che si dee ricercare, cioè la minore del sillogismo, prima di venire alla conclusione.

Adolfo. Il matrimonio è evidentemente un doppio contratto, cioè un contratto ecclesiastico da una parte, e un contratto civile dall'altra, e perciò tutt' e due le potestà possono regolarlo come stimano, secondo il fine dell'una e dell'altra società.

Amico. Come correte! Come fate spreco dell'evidenza! Non può esserci evidenza in una cosa tanto contrastata. Anzi, se v'ho da dire il vero, io sono persuaso, che la distinzione tra il contratto civile e l'ecclesiastico applicata al matrimonio, sia appunto una di quelle tante, che con una falsa luce, non producono altro che allucinazioni, introducendo delle entità astratte, dove si dee parlare d'entità concrete. Sopra di tali astrazioni si potrebbero fondare, e così anche s'è fatto e si fa tutto giorno, dei sofismi comodissimi per sottrarsi all'osservanza di tutte le leggi divine ed umane, e dopo di ciò ancora aver ragione e torto quelli che le osservano. Certo, secondo questi bei trovati, un ministro che protesta d'esser cattolico, non avrà più a farsi scrupolo di proporre delle leggi contrarie al cattolicismo, chè le propone come ministro, e non come cattolico: e chi ruba i sacri vasi, potrà dire, secondo questa medesima arte di distinguere, di non esser reo di sacrilegio, perchè li ruba in quanto sono d'oro o d'argento, e non in quanto sono sacri. Le astrazioni della mente umana sono innumerevoli, e con esse si divide lo stesso uomo in cento diversi personaggi tutti contradittori gli uni agli altri. Ma per rispondervi direttamente, è necessario che osserviamo il valore di queste espressioni equivoche (e che sieno equivoche ve lo dimostrerò in appresso): « contratto civile e contratto ecclesiastico ». Se andremo d'accordo nell'intenderle, ci accorderemo anche, come spero, nel tirarne le conseguenze: badate se le definisco bene. *Contratto civile* io direi quello che è riconosciuto valido dalla legge civile, e *contratto ecclesiastico* quello che è riconosciuto valido dalla legge ecclesiastica.

Adolfo. Ottimamente.

Amico. Poste queste definizioni, io deduco per prima conseguenza, che se un contratto è riconosciuto tanto dalla legge ecclesiastica quanto dalla civile, egli è ecclesiastico e civile ad un tempo, ed è un unico e medesimo contratto che riceve la sanzione dalle due podestà.

Adolfo. Non ho niente ad opporre.

Amico. Deduco dunque la seconda conseguenza, ed è, che già si comincia a manifestare l'improprietà delle espressioni: « contratto civile e contratto ecclesiastico », perchè esse farebbero credere, che si trattasse sempre di due contratti; mentre, almeno talora, trattasi d'un contratto solo , che ha il suo essere proprio e che è confermato da una doppia sanzione.

Adolfo. Passi pure per concesso.

Amico. In terzo luogo risulta da quelle definizioni stesse, che il contratto nella sua sostanza va disgiunto dalla *sanzione* , ossia dal riconoscimento che gli aggiungono queste due maniere di leggi, l'ecclesiastica e la civile, onde ogni contratto vuol essere concepito nel suo essere di contratto, anteriormente a queste sanzioni positive.

Adolfo. Qui a bell'agio , perchè mi sembra che vogliate dire , che il contratto abbia il suo essere proprio , indipendentemente dalla legge ecclesiastica e dalla civile ; e questo è vero nello stato di natura ; ma nello stato di società non così , potendo la società , sia ecclesiastica , sia civile , dichiarare nulli e come non avvenuti certi contratti, di maniera che, se tutte due le podestà li dichiarano nulli , que' contratti non esistono , rimanendo spogli della virtù d'obbligare. Se li dichiara nulli la legge ecclesiastica, riconoscendoli la civile, essi non esistono per la Chiesa, ma sì per la civil società, e viceversa se li dichiara nulli la civil società, e li riconosce la Chiesa, non esistono in faccia a quella, ma sì in faccia a questa. Ed è sopra un tale concetto appunto che io distinguevo il contratto ecclesiastico dal civile, e dicevo che può esister l'uno e non l'altro.

Amico. Volete voi che noi intraprendiamo a fare insieme l'analisi di questa celebre distinzione? Non credo che n'avrete difficoltà, poichè se sarà vera, apparirà tale con maggior luce, se falsa, mediante l'analisi perderà la sua luce apparente colla quale inganna, e se avrà in sè del vero e del falso, l'uno rimarrà sceverato dall'altro.

Adolfo. Contentissimo.

Amico. Voi dunque venivate a dire, se vi ho ben inteso, che nello stato di società, se il contratto è ritenuto per invalido dalle leggi della società, non ha che una esistenza materiale, e che è questo contratto materiale, che, venendo poi riconosciuto dalla detta legge, acquista la condizione di vero e formale contratto, cioè d'un contratto obbligatorio per le due parti.

Adolfo. Così appunto.

Amico. Il contratto dunque per esser contratto deve, secondo voi, essere una convenzione obbligatoria?

Adolfo. E chi ne dubita? Senza un'obbligazione non si concepisce alcun contratto.

Amico. Io dunque vi concedo, o piuttosto da voi accetto, che il contratto sia un'*obbligazione*, ed aggiungo, in conferma di questa vostra giustissima sentenza, che perciò appunto le bestie sono incapaci di contratti, perchè sono incapaci d'assumere obbligazioni: del resto poi che avete detto, vi concedo intanto una parte , cioè la parte negativa , vi concedo, in generale, che a quel solo contratto, che almeno non sia condannato da giuste leggi, appartenga la sentenza : « *Verba ligant homines, taurorum cornua funes* ». Partiamo dunque da questo principio elementare , che ogni contratto importa essenzialmente un' obbligazione morale, di guisa che se fosse solo un legame materiale, come abbiam detto , cesserebbe d' esser contratto, principio che, come voi avete osservato, è fuori di controversia non solo tra noi, ma tra tutti gli uomini. Da tutti in fatti gli uomini il contratto si considera come un' obbligazione morale (e se non fosse morale, non sarebbe obbligazione), anche da tutti i codici civili, tra essi anche dal nostro, che lo definisce : « una « convenzione mediante la quale una o più « persone si *obbligano* verso una o più persone « a dare, fare o non fare qualche cosa » (1).

Adolfo. Evidente; se non c'intervenisse morale obbligazione a legare gli uomini, che valore avrebbero le loro parole e promesse? Non rimarrebbe che la forza , la quale non lega certamente l'uomo , ma il solo suo corpo. D' altra parte , quando la società civile , usando della forza , punisce gli uomini perchè mancano alle convenzioni , e colla minaccia delle pene li costringe a mantenerle , farebbe un atto iniquo

(1) Art. 1189.

se per legge naturale le libere ed eque convenzioni non fossero obbligatorie. È dunque essenziale al contratto che esso sia una convenzione moralmente obbligatoria, e perciò un contratto illecito ad eseguirsi non può obbligare alcuno, chè altro non sarebbe, secondo il detto comune, che un vincolo d'iniquità.

Amico. Quando si ragiona con persona di quella rettitudine e lealtà che forma il vostro carattere, si fa presto a intendersi. Vi ricorderete, che noi abbiamo detto, ridursi la questione nostra a sapere non già se il legislatore cattolico possa far leggi sul matrimonio, ma come deva farle; e se il cavalier Boncompagni compilando e presentando alle Camere il suo progetto di legge, abbia seguite le norme della coscienza cattolica proprie d'un ministro, che si dichiara altamente cattolico.

Adolfo. Mi metto con voi in questa via; andate avanti.

Amico. Vi farò dunque una domanda che dopo quello che avete detto sul costitutivo essenziale al contratto, cioè che sia di cosa lecita e morale, non troverete difficoltà a rispondermi. Dovendosi fare delle leggi civili sui contratti, e con esse riconoscerne e sanzionarne alcuni, altri non riconoscerli e riprovarli, il legislatore deve egli o può riconoscere per veri contratti, e sanzionare quelli, che già per un vizio anteriore sono del tutto illeciti e contrari alla coscienza ; ovvero dee riconoscere e sanzionare solamente quelli, che sono di cosa lecita?

Adolfo. Forse non v'intendo abbastanza ; ma parmi, che distinguerei : certo che se si trattasse di contratti opposti allo scopo della società civile, il legislatore non può sanzionarli coll'autorità della legge, ma se il sanzionare certi contratti è *utile* alla società civile.....

Amico. Voi distinguete dove non c'è nulla a distinguere: mendicate parole vaghe e ritorte per rispondere a una domanda semplicissima., e pare che ora, troppo tardi, vogliate ritogliermi quello, che m' avete prima pienamente conceduto, e che d'improvviso siate passato dalla professione de' principî morali alla scuola degli utilitari.

Adolfo. Alla scuola degli utilitari? Giammai; e che cosa vi ho conceduto che ora vi ritolga?

Amico. M'avevate conceduto questo principio assoluto ed evidente, che nessuno nega o può negare, cioè che « è d'essenza del contratto ch'esso, nella sua esecuzione, sia moralmente lecito » ; senza la qual condizione non può avere nessuna forza d'obbligare. Da questo viene l'illazione naturalissima e innegabile, che la legge civile non possa riconoscere e sanzionare, se non quei contratti, che sieno precedentemente leciti e atti per questa parte a produrre obbligazioni. Il che è tanto vero che se la legge riconoscesse per validi e sanzionasse dei contratti illeciti, si dovrebbe ritenere che ella, per errore, gli avesse creduti leciti. Ed anche, la legge stessa è una pubblica e solenne dichiarazione, valga quanto può valere, della loro liceità. Perchè dunque ora cambiando il criterio stabilito, secondo il quale si devono riconoscere quali sieno le convenzioni atte ad essere sanzionate dalle leggi, ne introducete di subito un altro, cioè in vece di quello del giusto e dell'onesto, quello dell'utile? Quasichè d'altra parte ci fosse qualche cosa d'utile per la società civile e pel suo fine nella ingiustizia e nella immoralità. Io sono persuaso, e credo che, se ci riflettete un istante, sarete persuaso anche voi con tutti gli onesti, che ogni cosa che sia per sè moralmente viziosa ed illecita, è perciò stesso e senza bisogno d'altro dannosa al fine della società civile, e di qualunque società umana, se pure non si vuol dichiarare la società civile essa stessa una cosa illecita, come quella che ammette mezzi illeciti.

Adolfo. Non m'ero spiegato bene; m'era venuto in bocca il fine della società civile senza considerare, che questo stesso, qualunque sia, dev'essere cosa lecita, e leciti pure i mezzi di ottenerlo; onde concedendovi, che il legislatore non deva sancire contratti illeciti nella loro esecuzione, niente si pregiudicava al fine della civil società.

Amico. Anzi vi si provvedeva; chè obbligando i legislatori a far leggi giuste e morali, non si fa che porre una diga al superbo dispotismo, che col pretesto del pubblico bene, tenta sempre di passare i termini impostigli da Dio, come al mare, acciocchè non invada i continenti, cioè i popoli, che pericolano d'esser invasi e avvolti da' flutti dell' orgoglio e dell' arbitrio di quelli, che (si chiamino poi demagoghi o despoti, e sia una o un' altra la forma di governo), se non hanno onestà, sanno convertire in armi al loro intento, non solo la forza bruta, ma anco l' autorità di fare le leggi e quella di eseguirle. Nè so se ci sia, o ci possa essere un dispotismo più tirannico e più abominevole di quello che s'esercita, dirò così, sacrilegamente per mezzo di leggi ingiuste, nè se il mondo da un secolo in qua abbia patito tanto dalle *feroci* guerre e dalle popolari violenze che l' hanno insanguinato, quanto dalle ingiuste leggi che l' hanno corrotto, e gli hanno fatto sanguinare, direi, l' anima stessa.

Adolfo. Son d' accordo, son d' accordo.

Amico. Sia dunque convenuto tra noi, per ripeterlo, che non si dà contratto tra gli uomini, se ci sia in pari tempo un dovere morale, che gli obblighi a non istare al convenuto tra loro; e che la legge civile non può riconoscere per contratti quelli, che sono privi di questo essenziale costitutivo. Ora vengo all'applicazione e vi domando: Un contratto di matrimonio tra cattolici, proibito e dichiarato invalido e nullo dalla Chiesa cattolica, ha egli questo carattere di liceità ed onestà morale? E, agli occhi d'un legislatore *cattolico*, può egli esser uno di quei contratti che meritino d'essere riconosciuti e sanzionati da una legge civile? Vedete che io appello la nostra questione alla stessa coscienza del ministro, che non lascia passare nessuna occasione per dichiarare che egli professa, con tutta l'auima sua la religione cattolica. L'argomento dunque che proponevo mi pare assai semplice, e non so qual risposta ci possa essere. E permettete che ve lo riassuma così: È dell'essenza d'ogni contratto d'essere di cosa moralmente lecita, perchè altramente non potrebbe essere obbligatorio per l'uomo che è un essere morale. La legge civile non deve riconoscere per contratti quelli, che sono privi di questa qualità, perchè non ha virtù di rendere morale quello, che è immorale, e però la legge civile non può mai in nessun caso *creare* un contratto da sè sola, senza riguardo ad altre leggi, perchè essa non è la prima legge, ma deve dipendere, nell'aggiungere la sua sanzione a un contratto, da una legge antecedente a lei, qual è la legge morale e religiosa, non dipendendo la moralità e la religione dall'arbitrio degli uomini. Ma davanti alla coscienza d'un legislatore cattolico non si può ritenere per contratti morali, e però per contratti atti ad essere sanzionati dalle leggi civili quelli, che sono dichiarati illeciti e nulli dalla Chiesa cattolica, a cui egli appartiene, e in cui riconosce la facoltà di legare e di sciogliere, e di fare leggi e dare precetti che obbligano in coscienza, facoltà ricevuta da G. C. e condizione della sua esistenza. Ora che fa il progetto di legge sul matrimonio civile, di cui parliamo? Riconosce indubitatamente per validi e sanziona certi contratti matrimoniali che sono riprovati e annullati dalla Chiesa, e li riconosce tali pe' cattolici, come siete già stamane convenuto voi medesimo. Ecco dunque la conclusione che non vedo come si possa evitare. Dunque « la proposta di quella legge è impossibile in sè stessa, perchè tenta d'instituire un contratto che non può esser tale: » dunque, ancora, con una tale proposta il ministro cattolico ripugna e contradice a sè medesimo, poichè attenta di rendere validi contratti colla legge civile quelli, che essendo viziati d'immoralità e d'irreligione ai suoi stessi occhi, se è cattolico, nè sono contratti, nè possono essere per tali riconosciuti e sanciti. Contenendo poi, una legge che riconosce come valido un contratto, l'implicita dichiarazione che egli sia lecito ed onesto, il ministro cattolico che propone una tal legge alle Camere, viene a fare con ciò una pubblica dichiarazione; in faccia alla nazione, direttamente contraria alla dichiarazione del Concilio di Trento, e così a dare una smentita alla Chiesa, di cui vuole nello stesso tempo esser figlio; il che va prossimo all' eresia. Mancando dunque un tal ministro alla fede e all'ubbidienza della sua madre e maestra la Chiesa, e mancandovi pure tutti quelli che concorrono ad un tale attentato, rimane violato con ciò il venerabile ufficio proprio del legislatore, e profanata ed esposta al dispregio l'autorità delle leggi, come accade sempre quando si sostituisce alla vera legge una disposizione arbitraria e una pura legalità, anzi una malvagità, che non può riscuotere riverenza di sorta dalla classe più sana e più morale della nazione; il che reca allo Stato e al consolidamento delle nostre costituzionali istituzioni gravissimo pregiudizio.

Adolfo. Veramente io ero tranquillo, e ora sento che voi, colla vostra eloquenza, turbate la mia pace facendomi entrare in gravi dubbi con queste vostre riflessioni: del che per altro ho piacere e ve ne ringrazio. E dico in gravi dubbi, perchè non vedo ancora chiaro. Io avea distinto il contratto civile ed ecclesiastico, e voi mi avete rovesciata questa distinzione, non so neppur io come.

Amico. Ve l'ho rovesciata col mostrarvi che non può aver luogo nel caso nostro, perchè un legislatore personalmente cattolico, e dirò anche qualunque legislatore presso di noi che voglia onoratamente procedere a tenore delle leggi fondamentali, la prima delle quali è che « la religione cattolica è l'unica religione dello Stato », non può stabilire, mediante una legge, un contratto civile di matrimonio pe' cattolici, che non sia e non possa essere ad un tempo un contratto ecclesiastico. E la ragione che ve ne ho data è chiara, perchè un ministro o un legislatore cattolico non può e non deve credere d'aver la facoltà di riconoscere o sancire un contratto, la cui esecuzione sia intrinsecamente illecita, come è illecito e anzi del tutto nullo agli occhi de' cattolici un matrimonio puramente civile e non ecclesiastico, anzi dalla Chiesa proibito, condannato ed espressamente annullato. E qui intenderete il perchè, poco prima, quando voi mi dicevate necessario a costituire un contratto, che nello stato di società intervenissero le leggi, io, senza accordarvi la proposizione in tutta la sua estensione, v'accordai però, che trovandosi gli uomini in tale stato, a costituire un vero contratto si richiedesse, che l'esecuzione del medesimo non fosse vietata da giuste leggi. Poichè, ditemi voi, può ella essere una medesima azione nello stesso tempo lecita e illecita?

Adolfo. La lecitezza delle azioni umane è una cosa semplicissima, e non può dividersi sarebbe una manifesta contradizione l'asserire che un'azione illecita sia lecita, o viceversa.

Amico. Se vale il principio per ogni azione, varrà anche per quella particolare che si chiama contratto di matrimonio: ditemi dunque se uno stesso contratto di matrimonio può esser lecito e illecito nello stesso tempo, cioè lecito in faccia alla Chiesa, e illecito in faccia allo Stato.

Adolfo. Voi mi stringete, e devo confessare che un'azione, e però anche il contratto di matrimonio, se è, per qualunque ragione, illecita, rimane illecita, qualunque sanzione positiva ed umana le si aggiunga.

Amico. Traetene dunque la natural conseguenza, cioè la compiuta inutilità per la nostra questione della distinzione così acclamata tra il contratto ecclesiastico e il contratto civile di matrimonio: poichè se concedete (e voi che siete cattolico e buon cattolico, non me lo potete negare), che un contratto di matrimonio riprovato dalla Chiesa sia illecito per ogni coscienza cattolica, conviene che m'accordiate pure, che uno Stato cattolico e un ministro cattolico non possono erigere, per mezzo d'una legge civile, in contratto una tale convenzione, perchè non possono fare che, essendo illecita, sia nello stesso tempo anche lecita; e di conseguente, che la legislazione civile, in questa parte del matrimonio, dee necessariamente accordarsi coll'ecclesiastica. Altra cosa sarebbe se si trattasse d'una con-

venzione, verso la quale la Chiesa non intervenisse punto, nè a proibirne nè a convalidare;
lo Stato la potrebbe o riconoscere per un contratto, o non riconoscerla: e tali convenzioni
riconosciute sarebbero contratti puramente civili: ecco il solo caso in cui si può distinguere
il contratto civile dall' ecclesiastico, quando questo non ha luogo.

Adolfo. Pure mi sembra, che voi vi appog-
giate troppo sul primo articolo dello Statuto:
l'espressione « religione dello Stato » ha un
senso molto largo.....

Amico. Prendiamo una cosa alla volta. Noi
avevamo preso a parlare della coscienza d'un
ministro cattolico: conveniamo prima su di
questo, che lo stabilire un matrimonio civile
tra cattolici, che non sia ad un tempo ecle-
siastico, ripugna ad una tale coscienza: di poi
cercheremo se ripugna alla religione dello Stato.
Siete voi dunque d'accordo meco sul primo
punto?

Adolfo. Supponete che sia.

Amico. In questa supposizione dunque,
passo al secondo, e vi fo considerare che per
quanto possa ricevere un significato largo l'articolo che dice: « La religione cattolica è la
sola religione dello Stato », esso non può voler
dir altro, se non che lo Stato deve ne' suoi
atti riconoscere la religione cattolica per la sola
vera, e le altre per false.

Adolfo. Ma lo Stato non è una persona particolare che possa avere una religione.

Amico. Che lo Stato non sia una persona particolare, è assai facile il vederlo; ma, è egli forse perciò un puro nulla? Ovvero è qualche cosa priva di mente e d'azione?

Adolfo. È un'astrazione.

Amico. Voi cavillate, o ripetete le altrui cavillazioni. Le astrazioni sono idee esistenti nelle menti che non hanno al di fuori corpo, nè operazioni di sorta; all'incontro quando diciamo *uno Stato*, noi nel presente proposito intendiamo parlare d'una persona collettiva che dispone di danari e di soldati, e che fa leggi e le fa eseguire, e però di qualche cosa che opera con intelligenza e potenza anche più che far non possa qualunque persona particolare. Non si tratta dunque qui dello Stato preso come una astrazione; ma s'intende col nome di Stato il complesso di tutti quelli che fanno andare avanti il governo della società civile, siccome fossero una sola mente e una sola volontà. Dove dunque c'è una mente e una volontà, ci può ben essere una religione; e gli atti e le disposizioni di questa intelligenza e di questa volontà possono dimostrare, altrettanto quanto quelli d'una persona particolare, adesione e rispetto ad una religione, e questo appunto significa « religione dello Stato ».

Adolfo. Vedo che, se s'intendesse in altro modo, non avrebbe alcun senso il primo articolo dello Statuto.

Amico. La mente dunque e la volontà collettiva, che governa la società civile, e da cui provengono tutti gli atti pubblici delle leggi e decreti e della loro esecuzione, può partire ne' suoi atti da due diversi principî, dal principio « la sola religione cattolica è la vera », o dal principio « tutte le religioni sono uguali ». Se quella mente e volontà, che dicemmo essere nel caso nostro lo Stato, parte dal primo, dicesi che ha una religione, se parte dal secondo, dicesi che non ne ha nessuna. Ora lo Statuto su cui è fondato il presente ordine di cose, che nè voi certamente nè io vogliamo rovesciare, stabilisce che questo Stato abbia per sua la religione cattolica.

Adolfo. Procedete avanti.

Amico. Negli atti pubblici, dunque, di questo Stato, non deve esserci nulla che contradica a questo principio « la sola religione cattolica è vera ».

Adolfo. Certo.

Amico. E però nulla che contradica a quest'altro, conseguente al primo, « che sono altresì vere le dottrine della Chiesa cattolica, e da rispettarsi e osservarsi i suoi comandamenti ».

Adolfo. È conseguente, o piuttosto una spiegazione dello stesso principio.

Amico. Se dunque lo Stato dee riconoscere per vere le dottrine della Chiesa, e per obbligatori i suoi comandamenti, conviene ancora ch'egli riconosca in tutti i suoi atti pubblici, e in tutte le sue disposizioni, per immorali e riprovevoli quelle cose, che tali sono giudicate dalla Chiesa cattolica. Che se all'incontro approvasse e sancisse come buone e onorevoli tali cose colle sue leggi, e le dichiarasse lecite, egli ripugnerebbe a sè stesso, chè riconoscendo per vera la sola religione cattolica, verrebbe con questo riconoscimento a condannare per immorali e riprovevoli quelle stesse cose che egli sancisce e consacra coll'autorità delle sue leggi e disposizioni: e farebbe lecite e illecite nello stesso tempo le stesse cose.

Adolfo. Voi mi tirate di conseguenza in conseguenza dove volete.

Amico. Molto più ripugna a sè stesso e si condanna da sè medesimo uno Stato che con una mano scrive in fronte alle sue leggi: « la religione cattolica esser la sola vera », e coll'altra scrive un'altra legge, che converte in una *obbligazione morale* (perchè il matrimonio è un'obbligazione o piuttosto un complesso di obbligazioni), tal cosa, che dalla Chiesa cattolica è apertamente dichiarata iniqua e sacrilega.

Adolfo. Raccogliete pure i fili della rete in cui mi volete prendere, chè vi permetto.

Amico. Raccogliendoli dunque dico, che un contratto di matrimonio meramente civile è dichiarato dalla Chiesa cattolica un tentativo empio e sacrilego. Ora il nostro Stato in virtù dello Statuto fondamentale riconosce che questa è una verità, perchè riconosce che è vera la religione cattolica e quindi che vere sono le dottrine tutte dogmatiche e morali, e obbligatorie le decisioni autorevoli della medesima. Dunque riconosce, che la proposta d'una legge civile che intenda di rendere obbligatorio un tal preteso contratto di matrimonio, altro non è appunto che un conato di cangiare in un'obbligazione morale quello che è iniquo e sacrilego. Ora fate voi l'applicazione di questi evidenti principî al nostro progetto di legge intorno al matrimonio civile.

Adolfo. Vedo pur troppo che è un progetto che fa grave torto al governo, e me ne duole nell'anima, mi duole che dia di questi scappucci, quando avrebbe più che mai bisogno di credito per compire la grand'opera del consolidamento delle nostre liberali istituzioni. E m'avvedo che voi m'avete tagliata preventivamente l'obbiezione che vi volevo fare. Poichè io volevo distinguere il ministro di Stato dall'uomo privato che professa la sua religione; poichè, essendo la religione cattolica religione dello Stato, e non solo dell'uomo privato, conviene che non solo l'uomo per sè, ma anche l'uomo come ministro si dimostri in tutto ne' suoi atti consentaneo allo stesso principio.

Amico. Certo; ma notate di più che non v'ammetto l'astrazione e la separazione dell'uomo dal ministro in nessun caso, anche se lo Stato non avesse religione sua propria. Poichè l'uomo dev'esser coerente sempre a sè stesso qualunque ufficio sostenga, e se è cattolico l'uomo come individuo, o padre di famiglia, non dev'essere acattolico ne' suoi atti come ministro. Poichè non è, nè secondo i precetti della morale, nè secondo quelli dell'onoratezza l'essere incoerente, e il contradirsi, massimamente in cosa sì grave.

Adolfo. In ammettervi tutto questo sento qualche esitazione; ma noi ritorneremmo, se continuassimo in tal discorso, alla questione della separazione della Chiesa dallo Stato, che abbiam detto voler lasciare da parte. I fautori di questa parmi che ragionino, non senza apparenza di verità, così; che avendo lo Stato un fine diverso da quello della Chiesa, perchè il primo mira alla prosperità temporale della nazione, la seconda al bene spirituale e alla salvezza dell'anime, l'uno si può separare dall'altra; e come lo Stato è in diritto d'attendere esclusivamente al suo proprio fine, così può lasciare che la Chiesa provveda da sè stessa al suo.

Amico. Dicendo « apparenza di verità » avete detto bene, perchè davvero in questo ragionamento non c'è che quell'apparenza illu-

soria, che talora porge una soluzione astratta e
semplice, che perciò appunto si presenta la
prima al pensiero, ma che poi svanisce quando
s'esamina da vicino e seriamente. I separantisti,
di cui voi producete l'argomento, sono tanto
semplici, che neppure sospettano che la questione possa e deva ridursi alla domanda « se
nell'uomo convenga dividersi l'anima dal corpo »
e questo governarsi e star bene senza di quella,
e così l'anima fare le sue funzioni e star bene
senza di questo. E riguardo alla distinzione tra
l'uomo privato e l'uomo pubblico, per lasciare
a quel solo i religiosi doveri, io credo che voi
stesso, pensandoci, troverete, che il proporla
sul serio sembrerebbe un voler beffarsi del continuo abuso d'astrazione, che fanno i nostri
politici e i nostri giornalisti, poichè ogni uomo
di buon senso riderebbe udendo a sostenere,
che ci sieno due coscienze, l'una dell'uomo
privato e l'altra dello stesso uomo che prende
la veste di politico, il che va pure in contradizione con quello che voi stesso avete detto
prima, che la lecitezza e l'illecitezza delle azioni
sia cosa semplice e indivisibile. Davvero che ne
succederebbero di belle, se uno stesso uomo
potesse moltiplicare la sua coscienza secondo i
diversi personaggi che rappresenta in sulla
terra, e dirigersi secondo quella coscienza che
meglio gli accomodasse, facendo, sotto la coperta,
d'una, di quelle cose che l'altra riprovasse e

condannasse. A questo modo si potrebbe distinguere la coscienza dell'uomo e la coscienza del medico, la coscienza dell'uomo e quella del marito (e dite il medesimo d'ogni altra professione, arte, o dignità) allo stesso titolo, al quale non voi, ma quelli di cui ripetete le astrazioni, distinguono la coscienza dell'uomo da quella del ministro. Peccato che la verità sia una, l'onestà una, e la coscienza per ogni uomo essenzialmente una, qualunque sia il personaggio che rappresenta. E com'è una l'obbligazione morale e la coscienza, così è pure una la retribuzione. Onde che vi parrebbe mai, se qualche mariolo dopo aver date ad un sere, ponete, una fitta di bastonate, si scusasse poi col dire, che non le ha applicate punto all'uomo, ma solo al ministro, essendo appunto quel sere un ministro di Stato? Chè per verità tutto quello che avesse acquistato il ministro, l'avrebbe acquistato anche l'uomo, e così quello che fa l'uomo, lo fa il ministro, non potendo esser ministro se non è uomo. Onde il ministro astratto è uno di quegli enti dell'altro mondo, a cui sogliono ricorrere coloro, che vogliono gabbare la gente di questo mondo. Ma per riguardo poi all'argomento cavato da' due fini diversi dello Stato e della Chiesa, è del pari sbagliato; chè non basta che sieno diversi, acciocchè possano essere indipendenti e del tutto separabili, ma a ciò è di più necessario che l'uno non abbia relazione coll'altro. All'incontro non c'è cattolico, anzi non c'è uomo savio e di pensieri alquanto elevati, e che tenga nella debita stima l'ordine morale, che non consideri la prosperità temporale, a cui il governo civile dee provvedere, non già come il fine ultimo e indipendente da ogni altro, ma bensì come un semplice mezzo a cosa assai maggiore, e che più altamente e intimamente interessa la dignità e la felicità degli uomini tutti, voglio dire alla bontà e alla perfezione morale e religiosa, in cui solo dimorano gli eterni destini dell'umanità, il suo unico fine, e anche la contentezza dell'animo nella presente vita. Laonde poco fa un pubblicista, che voi ben conoscete, dimostrava, che se il governo civile ha per suo prossimo fine il ben temporale, egli ha nello stesso tempo per suo fine rimoto bensì, ma tuttavia più eccellente e *principale* e a cui deve essere subordinato il primo, il *bene umano*, che è il morale e religioso, il quale, benchè si deva procacciare nel tempo della vita presente, pure essendo immortale, dura in eterno.

Adolfo. M'arrendo di buon animo; chè ben vedo che per dire il contrario converrebbe disconoscere e distruggere quello che voi avete chiamato l'*ordine morale*, che è indubitatamente superiore, e fine di tutte le altre cose umane; ed è il fine della stessa Chiesa cristiana ; nè distruggerlo si potrebbe senza degradar l'uomo alla materia e abbassarlo alla linea delle bestie.

Amico. E così fanno, mio caro, apertamente e schiettamente i materialisti, e copertamente e astutamente gli utilitari, che sono i materialisti in istivali e speroni de' nostri gabinetti. E da questa vilezza di materialismo e d'utilitarismo, da questa dimenticanza affettata dell'*ordine morale*, che si vuole eliminare sapientemente dalla politica e dalle leggi civili, venne appunto anche la dottrina abbietta e sozza del matrimonio puramente civile.

Adolfo. Non mi lamento che lo chiamiate così, perchè n'avete acquistato il diritto, dopo che m'avete dimostrato, che un tale matrimonio, agli occhi di tutti i cattolici e però anche de' ministri cattolici che non vogliono contradirsi, è affatto illecito, e che illecito si deve tenere pur giudicandolo secondo le sole leggi fondamentali del regno, secondo le quali i governanti sono obbligati di regolare i loro giudizî, se non voglian mancare di fedeltà alla nazione e al Re, e rompere i fatti giuramenti. Ma quello che mi lascia ancora qualche nube davanti alla mente, si è il considerare che, essendo il matrimonio un contratto come gli altri, circa tutti gli altri niuno contende allo Stato il diritto di far leggi, e qui, nel solo caso del contratto di matrimonio, s'incontra un'eccezione di questa sorta.

Amico. Se ci riflettete bene, troverete nella fine, che questa non si può chiamare un' eccezione.

Adolfo. Non ci arrivo.

Amico. Sapete a chi pare questa un'eccezione? A quelli che pretendono la legge civile ed il potere legislativo dello Stato dover essere *onnipotente*; e affinchè sia tale, lo proclamano indipendente da ogni altra legge e da ogni altro potere. Da questo principio procedono le astrazioni dei nostri dottrinari politici e le loro separazioni mentali, secondo le quali vogliono doversi considerare il ministro separato dall'uomo e dal credente, acciocchè il ministro non sia limitato dalla coscienza dell'uomo e del credente nelle sue viste e disposizioni. Intendete voi ora perchè si vagheggi cotanto la separazione dello Stato dalla Chiesa? La ragione è unica e semplice, e non punto velata; cioè si spera, che in questo modo lo Stato sarà libero di camminare senza le pastoie che gli mette ai piedi quell'ordine morale e quella coscienza, a cui presiede indubitatamente la Chiesa, e che limita, e, certo non poco, l'onnipotenza governativa. Questa separazione dunque non è che una formola del sistema dell'onnipotenza dello Stato. Ma che cosa è poi l'onnipotenza dello

Stato, se non la teoria del dispotismo? E pure la separazione è sempre in bocca di quelli, che si professano liberali , e che coprono tutti gli altri uomini di quegl'insulti orgogliosi, che sono loro così famigliari. Costoro o non sanno quel che si dicano, o si burlano del genere umano , o sono un misto dell'uno e dell'altro. Lungi dagli onesti un liberalismo così bugiardo e così ipocrita. Venendo dunque a stringere, io vi diceva, che il riguardo che dee avere il legislatore civile in dettare le leggi riguardanti il contratto matrimoniale non è punto un'eccezione ; ma è quello stesso riguardo che deve avere in dettare leggi intorno a qualsivoglia argomento , il riguardo, cioè, all'ordine morale e religioso, il qual ordine pone un limite necessario ad ogni potere umano, e in questo sta il vero liberalismo, nello stabilire, che le leggi positive dello Stato sieno subordinate e dipendenti dalle leggi naturali e divine del giusto e dell'onesto, di cui la Chiesa cattolica, per tutti quelli almeno che professano la cattolica religione , è maestra e giudice. Ora quando il legislatore rispetta quell'ordine immutabile, e non crede punto di doversene separare , egli non è più dispotico o tirannico. Questa è dunque la prima base del liberalismo, e la più ferma guarentigia che abbia il popolo di non essere straziato dagli arbitri , o trattato come un armento. Il popolo allora ne' suoi gravami contro i governi ha una legge superiore, rispetto alla quale si sente libero e per questa, indipendente da' suoi reggitori, ravvisa un tribunale augusto a cui ricorrere, senza bisogno alcuno d'appigliarsi al rimedio disperato delle rivoluzioni. Allora anche la legge civile, conforme ad una legge più augusta fatta da Dio, diventa venerabile agli occhi suoi, e con riverente amore vi si sottomette.

Adolfo. Il vostro ragionamento mi chiamava a riflettere che anche il nostro Codice riconosce effettivamente in più luoghi un ordine morale superiore allo Stato, non solo in tutti quegli articoli, ne' quali prende norma dalla religione cattolica, e la riconosce come vera e, unica vera, ma anche là appunto dove parla de' contratti, riponendo tra' requisiti della loro validità che la causa del contratto sia *lecita* (1). Il lecito e l'illecito è dunque qualche cosa nella vigente nostra legislazione. E d'altra parte ben vedo, che uno Stato che ha per sua propria religione la cattolica, non può riputare nè lecito, nè valido nulla di ciò, che la Chiesa cattolica dichiara illecito e invalido, come appunto sarebbe il matrimonio civile, senza cadere in una troppo palese incoerenza.

Amico. Appunto; e però ditemi voi come si possano chiamare quelle parole del guardasigilli

(1) Art. 1108, 1131, 1133.

che proponendo la legge intorno al matrimonio prende a giustificare alcune clausole di essa, come quella dell'età, e del consenso dei genitori, dall'aspetto della convenienza morale.

Adolfo. Contradizioni.

Amico. Convenite dunque che il dovere che lega un ministro cattolico, o un ministro qualunque d'uno Stato che ha per sua propria la religione cattolica, a non riconoscere e rifiutare il nome di matrimonio legittimo a quelle unioni che sono condannate come invalide dalla Chiesa, non è un'alimitazione eccezionale del potere che ha lo Stato di regolare i contratti, ma appartiene alla regola che limita in universale il potere d'ogni Stato circa tutti i contratti, non esistendo infatti alcun potere tra gli uomini di fare che sia un vero contratto obbligatorio quello che, essendo ad eseguirlo illecito, nè può obbligare, nè può essere contratto, nè dare esistenza ad altra obbligazione, che a quella di rifuggire da un così colpevole attentato.

Adolfo. M'avete persuaso: no, il legislatore civile non può far tutto ciò che egli vuole, e non può creare egli solo i contratti, o far che sia contratto quello che manca di certe condizioni anteriori alla legge positiva, e al contratto essenziali, una delle quali è l'intrinseca lecitezza. Pure è un fatto che i pubblicisti comunemente estendono immensamente il potere de' governi civili, e dalla sua autorità fanno dipendere e la facoltà di testare, e la proprietà stessa, e la validità delle unioni tra' sessi, e fin anco la patria potestà.

Amico. Dite anco di più : non abbiamo noi veduto la rivoluzione francese, in un momento d'entusiasmo per la libertà, aver accampato il principio, che anche i figliuoli sono proprietà dello Stato, e da questo solo devono ricevere una liberale educazione? Che stupenda libertà! Che magnifico liberalismo! È dunque chiaro che c'è al mondo una fazione composta d'ingannati e d'ipocriti, che mutando il significato alle parole, rimescolano il mondo, non significando in loro bocca la parola *libertà* altro che servitù accompagnata da licenza. Acciocchè poi, quando dispongono de' più cari e più intimi diritti dell'uomo e della famiglia in questo modo di sformato dispotismo, la moltitudine de' gonzi non mormori, le cacciano negli orecchi un'altra bellissima frase : « l'inviolabilità del domicilio ». Con un affettato rispetto alle mura della casa, s'impadroniscono di tutto ciò che riguarda le persone che l'abitano, e de' matrimoni e dei figliuoli, e poi gridano, e vi pagano acciocchè anche voi gridiate con essi : viva la libertà!

Adolfo. A questi tratti li riconosco, li vedo.

Amico. Ma veniamo all'applicazione del principio, e la stessa verità si svelerà da un altro lato, e si renderà ancora più splendida.

Adolfo. V'ascolto con interesse.

Amico. Il principio è dunque, che lo Stato civile ha un potere limitato circa i contratti, limitato e dipendente da certe condizioni anteriori alle leggi civili, così intrinseche al contratto, che quando esse mancano, non esiste pur la materia su cui il legislatore civile possa esercitare la sua potestà, perchè non esiste ciò, ch'egli dee riconoscere e convalidare colla civile sanzione. L'applicazione di un tal principio dee variare e modificarsi secondo che variano e si modificano nelle varie materie dei contratti le dette condizioni, dalle quali dipende la natura dei contratti; e secondo che tali condizioni sono più, o meno, o diverse, anche il potere civile conviene che, in virtù dello stesso principio, sia più o meno, o in un modo diverso limitato. Dunque per applicare quel principio è necessario prima di tutto conoscere qual sia la natura e la classe dei contratti, a cui si voglia applicarlo.

Adolfo. Benissimo.

Amico. Ditemi ora: se si trattasse di applicare quel contratto alla vendita di carne umana?

Adolfo. Diacine! Non sarebbe possibile l'applicazione, chè un tal contratto obbrobrioso e nefando non può esistere, se non vogliamo diventare cannibali e antropofagi.

Amico. Nè pure per la potestà legislativa che ha lo Stato?

Adolfo. Corbellate ?

Amico. E se si trattasse d'una compra-vendita d'uomini ?

Adolfo. Gli uomini non sono cose venali. La dignità personale non sopporta certo d'essere oggetto di contratto, quand'anco tutti i ministri del mondo e tutti i parlamenti rifondessero in un solo il loro volere, e formassero di tutti un poter solo.

Amico. Passiamo ora ad un'altra conside-razione, se vi piace, e vediamo se il nostro Codice, pubblicato sotto l'assolutismo, come si dice, e composto da giureconsulti educati alla università, i quali non possono certamente aver avuto in mira di restringere indebitamente la sovrana autorità dello Stato, riconosca qualche limite a quest'autorità, nella materia appunto de' contratti. Leggete l'articolo 1418.

Adolfo. « Le sole cose che sono in com-mercio possono essere oggetto di convenzione ».

Amico. Voi avete qui chiaramente formulata la definizione generale de' contratti; de' con-tratti, dico, a cui s'estende, secondo i principi del nostro Codice, l'autorità del legislatore civile. Una così esplicita e netta definizione non lascia punto dubitare, che gli oggetti de' contratti sot-toposti al civile legislatore sono non tutti, ma solo quelli che si mettono in commercio.

Adolfo. Mi fate un'osservazione che non mi era mai caduta in mente.

Amico. Ditemi ora: nel contratto matrimoniale pare a voi che si disponga di cose che sono in commercio ?

Adolfo. No, davvero.

Amico. Dunque il matrimonio, secondo i principî del nostro diritto civile, non può essere oggetto di que' contratti, che il legislatore prende in vista colle sue leggi. Esso in fatti è qualche cosa di più nobile e d'una più alta dignità di tutti quelli, a cui s' estenda l' autorità umana. È ben vero che ad un tempo col matrimonio si stringono, tra gli sposi, diverse altre convenzioni o contratti riguardanti la dote e in generale i patti nuziali, convenzioni essenzialmente diverse dal matrimonio ; e a queste che sono puramente accessorie e cadono sopra oggetti che possono benissimo esser posti nel comune commercio degli uomini, a queste unicamente si restringe il titolo VIII del libro III del Codice, avente per titolo: *Del contratto di matrimonio, e dei rispettivi diritti degli Sposi.* Se lo leggerete tutto, non ci troverete altro.

Adolfo. Vero: a quel titolo non si parla che delle convenzioni accidentali che si sogliono stringere contemporaneamente al matrimonio, ma la ragione di questo si è, perchè il Codice parla del matrimonio stesso nel libro primo, intitolato: *Delle persone.*

Amico. Appunto : non tratta dunque del matrimonio in quella parte che è dedicata ai

contratti (benchè quivi parli delle convenzioni
che accompagnano il matrimonio); e ne parla
in quella, che ha per oggetto le persone, le
quali non possono esser materia di contratto.
Così l'antica sapienza piemontese rispettava la
dignità umana, non confondendo la perpetua e
nobile unione di due persone umane, quali
sono gli sposi, con que' contratti, di cui l'umano
legislatore può disporre, gli oggetti de' quali
si possono mettere in commercio, ma riconoscendo questa per una cosa assai più sublime,
che sfugge all'ordine delle cose materiali, e che
si dee annoverare tra le morali, le personali,
le divine. Fu soltanto l'ignobile materialità di
que' pretesi filosofi, che degradarono l'uomo
alla condizione de' bruti, colla menzognera
parola di libertà in bocca, fu essa appunto,
che spogliando il matrimonio di tutto ciò che
ha di più eccelso e di più essenziale, l'abbassò
alla condizione de' comuni contratti civili, che
intorno a cose venali s'aggirano: chè in questa
abbiezione di filosofia, o più veramente d'empietà, tutto diventa venale: e lo stesso pensiero, che abolì in Francia il cristianesimo sostituendovi il culto meretricio della Dea Ragione,
inventò la nuova ed inesatta definizione, che
oggidì tra noi abbaglia cotanto: « Il Matrimonio
è un contratto civile ».

Adolfo. Pure voi non vorrete negare con
questo al matrimonio la qualità di contratto?

Amico. No, ma gli nego quella di *contratto civile*, gliela nego in questo senso, che quantunque il civile legislatore possa e debba sanzionarlo, quand'è fatto, come sanziona la patria potestà e tanti altri diritti, che tra gli uomini si formano e nascono senza di lui; tuttavia il contratto matrimoniale non è menomamente uno di quelli, che o si formino o acquistino valore per virtù della legge civile, o sull'essenza de' quali questa possa punto influire, o determinarne qualche elemento costitutivo. Laonde anche di qui si vede, onde sia che per consentimento di tutti i giureconsulti, a qualunque età od opinione appartengano, mentre negli altri contratti il consenso si può presumere dal legislatore civile o anche supplire, nel contratto di matrimonio non si può mai, ma conviene che sia dato sempre liberamente da' contraenti. Niun governo osò fin qui avanzarsi a questo grado d'impudenza d'arrogarsi la facoltà di supplire nel matrimonio il consenso: la coscienza del genere umano poneva così un limite alla voglia di dominazione, e con questo venìa a riconoscere indirettamente, che la formazione d'un tal contratto non è di pertinenza de' governi. Non è di pertinenza de' governi, primieramente perchè l'oggetto del contratto matrimoniale ha un'altra natura diversa al tutto da quella, che chiaramente e sapientemente determina il Codice nostro, quando dice, che « le sole cose che sono in commercio possono essere oggetto di convenzione ». Troppo più eccellente e spirituale è l'oggetto del matrimonio, chè quest'oggetto è l'amore perpetuo e pieno di due esseri umàni di sesso diverso, non già il solo amor fisico, ordinato all'unione de' corpi e alla generazione de' figliuoli, ma ancora e principalissimamente un *amor morale* e santo che unendo l'anime quasi e raddoppiandole, nobilita e innalza lo stesso amor fisico, e ne vela e involge quasi e nasconde in sè stesso tutto ciò che di lui ci può esser di materiale e d'ignobile. Ora se questa è la parte più sostanziale e vitale dell'unione matrimoniale, e quella che la eleva e diparte infinitamente dagli accoppiamenti de' bruti, come chi ha raggiunto questo vero e unicamente vero concetto del matrimonio, l'uguaglierà alla condizione degli altri civili contratti, o crederà che una tale convenzione d'amore tra due anime possa soggiacere alla legge esterna del civile legislatore?

Adolfo. Davvero, che i legislatori della rivoluzione francese, e quelli che poi in diversi Stati d'Europa si fecero loro discepoli, con soverchia umiltà o piuttosto con soverchia dabbenaggine, non hanno mai concepito il contratto matrimoniale sotto un aspetto così elevato e così giusto, come ora voi me l'avete descritto. Se un amore compiuto e spirituale dell'anime ne dee essere il principale oggetto, a Dio solo, che penetra nell'anime, può soggiacere un patto così sacro, intimo e profondo, che sfugge a tutti gli occhi umani. E ben vedo, che quella parte che nel matrimonio si può vedere e toccare, e che perciò sola potrebbe soggiacere alla vista e al potere umano, è la minore, e questa stessa dipende dalla parte interiore e incorporea del matrimonio, e da questa deve ricever la legge, a questa essere ordinata, cosa che di nuovo sfugge al legislatore civile.

Amico. Per la stessa ragione sfugge al legislatore esterno la parte principale delle conseguenze di tale unione, cioè i fini morali e spirituali, che gli uomini devono per la loro morale e intelligente natura proporsi quando si uniscono in matrimonio; poichè questi fini sono la loro reciproca perfezione morale, e non tanto il generare i figliuoli, quanto il santamente allevarli, e la soddisfacente convivenza di tutta la famiglia, la quale soddisfacente convivenza da altro non s'ottiene principalmente che dall'amore, sia degli sposi tra loro, sia tra essi e i figliuoli, sia tra' figliuoli medesimi; onde in fine tutti si riducono i fini del matrimonio all' *amore morale* e ai frutti di questo amore; nè mai s'intese che la legge esterna dello Stato possa imporsi all'amore.

Adolfo. Benissimo.

Amico. Per la stessa ragione, che l' esterno e civile legislatore non può ridurre in suo potere, quand' anco, facendola da tiranno, il volesse, sia ciò che costituisce la più *intima essenza* del matrimonio, che è un amor morale, siano i *fini* elevati e i beni a cui ottenere è ordinato, che si riducono alla perfezione morale e alla felicità domestica, di cui di nuovo l'amor morale è ministro, per la stessa, al potere del civile legislatore sfuggono affatto i *doveri* precipui positivi e negativi de' coniugati, che ancora si riducono come in ultima loro formola all'amor morale e a tutte quelle azioni e disposizioni, che da questo ordinatamente conseguono. Poichè per queste tre cose, l'*essenza*, i *fini*, i *doveri*, si distingue e muta interamente di natura l'unione destinata a perpetuare la specie nell'uomo e nelle bestie, e a quella sola è perciò riserbato esclusivamente l'onorevole nome di matrimonio. Differisce questo sostanzialmente e specificamente dall'unione fisica, e troppo più alto s'innalza, che non alla sola conservazione materiale della specie, ma mira principalmente e s'estende a que' beni che come sono incorporei, e inarrivabili alla forza materiale de' governi, così pure sono eterni e di divina indole. Laonde i governi temporali e civili, dopo la venuta di Cristo, dieno pure regolamenti e facciano leggi, chè il possono, per migliorare le razze de' cavalli e quelle dell'altre mandrie tutte, secondo le norme d'una savia pubblica economia, e del pari provvedano con ottime disposizioni ad ogni altra cosa esterna e materiale affine che prosperi la nazione ; ma dopo aver fatto, rispettino l'uomo, e non pretendano d'avanzare le mani fino a quell'ordine invisibile di cose che non possono nè raggiungere, nè toccare, e alle quali appartiene, in quello che si distingue dagli accoppiamenti belluini e che ne forma l'essenza, il matrimonio. Chè come l'ordine morale è superiore ad ogni civile governo, e ogni governo dee riconoscersi a lui soggetto, così pure è superiore all'autorità civile il matrimonio, e in virtù della spiritualità e della morale onoranza di questo, gli è superiore altresì la famiglia, che col matrimonio s'istituisce e si forma, da' penetrali della quale una cotal riverenza morale, diffusa per tutto, e la sapienza stessa de' migliori legisti ripelle e discaccia l'ingerenza governativa, per quantunque essa curiosa o superba vi si voglia intromettere.

Adolfo. Niente di meglio.

Amico. Considerate oltre di ciò che v'ha qualche cosa di divino e di superiore alle umane volontà non solo nell'unione perpetua e compiuta di due esseri intelligenti e morali, ma nella stessa procreazione dell'uomo, a cui si riferisce l'ufficio più materiale ed esteriore de' coniugati, l'unico che considerano nel matrimonio i materiali legislatori. E già quel velo di pudore di cui si ricopre, assai chiaramente dimostra siccome l'umana dignità tenta, quasi per istinto di sua eccellente natura, di sottrarre alla luce ogni elemento materiale che accompagna il matrimonio, volendo l'umana natura, sdegnosa di tutto ciò che patisce in sè d'inferiore all'ordine dello spirito, renderlo anch'esso somiglievole, quanto più possa, alle cose invisibili ed incorporee, e quindi lontanissimo dalle palesi e dalle pubbliche. Ma oltracciò è ella forse opera dei soli umani individui la generazione umana, o non esige piuttosto la cooperazione e la presenza dello stesso Dio, dal quale, e non da altro fonte, può venire la nuova anima immortale che, vestita di corpo, prende luogo nell'umana famiglia? Si aguaglierà ai civili contratti quest'unico e singolare, del quale uno de'principali e più importanti scopi non si può ottenere dalla sola volontà e potere de'contraenti, ma da un intervento della divina onnipotenza? Laonde qual è mai maraviglia, che Iddio, a cui è riservato, per la natura della cosa, di fare che arrechi il suo proprio frutto il matrimonio, l'abbia voluto egli stesso immediatamente istituire tra gli uomini a bel principio, quando questi da lui furon creati, ed abbia con espressa dichiarazione significato alla umana stirpe, che egli solo n'è e sarà sempre l'autore e il legislatore, egli, quegli che congiunge e benedice e con precetti obbliga gli sposi? Era per verità cosa convenientissima

e alla divina provvidenza conforme , che richie-
dendo la nuova esistenza al mondo d'un uomo,
ogni volta che è generato , la mano di Dio ,
Iddio fosse altresì quello che presiedesse alle
umane unioni , e riserbasse a sè solo di darvi
la legge. Ecco il vero ed il solo possibile legislatore di questa perpetua e sì ineffabile e misteriosa unione che è il matrimonio ; Iddio, e
quella Chiesa che lo rappresenta in terra , a
cui Gesù Cristo conferì positivamente una parte
della sua potestà, e le promise d'esser con essa
fino alla consumazione de' secoli. Laonde con
divina autorità imponendo un limite insupera-
bile a tutti i legislatori umani, fu detto: « Quello
che Dio congiunse, l'uomo non separi » stabi-
lendosi così nel matrimonio un vincolo indissolubile. Poichè questa prima legge dell'*indissolubilità del vincolo* è divina nella sua origine non
meno che nella sua natura : ella è tale infatti,
che nessun potere umano, nessuna umana volontà potea efficacemente ordinarla , e quasi
imprimerla nel matrimonio. Nel che si vede la
divina bontà e provvidenza non mai venuta
meno verso il genere umano. Poichè, dopo che
Iddio pel fallo degli uomini si è come ritirato
dal mondo , tutto quello che accade in modo
ordinario nel mondo , accade per quelle forze e
virtù , di cui il mondo stesso è dalla creazione
dotato, fuori tra tutti gli avvenimenti d'un solo,

nel quale Iddio continua ad intervenire egli
medesimo in un modo immediato, producendo
ciò a cui niuna virtù o potenza creata e inse-
rita nella natura delle cose bastava, e questa
è una nuova anima intelligente: a cui essendo
indirizzato il matrimonio, sempre in tutti i secoli e presso tutte le nazioni esso fu considerato come cosa sacra, e vi si mescolò presso
ogni popolo la religione, e si conobbe altresì
esser esso un simbolo di cosa ancora più sublime, d'un'altra unione, per la quale l'uomo
è creato, un simbolo, voglio dire, della comunicazione e intima unione dell'anima con Dio
stesso, da cui essa trae l'origine, e ove trova
il fine di sua esistenza. Il che si vede non
meno nelle più antiche tradizioni dell'Indie,
che in quella del popolo eletto; onde un erudito
tedesco di gran nome, il Kistemacher, potè coi
più antichi libri indiani illustrare maraviglia-
mente l'allegoria che si nasconde nella Cantica
di Salomone, e l'avrebbe potuta ugualmente
illustrare con tutta l'orientale sapienza, chè
appresso tutti i popoli orientali quella allegoria
maravigliosa era ed è divolgata e comune. E
questo fu appunto quel simbolo o *sacro segno*,
principiato nelle prime nozze del mondo, che
Gesù Cristo elevò poi (e non già un contratto
civile), alla dignità di sacramento della nuova
legge, aggiungendo a quel simbolo una divina

efficacia di produrre nelle anime degli sposi la unione appunto soprannaturale che esso rappresenta. Laonde pei cristiani divenne così il matrimonio cosa doppiamente sacra, e perchè sempre avuto per simbolo di cosa sacra e da Dio istituito e da un secreto intervento di Dio reso fecondo, e perchè sacramento della legge di grazia, del quale come di tutti gli altri sacramenti la Chiesa cattolica è depositaria e immutabil custode. Il matrimonio dunque è quel filo pel quale la società umana s'attiene immediatamente al Creatore, e guai a quei governi illiberali (lasciate da parte le ciance) che, mossi da uno sfrenato dispotismo, s'attentano di strappare questo filo e di tirarlo a sè!

Adolfo. Non avevo mai riflettuto e inteso così bene, come al presente, dopo queste riflessioni, le parole di Gesù Cristo: « quello che Iddio ha congiunto, l'uomo non separi ». Con esse apertamente si dichiara, che l'unione indissolubile degli sposi è opera di Dio solo, e che perciò il matrimonio è cosa da annoverarsi tra le cose più sacre. S'intende ancora perchè, niuna potestà umana essendo quella che annoda gli sposi, neppure può appartenere a niuna potestà umana il separarli. Certo, se fosse in potere del governo civile unire gli sposi, sarebbe anche in suo potere per la stessa ragione il separarli; e il matrimonio sarebbe solubile. Nè l'unione dunque, nè la separazione degli sposi può essere oggetto di legge civile: questo già me l'avete reso evidente; e di conseguenza non posso più considerare il progetto di legge sul matrimonio civile presentato alle nostre Camere, se non come il frutto dell'ignoranza, o d'una scienza superficiale e materiale, e confesso che io stesso per mancanza di sapere e di riflessione m'ero lasciato illudere. Compatisco i nostri ministri che saranno stati probabilmente ingannati com'ero io, e tanto più li compatisco che avranno creduto necessario di far quel che hanno fatto per la quiete del paese, vedendo che un partito forte lo voleva, partito composto di legali, educati ai principî aulici, non certo liberali, e di increduli, incapaci gli uni e gli altri d'elevarsi a quelle morali e religiose considerazioni, che sole possono far conoscere la vera natura del matrimonio in sè stesso, e sopra tutto all'alta idea del matrimonio cristiano.

Amico. E che per ciò? Conveniva forse abbandonare la verità, o vergognarsene, perchè altri ricusa di riconoscerla? Conveniva prendere la norma secondo cui riformare la nostra legislazione, da costoro? Conveniva dimostrarsi tanta debolezza e viltà d'animo, e persuasioni così fiacche, da' ministri d'uno Stato, che ha per primo articolo della sua legge fondamentale: « la sola religione dello Stato è la cattolica? »

E far tutto ciò protestando d'essere essi stessi cattolici, e di più colla pretensione ridicola di farla anche da teologi, decidendo che il loro progetto non è punto contrario alla religione dello Stato ed allo Statuto, a malgrado de' reclami e de' lamenti di chi è il giudice legittimo in questa materia, la santa Chiesa?

Adolfo. Certo, ci fu un misto d'irriflessione e di debolezza; ma, lasciatemi dire, ottimo amico, *non ignara mali, miseris succurrere disco.*

———

DIALOGO III.

Adolfo era rimasto così soddisfatto dell'ultimo colloquio e così contento d'averci udite e imparate tante cose per lui nuove e importanti, che avea l'animo pieno, non avrebbe saputo dire egli stesso, se più di piacere o d'ammirazione dell'assennatezza e della dottrina dell'amico. La sua bell'anima s'era affezionata a lui il doppio di prima, e la sua riconoscenza era andata crescendo in ragione, che l'amico nella discussione l'avea contradetto, e avea combattuti i suoi pregiudizi. Infatti suol essere un segno costante degli uomini sinceramente amanti della verità, il non trovarsi a pieno tranquilli, ed anzi sentire in sè stessi una certa inquietudine, quando inavvedutamente abbiano accolto delle opinioni erronee, indottivi o dalla autorità di persone da essi stimate, o dalla magica influenza che acquistano le opinioni sostenute da' partiti politici, i quali asseriscono tutto ciò che loro accomoda con imperturbabile sicurezza e insistenza, onde le persuasioni così fortemente e uniformemente espresse da molti si

propagano alla foggia di un contagio. Quando
poi gli uomini retti che vi rimangono accalap-
piati, incontrano chi loro s'opponga, nello stesso
tempo che difendono con impegno i pregiudizi
imbevuti, provano un secreto piacere della stessa
contradizione, e finiscono coll' accettare interamente la luce della verità, e per sè, e perchè
vengono a liberarsi da non so quale molestia,
che li tormentava nel fondo de' loro animi senza
avvertirla. Così appunto era accaduto ad Adolfo,
che rimasto solo dopo l'ultimo colloquio, andava
seco medesimo riandando e riassumendo col
pensiero tutto ciò che avea udito, e che l'avea
più interessato, e in questa resa di conto che
dava a sè stesso, gli sovvenne che il primo dialogo era rimasto dimezzato, a cagione che quando
l'amico avea incominciato a dimostrargli che il
progetto di legge sul matrimonio civile si oppo-
neva al Concilio di Trento, egli l'aveva interrotto, e tutto il resto del colloquio s'era consumato in obbiezioni e risposte circa l'applicazione d'un solo passo del Concilio medesimo,
relativo a un articolo del progetto. Bramoso
dunque d'udire il resto del ragionamento, si
mise, quasi direi, in agguato per cogliere di
nuovo l'amico in un buon momento e costringerlo a rifarsi sulla stessa materia. L'amico (da
qui avanti gli daremo il nome d' Alessandro),
era anch'egli rimasto assai pago della docilità e
della lealtà d'Adolfo, e al primo assalto cedette

con piacere al suo desiderio. Sul fare della sera
si trovarono i due non dirò più disputatori,
ma già piuttosto maestro e discepolo, ritirati
in un angolo del salone di comune convegno,
a stretto colloquio. Alessandro lesse ad Adolfo
l'anatema, che infligge il Tridentino a tutti
coloro, che ardissero dire « non esser veri e
rati matrimoni quelli che si contraggono dai
figliuoli di famiglia senza il consenso dei genitori, come pur a coloro che sostenessero, i
genitori potere convalidare o invalidare i
matrimoni de' figliuoli » (1). Ma mentre gli
stava mostrando come il ministero avesse di
nuovo insegnato col suo progetto di legge al
religioso popolo piemontese in che modo si bra-
vino le scomuniche della Chiesa universale, non
già solo opinando che sieno nulli i matrimoni
de' cattolici fatti senza il consenso dei genitori,
ma tentando di fare che così appunto si ritenga
e si pratichi in Piemonte, in virtù d'una legge
dello Stato; rientrarono i nuovi ospiti dal giro
che avean dato per la villa e la circostante
campagna (2). Onde Alessandro, lasciato a mezzo
il discorso, s'alzò e si fece loro incontro inter-
rogandoli com'era riuscito il passeggio, e con

(1) .... *S. Synodus anathemate damnat, qui ..... falso*
affirmant, matrimonia a filiis familias sine consensu paren-
tum contracta irrita esse, et parentes ea rata vel irrita fa-
cere posse. Sess. xxiv. Decr. de Reform. matrim. Cap. 1.
(2) V. pag. 360. *Dial.* II.

essoloro sulle cose da essi vedute alquanto intrattenendosi.

Conviene, prima di proseguire, ch'io dica ora chi erano costoro. Una dama vedova, la marchesa N..., che chiameremo donna Caterina, con Ernesto suo figlio, che, ottenuta pur allora la laurea legale, stava per entrare in diplomazia, e due figlie, l'una bambina di dodici anni, l'altra da marito e già fidanzata, e finalmente un Avvocato amico di casa. Donna Caterina, uscita d'un casato oltremodo illustre pari a quello in cui era entrata sposa, ad una squisita coltura e un grande ingegno, che la rendeva dalle altre singolare, univa una bontà senza pari e una rara pietà, nè i suoi quarant'anni le avevano diminuita quella freschezza e maestosa bellezza, che a quanti la riguardavano imponeva ammirazione e rispetto. Solo chi l'avesse con attenzione osservata, ci avrebbe ravvisato in volto un leggerissimo velo di mestizia, o congetturato qualche sciagura: e in fatti ella sentiva tuttavia profondamente la perdita, fatta avanti due anni, d'un ottimo consorte. Ma il dolore in un'anima così rassegnata, anzichè togliere all'avvenenza, le aggiungeva non so qual grazia e dolcezza. Il figlio Ernesto, educato da' genitori con ogni cura, non privo per natura d'animo generoso e di buon ingegno, dopo il quarantotto s'era assai cangiato da quel di prima. Poichè, negletti gli

studî, e datosi quasi interamente ai giornali e
ai crocchi politici, senza una sufficiente prepa-
razione di dottrina, avea abbracciato senza
esame le opinioni che tra' giovani suoi coetanej
correvano per le più liberali e progressive, e a
questa scuola era divenuto bel bello quasi in-
tollerabile per la presunzione e pel disprezzo,
con che sputava sentenze su d' ogni materia:
il che dava una nuova e certo non piccola afflizione alla madre.

Rientrata dunque in casa tutta questa co-
mitiva, e trattenuti tutti alquanto in piedi dal-
l'incontro d' Alessandro, dopo alcune officiose
domande e risposte, le donne, presa licenza, si
ritirarono nelle loro stanze al palco superiore.
Allora Adolfo che avea sofferto a malincuore la
interruzione del ragionamento appena incominciato, e il sacrificio di quel po' di tempo dovuto
alle convenienze, per riappiccare il discorso,
prese a narrare all' Avvocato e al giovane Ernesto, entrambi di sua conoscenza, come con
sua grande soddisfazione avesse passato buona
parte di quella giornata con Alessandro, ragio-
nando intorno al progetto di legge sul matrimonio civile, e come al loro entrare stavano
continuando nei medesimi ragionamenti. Ma appena Ernesto intese che Alessandro biasimava
il progetto di legge e lo denunciava come contrario alle decisioni della Chiesa, e che Adolfo
s' era lasciato attirare alla stessa sentenza: Ah

dunque anche tu, disse volgendosi ad Adolfo e sorridendo, sei divenuto un messere della coda, un fanatico della fazione clericale, neh?

Non parlate con queste maniere, tosto lo riprese francamente Alessandro, che sono sconvenevoli: tra noi non ci sono fazioni.

Scusate, riprese con maggior baldanza Ernesto, parlavo d'Adolfo e non di voi, e poi...

Alessandro. Che è quest'e poi?

Ernesto. E poi, appena entrato qua entro, che volete? vi ho sentito un grand'odore di prete, puh! (*e sghignazzava*).

Se vi noia quest'odore, gli rispose con serietà Alessandro, potete uscire all'aria libera, — e colla mano gl'indicava la porta.

— Se fosse dipenduto da me, non ci sarei nè manco venuto, dicerto.

— Ma ora posto che ci siete venuto e ci volete rimanere, o solo o in compagnia questo non monta, dovete attenervi alle usanze della buona società, rispettando quello che è rispettabile, e che tutti noi rispettiamo. Che se in vece di motti così poco spiritosi come sono quelli che vi sono sfuggiti, aveste a caso delle ragioni, o buone o che vi sembrassero tali, da opporre alle nostre opinioni, padrone, padronissimo d'esporle, e nessuno ve ne farà rimproveri: appresso di noi vedete, caro Ernesto, la disputa è libera a tutti, ma il motteggio..... e il motteggio irreligioso! vi pare?.... È cosa tanto goffa, tanto vigliacca, tanto illiberale, che appresso di noi non ci fa fortuna.

Queste parole nello stesso tempo che pungevano sul vivo Ernesto, facevano su di lui la impressione come d'una verità. Stringendosi dunque nelle spalle, s'allontanò dal crocchio con dispetto, e si mise a passeggiare la sala, le mani nelle due saccoccie de' calzoni, con passi lunghi, intercettati di qualche salterello, con cert'aria di non curanza, e dopo qualche momento di silenzio, alzando con forza la voce: Credete forse, prese a dire, di farmi mutare opinione anche a me? E faceva passare in giro l'indice curvo sopra il naso per indicare, che questo non sarebbe avvenuto mai.

Ma l'Avvocato, uomo che professava bensì le opinioni che corrono tra' legali circa la questione del matrimonio, ma pur era dolente di quel contegno inurbano e ragazzesco d'Ernesto, gli s'accostò, sotto voce pregandole di prendere modi più decenti, e: Se avete, aggiunse, delle obbiezioni ragionevoli, questi signori, ve l'hanno già detto, non ricusano d'ascoltarle.

Le mie obbiezioni, rispose Ernesto, con una voce che potesse esser udita dagli altri, e continuando a passeggiare, sono più che ragionevoli, anzi invincibili (e qui, volendo fare il serio, gli scappava da ridere) e si riducono tutte ad una, che io voglio la libertà, e che odio e detesto tutti quanti i legami ci possano mettere i tiranni e i despoti e con essi anche i preti e i frati, le bolle e i concili..... e *il diavolo che li porti*, proferendo queste ultime parole con voce più bassa e fra' denti, affinchè non fossero intese da Alessandro, di cui avea già sperimentata la fermezza.

Intanto Adolfo, annoiato sommamente di tali scene del giovane, perchè cagionavano nuova perdita di tempo, per continuare il colloquio, invitò i due compagni a sedere: « E voi, Ernesto, disse, se volete ascoltare o ragionare anche voi, siete padrone, altramente siate compiacente di non disturbare il nostro intertenimento. Tutti e tre dunque, seguendo l'invito, prese delle sedie, si misero a crocchio in un canto della sala, cominciando tosto Alessandro a esporre all'avvocato a qual punto fosse arrivato il ragionamento. Ernesto poi un po' umiliato al vedersi così rimasto solo, e rincrescendogli che la madre venisse a sapere che egli fino dal primo entrare in casa s'era imprudentemente guastato con Alessandro, diminuì a gradi la forza de' suoi passi, e finalmente venne ad appoggiarsi in piedi dietro allo schienale della sedia dell'avvocato, il mento appoggiato al dosso delle dita di ambe le mani che tenevano lo schienale medesimo, in atto d'ascoltare. Cercava seco stesso una via di rientrare onestamente nella compagnia, da cui era stato escluso, o piuttosto si era escluso da sè medesimo, ma non sapea come incominciare, salve le esigenze del suo amor proprio. Finalmente, dopo ascoltato un poco quanto gli altri dicevano: Lor signori, disse interrompendoli, vogliono ragionare, e si perdono in inezie: non è che una questione sola che importi ai nostri giorni, quella della libertà. Ora egli è evidente che le leggi della Chiesa non fanno che contrariare i nuovi governi liberali nei loro progressi, impedire le libertà dei cittadini, invadere i diritti dello Stato. O conviene dunque confessare di astiare la libertà, o lasciare una volta da parte tante anticaglie, quali sono già divenute coteste leggi ecclesiastiche, e secolarizzare la legislazione sviluppando ampiamente le nostre libere istituzioni.

Impazientito Adolfo per questa uscita così poco garbata, volea reprimere l'insolenza del giovane; ma Alessandro, prevenutolo, rispose dolcemente: Io sono pronto, Ernesto, a discutere con voi la questione di questo progetto di legge anche sotto l'aspetto della libertà, ma a condizione che voi da parte vostra ci promettiate d'essere arrendevole alla ragione, e di usare modi, schietti sì quanto volete ma in pari tempo urbani e modesti, come conviene alla vostra educazione e alla vostra età.

Adolfo, Alessandro, Ernesto e l'Avvocato.

Ernesto. Dichiaratevi prima di tutto : siete voi pel dispotismo o per la libertà ? siete de'piagnoni che inconsolabilmente lamentano l'antico regime e odiano le nostre istituzioni liberali, sullo stile de'neri, ovvero di quelli che le riconoscono e accettano come un passo verso l'emancipazione totale del popolo, in una parola verso l'idea? Poichè co'retrivi, coi reazionari, cogli oscurantisti, io non disputo.

Alessandro. Niuno più di me detesta il dispotismo ; io lo detesto al pari di voi, Ernesto, più di voi; ed altrettanto amo la libertà : dovevo anzi dire che voi non amate punto la libertà , mentre io sì.

Ernesto. Io ?

Alessandro. Voi proprio, e lo provo, perchè non sapete dove essa dimori; e quello che non si conosce, non si può amare.

Ernesto. Parlate arabico, o per dir meglio canzonate ?

Alessandro. Mi spiegherò in volgare: voi avete supposto come evidente che le leggi della Chiesa impediscano i nuovi governi dallo sviluppare le loro libere istituzioni, e quindi che queste mettano ostacolo ai liberali progressi. Ora questo, secondo me, è un non conoscere punto dove stia di casa la libertà : e però vi dicevo che non amate la libertà, perchè non sapete dove ella dimori.

Ernesto. Davvero? La Chiesa liberale? Quali sono i monumenti del suo liberalismo? Io non ne vedo, se non fossero i roghi, su cui i preti hanno fatto ardere tante migliaia d'innocenti!

Alessandro. Conviene che studiate un po' meglio la storia: mai la Chiesa non fece ardere innocenti: e quanto agli eretici, sapete da chi furono fatti ardere?

Ernesto. L'imparerò da voi.

Alessandro. Dai governi civili. Ma poichè questo ci trarrebbe dall'argomento su cui Adolfo brama che c'interteniamo stasera, vi rimetto, se ne volete vedere il chiaro, allo scritto d'un grand'uomo, già ministro di S. M. il Re di Sardegna, voglio dire alle lettere sull'Inquisizione del Conte De Maistre: leggetele, ne rimarrete convinto, e imparerete a diffidare de' luoghi comuni de' nemici della religione. E la stessa questione, che noi abbiamo alle mani, ella stessa può somministrarci un altro esempio, un'altra prova come la libertà è, indovinate mo'da qual parte?.., dalla parte della Chiesa, e la servitù all'opposto dalla parte di certi governi civili, che sotto il pretesto menzognero di svolgere le libere istituzioni, restringono più che mai la libertà de' cittadini: tale è lo spirito, tale l'effetto anche della legge che ora si vuole imporre al Piemonte. E se la legge intorno al Matrimonio civile trova un ostacolo nelle leggi della Chiesa, è questo appunto un'opposizione della Chiesa alla servitù, che ci si vuole imporre, e non alla libertà, come voi falsamente v'immaginate.

Ernesto. Mi pare che siate matto, scusatemi della libertà, ma vi ricordi che non avete a fare co' gonzi.

Alessandro. Grazie del complimento! Per altro potrei dimostrarvelo non da un lato solo, ma da cento. Ma poichè noi parlavamo de' due impedimenti nuovi che il progetto di legge sul Matrimonio Civile vuol introdurre, cioè di quello del consenso de' genitori, e dell'età di 18 anni pe' maschi e 15 per le femmine, in opposizione alle leggi della Chiesa, non uscirò, se volete ascoltarmi con un poco di pazienza, da questo punto particolare; e vi mostrerò, che il liberalismo appartiene alle leggi della Chiesa, e la servitù alla legge del nostro governo costituzionale, e che la Chiesa s'oppone a questo preteso nuovo sviluppo delle libere istituzioni, come la libertà s'oppone alla servitù, e non come la servitù s'oppone alla libertà. Dopo che m'avrete ascoltato, padrone di dirmi matto: ma condannarmi senz'avermi udito.... non è da liberale. Se volete dunque ragionare qui con noi, dovete rispondermi tranquillamente e con buona fede: altramente, libero voi d'andarvene, e liberi noi di continuare qui o altrove la nostra conversazione: riconoscerete che questo è liberalismo.

Ernesto. Bene, bene; ma non crediate però di tenermi qui per forza; ci sto fino che mi piacerà e poi me n'andrò

Alessandro. Che dubbio! Ve n'andrete certo quando vorrete, ma fino che starete qui nella nostra conversazione, vi mostrerete, spero, uomo intelligente e assennato, come potete essere, se volete. Ascoltatemi dunque. Avendo voi pur ora compito il corso degli studi legali, suppongo che ci avrete imparato che la libertà consiste nell'esercizio non impedito de' propri diritti.

Ernesto. Sì.

Alessandro. E però appunto, dico io, la libertà è una magnifica cosa, anzi la libertà è il tutto nella società civile; perchè se i cittadini fossero impediti dall'esercitare in tutta la loro estensione i diritti che legittimamente possedono, noi avremmo o una piantagione a schiavi, o qualche cosa di simile, ma non mai una società civile.

Ernesto. Ah! l'intendete. Avevo io dunque ragione di dirvi che tutte l'altre questioni sono inezie: e della sola libertà vale la pena di ragionare.

Alessandro. Che se la libertà è l'esercizio non impedito de' propri diritti, ne viene che quella parte di libertà sia più preziosa, e più sacra, che riguarda diritti di maggior valore, più cari all'uomo, e d'un'indole più nobile ed alta.

Ernesto. Certissimo.

Alessandro. E di conseguente, se l'impedire altrui dall'esercitare i propri diritti è contrario alla morale ed alla giustizia, la colpa di chi mettendovi impedimento, spoglia l'umano individuo della libertà, sarà tanto maggiore, quanto più eccellenti e preziosi saranno i diritti, il cui esercizio egli impedisce.

Ernesto. Purchè siate sincero (*dicendo così si mise a sedere accanto a lui*).

Alessandro. Che sospetti andate formando? Mi credereste forse così vigliacco da infingere? E perchè lo farei? Sì davvero per ottenere l'approvazione d'un giovanotto che esce pur adesso dalle scuole, fresco e bagnato come un pulcino dall'uovo che va beccando col guscio in testa! Davvero, che cotesti barbigi profumati mi danno gran soggezione.

Ernesto. (*Dando in uno scroscio di risa*). Ho detto per ischerzo.

Alessandro. Sta bene: andiamo dunque: quali sono i governi liberi? quelli che legano colle leggi e disposizioni le persone, che compongono lo Stato, nell'esercizio de' loro naturali diritti; o quelli che non solo non ci mettono impedimento, ma lo proteggono questo libero esercizio, e lo difendono contro tutti quelli che volessero impedirlo? E quali sono le leggi liberali? quelle che, di nuove, legano l'esercizio de'diritti individuali e naturali; o quelle che lo lasciano libero? Vorrei che mi rispondeste, ma che prima ci pensaste.

Ernesto. Che c'è qui a pensare? la cosa parla da sè.

Alessandro. Badate; perchè se la cosa è così, non si dovranno dunque dire liberali tutte le leggi che sono fatte, ne'governi costituzionali, dai parlamenti che rappresentano la nazione, tutte dico, ancorchè confischino i diritti innati de'cittadini, e mettano quanti ceppi vogliano al loro esercizio. E del pari non si dovranno dire tali leggi tanto più liberali e progressive, quanto più i ministeri che le propongono sieno democratici, e così pure quanto più democratici rossi sieno i deputati che le votano. Poichè dovete scegliere; o le leggi acquistano il loro essere di liberali dalla loro propria intrinseca natura, come dicevamo avanti, cioè dal non mettere, anzi rimovere, gl'incagli all'esercizio de'diritti di tutti, ovvero il loro essere liberali dipenderà unicamente dalla loro origine esterna, qualunque sia la loro natura. Scegliete dunque come vi piace.

Ernesto. Che scegliere? I governi assoluti, i codinoni retrivi, e i preti, per dio Bacco! non sono certo quelli, che faranno le leggi liberali.

Alessandro. Dunque a voi basta di sapere, che le leggi sono fatte da'governi costituzionali o repubblicani, e da quelli che non portano coda, e non sono preti, (benchè i preti a vero dire sono i soli che non abbiano mai portato coda), per giudicare senza più, che tutte le leggi che escono da tali legislatori, son liberalissime e così vanno tutte a maraviglia, anche se vi scorticano vivo, perchè è questo solo che si domandava.

Ernesto. Che diamine andate cercando?

Alessandro. Cosa necessarissima a sapersi, perchè se voi ad occhi chiusi vi affidate talmente ai semplici nomi di governi costituzionali e larghi, e di legislatori che non portano coda e appartengono al laicato, e se ammettete come un principio evidente, che tutto ciò che esce da cotesti molini non può esser altro che un fior di farina di libertà, senza la minima crusca di servitù; in tal caso, m'avete turata la bocca; sarebbe una profanazione e un atto da schiavi, quali erano i Piemontesi sotto l'antico regime, il far uso anche d'un po' solo di lume di ragione per esaminare le leggi che vengono proposte e quelle che vengono votate dal Parlamento, e un atto da schiavi ancor maggiore sarebbe il trovarle, in conseguenza d'un imparziale esame, contrarie alla libertà.

Ernesto. Che lungaggini! ditemi a dirittura come la pensate sul Matrimonio civile, giacchè volevate discorrer di questo nuovo progetto.

Alessandro. Io penso prima di tutto, che tra tutti i diritti naturali, il più insito nella natura umana, il più essenziale, sacro e inviolabile di tutti, dopo quelli che hanno per oggetto la verità, la virtù e la religione, sia il diritto che possiede e ha sempre posseduto ognuno dei discendenti d'Adamo, prima e dopo l'istituzione della società civile, e che possederebbe anche quando questa si disciogliesse, di formare una famiglia, unendosi in matrimonio e propagando per esso la propria stirpe.

Ernesto. Questo si sa.

Alessandro. E se si sa questo, si saprà anche di più, che il diritto d'ogni persona di associarsi in una vita indivisa con un'altra di altro sesso è un diritto che ne comprende infiniti altri, e tutti tanto preziosi all'uomo, quanto sono preziosi i beni che hanno per oggetto. Cominciamo dall'amore. Chi non sa che questa passione è potentissima nell'uomo, e che il diletto onesto e la soddisfazione che può produrre in due anime, non è comparabile neppure a tutte le ricchezze del mondo, agli onori, alle dignità? E che tutto ciò, che ci può essere quaggiù, che renda qualche immagine, sebbene imperfetta, di felicità, è la concordia e la pace della vita domestica? E che gli stessi poeti, volendo descrivere l'uomo felice, non trovarono altro tipo che quello della convivenza di due sposi virtuosi circondati da figliuoli consimili ?

Ernesto.

« Thus at their shady lodge arriv'd, both stood
« Both turn'd, and under open sky ador'd
« The God that made both sky, air, earth, and heav'n., «

. . . .

Alessandro. Già siete tutti inglesi, voi altri giovani al dì d' oggi : è di moda. Per altro quella descrizione, che fa il Milton dell'albergo nell' Eden e della felicità de' primi sposi del mondo, è incantevole. — Il diritto dunque dell' uomo di possedere mediante un fedele amore una donna in moglie , o quello della donna di possedere per la stessa fedeltà dell' amore un uomo a marito, non ha prezzo, e Dio stesso è quegli che disse a principio che non « era « buono che l'uomo se ne stesse solo ». Questo bene non è vinto che dai beni eterni : i quali lo vincono senza possibilità di paragone , ed è perciò che la castità verginale è una virtù così splendida , ed ha una speciale corona tra gli angeli. L'oggetto che si possiede reciprocamente

---

* Giunti all'ombrosa chiostra , ambo fermârsi
   Ambo diêr volta , e sotto aperto cielo
   Adoraron quel Dio che il ciel , la terra
   E l'aere e il firmamento . . . .
   Trasse dal nulla.

MILTON , *Paradiso perduto*, Lib. IV.
Traduz. del Papi.

nel matrimonio, non è un bene corruttibile, ma
è la stessa persona umana : e si possiede perchè liberamente e reciprocamente l'una si dà
all'altra con gratuito e irrevocabile dono, e il
possesso, diverso da ogni altro possesso, non si
compone che di vincoli d'amore, di rispetto e
di virtù. Questo diritto dunque di maritarsi
avendo un oggetto di tanta dignità non comparabile a cosa materiale, è un diritto altissimo
e nobilissimo. Al che s'aggiungano tutti i vantaggi temporali d'una vita indivisa, l'acquisto
dei figliuoli, che pure è acquisto di persone e
non di cose, la perpetuazione della stirpe; beni
tutti, a ciascun de' quali è la natura umana
veementissimamente inclinata e ordinata. Concludiamo dunque che il diritto di maritarsi
proprio d'ogni uomo è naturale, d'altissimo
prezzo, nobilissimo.

Ernesto. È che perciò deve esser libero,
liberissimo.

Alessandro. Appunto : consistendo la libertà nell'uso da nulla impedito de' propri diritti, la libertà del maritarsi è delle principa-
lissime, che deve essere in ogni sua parte
rispettata e difesa dalle leggi civili, se devono
esser liberali.

Ernesto. Così appunto.

Alessandro. Quel governo dunque che si
attenta diminuirla e restringerla, è in sommo
grado illiberale, appunto perchè lega e impedi-

sce una delle somme e più care libertà concedute da Dio alla natura umana.

Ernesto. Va di conseguenza.

Alessandro. Io credo, Ernesto, che voi siate cristiano ; uscite da una famiglia.....

Ernesto. (*Sorridendo*). Ma non come i preti de' nostri giorni.

Alessandro. Lasciate ora da canto i preti ; io non voglio che vi lasciate far paura dai nomi, o dai colori, ma che guardiate come sono le cose in sè stesse, perchè siete capace di farlo. Io credo dunque, lo ripeto, che voi siate cristiano cattolico, come sono stati sempre e sono tutti i vostri. Ora vi parlerò dunque da cattolico. Il matrimonio non è solamente istituito pei beni di questa vita, ma è istituito e santificato e reso sacramento, acciocchè serva d'un mezzo ai beni dell'altra. E di più egli può essere anche un mezzo necessario per taluni, onde San Paolo consacrò il diritto inalienabile che ne hanno tutti i fedeli, con quelle parole : *melius est nubere, quam uri.* Tutti hanno diritto di ricorrere a questo sacramento, quando lo credono un rimedio necessario a quella gran ferita della natura umana che si chiama concupiscenza. Il diritto dunque di maritarsi acquista da una tale condizione un prezzo infattamente maggiore; e niuna potenza umana può spogliar l'uomo d'un tal diritto, o impedire a chicchessia d'usarne.

Ernesto. È un' omelia questa.

Alessandro. Sì, ma tutt'a favore della libertà; anzi perciò appunto a favore della libertà, perchè, se così volete, è un' omelia. E tant' è propria d'ogni uomo questa libertà di maritarsi, che ogni uomo la possiede individualmente, e indipendentemente da ogni vincolo naturale che s' abbia cogli altri uomini.

Ernesto. È ben chiaro, perchè si tratta di beni individuali, non essendoci nulla di più individuale e proprio essenzialmente di ciascheduno, che il matrimonio.

Alessandro. Eccellentemente! E perciò il matrimonio è per sua natura monogamo ed esclusivo, e non può farsi che *inter unum et unam*, come dice la Chiesa; c'è l'unità da una parte e dall'altra, perchè essendo cosa al tutto personale, e la persona essendo essenzialmente una, di conseguenza il diritto ad esso è anche egli individuale essenzialmente e personale.

Ernesto. D' accordo.

Alessandro. Se dunque l' uomo e la donna hanno per natura la preziosa libertà d' unirsi in matrimonio e di fondare una nuova famiglia, io vi demando: quando comincerà per essi il tempo d' usare di questo diritto?

Ernesto. È evidente, tosto che ne avranno la capacità: poichè essendo questo un diritto connaturato colla natura umana, e non proveniente da alcuna autorità o legge positiva, il suo esercizio non esige altre condizioni, che la facoltà fisica, la vocazione a questo stato, ed il libero arbitrio.

Alessandro. Voi dite, e lo dite con tutta verità, che il diritto a contrarre matrimonio non viene all'uomo e alla donna da alcuna autorità o legge positiva, ed è insito nella natura umana. Ma non tutti la pensano così: altri pretendono, che la libertà di maritarsi sia un beneficio che accorda l'autorità civile ai cittadini.

Ernesto. Ignoranti!

Alessandro. Confessate di più, che costoro sono nemici fierissimi della libertà e fautori della tirannide, perchè insegnano ai governi civili a confiscare una delle più preziose, vitali ed essenziali libertà dell'uomo, e distribuirla poi in quella misura che vogliono, come un favore.

Ernesto. Bestie!

Alessandro. Vedo, mio caro Ernesto, che non siete ben informato delle opinioni correnti e dei nomi che s'applicano a tali opinioni, per ingannare gl'inesperti e far credere che si voglia favorire la libertà da chi infatti tende a spegnerla fino dalle radici. Poichè sapreste voi dirmi chi sono e che cosa dicano coloro che vorrebbero fare il governo civile distributore delle spose e dei mariti, accoppiatore dell'umana razza, fondatore e arbitro de' matrimoni e delle famiglie?

Ernesto. Chi?

Alessandro. Sono quelli appunto che si danno il vanto d'andare in cerca dell'idea: un onorando, un rispettabilissimo vocabolo è questo d'idea, ma ampio, indefinito, e perciò mantello a coprire ogni piaga e fistola magnificamente, ma in modo tuttavia che dal di sotto ne scappa fuori il fetore.

Ernesto. Vi capisco: volete rimbeccarmi di questa parola, neh?

Alessandro. So che voi, che non siete punto mazziniano, c'intendevate tutt'altro; e non è maraviglia che una parola così bella e magnifica inganni voi, come tant'altri. Siamo intanto d'accordo in questo, che la libertà naturale di unirsi in matrimonio tanto per l'uomo quanto per la donna incomincia tosto che ne hanno fisicamente la facoltà: ed è ben chiaro, perchè trattasi d'un diritto e d'una libertà, che consegue alla stessa natura umana, e non trae punto l'origine dall'autorità dello Stato, o da un'autorità umana qualunque, e però da coteste autorità non può essere scemata. Nello stesso tempo credo che anche voi riconoscerete necessario che la legge d'una società fissi una età certa e determinata per ambo i sessi, prima della quale le unioni maritali sieno interdette.

Ernesto. Non c'è dubbio, purchè quest'età non sia fissata arbitrariamente.

Alessandro. Appunto: l'arbitrio umano, ecco il nemico accanito e crudele della libertà. Il legislatore dunque non volendo pregiudicare menomamente al diritto e alla libertà naturale degli uomini, dovrà tanto in questa, quanto in ogni altra disposizione, rendersi l'interprete della natura. E ciò posto, che cosa vorrà dire: determinare per legge l'età in cui l'uomo e la donna possano congiungersi? Non altro, che prudenzialmente giudicare qual sia il limite inferiore d'età nel quale la natura umana diviene atta al matrimonio, e nel quale per ciò gl'individui di questa natura entrano naturalmente in possesso del loro diritto.

Ernesto. Certo.

Alessandro. Ora veniamo all'applicazione, che sarà facilissima, di questi nostri comuni principi liberali. Io lascio a voi stesso, rimetto interamente al vostro buon criterio questa questione. Sono più liberali le leggi della Chiesa nel determinare l'età del matrimonio ai 12 e 14 anni, o questo nuovo progetto dello Stato, che la porta ai 15 e 18? Chi ha rispettato più la legge naturale, il diritto e la libertà? la Chiesa che cercò fissare scrupolosamente qual sia la prima età in cui la natura umana può esser atta al coniugale ufficio; ovvero il nostro ministro di Stato che senza darsi alcun pensiero di cercare qual sia il primo tempo, nel quale la natura immette l'uomo e la donna nell'esercizio del sacro diritto alle nozze, per altri motivi buoni quanto volete, ma non giusti, perchè contrari alla libertà naturale, stabilisce, che le femmine non si possano maritare prima de' quindici anni, i maschi prima de' diciotto? Una femmina dunque che sia nubile a dodici anni, il che è indubitatamente possibile, secondo questa futura legislazione civile, tanto invocata dai liberali, viene spogliata per lo spazio di tre anni di quella preziosa libertà naturale, nell'esercizio della quale la natura l'avea già immessa; e un maschio, maturo a quattordici anni, rimane del pari per l'intero spazio di quattro anni legato e spogliato di una simile libertà in virtù della stessa legge. Ditemi dunque sinceramente (e tacciano in voi, Ernesto, per un momento tutte le prevenzioni), il principio della libertà informa egli, in questa materia, le leggi dello Stato, o piuttosto quelle della Chiesa? Io vi prego di dirmi schiettamente il vero in nome di quella libertà appunto che voi dite d'amare e d'apprezzare cotanto.

Ernesto. Confesso che avete ragione; la tirannia è dalla parte dello Stato.

Alessandro. E di conseguente, la libertà è da quella della Chiesa.

Ernesto. Sì.

Alessandro. Viva Ernesto! Ora considerate l'altro punto; la Chiesa riconosce un diritto naturale, proprio e indipendente, alle nozze in ogni uomo, e tutelando co' suoi canoni questa libertà naturale, dichiara, che la volontà di nessun altro uomo, neppur quella dei propri genitori, può rendere invalido un matrimonio contratto nelle debite forme, benchè senza loro consenso; lo Stato all'incontro, cioè la nuova legge, ricopiando servilmente altre legislazioni civili, fa dipendere l'esercizio del diritto naturale e individuale che ha ogni uomo al matrimonio, lo fa dipendere, fino che dura l'età minore, dalla volontà dei genitori od ascendenti, o anche di chi ne fa legalmente le veci. Un giovane dunque atto alle nozze, d'anni 14, rimane per quattr'anni privato interamente della sua naturale libertà, e per altri tre gli viene impedito l'esercizio indipendente del suo diritto, benchè, come dicevamo, di natura essenzialmente individuale; e non può esercitarlo da sè, ma solo col buon volere altrui; una giovane poi per tre anni è pure dalla nuova legge civile spogliata dello stesso suo diritto, e per altri sei anni della libertà d'esercitarlo da sè stessa, senza dipendenza da chicchessia. Ora di nuovo giudicate voi, equamente, quale delle due legislazioni si fondi sui principi d'un vero e non bugiardo liberalismo.

Ernesto. La civile è illiberale e dispotica.

Alessandro. E l'ecclesiastica?

Ernesto. (*Ridendo fortemente*) Liberale.

Alessandro. Viva di nuovo! Che siate diventato nero anche voi?

Avvocato. Non ho voluto – qui entrò a parlare l'avvocato – interrompere il filo della discussione: ma ora permettetemi, Alessandro, che vi dica che il vostro argomento prova troppo. Se lo Stato esige dai giovani che vogliono contrarre matrimonio, un'età più matura che la minore possibile, e se vuole che fino a tanto che si trovano in età minore, dipendano, in un atto così importante della vita, dai loro genitori, o da chi tiene le loro veci, nol fa già per nulla: ma la sapienza del legislatore è mossa da gravi ragioni, e notate bene, da ragioni morali. Poichè in età così tenera com'è quella dei 12 e dei 14 anni, ancorchè gli umani individui fossero atti al coniugale ufficio, difficilmente però avrebbero il senno sufficiente per regolare una famiglia; e così pure par troppo necessario che nel bollore dell'età non si rompano il collo, come si suol dire, tratti da qualche cieca passione, ma retti dai paterni consigli sieno guardati da questi pericoli. D'altra parte, s'osserva che i matrimoni contratti in età così tenera sono rarissimi, e io non so se sia in tutto lo Stato un uomo che abbia contratto nozze a quattordici anni, e forse appena ci sarà qualche caso d'una donna maritata a dodici anni: il che ben mostra che la natura stessa, o se volete il senso comune è alieno da unioni così immature.

Alessandro. È verissimo quello che voi dite, che tali casi sono oltremodo rari, ma anche per questo io non vedo il bisogno d'una legge fatta apposta per cozzare inutilmente colle sanzioni ecclesiastiche, chè il pubblico bene non l'esige punto. Per casi che o non nascono affatto come voi dite, o rarissimamente, e che si possono anche questi ovviare in tant'altri modi migliori, non è egli ridicolo dare tanta importanza a questa legge, e far la massa per così dire, quasi si voglia andare all'assalto della Chiesa?

Avvocato. Finalmente poi, lo Stato è indipendente.

Alessandro. Indipendente quanto volete perchè ha il suo libero arbitrio, ma questo non vuol dire, ch'egli possa abusare della sua indipendenza e del suo libero arbitrio; o che sia per lui lecito o lodevole il fare alle pugna coll'autorità ecclesiastica; se pure i ministri ed altri organi dello Stato sieno cattolici come dicono d'essere, e fedeli al giuramento prestato al primo articolo dello Statuto, come a tutti gli altri. Ma lasciando per ora questo da parte, devo richiamarvi allo spirito della discussione con Ernesto, e al punto che ne formava l'argomento. Ernesto ci avea invitati a discutere il Progetto di legge dal solo lato della *libertà*, e a confrontarlo sotto questo aspetto colle leggi *ecclesiastiche*, contro alle quali, assordato dai rumori fomentati dal Governo stesso, era prevenuto siccome fossero restrittive dell'umana libertà. Io m'incaricai di dimostrargli, che s'ingannava, e che le leggi ecclesiastiche rispettano assai più che non faccia il nuovo Progetto di legge, il diritto e la libertà naturale, e ne tutelano, a favore di tutti gli uomini, il libero esercizio in questa materia appunto del Matrimonio, senza nè diminuirlo, nè restringerlo; laddove il nuovo Progetto di legge in vece di movere dal principio del diritto e della libertà, move da altre sue considerazioni utilitarie, e quindi la inceppa. E voi avete inteso dalle parole d'Ernesto, che il suo amore alla libertà è sincero, e non qual è l'amor di coloro che sotto la coperta della libertà covano il più profondo egoismo.

Ernesto. Mal mio grado il confesso, Alessandro m'ha convinto.

Avvocato. Voi dite che inceppa la libertà, ebbene, ed io dico che la inceppa a ragione, che n'ha l'autorità e così appunto dee fare.

Ernesto. Uh! Uh!

Alessandro. Veramente ell'è cosa singolare il vedere le leggi della Chiesa sottoposte ad accuse così contrarie. Da una parte un gran numero d'uomini, (e quasi tutta la nostra gioventù s'arruola a questo partito), amanti ad ogni costo e senza limiti della libertà, censurano quelle leggi siccome illiberali; dall'altra voi altri uomini di legge, che avete ancora in corpo le

massime dell'antico dispotismo e non potete
digerirle, le accusate come soverchiamente liberali. Ernesto, dico l'Ernesto di prima, e voi,
signor Avvocato, rappresentate le due parti,
ma per onor vostro devo aggiungere, che mentre i vostri colleghi non hanno la sincerità di
confessarlo, voi dite lealmente, quale è in fatti
lo spirito del partito legale, a cui appartenete;
e schiettamente asserite, che lo Stato dee restringere quel diritto assoluto e quella libertà
delle nozze, che la Chiesa e la natura riconoscono in tutti gli uomini, tostochè ne sieno ca-
paci. Se tutti avessero la stessa lealtà, cesserebbe cotesta continua finzione, con cui s'inganna incessantemente il pubblico, la finzione,
dico, per la quale si dà ad intendere, che la
nuova legislazione sia suggerita dal principio
della libertà; quando il vero si è, che, come
risulta dalle vostre parole, il principio e lo
spirito che ci domina e che produce le nostre
leggi non è altro che quello dell'antico legalismo, quella certa teoria fatta e cresciuta un
poco alla volta e divenuta sistematica nelle
mani degli uomini di legge che vivevano a spese, com'è ben giusto, de'governi assoluti, a
cui ligi servivano. —Sono giusti e buoni questi
principî? Sono ingiusti e dannosi? Questa sarà
un'altra ricerca: voi e comunemente gli avvocati li dicono giusti e sapienti, Ernesto forse
non li direbbe così.

Ernesto. Io no , no certo.

Avvocato. Anche Ernesto dunque ha diser-
tato , e s'è messo co' preti !

Ernesto. Anche co' frati, se è vero, che la
libertà stia dalla parte de' preti e de' frati.

Alessandro. Giorni sono m'è caduta sott'occhio qualche pagina del nuovo libro del conte
di Montalembert, e a caso m'abbattei a quel
luogo, dove l'eloquente scrittore toglie a dimostrare, che i maestri e gli esemplari de' presenti legislatori piemontesi sono, indovinate mo
chi? i ministri, gli uomini di legge de'governi i
più assoluti; e notate, che il nobile conte dice
tutto questo per favorirci: se non per togliere,
per diminuire almeno la colpa delle nostre Camere e de'nostri Ministri, rimettendo la sinda-
cabilità del loro spirito di lotta e di puntiglio
colla Chiesa cattolica, e dell' eterodossia delle
nuove leggi, e quindi anco, dico io, del loro
dispotismo, a' primi autori di tali prepotenze,
cioè ai governi assoluti, di cui i nostri seguono
le massime. Con questo, egli stima d'aver fatta
l'apologia de'governi costituzionali e liberali, ed
io non m'oppongo ; ma quello che trovo strano
si è, che tuttavia, egli che è un valent'uomo,
s' ostini a chiamarli, come fa il volgo, *liberali.*
Poichè se gli atti d'un governo sono in sè stessi
dispotici e lesivi de'diritti e delle libertà naturali de'cittadini, e sono coniati, com' egli dice,
sul tipo di quelle tirannie che esercitarono i

governi assoluti sulla Chiesa e sui fedeli suoi figli, e le massime e lo spirito di tali governi è un'eredità appunto degli assoluti; che cosa resterà di liberale a'nuovi governi, o come si potrà loro applicare questo nome, se non forse a cagione di sterili formalità d'elezioni popolari, d'assemblee legislative, di ministri responsabili, eccetera, formalità tutte di liberalismo, ma da cui non escono, almen fin ora, che leggi ed atti illiberalissimi? Tali formalità non sarebbero in tal caso una maschera di bella fanciulla sul volto d'un assassino? Certo che essendo il conte di Montalembert costituzionale e parlamentare, la sua confessione è la più irrecusabile: egli ci assicura, che gli atti e le leggi dei nostri governi sono una copia fedele del dispotismo, che prima d'ora avea vessato in tanti modi e perseguitato la Chiesa. Quest'apologia del governo nostro non andrà forse molto a sangue o non sembrerà troppo confortevole a Ernesto.

Ernesto. È una satira sanguinosa.

Alessandro. Ma il Risorgimento se n'è leccate le dita (1); e non sono lontano dal credere che anche a voi, Dottore, non deva spiacere.

Avvocato. Voi parlate per canzonare: ma io ho imparato fin da giovane a venerare i nomi immortali d'un Pietro Leopoldo, d'un Giuseppe II, d'un Carlo III, e de'loro gloriosi ministri, che

_____

(1) Vedi questo giornale il 4 dicembre 1852.

ripurgarono la Religione da tanti abusi, e ri-
vendicarono i diritti dello Stato: ho imparato
a venerarli, e li venero in favore della Religione
stessa, a cui sono attaccato con tutta l'anima,
ma la voglio pura, vedete! e appunto perchè
la amo così, non ci vedo alcun male a battere
quell'orme così luminose, come fa, con tanto
senno e moderazione, il nostro governo.

Alessandro. Non voglio, almen per ora,
entrare in alcuna di quelle tante discussioni, a
cui mi darebbero materia queste vostre opinioni: le riconosco come quelle che sono comuni
ai legali di questo e d'altri Stati: ma una sola
cosa mi preme di stabilire, e questa non vi
dispiacerà, che anzi ve l'attribuirete ad onore,
cioè che lo spirito e le massime del nostro governo e delle nostre leggi sono le medesime di
quelle de'governi i più assoluti che ci sieno
stati al mondo (buoni o cattivi adesso non con-
ta), cioè di que'sovrani e ministri che avete
nominati, e a cui voi avete imparato fin da
fanciullo a sberrettarvi.

Avvocato. E dunque? Ma aggiungete che
essi stessi approfittarono dei parlamenti di Francia, e che il merito del sistema è dovuto a
que'sommi uomini in legge che vi fiorirono.

Alessandro. Senza toglier punto al ceto legale e alla Francia questa gloria, si potrebbe
fors'anco rivendicarne un bocconcino all'Italia,
specialmente a favore di Fra Paolo.

Avvocato. Era un grand'uomo anche quello.

Alessandro. Sia dunque per accordato che le nostre leggi non discendono dai principi della libertà, ma dai principi de' governi più assoluti.

Avvocato. Sì, ma aggiungete: principi di profonda sapienza legale.

Alessandro. Questo è quello che resterebbe a discutere se ci fosse tempo. Pure la questione del progetto di legge sul Matrimonio mi pare che ci faccia gustare un centellino di cotesta sapienza. Del rimanente per mostrarvi che vi concedo fin d'adesso qualche cosa di quello che dicevate prima, noi siamo d'accordo che ci sono delle buone anzi buonissime ragioni per desiderare che i matrimoni non si facciano in età troppo tenera, e ancora, che sia doveroso al figliuolo, quando sta per fare un passo così decisivo ed irrevocabile, di richiedere e d'ascoltare con rispetto il consiglio, e se può essere, d'ottenere il consenso dei propri genitori e di altre savie Persone.

Avvocato. E con questo voi confessate che è sapiente la disposizione del progetto di legge di non riconoscere matrimoni di giovani che non abbiano toccata l'età di quindici, se femmine, e di diciotto anni compiuti, se maschi, e che non abbiano, essendo minori, ottenuto il consenso dei propri genitori o d'altri in loro vece.

Alessandro. Anzi questo è quello, in cui mi trovo da voi dissenziente. Prima di chiamare savia una legge, troppe cose ci sono da esaminare: e sul conto delle due nuove disposizioni di cui parliamo, n'avrei un sacco da dirvi. Ma non temete, sarò breve, perchè non c'è tempo. Mi restringerò solo a dichiararvi, che io non ammetto mai in nessun caso, che possa esser savia una legge d'uno Stato cattolico che s'opponga a leggi universali della Chiesa, e a decisioni del sacro Concilio di Trento.

Avvocato. Sono cattolico anch'io, come v'ho detto, ma non bigotto; sono cattolico d'un cattolicismo vero ed illuminato: d'altra parte qui si tratta di una legge che non riguarda il sacramento, ma il contratto civile, e i contratti sono evidentemente materia della legislazione civile.

Alessandro. Dove c'è il sacramento, c'è il contratto tra cristiani, e dove c'è il contratto (dico un vero contratto obbligatorio, e non una finzione di contratto), c'è il sacramento: su questo vi rimetto ad Adolfo che se n'è convinto dopo un vivo colloquio che abbiamo avuto insieme quest'oggi stesso.

Adolfo. Ero lontano quanto voi, signor Avvocato, dal credere nè anco verosimile una tale sentenza, e pure Alessandro m'ha fatto toccar con mano che avevo il torto, e ne sono ora convintissimo.

Avvocato. Mi fa ridere la vostra convinzione: noi legali conosciamo questa questione a fondo, e sappiamo difendere, a un bisogno, i diritti dello Stato contro le usurpazioni clericali.

Alessandro. Io non mi credo da tanto di farvi mutare d'opinione, signor Avvocato, ma vorrei che mi risolveste un caso. Supponete, che una buona donna di vostra conoscenza, avendo un'alta stima del vostro sapere e della vostra onestà, venisse in tutta confidenza a voi per consiglio e vi dicesse: « Signor Avvocato, io sono stata pur ora a fare il contratto di matrimonio davanti all'ufficiale civile, ma non s'è fatto e non si può far nulla in Chiesa perchè il signor Curato dice che c'è un impedimento: sono dunque inquieta, e vorrei sapere da Vossignoria, che ne sa tanto, se io sono maritata o no, poichè alcune mie amiche mi dicono di no, e l'ufficiale civile all'incontro mi dice di sì ». Che cosa rispondereste voi a questa onesta donna?

Avvocato. È facile coi nostri principi risolvere il caso : le risponderei che è certamente maritata in faccia allo Stato, ma che non è punto maritata in faccia alla Chiesa.

Alessandro. Va bene: ma la povera donna rimarrebbe in ponte a una tale risposta, e nella sua semplicità vi domanderebbe forse qualche altra spiegazione, vi replicherebbe probabilmente così: « Non la capisco, signor Avvocato, io desideravo sapere se sono maritata, o no, ma ella mi risponde con certe distinzioni proprie di lor signori, cioè di sì e di no nello stesso tempo: e questo mi pare (scusi, veda, la mia rozzezza, perchè parlo non mica per offenderla, ma per istruirmi), questo mi pare, diceve, impossibile; perchè o che sono maritata, o che non sono maritata; e se sono veramente maritata, mi trovo in obbligo d'adempire a tutti i doveri di una buona moglie; se poi non lo fossi, devo contenermi da zittella; e non posso fare e non saprei come fare una cosa e anche l'altra: l'avrò sicuramente mal intesa per la mia ignoranza; e però la prego di spiegarmi proprio chiaro come sia questa cosa, e di discendere colla sua scienza fino a noi povere donne, devendo io sapere se sono maritata o no, per regolarmi ». Che cosa rispondereste voi a costei?

Avvocato. (*Stringendosi nelle spalle*) La manderei a consigliarsi col suo confessore.

Alessandro. E fareste bene: fareste bene a rimetterla al solo giudice competente, qual è l'ecclesiastico in questa materia del matrimonio. In pari tempo così avreste confessato col fatto stesso, e molto ingenuamente, che dalla dottrina di voi altri uomini di legge intorno al matrimonio non se ne può cavare alcun costrutto, perchè con essa non s'arriva nè manco a conoscere, senza cavilli e vane distinzioni, se un uomo o una donna sieno maritati o no!

Adolfo. La è pur bella!

Ernesto. Siete fritto anche voi, caro Dottore.

Avvocato. Le sono sofisticherie coteste, che fanno proprio pietà a noi uomini di legge. Il governo può egli andar dietro a coteste bazzecole? Egli dee considerare per vero matrimonio il civile: e il resto rimetterlo alla coscienza di ciascheduno.

Alessandro. Volete dire, che il governo deve stabilire una tal forma di matrimonio, compiuta la quale, l'uomo e la donna non possono riputarsi marito e moglie, e voi stesso non sapreste loro dire se sono tali. Quella povera donna, quella onesta cittadina, che credeva di trovare un avvocato dotato di tanta scienza, come indubitatamente voi siete, è rimasta lì senza poter cavarvi di bocca la soluzione di quel suo terribile dubbio, e ciò perchè da una parte ripugna alla vostra stessa coscienza il dirle francamente una bugia, cioè il dirle che ha contratti in verità i gravi doveri di moglie e che perciò deve adempirli, e ripugna dall'altra alla vostra scienza legale il dirle che non gli ha contratti: onde la scienza da voi altri signori legali professata — il testimonio ne siete voi stesso — è in opposizione diretta colla coscienza. E notate bene che invece di introdurre, come ho fatto, una donnicciuola, avrei potuto fare intervenire ugualmente un uomo, e anche un uomo di legge. E in fatti, ditemi voi stesso per vostra fede, se foste nel caso appunto di quella donna , vi terreste voi maritato o no , non essendoci nulla di mezzo tra l'essere e il non essere maritato ?

Avvocato. Eh via , io non farei mai di tali matrimoni, e però non mi troverò mai in quel caso.

Alessandro. Va bene, ma questo è, di nuovo, lo stesso che convenire e confessare , che de' matrimoni non ce n'è , e non ce ne può essere che un solo ; e che lo scinderlo in due , supponendo che ce ne sia uno civile e uno ecclesiastico, è un assurdo il più grossolano, perchè è un pretendere che una cosa sia e non sia nel medesimo tempo. E perciò io credo di avere ora tutto il diritto di ripetere quello che vi dicevo pur avanti, che una legge civile sul matrimonio , per belle ragioni che sembri di avere, non è punto nè poco sapiente, se s'oppone alla legislazione ecclesiastica col disconoscere alcuno degl' impedimenti dirimenti dalla Chiesa riconosciuti. Spartendo così il matrimonio in due, per ripeterlo ancora , e statuendo che si possa contrarre l'uno e non l'altro, s'urta in questa strana perplessità e ridicolissima contradizione , di supporre che un uomo e una donna cristiana possano essere ad un tempo maritati e non maritati ; abbiano assunto delle gravi obbligazioni e dei diritti in faccia alla legge esterna e civile, ma obbligazioni e diritti di sì curiosa natura , che in coscienza , dove solo può esistere il diritto e l'obbligazione, sono de' realissimi peccati abbominevoli.

Avvocato. Si vede che voi non siete consumato nello studio delle leggi come siamo noi: vi manca il tatto legale, senza del quale non si può giudicare in queste spinose materie, come il cieco non giudica de' colori. Chi volesse seguirvi in queste vostre sottigliezze, arriverebbe a conchiudere, come vogliono i fautori della teocrazia, che lo Stato non potrebbe statuire mai sugl' impedimenti dirimenti, nè aggiungerne nè sottrarne, il che ha sempre fatto anche prima che esista la Chiesa. È bensì vero che il Concilio di Trento condanna quelli che dicono, non esser validi i matrimonî de' figliuoli di famiglia senza il consenso dei genitori; ma che perciò? Egli non parla dell' autorità pubblica dello Stato, e però questa si rimane coi suoi naturali diritti che si avea prima, e che il Concilio non ha punto limitati.

Alessandro. Che s' avea prima? Davvero che questo *prima* dee risalire ad un' epoca molto antica, poichè lo Stato, nessuno Stato cattolico, di quelli che voi chiamate naturali diritti non si vede che abbia fatto mai uso, per molti e molti secoli avanti il Concilio di Trento. Ma permettetemi che vi domandi una cosellina. Dond'è venuta l'autorità dello Stato? Notate che io non vi domando dond' è venuta remotamente: perchè si sa bene che remotamente ogni potestà viene da Dio, tanto l'autorità sovrana, quanto quella del maestro di scuola, tanto la più grande, quanto la più piccola. Ma vorrei sapere donde sia venuta prossimamente quell'autorità legislativa e governativa, che si trova sempre in seno alla civile società, qualunque forma di reggimento ella si abbia.

Avvocato. Dal consenso dei cittadini, cioè dei padri di famiglia, che quandochessia si sono uniti per regolare con pace e utilità scambievole le loro mutue relazioni, e a tal fine o si sono dati un capo, o hanno stabilito un senato, o qualche assemblea più estesa, secondo le diverse forme a cui hanno conferito pieni poteri. E sia tacito, sia espresso, questa specie di patto è il fondamento della società civile.

Alessandro. Sia pur così: ditemi per conseguente, se i poteri conferiti nelle mani dei reggitori civili possono mai eccedere l'estensione di quei diritti che avevano i padri di famiglia che li conferivano.

Avvocato. In nessun modo; *nemo dat quod non habet*, e l'effetto non può esser maggiore della causa.

Alessandro. Godo che in qualche cosa almeno andiamo intesi: noi saremo dunque d'accordo anche in questo, che per conoscere se un governo ecceda in nulla il suo naturale mandato, basterà esaminare, se egli faccia cosa, a cui fare non arriverebbe la potestà degli stessi padri di famiglia, o separati, o uniti insieme.

Avvocato. E che vorreste dedurre da ciò? Voi prendete veramente la cosa *ab ovo*. Noi legali andiamo più alla spiccia, per la pratica che abbiamo delle leggi, e specialmente del gius romano.

Alessandro. Compatite. Ma intenderete tantosto la necessità che avevo di condurre la cosa così di lontano. Io dunque dico, fondato sui vostri stessi principî, che il governo civile non ha il diritto d'imporre come una condizione essenziale alla validità del matrimonio il consenso de' genitori, perchè gli stessi genitori, gli stessi padri di famiglia, non hanno punto questo diritto.

Avvocato. Sareste barba da dimostrarmelo?

Alessandro. Non io, ma ve lo dimostra il Concilio di Trento, a cui voi stesso vi riferivate poco fa, dicendomi, ch'egli non ha punto limitata l'autorità dei civili governi. Udite dunque le sue parole che ben mi ricordo: *iure damnandi sunt illi, ut eos sancta Synodus anathemate damnat, qui ..... falso affirmant* (qui sta la cosa) *matrimonia a filiis familias sine consensu parentum contracta, irrita esse, et* (ascoltate attentamente) *parentes ea rata vel irrita facere posse.* Vedete dunque che i genitori, secondo questa dichiarazione e decreto del sacro Concilio, non possono nè rendere validi, nè rendere invalidi i matrimonî contratti da' loro figliuoli senza il loro consenso. Se dunque non hanno punto una tale potestà i padri di famiglia (ancorchè si unissero tutti personalmente, senza che ne mancasse alcuno, in un' assemblea), neppure può averla il governo civile, la cui autorità, come voi stesso m' avete insegnato, non è in fine che una parte dell'autorità paterna, conferita o ceduta ai reggitori dello Stato.

Adolfo. Non c'è risposta.

Ernesto. (*Ridendo*) Mi pare, Dottore, che vi siate messo, anche questa volta, nel sacco da voi stesso.

Avvocato. Nient'affatto; se il Concilio avesse voluto diminuire l' autorità dei governi civili, l'avrebbe detto espressamente: d'altra parte la sapienza dei legislatori deve pensare al pubblico bene...

Alessandro. Sì, ma con dei mezzi giusti, non contrarî alla religione, senza eccedere i limiti del suo potere; sì, con tutte queste condizioni; ma senza queste, ciò che si fa sotto il pretesto di pubblico bene, è dispotismo, e il dispotismo non arreca tutt'al più che un bene illusorio, che è poi un vero pubblico male.

Avvocato. Con questo cadete voi stesso in contradizione, perchè m'avevate pure conceduto poco fa, che ci sono molte e gravi ragioni per desiderare che i figliuoli non contraggano matrimonio nè troppo teneri, nè senza il consenso e il consiglio dei loro genitori.

Alessandro. Compiacetevi, signor Dottore, d' osservare che ci possono essere, e ci sono benissimo, come v'ho conceduto e non me ne pento menomamente, delle buone ragioni di questo desiderio; ma non ne viene da ciò che esse devano essere ragioni sufficienti per autorizzare il governo a fare una tale disposizione. Le ragioni per le quali si può desiderare che i matrimonì si facciano a certa età e col pieno consenso de' parenti, possono esser di due specie, di natura diversissima, voglio dire, possono essere *morali* e possono essere *giuridiche*, come appunto ci sono due specie di doveri, gli uni puramente *morali*, gli altri anche *giuridici*; e quelli e questi possono essere ugualmente gravi ed importanti.

Avvocato. Sapevamolo; e dunque?

Alessandro. Dunque un poverello, a cagion d'esempio, che abbia fame, e non sia in caso d' estrema necessità, potrà chiedere del pane al ricco, ma non rubarglielo per questo; benchè il ricco abbia il dovere gravissimo di fare elemosina; e ciò perchè questo dovere della elemosina è solamente *morale*, e non punto *giuridico*.

Avvocato. Ebbene?

Alessandro. All' incontro il creditore, non venendo soddisfatto del suo credito, può costringere , anche colla forza , il debitore a pagarlo ; nello stato di natura, colla forza propria, e nello stato di società civile , colla forza della pubblica autorità ricorrendo ai tribunali.

Avvocato. Verissimo , ma non so ancora a qual proposito.

Alessandro. L' intenderete subito. Voglio stabilire il principio ammesso da tutti gli scrittori di diritto , che i doveri puramente *morali* non ammettono coazione esterna, e i *doveri giuridici* l' ammettono. E ciò perchè ai primi non corrisponde un diritto nella persona verso cui c'è il dovere (rimanendo il diritto corrispondente nell' eterno legislatore e autore della natura che impone que' doveri morali); laddove ai secondi corrisponde un diritto esistente anche nella persona verso cui sono, e però questa può far valere, anche colla forza, il diritto di cui è fornita : chè ogni diritto trae seco una sanzione di forza. Voglio ancora dedurre da questo principio la conseguenza , che queste due specie di doveri non si possono trasmutare, cioè non si può dall'uomo convertire il dovere morale in dovere giuridico, o viceversa, perchè non si può cangiare la natura delle cose ; e di conseguente non si può costringere nessuno colla forza esterna a compire qualche suo dovere *puramente* morale.

Avvocato. Fateci sentire la conclusione di questi vostri dottrinali.

Alessandro. Subito. Io convengo pienamente con voi, signor Avvocato, che il figliuolo che vuol contrarre matrimonio abbia il dovere morale di consigliarsi, in un affare così decisivo, co' suoi genitori, specialmente se questi sono savi, amorosi e imparziali nell'affetto che hanno a' loro figliuoli anche secondogeniti, e soprattutto se sono religiosi : ne convengo pienamente, e me l'insegna la Chiesa, che desidera che così si faccia, e l'inculca, e il comanda ; convengo che questo dovere, che deriva da due altri doveri morali, quello della prudenza e quello della gratitudine, possa essere in alcuni casi molto stretto, e pe' figliuoli in età minore più grave ancora che per gli altri, giacchè, notate bene, anche quelli d'età maggiore non cessano interamente di sottostare a un simile dovere. Ma dico che questo non è finalmente altro, che un dovere di condizione *morale*, e non punto di condizione *giuridica*... E che non sia giuridico risulta da questo appunto che la *prudenza* e la *gratitudine*, da cui esso viene, sono puramente virtù morali: di poi da questo ancora, che qualunque dipendenza s'abbia l'uomo, la sua personalità rimane libera essenzialmente, e ad essa non si stende nè la patria potestà, nè alcuna signoria sopra la terra, e il diritto di unirsi in matrimonio e di fondare una nuova famiglia è tutto d'indole personale, e dato assolutamente a ciascun uomo dall'Autore della natura. Se dunque la cosa è così, il padre, a cui non si fosse chiesto dal figliuolo il consiglio o ottenuto il consenso, può lagnarsi, in molti casi almeno, a tutta ragione, e anche, se volete, diseredare il figliuolo; ma non può dire che per questo sia stato violato il *diritto* della sua patria potestà, e però egli non può adoperare la forza per impedire al figliuolo di passare alle nozze da lui desiderate, ma solo usare con esso la persuasione. Quanto meno dunque potrebbe egli invalidare un matrimonio che questi avesse già contratto? Il figliuolo o la figliuola che diede la sua parola e la sua mano ad una sposa o ad uno sposo, usò, così facendo, del suo diritto naturale: niente può fare che questa parola reciprocamente giurata non abbia forza obbligatoria, nè può essere ritirata, perchè è irrevocabile. Quello dunque che definì il sacro Concilio di Trento, che sieno validi tali matrimoni, è del tutto conforme al *naturale diritto*, ed è una difesa, come già dicevo ad Ernesto, della libertà naturale e personale degli uomini, di cui la Chiesa fu sempre tutrice benefica.

Avvocato. E che cosa prova mai tutto questo? Non possono forse le leggi dello Stato erigere un dovere morale in dovere giuridico? Se dunque il figliuolo, che, secondo la vostra stessa confessione, ha il dovere morale d'ottenere, o domandare almeno, il consenso paterno prima di contrarre le nozze, coll'autorità della legge viene obbligato giuridicamente a farlo; in tal caso il padre n' acquista il diritto civile, e il figliuolo non è più atto a contrarre da sè validamente, chè una convenzione che infrange il diritto del terzo, rimane viziata e nulla.

Alessandro. Erigere un dovere morale in dovere giuridico è un controsenso ed una impossibilità, se parliamo di un giusto governo. Non m'avete insegnato voi di vostra bocca, che un governo civile non ha maggiore autorità di quella che s'abbiano i padri stessi? E bene, come mai potrebbero i padri convertire i doveri morali, che hanno i loro figliuoli verso di loro, in doveri d'un'altra natura da quel che sono? L'indole di tali doveri e i doveri stessi non dipendono punto dalla volontà de'padri, ma sono costituiti e determinati dalla natura e dalla volontà di Dio, che n'è l'autore. E perciò non potendo far questo i padri nello stato di natura (chè sarebbe assurdo ch'essi imponessero a' loro figliuoli, in proprio favore, un fardello arbitrario più pesante di quello imposto loro da Dio); molto meno possono farlo i civili governi, senza trapassare i limiti della potestà di cui sono investiti. Conviene farsi un'idea netta di questa potestà, e non sostituire ad essa il concetto di una confusa onnipotenza.

Adolfo. Vi faccio però osservare, Alessandro, che la Chiesa potrebbe rendere invalido un tal contratto dei figliuoli senza il consenso paterno, s'ella lo credesse opportuno nella sua saviezza: onde si dà il caso che un dovere morale possa esser convertito in giuridico.

Alessandro. Io dicevo, che questo non può farsi da una potestà umana: quella della Chiesa non è una potestà che venga dai padri di famiglia, ma viene in un modo positivo da Gesù Cristo che è il padrone della natura. Essendo dunque il contratto matrimoniale un contratto sacro, e, dopo Gesù Cristo, un sacramento della nuova legge, non può essere stretto validamente dai cristiani se non sotto l'autorità della Chiesa. Dal che voi potete intendere, che col rendere sacramento il contratto nuziale, Gesù Cristo stesso tolse ai fedeli il diritto di fare un tal contratto in altro modo, da quello che la sua Chiesa stabilisce a loro comun bene. Se dunque, nella Chiesa, in questa età di grazia, gl'individui stessi non hanno più diritto di regolare a lor modo questo sacro contratto; molto meno può averla un Governo, che altro non rappresenta che una certa porzione dei loro diritti.

Adolfo. Sono soddisfatto.

Avvocato. Al signor Alessandro piace di ragionare su principî metafisici, cosa pericolosissima! La sapienza dei nostri maggiori ha temuto sempre e tenuto lontano dalla nostra Università il Diritto naturale che è un semenzaio di questioni interminabili, che non val-

gono un frullo, se non a riscaldar le teste: ma
temo che l'amore di novità prevarrà anche in
questo. In vece di perdersi in così sterili speculazioni, una volta s'istituiva la nostra gioventù in una dottrina pratica e storica: si
fondava bene nello studio del Diritto romano,
che fu la face luminosa che illustrò tutta l'Europa, e ritrasse le nazioni dalla barbarie; ad
esso si devono tutte le moderne legislazioni:
quei sommi giurisprudenti che lo composero,
univano alla più profonda filosofia l'esperienza
delle cose umane e divine. Ora da questi fonti
sicuri, e non da vane speculazioni razionali,
derivarono le massime abbracciate da tutti i
nostri giureconsulti piemontesi e da'nostri insi-
gni Magistrati. Nutriti a questi studi, noi conosciamo la stessa storia del diritto, e sappiamo
che lo Stato, presso i Romani, regolò il Matrimonio e stabilì gl'impedimenti dirimenti prima
della Chiesa, anzi prima ancora che la Chiesa
esistesse; e però, se non si vuol dire, che la
Chiesa abbia usurpato un tale diritto, convien
dire almeno che i Principi gliel'abbiano ceduto;
ed ora è venuto il tempo, in cui lo Stato può
e deve e vuole rivendicarlo, questo diritto, di
cui si trovava ne'più remoti tempi in possesso.

Alessandro. Che nelle Università dello Stato
non ci fosse cattedra di diritto naturale, e ciò pel
gran timore che se ne avea, questo non mi sembra il più grande degli elogi che voi possiate

fare alla sapienza dei nostri maggiori. Pure a difesa dell' onore della nostra Magistratura, credo di poter dire, che quantunque non si facesse nelle Università del Regno alcuno studio di Diritto filosofico, non le mancarono, e non le mancano uomini dotti in questa scienza, la quale pur contiene le ragioni e gl'immutabili fondamenti di ogni positiva legislazione: e in prova di quanto dico potrei pronunciare il nome venerabile d'un uomo che onorava la più alta Corte dello Stato, e a cui la persecuzione aggiunse nuovo splendore. Ma invece di nominarvelo, benchè forse avrete inteso voi stesso a qual personaggio io alluda; tanto è cospicuo: permettetemi che io vi legga un brano di quel s uo libro, che gli meritò l'ira di alcuni, e de'savi l'applauso, e che essendomi stato mandato pochi giorni fa, l'ho qui appunto. L'autore vi parla del diritto matrimonialo nel modo più liberale, voglio dire difendendo la libertà della famiglia dall'invasione dello Stato, e qui appunto s'appella al naturale diritto: « Questa « legge civile (ascoltate) non può dunque dar « norma e regolamento ai diritti ed ai doveri « degl'individui componenti la famiglia. I diritti « e i doveri degli individui, finchè non escono « dal cerchio della famiglia, non possono essere « regolati che dalla legge naturale, divina, re-« ligiosa, la quale per sè stessa è indipendente « dalla legge civile, e della quale la legge ci-

« vile non dee essere che tutrice ed estrinseca
« salvaguardia. Siccome però i matrimoni che si
« contraggono da' membri di una civile società,
« producono effetti estrinseci che hanno stretta
« relazione colla vita sociale e civile, il rego-
« lamento di questi effetti estrinseci sociali è di
« competenza diretta della potestà civile » (1).
Questi sono principi di vera libertà :- quest'è vera scienza di diritto naturale. In questa sentenza poi d'un nostro consigliere di Cassazione
quanto senno, onestà e coraggio ! Quest' uomo
osa opporre a' pubblici pregiudizi, l'evidenza
del naturale diritto, e riconosce, che il matrimonio, poichè si forma nell' interno della famiglia, non può competere in alcun modo al potere
civile, a cui non rimane che di regolare gli effetti esterni d'un vincolo intimo e secreto, ma
che non isfugge alle leggi naturali, divine e
religiose, come quelle che sole hanno virtù e
potenza d'oltrepassare la soglia domestica, anzi,
penetrando nell' uomo, di giungere fino all'anima invisibile, alla coscienza, e governarla.

Avvocato. Sì, sì ; ma tutta la scienza del
diritto naturale non ha sottratto il vostro personaggio ai rigori della legge civile.

(1) *Della giurisdizione della Chiesa Cattolica sul
Contratto di Matrimonio negli Stati Cattolici, Cènni razionali e storici*, del Conte Ignazio Costa della Torre
Consigliere di Cassazione. Torino 1852. Tipografia Revi-
glio, facc. 39 segg. not.

Alessandro. Così dicendo, voi stesso condannate quest'ultima, se pur da questa vennero quei rigori. I principî della ragion naturale, specialmente illustrata e perfezionata dal Vangelo, sono così elevati, evidenti, augusti, immutabili ed eterni, che tutte le legislazioni positive che a quelli s'oppongono, effimere e prive d'ogni virtù morale, ignominiosamente marciscono. Sono cotesti principî superiori d'assai, ed anzi infinitamente, al diritto romano, in cui voi altri servilmente giurate; e tutto quello, che il diritto romano ebbe mai di buono e di lodevole, a questi è dovuto: tutto quello poi che ebbe in sè di contrario a questi, è riprovevole. Laonde, l'argomento volgare e comune ai *legali positivisti,* che voi ancora andate ripetendo, cioè che la Chiesa deva aver ricevuta la facoltà d'imporre impedimenti dirimenti al matrimonio da una concessione del secolare potere, perchè questo l'esercitò anche prima della Chiesa, come si vede nella romana legislazione, non è un argomento, ma delle vane parole. Poichè quando noi ricorriamo, per risolvere la questione, a' principî della ragione naturale e religiosa, appelliamo a un tribunale troppo più alto e autorevole che non sieno le leggi romane, o quelle d'ogni altro popolo della terra : il che ben dimostra, che non colla storia, che non ci arreca che de' fatti senza dirci se giusti od ingiusti, se buoni o malvagi, e spesso non è altro che un lungo tessuto d'iniquità, ma col lume della ragione e della fede si possono solo e si devono risolvere tali questioni di diritto e di morale. Per verità non basta l'aver provato che in tali tempi s'è fatto così, per conchiudere che s'è fatto bene; non basta l'aver trovato che esisteva o che fu in vigore in un qualche tempo, e presso un qualche popolo, una legge, per conchiudere, che quella era conforme alla giustizia. E pure, tale è il continuo paralogismo de' legali positivisti, che a una legge di fatto un po' antica sommettono ciecamente e barbaramente la ragione e il diritto. E tanto più mi riesce strano che voi ragioniate così in un argomento com'è questo, quasichè da una legislazione formata, cresciuta nel seno del paganesimo, vogliate dedurre un diritto che abbia vigore nelle nostre società cristiane, e celebriate que' legislatori come consumati nella scienza delle cose non solo umane, ma anco divine. Volete voi forse ai nostri governi attribuire quella stessa potestà, che il diritto di Roma pagana attribuiva a quella repubblica, o a quegl'imperatori?

Avvocato. Non dico tutto questo.

Alessandro. Se non dite tutto questo, non dite niente, poichè se si concede (e si dee concedere perchè la cosa è evidente) che la potestà, che attribuivano a sè stessi que' governanti, e quella che ad essi, fossero re o repubbliche, attribuivano le leggi allora in vigore,

era eccessiva in molte parti e tirannica; come
si potrà argomentare che ai governanti del secolo XIX dell'èra cristiana devono spettare gli
stessi diritti, e convenire le stesse leggi? E
come dunque dall'avere i romani esercitata la
potestà d'imporre impedimenti al matrimonio,
si potrà arguire che la stessa potestà spetti
anche a' nostri governi? Non converrà prima
di tutto provare, che quella potestà era da essi
esercitata a pieno diritto, e non come tant'altre
per abuso? E se anche fosse stata esercitata a
diritto da imperanti pagani rispetto ad un popolo pagano, ne verrà che a diritto l'esercite-
rebbero oggidì imperanti cristiani rispetto ad
un popolo cristiano? Voi vedete che la questione storica ed erudita è affatto inutile a risolvere la nostra, che è questione di diritto:
per riuscire a questo, non basta dunque ricorrere a un'antica legislazione positiva, che può
essere in molte parti guasta, e che era infatti,
in molte e molte, guasta fin nel midollo; ma
conviene assolutamente venire alle ragioni intrinseche. E per ispiegare più chiaro il mio
concetto, io credo che voi converrete in questo,
che nel mondo pagano, prima che venisse Gesù
Cristo a far conoscere e in pari tempo a im-
preziosire e sublimare la dignità dell'umana natura, questa dignità si conosceva assai meno di
adesso: l'uomo si stimava per la sua potenza,
scaltrezza, forza corporale, pel suo ingegno, per

la copia de' beni esterni, pel ceto a cui apparteneva, e così non si stimava e rispettava l'uomo come uomo : la riverenza all'*uomo* fu insegnata al mondo dal cristianesimo, da quel cristianesimo che prima ancora, colla sua divina potenza, rese l'uomo veramente rispettabile.

Avvocato. Quasi che la sapienza de' romani legislatori non conoscesse ciò che era dovuto all'uomo, e quelle leggi non avessero per fondamento la più severa filosofia qual era la stoica! I soli tre precetti che Giustiniano pone a base del diritto : *honeste vivere*, *alterum non laedere*, *suum cuique tribuere*, contengono tutto ciò che potete desiderare. Essi conobbero oltracciò, i romani, anche meglio di noi, l'origine della civile potestà dai padri di famiglia, come bene lo dimostra la così detta *legge regia*. Sia stata una finzione o una verità, essa prova egualmente, che consideravano l'autorità dell'imperante come la stessa potestà paterna concentrata nelle sue mani; e per questo appunto la legge regolava il matrimonio, perchè riconoscevano nella patria potestà il diritto di regolarlo.

Alessandro. Voi mi parlate de' precetti morali collocati da Giustiniano a principio delle sue Istituzioni, senza riflettere, che il mondo a quel tempo avea subìto già per cinque secoli l'influenza del cristianesimo. E tuttavia nè anche al tempo di Giustiniano era interamente purgata dalle sue macchie così vecchie e raf-

ferme quella legislazione, mirabile certo in molte
parti, se si considera che s'andò formando tra
le tenebre del gentilesimo, ma in molte altre
obbrobriosa. E invero un'antica legislazione pagana non si potea rinettare in breve tempo dal
sudiciume. Quanto dispotismo non contenevano
quelle leggi! L'imperante, non soggetto ad esse,
signore delle vite e delle sostanze de' cittadini.
Esse permettere che le vite d'uomini senza
colpa si spegnessero per gioco, all'unico intento
di pascere di crudele diletto un popolo ubriaco.
Farà egli maraviglia che quel potere dello Stato
che si riputava signore della vita degli uomini,
e che non conosceva limiti, s'arrogasse la facoltà di dar leggi ai connubì, anzi di disporre
del diritto naturale delle nozze? Dico di disporre, poichè chi non sa che tra le persone umane
ce n'erano migliaia e migliaia che si computa-
vano solamente come cose, voglio dire i servi,
ai quali era negato ogni diritto di connubio?
Chi non sa, che questo sacro diritto dell'umanità era riserbato ai soli cittadini romani? Che
ai forestieri dovea essere conceduto come una
liberalità di quel civile potere? Che neppure
le unioni coniugali de'romani co' peregrini erano
per sè legittime? (1). Che insomma il diritto di

(1) Così Ulpiano: *Connubium habent cives Romani
cum civibus Romanis, cum Latinis autem et peregrinis
ita, si* CONCESSUM SIT: CUM SERVIS NULLUM EST CONNUBIUM.
Regular. 46. *Connubium* si definisce da Ulpiano: *uxoris
jure ducendae facultas.* Id.

matrimonio, proprio della natura e della dignità
umana, s'era convertito in un diritto positivo e
arbitrario del civile legislatore? Voi mi venite
poi a dire che tutto questo diritto dello Stato
era, presso i romani, la patria potestà concentrata nelle mani dell'imperante. Col dispotismo della famiglia volete giustificare il dispotismo della città: credete di diminuire un
disonore dell'umanità con aggiungerne un altro.
Certo anche nella famiglia c'era la tirannia, la
quale era per tutto: i padri si credevano padroni assoluti de' figliuoli, potevano ucciderli e
venderli; quanto più poteano credere d'avere
diritto sulle loro nozze? I padri oltracciò erano
i signori d'un gran numero di loro simili, di
cui disponevano non altramente che delle loro
bestie, e che talora rispettavano e risparmiavano
meno di queste. E mi venite a dire che conoscevano l'origine dell'autorità civile? È dunque
questo l'esempio, a cui noi in tempi di libertà,
viventi sotto governi che si dicono liberali,
quando di libertà sono piene almeno le bocche,
dovremo ricorrere, per sapere quale autorità
possa competere allo Stato circa le nozze? Sarà
un giusto ragionamento il vostro, signor Avvocato: « secondo le leggi romane l'imperante
metteva impedimenti ai matrimoni, e li regolava, dunque tale è il diritto dello Stato: e se
tale è il diritto dello Stato, dunque la Chiesa
dee averlo esercitato per sua concessione »?

Voi , tutt'alla cieca , legittimate quella esorbitanza di potestà, che le romane leggi attribuivano agl'imperanti pagani , benchè così ingiuriosa alla natura umana. L'autorità civile di Roma pagana (si trovasse nelle mani del senato o degl'imperatori) avea fatto ella , tutte a suo pro, quelle leggi, e con esse appunto avea sottomesso a sè tutto, e religione e morale e onore e vite e matrimoni : se dunque questo fatto mostruoso è un vero diritto , se da questo si dee argomentare quali sieno i diritti dei nostri governi e dei nostri legislatori intorno al matrimonio, dovremo con un raziocinio simile concedere allo Stato e alla legge civile anche l'autorità di ristabilire la servitù , e di negare ogni diritto di matrimonio a una gran parte della nostra popolazione, e di considerare il matrimonio come un diritto che conferisca la legge positiva , e , se vi piace, la liberalità sovrana ! Quando a voi garbi di degradare a tal segno la dignità delle nozze tra' cristiani, io vi esorto di proporre al Parlamento, che per titolo della legge ch'ei sta facendo sul matrimonio civile, frutto, come si dice, delle nostre liberali istituzioni , ponga quelle parole che si leggono davanti a un capo *De re rustica* di Varrone , dove parla delle unioni dei servi (1).

(1) *De costura servorum.*

Avvocato. Voi vi riscaldate di soverchio : noi legali prendiamo le cose con più calma....

Alessandro. Se io mi riscaldo, è perchè mi duole di vedere che lo studio delle leggi è ancora, dopo tanti secoli, infetto dal miasma del paganesimo, e quindi del dispotismo. Si studiò la legge romana troppo pedantescamente e servilmente ; e lo studio così fatto ingerì negli animi la falsa massima , che « l'autorità civile possa tutto », quando almeno un bene vero o apparente ella si proponga! gli stessi uomini di legge per ogni altra parte i più rispettabili, come un Daguesseau, non ne vanno punto esenti.

Avvocato. Del resto non è poi vero, vedete, che i Romani non sapessero [che il matrimonio spetta al naturale diritto.

Alessandro. Lo dicono le Istituzioni, ma che cosa intendono per naturale diritto? Credo che non lo ignorerete. Qualche cosa di comune a tutti gli animali , e all'uomo come animale : sotto quest'aspetto asserivano che il matrimonio è di diritto naturale! (1) E da un popolo, che, nelle tenebre del paganesimo, s'era formato e avea inserito nelle sue leggi un concetto sì abbietto del matrimonio, che deduceva da un

_____

(1) *Jus naturale est, quod natura omnia animalia docuit: nam jus istud non* HUMANI GENERIS PROPRIUM EST, *sed omnium animalium. — Hinc descendit* MARIS ET FOEMINAE CONJUNCTIO, QUAM NOS MATRIMONIUM APPELLAMUS. Instit. 1, 2.

preteso diritto, di cui attribuiva la perizia anche alle bestie: *videmus etenim cetera quoque animalia* ISTIUS JURIS PERITIA *censeri* (1), si pretenderà che i governi europei educati per diciannove secoli alla luce evangelica, prendano la norma e l'esempio e la misura della propria autorità per dar regola a' matrimoni de' battezzati? E si dirà, che la Chiesa ebbe, per benigna concessione di cotesta razza pagana di dominatori del mondo, la sua autorità d'ordinare, colle sue leggi sapienti, quei matrimoni, che Gesù Cristo elevò a nuova dignità, e che le leggi appunto di essa Chiesa, sempre costante ad inculcarle, rivestirono di tanta onestà, di tanto decoro e santità? Quando dopo Gesù Cristo che ne stabilì le prime leggi fondamentali, S. Paolo e gli altri Apostoli decretarono i primi impedimenti dirimenti, mantenuti poi sempre nella Chiesa, andarono forse a domandarne prima la licenza a Nerone o a Diocleziano? Voi invocavate, poco fa, la storia del diritto romano, ma questa stessa è quella che vi dovrebbe disingannare. Poichè questa appunto vi dice, che lungi dall'avere la Chiesa ricevuta la sua podestà sul matrimonio dallo Stato civile, essa fino dai primi tempi si contenne in modo da mostrarsi consapevole della autorità assoluta di cui era investita dal suo divino Fondatore, dell'autorità, dico, d'emendare

(1) Ivi.

tutto ciò che *vi fosse di riprovevole, d'ingiusto ,
o d'immorale* sia circa il matrimonio , sia circa
ogni altra cosa nel mondo , cioè nelle persone
e nelle cose, nello stato e nella famiglia , nelle
leggi civili e ne' legislatori, nelle consuetudini e
ne' costumi, e da una parte di temperare il dispotismo de' principi o de' senati o delle assemblee
popolari, dall'altra di tutelare gli oppressi contro
gli oppressori, e di rompere i ferri, come fece, della
servitù legale, scancellando o radendo le leggi
civili, su cui era fondata, e di rendere in uua
parola liberi , di una libertà vera e compiuta ,
tutti gli uomini, rigenerandoli in Gesù Cristo,
e rivendicando i loro diritti, dalle leggi stesse
civili violati, disconosciuti, usurpati. Questa è
l'opera che fu commessa alla Chiesa da compire, e la complì. Ma per compire un'opera così
grande, sostenne altresì tante lotte e tante persecuzioni, e le sostiene tuttavia, ed una è anche
questa , e le sosterrà fino alla fine del mondo.
Uno de' più distinti magistrati della Francia ,
che tuttora vive, il signor Troplong, pubblicò
un libro , in cui dimostra quali salutari emendazioni introducesse la Chiesa nella romana legislazione e in quelle di tutti i popoli. Come
dunque non ebbe bisogno la Chiesa di domandare il permesso a' civili legislatori, per correg-
gere e castigare le loro leggi dappertutto dove
esse peccassero contro la religione , la morale
onestà e la giustizia ; così non le bisognò cer-

tamente il loro permesso, o la cessione d'una parte della loro autorità, per riservare a sè l'ordinamento del matrimonio de'cristiani, dopo che Gesù Cristo lo aveva reso cosa sacra, costituendolo uno de' sette sacramenti, di cui arricchì gli uomini che accettarono la sua legge.

Avvocato. A malgrado di tutto questo, noi vediamo che ancora nel VI secolo Giustiniano e i suoi successori danno leggi al matrimonio, e non parlano punto del rito religioso. Carlo Magno fu quegli che introdusse questo rito come una condizione necessaria alla validità del matrimonio: ma una tal legge non dee essere stata gran tempo in vigore, com'è dimostrato dal fatto solenne de' matrimoni clandestini considerati siccome validi fino al Concilio di Trento. Furono i principi che richiesero il Concilio di Trento di determinare al matrimonio una forma comune e pubblica. Vedete dunque che il fatto costante è contrario alla vostra teoria. D'altra parte io so positivamente, che alcuni dei nostri ministri non vogliono saperci d'inserire nella legge il rito religioso, per iscrupolo di coscienza, non volendo, così dicono, e l'ho sentito dire io stesso coi miei orecchi, dare occasione a quelli che ricevessero poi il sacramento senza la fede, di commettere dei sacrilegi.

Alessandro. Non so se sia una celia vostra questa, e non istà bene di celiare così sulla coscienza timorata dei ministri. Circa il resto

che m'avete detto, potrei con tutta ragione di-
mandarvi, perchè mai i principi ricorressero,
come voi dite, ai padri del Concilio di Trento,
acciocchè stabilissero essi una forma pubblica
al matrimonio, quando a loro spettava in proprio il diritto di regolarlo: e ancora, perchè
mai parte di quello che i principi richiesero
dal Concilio l'ottennero, come la pubblicità dei
matrimonî, e parte non l'ottennero, come che
il consenso dei genitori divenisse condizione
necessaria alla validità, e s'acquetarono al
niego? Il concedere e il negare sono atti d'autorità; il richiedere e lo starsi contenti a quello
che viene conceduto e a quello che viene negato, sono atti di sudditanza e di riconoscimento
dell'altrui superiorità. È dunque indubitato anche per questo solo fatto, che gli Stati cattolici
al tempo del Concilio di Trento riconoscevano,
che il matrimonio dei cristiani si dovea enu-
merare tra le cose sacre spettanti alla Chiesa
e non al temporale principato, come fu dichiarato dalla Chiesa medesima. Potrei trattenermi
su di ciò, ma il vostro ragionamento m'obbliga
a farvi delle osservazioni troppo più importanti.
E per primo v'accordo, che le leggi di Giustiniano stabiliscano, come le precedenti, alcuni
impedimenti al matrimonio: era la legislazione
di Roma pagana, che conservava le sue tradizioni, e andava di mano in mano emendandosi.
Voi argomentate sopra un falso supposto, cioè

che noi vogliamo proibire al legislatore civile d'inserire nelle sue leggi gl'impedimenti dirimenti, e poichè voi ne trovate inserti nelle leggi antiche, vi credete in diritto di conchiudere, che lo Stato ha la potestà di porre ai matrimoni impedimenti a tutto suo arbitrio. Dovete prima intenderci, e poi combatterci, se potete. Noi diciamo che gl'impedimenti devono certamente essere inserti nelle leggi civili, giacchè l'autorità civile dee conoscerli per tutelarli, e per disporre degli effetti temporali del matrimonio in ordine a quelli. Ci devono dunque essere inserti, ma noi aggiungiamo (ecco la differenza tra voi e noi), che gl'impedimenti riconosciuti dallo Stato e inserti nelle sue leggi devono essere quelli stessi, nè più nè meno, che si trovano riconosciuti ed inserti nelle leggi ecclesiastiche, nè il legislatore civile può diminuirli od accrescerli, senza procedere d'accordo colla Chiesa. Diciamo di più, che il legislatore civile, quand'anco avesse una maggiore autorità, non avrebbe alcun motivo ragionevole di fare diversamente, ed anzi avrebbe ogni motivo di non farlo, perchè, ove il facesse, pregiudicherebbe agl'interessi dello Stato e a quelli dei cittadini. Vedete dunque quale fu veramente la storia del diritto romano e delle sue emendazioni successive. Comparso al mondo il Vangelo, si trovarono a fronte due legislazioni sul matrimonio: quella del divino Legislatore, affidata alla Chiesa, e quella del legislatore romano e pagano. Queste due legislazioni dovevano necessariamente unirsi in una sola, venendo al perfetto accordo, tostochè il mondo si convertisse al Vangelo. Nei primi tre secoli gl'imperanti erano de' persecutori della Chiesa nascente. Allora la Chiesa fece da sè, e mantenendo le leggi fondamentali del matrimonio stabilite da Cristo, da S. Paolo e dagli altri Apostoli e loro successori, permise ai fedeli suoi figli e ordinò di uniformarsi alle leggi dello Stato in tutto ciò solamente, che non s'opponesse nè alla legislazione divina circa il matrimonio, nè alla purità della morale evangelica, vietandolo loro nel resto, e obbligandoli a certe forme da lei stabilite. La Chiesa così si conteneva non già come suddita, ma come autorevole maestra della religione, dell'onesto e del giusto; non però come maestra prepotente, al modo de' dominatori del secolo, ma tale che altro non cercava che la santità, il bene in tutto, e il ragionevole. La sua autorità era superiore ed emendatrice delle leggi civili, ma non emula, non puntigliosa. Ora nelle stesse leggi romane c'era una parte conforme alla ragione ed al diritto naturale, come erano appunto certi gradi di parentela; e a questa non potea esser nemica la Chiesa, anzi questa parte era cosa sua, perchè è suo tutto ciò che è giusto e morale : e nelle sacre scritture, cioè nel Levitico, c'erano già disposizioni simili. Laonde in questa parte, giudicata giusta, morale, ragionevole dalla Chiesa , come da supremo giudice, le due legislazioni divennero, o piuttosto furono tosto una sola, comune alle due autorità. Circa l'altra parte che peccava d'immoralità, ed era opposta all'evangelica dottrina, il disconoscere, poniamo, per veri matrimoni quelli de' servi, o di quelli che non fossero cittadini romani , o de' figliuoli di famiglia senza il consenso paterno , o della vedova che si rimaritava prima che spirasse l'anno del lutto, e somiglianti, la Chiesa usò dell'autorità che avea da Gesù Cristo e non dagli uomini, e condannò quelle leggi, e il mondo cristiano ubbidiente le scancellò da' suoi codici. E qui osservate voi , Ernesto, come la Chiesa in tutte queste emendazioni che fece, con mano franca , delle leggi romane intorno al matrimonio, fu sempre dalla parte della libertà, esercitò sempre il ministero di tutrice di questa, e di persecutrice inesorabile del dispotismo. Nel potere dello Stato, abbandonato a sè stesso , c'è insito lo spirito di dominazione e d'oppressione, e lo disse Cristo: *reges gentium dominantur eorum;* e così anche il matrimonio, abbandonato a un tal potere, prima di Cristo, era ridotto in servitù: Gesù Cristo è venuto a riscuoternelo: e la Chiesa per mandato da lui ricevuto, proclamò i matrimoni de' servi tanto validi e sacri quanto quelli dei liberi; dichiarò uguale all'uomo la donna: tem-

però l'oppressione in cui i cittadini romani tenevano i forestieri e sè stessi altresì, che partecipavano del giogo che imponevano : moderò
e restrinse entro i giusti limiti la patria potè-
stà, oppressiva anch'essa, e rivendicò pure ai
figliuoli il diritto di libere nozze, nello stesso
tempo che inculcò loro l'onore dovuto ai genitori : liberò altresì la vedova da quell'ingiusta
proibizione : e prendendo sotto la sua protezione la debole donna oppressa dalla virile prepotenza, espulse del tutto dalle leggi cristiane
il divorzio. Ed ora questi comandi santissimi e
queste disposizioni della Chiesa, tutte a favore
della libertà e della civiltà degli individui e
delle nazioni, ce le vorrebbero abolire i moderni
legislatori, in cui è venuta meno la fede degli
avi, riducendosi agli arbitri, alle servitù e alle
tirannie del mondo pagano. Vi ripeto, mio caro
Avvocato, che ad ottener tutto ciò dal mondo,
la Chiesa dovette impiegare molti secoli di costante lavoro, perchè dovette ammaestrare ed
incivilire grado a grado i popoli e gli Stati ;
ma ella ebbe sempre una voce, andò sempre
avanti sicura di sè, passò senza timore sulle
opposizioni che rimasero infine annientate sotto
i suoi passi trionfali. Ora che fate voi, signor
Avvocato ? Andate raccogliendo i rimasugli di
alcune leggi de' Romani intorno al matrimonio,
e volete da queste conchiudere che la materia
è di competenza dello Stato! Ma l'esserci state

leggi romane e d'altri popoli intorno al matrimonio, non prova la vostra tesi: l'averne la Chiesa approvata una parte, la prova ancor meno: l'averne poi la Chiesa stessa riprovata e condannata un'altra parte, prova tutto il contrario di quello che voi volete: prova che la Chiesa sola in questa parte fu sovrana legislatrice. E ne bramate ancora una dimostrazione breve e palmare? Considerate quel tempo in cui il civile potere era concentrato nelle mani d'un solo. Se i diversi Stati d'Europa avessero in que' tempi creduto, che la materia matrimoniale fosse di loro competenza, quei monarchi assoluti non avrebbero forse pubblicate quelle leggi e introdotti quei regolamenti, che fossero convenuti ai loro desideri ed alle loro passioni? All'incontro noi vediamo in tutti i secoli da Cristo in quà, i sommi Pontefici vegliare sui matrimoni di quei monarchi stessi, che concentravano tutta l'autorità dello Stato in sè, e ridurli anche colle pene ecclesiastiche al loro dovere, se osavano attentare qualche cosa di contrario alle sacre leggi regolatrici del matrimonio. Ora ascoltate attentamente come un grand'uomo, che fu ministro dell'augusta Casa di Savoia, giudicava dell'esercizio di questa potestà: me ne ricordo benissimo le solenni parole: *Or jamais*, dice, *les Papes et l'Eglise, en général, ne rendirent de service plus signalé au monde, que celui de réprimer chez les princes par l'au-*

torité des censures ecclésiastiques, les accès d'une passion terrible, même chez les hommes doux, mais qui n'a plus de nom chez les hommes violents, et qui se jouera constamment des plus saintes lois du mariage, partout où elle sera à l'aise. — Si dans la jeunesse des nations septentrionales, les Papes n'avaient pas eu le moyen d'épouvanter les passions souveraines; les princes, de caprice en caprice et d'abus en abus, auraient fini par établir en loi le divorce, et peutêtre la polygamie; et ce désordre se répétant, comme il arrive toujours, jusque dans les dernières classes de la société, aucun oeil ne saurait plus apercevoir les bornes où se serait arrêté un tel débordement (1).

La storia lampante dell'autorità esercitata dai papi sui matrimoni de' principi i più assoluti, vi può dunque convincere di tre cose: la prima, che i papi e la Chiesa hanno sempre creduto d'avere autorità di regolare il matrimonio, e l'hanno sempre usata rigorosamente; la seconda, che i principi, nelle cui mani era concentrata tutta la civile autorità, subendo la disciplina e il rigor della Chiesa, non hanno mai creduto d'avere autorità sui matrimoni; la terza finalmente, che quest'autorità suprema in mano della Chiesa, necessaria all'educazione dei

(1) Du Pape par le C. Ioseph de Maistre L. II, ch. 7, art. 4.

·popoli e al progresso della civiltà , è sommamente utile alle medesime stirpi regnanti. E
qui permettetemi che vi faccia una domanda.

Avvocato. Sentiamo.·

Alessandro. Nel nuovo progetto di legge è
creato un *privilegio* a favore della nostra Casa
regnante, dichiarandosi che il disposto di quella
legge non è applicabile ai matrimoni del re e
delle persone della real famiglia, pei quali sarà
provveduto con legge speciale. Ora, credete voi
che questa legge speciale si farà mai?

Avvocato. Io credo si farà, ma non saprei
quando, troppo sembrandomi difficile il concer-
tarla.

Alessandro. Ebbene, per intanto e fino che
questa legge si faccia, i matrimoni delle persone
reali da qual legge dipenderanno? Poichè da
questa no, e senza legge non possono stare.

Avvocato. Soggiaceranno alle leggi precedenti.

Alessandro. Cioè, volete dire, alle leggi ecclesiastiche, poichè queste·sole erano riconosciute dal nostro Stato circa tutto ciò che riguarda la validità del vincolo.

Avvocato.· Così appunto.

Alessandro. In questo Stato dunque saranno riconosciute come autorevoli di pieno diritto due legislazioni ad un tempo intorno al
matrimonio : l'una per la Casa reale , e l'altra
pe' cittadini.

Avvocato. È inevitabile; e che perciò?

Alessandro. Che perciò? La conseguenza è chiara, ed è un'incoerenza di più negli stessi principi, su cui è fondato il nuovo progetto (4). Poichè nello stesso tempo che questo si edifica sulla massima, che in faccia allo Stato la sola legge civile è quella che forma la validità dei matrimoni; esso stesso, sciudendo i matrimoni in due classi, stabilisce che la validità de' matrimoni d'una di queste classi, cioè la validità dei matrimoni dei re e dei reali di Savoia, si deva desumere dalla sola legge ecclesiastica. Pare

---

(4) Un altro *privilegio* ed un'altra *incoerenza*, difficile veramente ad evitarsi, si faceva nel progetto di legge a favore dei matrimoni fatti fuori dello Stato, o di quelli ne' quali uno de' coniugi fosse uno straniero: questi si dichiarano validi senza bisogno del consenso de' parenti. Qui il legislatore trovò delle buone ragioni per credere che il matrimonio, anche senza un tale consenso, possa esser valido e morale; ma non trovò che sia una buona ragione per dichiararli validi quella del giudizio della Chiesa, e dell'anatema di cui colpisce coloro che li dichiarano invalidi. E acciocchè la coerenza del ministro sia perfetta, nelle parole da lui dette al Senato, dopo avere stabilito il principio generale che « ricusa effetto ad « ogni obbligazione del minore, quando non sia confer- « mata da coloro, che la natura o la legge commettono « ad aver cura di lui », soggiunge: « Non si debbe con- « sentire ad eccezione per le obbligazioni che sorgono « dalle nozze »; e poi col §. 25 del progetto stabilisce appunto l'eccezione! Il ministro è un miracolo di coe- renza!

che si volesse salvare nell'eccidio il capo dello Stato, sacrificandone il corpo.

Avvocato. Per me desidero che questa anomalia sia rimossa al più presto colla legge speciale che si promette. Del resto tutto il vostro lungo discorso non mi convince punto, rimanendo sempre fermo che fino al Concilio di Trento non era necessario alla validità del matrimonio il rito religioso, e che però non si riputava indispensabile il sacramento alla validità di quel contratto.

Alessandro. Staremo a vedere, se il ministero, che *pro tempore* siederà al governo piemontese, si darà ugual premura d'adempire questa nuova promessa di proporre una *legge* speciale pe' matrimoni reali, quale la si diede il presente d'adempire la promessa annessa alla legge Siccardi. Per me credo, che nella fedeltà ad osservare le promesse fatte alla nazione, egli saprà distinguere tra promessa e promessa. D'altra parte io sono assai lontano dal desiderio, che voi esprimete con tanto candore, che una tale promessa venga presto adempita: anzi per dirvi chiaro come la penso, a me incute perfino un sentimento d'orrore questo pensiero che i matrimoni della reale famiglia sieno sottratti alla legislazione della Chiesa, a cui le schiatte regnanti devono cotanto, e sieno umiliati e profanati, assoggettandoli alla legge civile, che è un dire a quella volubile legge che ad ogn'ora possono e fare e disfare i Parlamenti associati colle passioni del trono. Questo giogo ignobile che si vuole imporre alle sovrane famiglie, non è certo liberale, mio caro Ernesto, e scommetterei l'uno contro cento, che se non la religione, almeno l'istinto che il principato ha sempre della propria conservazione, rimuoverà da sè una cotanto pericolosa degradazione.

Avvocato. Timori vani: il nostro Re, che è la lealtà in persona, non vi s'opporrà mai, nè gli parrà un'umiliazione o una degradazione il sottomettere la sua Casa ad una legge civile pel pubblico bene.

Alessandro. Permettetemi che non vi segua più avanti su questa via. In quella vece verrò al rito religioso, che fino al Concilio di Trento non era necessario alla validità del matrimonio: di che voi traete la conseguenza, che si considerava il contratto come diviso affatto dal sacramento. Questo terribile argomento non è di vostra invenzione, signor Avvocato, ma è comune, per così dire, alla falange degli uomini di legge, a cui appartenete: almeno io l'ho sentito ripetere da molti di essi e di quelli che passano nel nostro fóro per la maggiore; l'ho letto ne' giornali, cioè ne' giornali servili, in quelli che fanno del liberalismo per la servitù che hanno in corpo, vantandolo come perentorio, ineluttabile. Che scienza! Che finezza d'ingegno! Ma volete che vi dica il vero a patto che non ve n'offendiate? Questo è certo un argomento perentorio, irrefragabile, ma sapete di che? Dell'ignoranza crassa in cui sono i nostri giurisperiti, che assumono a farla da teologi, dell'ignoranza, dico, de' primi rudimenti della religione cristiana cattolica.

Avvocato. Osereste chiamare ignorante del catechismo un conte Siccardi ed altri tali, che o sono o furono ministri, tutti uomini dottissimi ed eruditissimi in tutte le scienze legali e canoniche, e di profonde convinzioni?

Ernesto. È indubitato che prima del Concilio di Trento i matrimoni clandestini erano avuti per validi dalla stessa Chiesa: l'Avvocato qui ha ragione.

Adolfo. Anche a me pare così: è possibile, Alessandro, che voi nol sappiate?

Alessandro. Vi par probabile che lo ignori?

Adolfo. E dunque?

Alessandro. Dunque io sono nella necessità di fare a tutt'e tre voi una lezione appunto di catechismo: che pur a questi dì si dimentica anche nelle persone più colte.

Avvocato. Sentiamo.

Alessandro. I signori legali che ci fanno di tali obbiezioni, ignorano, per dirvelo spiattellatamente, che cosa sia il *sacramento* del matrimonio, e che cosa sia il *rito religioso*, e però confondono questo con quello, quando si tratta di due cose disparatissime.

Avvocato. E che? Pretendereste forse che ci sia sacramento senza il rito religioso?

Alessandro. Non sono io che lo pretenda, ma è la Chiesa cattolica che m'insegna che ci può essere benissimo.

Avvocato. Qual è dunque questa differenza che ci trovate tra il rito religioso e il sacramento? Mi sarebbe ben caro saperla.

Alessandro. Questa è appunto la lezione di catechismo che ora sono costretto di farvi; e m'incresce al sommo che tra noi non ci sia anche il conte Siccardi e quegli altri dottissimi ed eruditissimi, che ci avete pur ora magnificati, poichè potrebbero profittarne anch'essi. Sappiatevi dunque, e fatelo sapere ai vostri chiarissimi colleghi, che tant'è lungi, che il rito religioso sia per sè stesso il sacramento, che non solo avanti il Concilio di Trento non c'era punto bisogno di esso per ricevere il sacramento, ma anche a' nostri stessi giorni si può ricevere validamente il sacramento del matrimonio, senza praticare alcun rito religioso, non avendolo punto quel sacro Concilio prescritto come condizione necessaria alla validità. Che cosa fece dunque il Tridentino? Nient'altro, che dichiarare per l'avvenire invalidi i matrimoni clandestini, ordinando come condizione necessaria alla validità del contratto e sacramento matrimoniale la pura presenza del parroco e di due altri testimoni, senza che alcun rito o alcuna cerimonia religiosa per questo c'intervenga di necessità. Laonde riesce affatto inutile l'erudizione di cui fanno cotanto scialacquo cotesti nostri profondissimi legali e magistrati governiali, e i deputati delle nostre Camere, quando vi mettono in campo Carlo Magno, siccome il primo monarca, che abbia richiesto per legge il rito religioso, e altre cose simili che, essendo fuor di proposito, si potrebbero dire spropositi. Avrebbero almeno dovuto dire, che nè per molto tempo avanti, nè dopo il Concilio di Trento alcun rito, alcuna cerimonia religiosa fu od è giudicata o dichiarata necessaria dalla Chiesa cattolica alla formazione del sacramento matrimoniale. Meno erudizione, signori, ma un po' più di catechismo e d'attenzione.

Avvocato. In che dunque riponete voi l'essenza del sacramento?

Alessandro. Non mi domandate in che la riponga io, poichè, com'ho già detto, non si tratta di conoscere una mia opinione, ma solamente qual sia la dottrina della Chiesa, di cui noi tutti siamo discepoli, e non dobbiamo crearcela coll'immaginazione: almeno questo privilegio è solo proprio di voi altri. Ecco dunque qual è questa, se volete ch'io ve la snoccioli. Primieramente credo, che voi dobbiate sapere, che sacramento vuol dire « segno o rappresentazione di cosa sacra »?

Adolfo. Sì, fin qui ho imparato.

Alessandro. Ebbene, se sacramento vuol dire « segno di cosa sacra », a formare un sacramento devono concorrere due elementi, il *segno* e la *cosa segnata*, e non basterà una sola.

Adolfo. Chiaro.

Alessandro. Resta a dimandare qual sia il segno e quale sia la cosa segnata nel sacramento del Matrimonio.

Adolfo. Anche qui ci arrivo, sovvenendomi d'avere imparato, che l'unione dell'uomo e della donna è il segno, e l'unione di Cristo e della Chiesa è la cosa segnata e rappresentata.

Alessandro. Comincio a restituire il suo onore ad Adolfo, perchè vedo che veramente il catechismo lo sa discretamente. Ma appunto per ciò mi maraviglio, Adolfo, che non sappiate tirarne le conseguenze. Io v'aiuterò a farlo. E prima quando voi dite, che il *segno* è l'unione dell'uomo e della donna, intendete voi l'unione di fatto, momentanea e senza che sia accompagnata da una reciproca obbligazione, o intendete un'unione fondata in un contratto reciproco, pel quale i due contraenti si giurano perpetuo e fedele amore e comunione di vita indivisa?

Adolfo. Certo, per unione intendo il contratto che lega l'anime al maritale consorzio quant' è lunga la vita.

Avvocato. *Nuptias non concubitus sed consensus facit,* è regola del diritto romano, e regola che vi prego di considerare attentamente, perchè è sopra di essa appunto che il nostro Ministro fondò il suo progetto di legge che separa il contratto dal sacramento. E veramente se l'essenza del matrimonio non istà nel sacramento, ma nel consenso, ossia nel contratto, come disse il Ministro, dunque il sacramento non è che un accessorio all'essenza del matrimonio, e separabile, separabilissimo.

Adolfo. Sig. Avvocato, voi non siete stato presente alla conferenza che su questo punto abbiamo avuto oggi stesso con Alessandro. Se ci foste intervenuto, vi sareste forse convinto, che la conseguenza che vorreste tirare da quel principio non ci viene: io n' ho riportato la più piena persuasione. Lasciate dunque, vi prego, che Alessandro prosegua l'incominciato suo ragionamento, senza interromperlo ; potrete poi, se vi piacerà, proporgli in altro momento le vostre obbiezioni.

Avvocato. Prosegua pure.

Alessandro. Proseguo se vi piace, e nel proseguire spero che si dileguerà anche quello che ci voleva opporre il signor Avvocato. Dicevamo dunque, che il contratto matrimoniale, e l'unione perpetua che su di esso si fonda , è ciò che nel sacramento costituisce il *segno*; l'unione poi di Cristo colla Chiesa costituisce la *cosa segnata.* Ora vi domando di più , se la rappresentazione dell'unione di Cristo colla Chiesa è cosa inerente all'unione perpetua e consensuale de'coniugi, o è cosa appicciata e supposta ad arbitrio.

Adolfo. Inerente, nasce dalla natura della cosa; se fosse una rappresentazione supposta, sarebbe una rappresentazione falsa, non sarebbe rappresentazione.

Avvocato. Ed io direi tutt'il contrario, poichè se quell'attitudine a rappresentare l'unione del Salvatore colla Chiesa fosse naturale ed essenziale alle nozze, ne verrebbe l'assurdo, che il matrimonio fosse stato sempre « un segno di cosa sacra » e però, secondo la definizione qui del nostro Catechista, sarebbe stato sempre un sacramento. Eppure, a noi fanciulli, il curato insegnava, che i sette sacramenti furono istituiti da Gesù Cristo.

Alessandro. Viva il nostro Avvocato che non ha dimenticato ancora tutt'affatto la dottrina cristiana, che gl'insegnò il curato quand'era fanciullo! Glien'è uscita solamente di mente una parte, a dir vero importante, ma non fa maraviglia dopo tanti anni!

Avvocato. Qual parte, dite voi?

Alessandro. Eccovela: voi avete ritenuto benissimo, che i sette sacramenti della nuova Legge, tra'quali il matrimonio, furono istituiti da Gesù Cristo; ma o non vi fu detto, o vi fu svaporato dalla memoria, che anche la Legge antica avea i suoi sacramenti, e tra questi il matrimonio era uno, il quale fu sempre sacramento fino dalla prima sua divina istituzione nell' Eden, poichè fin d'allora rappresentava la futura unione di Gesù Cristo colla sua Chiesa.

Avvocato. Confesso che questo mi riesce nuovo; ma se il matrimonio era fin d'allora sacramento, c'era bisogno che Gesù Cristo lo facesse tale?

Alessandro. Sì, ed eccovi il perchè. I sacramenti o segni delle cose sacre nell'antico patto, e i sacramenti o segni delle cose sacre nel nuovo patto, sono differentissimi di natura: perchè a que'segni, prima di Cristo, non era ancora unita la virtù di produrre la grazia a santificazione di quelli che li ricevevano. Cristo fu quegli che ve l'aggiunse per la sua divina podestà, onde adesso que'segni sono *efficaci*, e allora no. Sebbene dunque non esistesse in antico il matrimonio come sacramento della nuova legge, cioè come *segno santificante*, esisteva come segno di cosa sacra, e quindi come un sacramento di quel tempo.

Avvocato. La teologia non è della mia professione, e non posso tant'avanti seguirvi in sacristia. Dedicato agli studi legali, qualunque cosa sia del sacramento, io so che il matrimonio è un contratto, e come tale non potrà mai essere sottratto alla legge civile, che regola i contratti.

Alessandro. Mi pare che vi piacciano i ritornelli: del resto voi altri legali (continuate a

compatirmi), siete tutti della stessa stampa.
Volete decidere di cose sacre e teologiche dogmaticamente, spogliare con nuove leggi la Chiesa de'suoi diritti, sostenere che così facendo non offendete punto la cattolica religione: quando poi siete stretti tra l'uscio e il muro, protestate con grand'umiltà di non essere punto teologi! Ho inteso più d'uno di quelli che ci regalano una tal sorta di leggi, scusarsi allo stesso modo, dicendo che la teologia e la canonica non era la loro partita, quasichè non fossero obbligati di sapere quello che si fanno, posto che pur ci vogliono metter le mani. Ma ditemi, caro Dottore, siete voi un legale cristiano cattolico, o un legale.....

Avvocato. Non v'incomodate a terminare l'alternativa: perchè il curato m'ha insegnato, che a questa domanda si risponde: « per grazia di Dio sono cristiano ».

Alessandro. E io lo credo, e però credo pure, che riconoscerete l'autorità che Gesù Cristo ha conferita alla sua Chiesa riguardo ai sacramenti, uno de'quali è il matrimonio.

Avvocato. Credo tutto questo, ma ciò non toglie che lo Stato abbia il diritto di regolarlo non come sacramento, ma come contratto civile.

Alessandro. Questo è in contraddizione con tutto quello in che siamo convenuti più sopra: perchè in primo luogo non avendo voi osato d'asserire che una donna e un uomo, coll'aver fatto solamente il così detto matrimonio civile, abbiano contratta l'obbligazione morale di stare insieme, avete riconosciuto che col solo contratto civile non c'è ancora alcun vero contratto, cioè alcun legame obbligatorio, e però non c'è matrimonio; in secondo luogo è risultato dalla definizione del sacramento, che questo consta di due parti, cioè del segno e della cosa segnata, e che il segno nel sacramento del matrimonio è l'unione consensuale ossia il contratto, e la cosa segnata è l'unione di Cristo colla Chiesa, e che questi due elementi non mancano mai, poichè l'unione consensuale ossia il contratto ha per sua intrinseca natura, come si disse, la virtù d'essere simbolo o rappresentazione dell'unione di Cristo colla Chiesa. Questo *contratto* dunque *per sua natura rappresentativo* è il sacramento. Non è dunque possibile di dividere il contratto dal segno della cosa sacra, perchè è egli stesso questo segno. Se dunque il contratto è egli stesso, per sua intrinseca natura, il segno della cosa sacra, egli stesso è il sacramento; e se la Chiesa ha potestà sui sacramenti, cioè su questi sacri segni, dunque ha potestà sul contratto matrimoniale che è uno di questi.

Avvocato. Voi volete confonderci la mente con sottigliezze, ma le sottigliezze teologiche talora sono prive di solidità, e tale mi sembra la vostra. Di fatto ch'ella sia una mera fallacia si vede da questo che prova troppo, e che condurrebbe a conseguenze assurdissime.

Alessandro. Vi sarò molto obbligato se me le dimostrerete, queste assurdissime conseguenze.

Avvocato. Subito : voi dite, che il contratto matrimoniale rappresenta da sè la cosa sacra, e però che è sacramento. Quando fosse così, nè pur la Chiesa potrebbe fare che il contratto matrimoniale tra' Cristiani non fosse sacramento ; sarà dunque sempre sacramento, ancorchè si faccia senza le condizioni volute dalla Chiesa.

Alessandro. La conseguenza non deriva menomamente dalla dottrina espostavi, e mi fa tanto poco paura, che v'accordo interamente la premessa, cioè che nè pure la Chiesa può fare che il contratto matrimoniale non sia sacramento.

Avvocato. Accordatomi questo, che d'altra parte non mi potete negare dopo quello che avete detto in avanti, come la scapperete ? Siete mio caro, nel laccio, perchè non ogni contratto o consenso è riconosciuto dalla Chiesa per sacramento, ma quel solo che è fornito delle condizioni da lei volute. Me n'appello a questi Signori.

Ernesto. Così ho imparato.

Adolfo. Pare veramente.

Alessandro. Niente affatto: e nego di nuovo che dal principio che abbiamo posto, cioè che il contratto matrimoniale sia sempre per sè ed essenzialmente segno di cosa sacra, e però sempre tra' cristiani sacramento, di maniera che neppure la Chiesa possa fare che sia altramente, derivi punto nè poco la conseguenza che ne vuol cavare il signor Avvocato, cioè che si possa fare il sacramento anche senza che ci concorrano le condizioni appostevi dalla Chiesa. Ne viene bensì un'altra conseguenza tutta opposta, che fu già dedotta dallo stesso Concilio di Trento.

Adolfo. Quale?

Avvocato. Sarò ben contento d'udirla.

Alessandro. Ve la dico subito. La conseguenza che ne viene si è, che quando mancano le condizioni volute dalla Chiesa, è impossibile che ci sia un *contratto*, valido e obbligatorio; e però con alta sapienza il Tridentino dichiara espressamente irriti e nulli tali *contratti*, e li irrita e annulla. Vedete la coerenza del Concilio: non irrita già e annulla il sacramento, ma irrita e annulla il contratto, e toglie a' fedeli ogni facoltà di contrarre in tal modo, e così di porre il segno sacramentale: e ciò perchè? Perchè, essendo il contratto matrimoniale un segno di cosa sacra, o sacramento, esso qual contratto è subordinato alla giurisdizione della Chiesa; di che i cristiani cattolici non hanno facoltà di stringerlo in modo che obblighi, com'è necessario, acciocchè sia contratto, se non a quel modo e con quelle condizioni, che prescrive per loro bene la Chiesa, di cui sono figliuoli.

Avvocato. A me non entra, perchè il consenso e il contratto è un atto individuale, e
quando due individui l'hanno prestato di fatto,
niun può fare che non ci sia, perchè *quod factum est, infectum fieri nequit.*

Alessandro. Se il consenso e il contratto
fosse un atto puramente materiale, la ragione
sarebbe per voi : ma l'essenza del contratto,
come ho già notato, esige che sia un atto umano, morale, avente virtù d'obbligare in coscienza coloro che lo prestano. Ora quando la
Chiesa, che presiede a tutto ciò che è morale,
dichiara che un tale consenso non può produrre
obbligazione di sorta, e che altro non sarebbe
che un vincolo iniquo, può rimaner bensì la
materialità degli atti consensuali, ma senza che
sieno veri e formali contratti, non inchiudendo
obbligazione alcuna, anzi producendo un'obbligazione contraria, di recedere, cioè, da' medesimi. Ed è singolare poi, che voi, signor Avvocato, mi facciate un'obbiezione di questa sorta;
quando sostenete pure un progetto di legge, che
si propone d'invalidare i contratti e consensi
riconosciuti per validi dalla Chiesa, benchè possano esser dati di fatto. Tra questi consensi di
fatto e che sono anche validi in diritto, perchè
la Chiesa li dichiara reciprocamente obbligatori
per le due parti, ci sono i contratti matrimoniali stretti da' minori senza il consenso dei ge-

nitori. E riconoscendo voi, che la mancanza di
questo consenso gl'invalida, venite poi a trovare impossibile, che sieno invalidati dalla mancanza del consenso della gran madre spirituale
di tutti i cristiani, la santa Chiesa. Che coerenza è cotesta vostra?

Avvocato. Dite quel che vi piace, ma io
per me non l'intendo, e non l'hanno certo intesa così i più grandi giureconsulti, specialmente que'sommi, che hanno fatto il codice
francese.

Adolfo. È quanto dire, Avvocato, che non
sapete più che rispondere.

Alessandro. Non è sua colpa, ma della
cattiva causa che patrocina. Ma raccogliamo il
filo del nostro discorso. Dicevamo che il sacramento del matrimonio non è altro che il contratto matrimoniale, il quale è valido e obbligatorio quand'abbia le condizioni volute dalla
Chiesa, perchè di natura sua è segno della
unione di Cristo colla Chiesa, al qual segno
Gesù Cristo aggiunse la grazia; e che perciò
non potendosi il contratto dividere da sè stesso,
non può dividersi dal sacramento, come pretendono i nostri uomini di legge che non sanno il
catechismo, e non conoscono la natura di questo
contratto. Dicemmo che ancora più ridicole è il
costoro errore, quando confondono il rito religioso col sacramento, e dal non essere stato

necessario quello fino al Concilio di Trento, deducono a sproposito, che dunque il contratto e il sacramento sieno stati partiti in due, come se ci potessero essere due matrimoni. Ridicola egualmente appare l'erudizione di questi dottissimi, quando dimostrano d'ignorare, che neppure dopo il Concilio di Trento, neppure adesso, il rito religioso è richiesto dalla Chiesa come condizione necessaria alla validità del contratto, o, che è il medesimo, del sacramento. Che anzi in alcuni casi il rito religioso dalla Chiesa è espressamente proibito, come ne' matrimoni misti, essendo solo permesso per evitare maggiori mali, che questi matrimoni si contraggano alla presenza del parroco e di due testimoni, matrimoni illeciti bensì, ma validi come tutti gli altri. Che se ci avessero degli increduli, i quali avendo la coscienza nelle scarpe, dicessero poi (con tutta sincerità già s'intende, poichè costoro non vogliono esser degl'ipocriti) d'avere scrupolo di fare o di far fare de' sacrilegi, compiendo, o facendo che altri increduli compiano il rito religioso, senza che perciò abbiano punto di scrupolo di fare o di far fare de' sacrilegi molto maggiori quali sono i pretesi matrimoni civili; costoro io gli consiglierei, per levarsi lo scrupolo che gli angustia, poverini! che invocassero anche per sè quella forma di matrimonio senza rito religioso, che, come dicevo, è in uso in Prussia e altrove, quando l'una parte è cattolica, e l'altra eretica (1).

Ernesto. Voi siete terribile contro l'Avvocato.

Avvocato. Io lascio che dica quello che gli piace ; non mi guadagnerà mai : finalmente le opinioni sono libere.

Adolfo. Ma se la fosse come voi dite, Alessandro, lo Stato non avrebbe più alcuna giurisdizione su' matrimoni per quello che riguarda il vincolo, chè Gesù Cristo, coll'introduzione nel mondo della sua divina legge, gliel'avrebbe tolta, elevando il matrimonio alla dignità di sacramento.

Alessandro. Non l'ebbe mai di diritto, almeno presso il popolo eletto, ma molto meno dopo Gesù Cristo, presso i popoli cristiani, e però vedete che il nuovo progetto di legge cozza con un'altra verità dogmatica, con un altro canone del Tridentino, che dice appunto :

(1) La mancanza di sufficiente istruzione religiosa è pur troppo comune a' nostri uomini politici. Il guardasigilli volea provare alle Camere che il matrimonio era puramente civile presso gli Ebrei, perchè non c'interveniva alcuna cerimonia religiosa! Falso il fatto ; ma foss'anco vero? Neppure alla circoncisione c'interveniva sacerdote o rito religioso determinato dalla legge, ma la circoncisione stessa era questo rito. E tale è il matrimonio: esso stesso è essenzialmente rito religioso. Merita d'esser letto l'articolo erudito in risposta all'asserzione del guardasigilli, inserito nella *Patria*, 4 gennaio 1853.

Si quis dixerit causas matrimoniales non spectare ad judices ecclesiasticos, anathema sit (1).

Adolfo. Mi pare però che in quanto a questo, il ministro che propose il progetto in Senato si spiegò a sufficienza, poichè disse, che non intendeva di menomare alcuna parte di quella « giurisdizione, che, secondo la religione « dello Stato, compete alla Chiesa: giurisdi- « zione, che, concentrata, come debbe essere, « nell'interno delle coscienze, non soggiace ai « rivolgimenti delle istituzioni e delle leggi « umane, e non impedisce alcuno dei loro per- « fezionamenti ». Non vi pare che così dicendo riservi il suo fóro anche alla Chiesa?

Alessandro. Supponiamo che riservi il suo fóro *anche* alla Chiesa, come dite voi, ma non v'accorgete che quell'*anche* lo condanna? Sarebbe stato più leale negarglielo apertamente. Su che si appoggia quella dichiarazione del ministro? Sulla divisione assurda del matrimonio de' cristiani cattolici in due matrimoni distinti, l'uno de' quali afferma ciò che l'altro nega, sulla distinzione acattolica tra il contratto ed il sacramento, quasichè ci potesse essere un contratto valido che non fosse sacramento. Quella stessa dichiarazione dunque, che è quasi un laccinolo teso alle coscienze, aggrava il peccato. Di poi, foss'ella, per un poco, una dichiarazione

(1) Sess. xxiv. Can. XII.

cattolica : e che varrebbe ? Non forma parte
della legge, e però non potrebbe mai in nessun
caso emendare il vizio di questa : le parole del
ministro non sono del legislatore ; esse, dopo
aver molcito gli orecchi, se ne vanno portate
dal vento ; il dì di domani non si ricordano
più, e la legge resta quella che è. Ma guai sè
si esaminasse con più di rigore quella protesta
ministeriale! Che brutte cose ci si troverebbero!

Adolfo. Vi prego di farmele osservare.

Alessandro. Come intendereste voi questa
proposizione, che « la giurisdizione che compete
alla Chiesa deva essere concentrata nell'interno
delle coscienze ? E che non soggiaccia ai rivolgimenti delle istituzioni e delle leggi umane? »

Adolfo. Mi sembra che il ministro abbia
voluto dire, che la Chiesa non giudica delle
cose esterne, poichè la coscienza è cosa interna,
e se la giurisdizione è concentrata nella coscienza, anch'essa dev'essere interna.

Alessandro. Questa vostra interpretazione
delle parole del ministro è infatti l'unica che
si presenta alla mente; ma quali assurdi e non
sensi in tal caso! Una giurisdizione interna!
Che ciascun uomo eserciti un sindacato sull'interno della propria coscienza ; questo s'intende, ma non è giurisdizione; e poi non è giurisdizione della Chiesa. Ma che la Chiesa, cioè
i giudici ecclesiastici, esercitino la loro giuri-
risdizione nell'interno delle coscienze altrui,

questa è una corbelleria! Iddio solo entra nell'interno delle coscienze; e se si concede questa sola giurisdizione alla Chiesa, non si fa che lasciarle l'impossibile, cioè un bel nulla involto nello scherno di alcune frasi legali, prive d'ogni significato. Il Tridentino all'incontro, come suggerisce anche il buon senso, insegna, che la Chiesa *de occultis non judicat* (1). Vedete dunque che non c'è altra alternativa: O si vuole spogliare la Chiesa d'ogni giurisdizione, e in tal caso siamo nell'eresia, ed è vano palliarla; o conviene ammettere che la Chiesa giudica anche delle cose esterne, e che la sua giurisdizione non è concentrata nell'interno delle coscienze, come pretende il ministro.

Adolfo. Avete ragione: ma proviamo a interpretare più benignamente che mai si possa quelle parole. Così intese, vorrebbero dire, sebbene si spieghi male, che l'oggetto finale della giurisdizione della Chiesa riguarda solo quelle cose che appartengono alla coscienza.

Alessandro. Se volea dir questo, rimane a cercare quali sieno queste cose, che riguardano la coscienza. E vi par egli che la coscienza riguardi soltanto cose interne e non anco esterne? Le parole ed i fatti esterni non sono essi sottomessi alla coscienza? O volete introdurre un'altra di quelle astrazioni, che dividendo l'anima

(1) Sess. XXIV. De Reform. matr. Cap. I.

dal corpo, uccidono l'uomo e la società, e aprono un sì gran campo al sofisma legale, considerando i fatti esterni nella loro materialità, separati da tutte le condizioni morali? Ma queste condizioni morali sono pure indivisibilmente connesse cogli stessi fatti materiali, e non si possono dividere, se non cangiando un fatto umano in un fatto automatico o bestiale. Intendereste voi dunque che il ministro voglia fare così le parti tra lo Stato e la Chiesa, da lasciare allo Stato la sola giurisdizione sul fatto materiale privo d'ogni condizione morale, e di dare alla Chiesa la giurisdizione sulle condizioni morali del fatto medesimo?

Adolfo. Se questa divisione possa correre, non vel saprei dire: per altro è innegabile, che l'istituzione della società civile si regge sulla forza; e la forza materiale è il solo mezzo proprio, col quale si sostiene ed opera. Onde sembra dell'indole del suo governo il non riguardare ad altro che alla materialità del fatto. La Chiesa poi per sè stessa non ha punto di forza esterna, o certo non è questo il mezzo proprio della sua azione; onde non mi sembra tanto assurdo, come a voi pare, che si dica che le sole condizioni morali sieno l'oggetto della giurisdizione ecclesiastica.

Alessandro. Per vedere se ci sia assurdo o no, esaminiamo le due parti della divisione, l'una in separato dall'altra: e prima la parte che si farebbe con ciò alla Chiesa, poi la parte che si farebbe allo Stato. A buon conto, col lasciare allo Stato le azioni nel puro loro essere materiale, si verrebbe a spogliarlo d'ogni sua autorità morale e giuridica, anzi di più lo si obbligherebbe ad una cosa impossibile. Ma questo di poi, se avremo tempo: cominciamo ora dalla Chiesa. La Chiesa, voi dite, deve giudicare delle condizioni morali de' fatti esterni o esternamente manifestati; cioè a lei spetta dichiarare, se sieno giusti od ingiusti, morali od immorali, obbligatori in coscienza o no, degni dalla parte di Dio di pena o di premio. Ottimamente: non si vuole di più; ma si domanda piena coerenza a questo principio. Se questo dunque è il diritto e l'ufficio della potestà ecclesiastica, voi non direte certamente, ch'ella deva fare tutto ciò alla cieca. E se non deve giudicare alla cieca, converrà che conosca i fatti reali, su' quali cade il suo giudizio, perchè si tratta di giudicare delle condizioni morali di questi fatti.

Adolfo. Tutto ciò va da sè.

Alessandro. Vediamo dunque quali e quanti sieno questi fatti: si possono forse restringere ad una classe particolare con esclusione d'altri? Io non vedo altra esclusione, se non di que' fatti che non fossero umani, perchè questi solo non ammettono le condizioni morali.

Adolfo. Indubitatamente.

Alessandro. Se dunque voi e il ministro, secondo la vostra caritatevole interpretazione, accordate alla Chiesa la giurisdizione su tutti i fatti umani in quanto sono suscettibili di condizioni morali, ed hanno perciò relazione colla coscienza che gli ammette o li ripudia; dovete convenire, che, secondo voi e secondo il ministro, la Chiesa ha una vera giurisdizione sui fatti esterni o esternamente manifestati, sieno poi questi privati o pubblici, sieno fatti dell'individuo o dell'uomo come padre di famiglia, o come deputato, o come senatore, o dell'uomo come ministro, o come imperante civile, o rivestito di qualsivoglia altra qualità: poichè tutti questi fatti sono umani, suscettivi di moralità e d'immoralità, di merito e di demerito, di punizione davanti a Dio e di premio: sono in una parola tali, che devono essere o approvati o condannati da una coscienza retta. E però, se la giurisdizione della Chiesa riguarda la coscienza, per ciò appunto o riguarda tutti i fatti e le stesse disposizioni del legislatore e del governatore civile, ovvero non ne riguarda nessuno, e allora ogni giurisdizione è abolita.

Adolfo. Intendo benissimo, e per me sostengo, che il ministro non volle dir altro, quando disse, che la giurisdizione della Chiesa dev'esser concentrata nell'interno delle coscienze, poichè altrimenti non sarebbe cattolico. E conviene che le parole del ministro sieno interpretate ragionevolmente, e non farne uscire un senso assurdo e impossibile, ancorchè sembrasse questo il senso letterale. E per vero voi l'avete osservato, se le parole « giurisdizione concentrata nelle coscienze » s'intendessero della coscienza di ciascun uomo, non essendoci altre coscienze che le coscienze singole; quelle sarebbero parole assurdissime, ovvero di scherno, e non riguarderebbero più una giurisdizione della Chiesa, ma il giudizio che fa ciascuno delle proprie azioni; e del pari ne riuscirebbe un'assurdità o un empio scherno, se s'intendessero nel senso che la Chiesa dovesse giudicare dell'interno delle coscienze, senza che queste si manifestassero al di fuori colle parole e coi fatti, o che questi fatti esterni non fossero i primi ad offerirsi alla cognizione della Chiesa per dedurne gl'interni. Cose così insensate non si devono attribuire al ministro, e pur troppo si suol calunniarlo dai malevoli, tirando sempre al peggio quello che dice: sono ben certo che voi converrete meco in questo, come ci converranno tutti quelli che amano la lealtà, e che desiderano sinceramente la conciliazione e non la discordia. Sia pure al sommo inesatta l'espressione, anzi io la riconosco per tale; ma se s'interpreta a quel modo che avete detto, cioè che la Chiesa possa esercitare la sua giurisdizione anche sui fatti esterni, però considerati in ordine alla coscienza, non c'è più nulla in essa da riprendere. Non volea dunque negare il ministro alla Chiesa questa sorta di giurisdizione sui fatti esterni, ma volea dire solamente, che la Chiesa non può esercitare la giurisdizione colla forza materiale, mezzo che non le è proprio, e che appartiene al solo governo civile. Ora la Chiesa eserciti pure questa giurisdizione sulle coscienze, il governo non gliela impedirà, e neppure il recente progetto di legge sul matrimonio civile le mette veramente ostacolo.

Alessandro. Con voi è un piacere, Adolfo, si può intendersela: mi fosse riuscito così col nostro signor Avvocato, che sta qui taciturno forse non tanto ad ascoltarci, quanto a ripensare come assalirci di nuovo.

Avvocato. Non ne ho punto voglia, e pensavo che stasera tardano così le dame a scendere da' loro appartamenti.

Ernesto. Vorreste appellarvi ad esse, o chiamarle in soccorso?

Avvocato. Non ho mai parlato di queste cose colla Marchesa: ma che donna è quella! Quanto ingegno e quanto sapere, uniti a così rara modestia! Sono persuaso, che non sarebbe tanto fanatica, e intenderebbe la ragione meglio del signor Alessandro.

Alessandro. Ebbene: accetto l'appello; quando verrà, la consulteremo; ma ora lasciatemi continuare. — Siamo dunque d'accordo, che il ministro avrebbe detto un non senso, se col mettere in mezzo una giurisdizione concentrata nelle coscienze avesse inteso d'una giurisdizione occulta e invisibile su cose occulte o invisibili, e che per non supporre che l'abbia detta così goffa, conviene intendere per *giurisdizione concentrata nelle coscienze* una giurisdizione non concentrata nelle coscienze, cioè esterna, visibile, cadente sopra de' fatti pure esterni e visibili, considerati però in ordine alla coscienza, ossia alle loro condizioni morali. Da questo intanto io cavo due conseguenze, che voi in nessun modo mi negherete: la prima, che dunque la Chiesa può condannare il progetto di legge sul matrimonio civile, e che a buon diritto la Chiesa subalpina lo condannò come contrario alla dottrina cattolica, al Concilio di Trento e alla buona morale: la seconda, che essendo la Chiesa giudice delle cose di coscienza, alla sua giurisdizione deve sottomettersi ogni cattolico, e anche il ministro che propose quella legge e che si dichiara altamente cattolico, e anche le Camere e il Senato e tutti i poteri dello Stato, nessuno eccettuato; poichè la Chiesa pronunciò entro la sfera della sua giurisdizione: se pur è vero che lo Stato riconosca la Chiesa cattolica e la sua giurisdizione. Che se il ministro tuttavia non si sottomette a questa giurisdizione della Chiesa, volendo esser cattolico, come poi diremo che l'abbia riconosciuta nelle parole dette al Senato? Come si avvera ch'egli non ha punto intenzione

« di menomare alcuna parte di quella giurisdi-
« zione, che, secondo la religione dello Stato,
« compete alla Chiesa? » Voi ben vedete che
questo è un problema difficile a risolversi; e
vedete altresì, che qui non c'entra punto nè
poco la questione della forza fisica e materiale;
perchè la Chiesa non ce n'adopera, ma solamente decide nella pura relazione della coscienza e della moralità, dichiarando, che quel
progetto non è coscienzioso nè morale, e che
s'oppone a quella religione, che nella coscienza
d'un vero cattolico vale assai più di mille portafogli, e che è anche la religione dello Stato.

Adolfo. Voi m'avete posto, secondo il vostro solito, alle strette: confesso che il ministro
si deve essere su questo illuso, avendo io tutte
le ragioni di credere che sia un uomo di buona
fede.

Alessandro. Questa buona fede per altro mi
par curiosa: riconoscere colle parole che la
Chiesa ha giurisdizione di giudicare delle cose
in relazione alla coscienza, e poi non sottomettersi a questa giurisdizione: dichiararsi cattolico, e poi proporre leggi contrarie ai decreti
della Chiesa universale, e ostinarsi. . . . . . .

Adolfo. E che volete che vi dica? Questa
è questione personale, e possiamo lasciarla da
parte.

Alessandro. Ma non è questione personale
il sapere in generale, se un ministro cattolico

potea o no propor quella legge, se un ministro cattolico potea riconoscere la giurisdizione della Chiesa sulle coscienze, e nello stesso tempo sottrarsene. Non è personale un'altra cosa ancor più importante, ed è la questione, se un governo che prima riconosce e poi disprezza la giurisdizione della Chiesa, pur dichiarando di non volerla punto menomare, saprà poi, un tal governo, lasciare libera questa giurisdizione, quando ella farà gli atti che le competono; ovvero, se, abusando del potere materiale che ha nelle mani, per questi atti appunto vesserà la Chiesa, ed accenderà in Piemonte una specie di persecuzione contro i suoi ministri. Poichè qual cosa mai non si può aspettare da un governo incoerente, la cui buona fede è di una natura così strana, che nel medesimo atto riconosce la giurisdizione della Chiesa e la conculca; dichiara di non volerla menomare, e le sottrae il vincolo morale e sacro che stringono i cattolici coll'unirsi in matrimonio; afferma che le appartiene ciò che riguarda la coscienza, e non l'ascolta, quando essa gli dichiara che colla sua legge egli offende la coscienza? Quale guarentigia dunque troverà nella fede o nella lealtà d'un tal ministro la giurisdizione della Chiesa, dico quella giurisdizione di cui parla il ministro stesso? Voi dicevate che non è il mezzo proprio della Chiesa la forza esterna, e che non deve esercitare la sua giurisdizione con questo mezzo.

Davvero, che si può temere a' nostri tempi che la Chiesa venga a far valere le sue ragioni con un esercito! Davvero, che c'è da spaventarsi, pensando alle baionette e ai cannoni che la Chiesa rivolgerà contro il Piemonte, se i suoi legislatori promulgheranno delle leggi irreligiose! Qual uomo di buon senso può temer questo da' nostri vescovi o dal Papa? Perciò non si vede punto la ragione, per la quale s'inculca tanto questa sentenza, che la Chiesa non deve ricorrere alla forza nell'esercizio della sua giurisdizione: le sono parole sprecate queste; ed anzi no, perchè, come dice il proverbio, gatta ci cova.

Adolfo. E che volete dire?

Alessandro. Io vi domando, se dovendo la Chiesa esercitare quella giurisdizione che riconosce colle parole lo stesso Ministro, e protesta di non volerle menomare, deva far questo, non già colle armi materiali, che sarebbe strano il domandarlo, e non viene pure in mente a nessuno, ma colle parole, coll'istruzione e colla predicazione, il cui diritto le è dato espressamente da Gesù Cristo, colle sentenze e colle pene ecclesiastiche; ovvero se il Ministro quando parla di una giurisdizione *concentrata nell'interno delle coscienze*, sia pure in quel senso in cui la vostra carità l'ha voluto interpretare, intenda ch'ella deva esercitarla col silenzio e col non far nulla?

Adolfo. Voi con farmi tali domande celiate, e questo mi dispiace: scusate, mi pare che qui v'avviciniate a coloro, che si compiacciono di gettare il disprezzo sul Governo e sui nostri Ministri, tirando al peggior senso le loro intenzioni. Noi eravamo già intesi su di questo: avevamo detto, che è un dovere d'ogni cittadino l'intendere nel miglior senso quello che fa il Governo, o dicono i suoi rappresentanti.

Alessandro. Non celio punto, ma vi domando con tutta la serietà (perchè credo questo un punto principale della nostra discussione) se si vuol lasciare alla Chiesa un *mezzo esterno* per esercitare la sua giurisdizione sulle coscienze? ovvero si vuol privarla d'ogni libertà, e impedirle d'istruire, di predicare, di condannare e d'imporre pene ecclesiastiche? E in tutto questo voi vedete che non si tratta di forza fisica la quale s'introduce inutilmente nella questione. Ovvero se si vuol levarle ogni mezzo con cui esercitare la sua giurisdizione sulle coscienze, col pretesto forse che tutti i mezzi esterni appartengono al Governo civile, e che la giurisdizione della Chiesa è concentrata nell'*interno delle coscienze?*

Adolfo. Non vedo la necessità di queste interrogazioni, ma poichè volete che vi dica espressamente ciò che è da sè evidente, e che si dovrebbe sottintendere senza farne parola, vi risponderò, che quando s'accorda alla Chiesa una qualche giurisdizione, s'intende con questo stesso di accordarle i mezzi d'esercitarla, e che questi mezzi non possono essere che esterni, e la stessa parola *giurisdizione*, secondo l'etimologia, inchiude questi mezzi esterni, significando: dire, autorevolmente pronunciare, attribuire il diritto a chi spetta. Altramente non sarebbe giurisdizione: non sarebbe vero, che gliela si concedesse, e chi lo dicesse intendendo la cosa così, altro non direbbe che una sguaiata menzogna, cosa turpe ed obbrobriosa non solo al carattere d'un Ministro, ma a qualunque onesto. Converrebbe esser privo di senso comune a dire che altri ha una giurisdizione, ma non ha alcun mezzo d'esercitarla.

Alessandro. Siamo dunque di nuovo d'accordo, ed io lo sapevo prima; ma ho voluto che me lo diceste espressamente, acciocchè il nostro discorso proceda più schietto; e perchè non voi, ma quelli che la pensano tutt'altro da voi, usano appunto di questa gherminella: che prima vi dicono, che la Chiesa non deve far uso di forza esterna, e poi vi cavano una conseguenza maggiore delle premesse, cioè che la Chiesa non deve far uso di *mezzi esterni*, e su di questo equivoco vi piantano un sistema, cioè fanno le parti tra lo Stato e la Chiesa al modo del leone, dando allo Stato tutto l'esterno, e alla Chiesa tutto l'interno, che sfugge alla vista, all'udito e alle mani degli uomini e anche del

Papa, e così concentrano veramente la sua giurisdizione nell'interno delle coscienze, cioè l'annullano. Edificato su questa comoda astrazione il loro sistema, ragionano poi così: se la Chiesa per mezzo de'suoi Ministri insegna o fa predicare quello che non vuole lo Stato, lo Stato ha il diritto di carcerare i Ministri della Chiesa, perchè abusano d'un mezzo esterno: se i Parrochi o i Religiosi negano la sepoltura ecclesiastica a qualche cristiano cattolico che muoia scomunicato, il Governo ha diritto di cacciare i Parrochi e i Religiosi e anche i Vescovi, e d'impossessarsi de'loro beni, perchè le preghiere de'funerali che si pronunciano ad alta voce sono cose esterne, e perciò appartenenti allo Stato: se i Vescovi mandano fuori una lettera pastorale, colla quale istruiscano il loro Clero e i fedeli, e non piace al Governo, il Governo ha diritto di confiscare quella lettera pastorale e di cacciare di nuovo i Vescovi dalle loro sedi, perchè le scritture e le stampe sono mezzi esterni, e soggetti perciò alla giurisdizione governativa: se la Chiesa dichiara che una legge civile s'oppone ai dogmi e agl'insegnamenti di Gesù Cristo, e che non si può in coscienza nè proporla, nè votarla, nè prestare la mano alla sua esecuzione, benchè tutto ciò dicano puramente in ordine alla coscienza e alla moralità, il Governo ha diritto di muovere un

processo alla Chiesa, di eccitare contro al Clero
la pubblica opinione, di scatenarle contro la
stampa, e d'accendere anche una spiegata persecuzione, perchè la Chiesa si è servita di mezzi
esterni, e tutto l'esterno è in balìa del governo
civile! Che ve ne pare? È questa la divisione
a farsi tra la giurisdizione della Chiesa e quella
del Governo? O qual titolo meriterebbe un Governo che così operasse, dichiarando nello stesso
tempo di riconoscere la giurisdizione della Chiesa,
di *non volerla menomare*, di esser cattolico
e fedele alla Costituzione dello Stato da lui giurata, che dichiara nel suo primo articolo unica
Religione dello Stato esser la cattolica? Quest'è
quello, mio caro amico, che mi dà molto a
temere. Temo che se passa in Senato la legge
sul matrimonio civile, e il Re la conferma, ovvero se non passando questa volta, il Ministero
la ripropone un'altra, e la spunta, non solo
ella ponga un nuovo ostacolo alla riconciliazione
colla S. Sede, di cui l'interesse stesso di questo
Stato abbisogna al sommo; ma di più, sia una
scintilla fatale che porti in mezzo di questo
infelice popolo una vera persecuzione religiosa,
e che i cattolici piemontesi abbiano a deplorare
altri de'loro Prelati sbanditi o vessati, e tra'fedeli stessi i più fermi e generosi nella fedeltà
alla Chiesa, spogliati de'loro impieghi, recati
davanti a'tribunali e martoriati con tutti quei
subdoli o violenti mezzi, che non possono man-

care a un Governo che si burla a questo modo
di tutto; e che per maggiore insulto e dileggio
sa poi farsi da sè una piccola Chiesa di tutti i
preti apostati, ribelli a'loro pastori, licenziosi,
petulanti, e di cui tanti già a quest'ora egli
accarezza e colma d'impieghi.

Adolfo. Questo ripugna all'interesse dello
stesso Governo, a tutti i principî di libertà, e
alla costituzione. Io credo che il Ministro, avendo
riconosciuta espressamente una giurisdizione
della Chiesa sulle coscienze (benchè v'accordi
che non abbia usate espressioni chiare), e avendo
con ciò impegnata la sua parola in faccia al
pubblico, non discenderà a così fatte bassezze,
che riunirebbero la perfidia e l'ipocrisia la più
impudente. Certo, se la Chiesa ha una giurisdizione, non le possono essere impediti i modi
d'esercitarla, tra'quali i principali sono la parola che le ha affidata Gesù Cristo, e le pene
ecclesiastiche.

Alessandro. E pure, mio caro, abbiamo
troppa ragione di temere, se consideriamo il
saggio che ce n'è stato dato a quest'ora, e che
non vi può essere ignoto: poichè non si sono
forse frapposti ostacoli all'esercizio della giurisdizione della Chiesa, non solo colle arti del-
l'astuzia, ma coll'abuso della forza, colla vessazione e colla persecuzione? E ciò, quantunque la Chiesa non abbia mai ecceduto i suoi
limiti, nè fatto uso d'altri mezzi che de'suoi

propri, di que'mezzi dico, senza de'quali niuna giurisdizione potrebbe esercitarsi?

Adolfo. Non lo dissimulo, ma forse si dee in parte attribuire all'inesperienza del governo, e alla novità di questo sistema costituzionale, non ancora bene conosciuto presso di noi.

Alessandro. La cagione vera non è il sistema nuovo, ma il sistema vecchio, voglio dire quello de'febroniani e de'richeriani: non è il liberalismo, ma il *legalismo*, uscito dalle nostre università. Quest'è una fucina di sofismi ad uso d'ogni governo, qual forma o nome egli s'abbia; d'ogni governo che voglia fare il despota, specialmente se contro la Chiesa. Eccovene uno notissimo al nostro, e ad altri governi, coll'aiuto del quale si può sospendere, quando piaccia, ogni esercizio della giurisdizione ecclesiastica, coll'aria più bigotta che mai. « La Chiesa ha la sua giurisdizione, che noi rispettiamo altamente, siccome' buoni cattolici, dicono questi Signori, e non vogliamo punto menomare, fino che fa *uso* de'mezzi suoi propri; ma quando ne fa *abuso*, oh allora noi abbiamo tutto il diritto di metterle impedimento, e questo a vantaggio della stessa Chiesa, perchè l'abuso è ad essa stessa nocevole ».

Adolfo. Io abborrisco da questa slealtà e perfidia.

Alessandro. Ma voi converrete che l'espediente è appunto quello che usò il nostro governo contro l'arcivescovo di Torino; e non s'è contentato di dichiarare l'abuso, ma lo discacciò, a dispetto di tutti gli articoli della Costituzione, dalla sede arcivescovile, dalla quale va esulando già da più di due anni.

Adolfo. Ho deplorato quel fatto con tutti i veri costituzionali, che d'accordo ci videro violati i due articoli 24 e 26 dello Statuto, col primo de' quali tutti i regnicoli, qualunque sia il loro titolo e grado, sono eguali davanti alla legge, e però non può infliggersi loro pena, se non colla procedura comune de' tribunali; e col secondo è guarentita la libertà individuale. Ma ho attribuito questo fatto scandaloso e qualche altro simile alla debolezza del governo spaventato dai rossi, piuttosto che a una sua massima.

Alessandro. E che importa, se il governo infranga lo Statuto per debolezza e per viltà, oppure per una massima, quando questa massima è invocata? Non s'invocò appunto *l'appello come d'abuso*, procedimento straordinario, e opposto agli articoli dello Statuto? E vedete voi dove conduca questo illiberalissimo principio, che il governo possa intervenire dappertutto dove e' vede abuso?

Adolfo. Lo vedo pur troppo, e tanto, che se questa massima si abbraccia in un governo costituzionale, io dico che non c'è più la Costituzione. Poichè qual mai delle libertà è sicura, se il governo può dire, quando gli piace,

senza che c'intervengano nè le leggi nè i tribunali, ma a puro suo arbitrio, che c'è abuso
nell'esercizio di quelle libertà, e possa quindi
procedere colla forza per rimuovere il preteso
abuso? Questo è un usurpare e concentrare in
sè tutta la giurisdizione de' tribunali ordinari,
e invadere tutti gli altri poteri dello Stato, i
quali non potrebbero più resistere al governo
che coll'uso della forza, cioè colla sommossa. Se
il governo ha il diritto di giudicare dell'abuso,
senza forme, senza leggi, a tutta sua discre-
zione, e se ha il diritto d'eseguire colla forza
la sentenza ch'egli stesso proferisce in causa
propria, chi non vede che non solo l'assolutismo, ma il dispotismo con ciò solo arriva al
colmo? E quand'anche il governo non facesse
uso di questo preteso diritto contro i forti, dai
quali può temere resistenza, ma solo contro i
deboli, qual è appunto la Chiesa, ci sarebbe
più anche in questo caso lo Statuto, o non
sarebbe questo una maschera sul volto della
tirannide? E perchè è fatto lo Statuto, se non
per tutelare appunto i deboli contro i forti? O
forse fu trovato questo espediente per dare una
nuova arma in mano ai forti, acciocchè sieno,
meglio aiutati a straziare i deboli? In somma,
qualunque sincero costituzionale, qualunque
liberale onesto, qualunque uomo di buon senso,
deve abborrire dal pensiero d'attribuire al governo il diritto di giudicare ad arbitrio del-

l'abuso delle libertà e dei diritti dei cittadini, e molto più della giurisdizione della Chiesa: chè con questo solo principio introdotto da' legulei si ritolgono slealmente al Piemonte tutte le libertà accordategli da Carlo Alberto.

Alessandro. Pure questo abuso non è il solo cavillo, con cui il ministero trova la via d'eludere la Costituzione: ne ha degli altri a bizzeffe. Per esempio l'art. 29 dello Statuto dice, che tutte le proprietà, senz'alcuna eccezione, sono inviolabili. Ma il governo ci fa il commento, e dice del suo, che non sono comprese in questo articolo le proprietà de' corpi morali, le quali così rimangono senz'alcuna guarentigia. In tal modo egli trova, anzi pone l'eccezione, dove la Costituzione la esclude espressamente. Potrei mettervi sott'occhio altri ed altri esempî, ma poichè quello che importa a noi al presente è il *pretesto dell'abuso*, considerate in che modo, pur adesso, il governo s'impossessa del *diritto di petizione*, che è uno de' più importanti e innocui diritti che il sistema costituzionale garantisce (che garantisce? m'è uscita questa parola, e dovea dire promette senza garantire) ai cittadini. Col pretesto dell'abuso il governo lo sopprime di fatto, quando gli piace sopprimerlo. Certo che non gli piace sempre: non gli piace quando lo aiuta ne' suoi disegni, o quando sta nelle mani di quelli che gli fanno paura. Ma quando quel diritto è rivolto a temperare la sua prepotenza (ed è appunto inventato per questo, ed è appunto per questo costituzionalissimo) nè sono i rossi, cioè, i violenti che l'esercitano per questo, ma gli uomini che ragionano pacificamente, e ragionano pacificamente perchè sono morali e religiosi, oh allora eccovi la circolare del Ministro degl'interni agl'intendenti, allora c'è abuso, lo Stato è in pericolo, le libertà sono in pericolo, dunque...

Adolfo. Quand'io sono partito da Torino, non era ancor pubblicata la circolare di cui parlate, e in questi giorni non ho più letto gazzette, perciò non l'ho veduta.

Alessandro. Eccovi la Gazzetta ufficiale del 6 corrente: leggete.

Adolfo. (*legge*): « Il progetto di legge sul « matrimonio, presentato dal governo al parla- « mento, è occasione o pretesto per suscitare « agitazioni nel paese, specialmente per mezzo « di petizioni » . . . . . È inesplicabile questo « specialmente per mezzo di petizioni », perchè è lo stesso che dire: « specialmente per un mezzo onesto e giuridico », quasichè l'esercizio d'un diritto costituzionale aggravi la colpa! E poi, che cosa c'entra l'agitazione del paese? Non ogni agitazione è illecita nel sistema costituzionale, anzi talora è necessaria un'agitazione pacifica: e se quest'agitazione prorompesse in violenze ed in disordini, tocca al governo colla sua vigilanza a prevenirli, impedirli, o reprimerli senza prendersela col diritto di petizione, e intralciarne o impedirne direttamente o indirettamente l'esercizio. — « Il diritto di petizione, « quando è legalmente esercitato, quando è « l'espressione libera ed indipendente dei voti « e dei desiderî dei cittadini, quando non offende le libere istituzioni e le leggi, vuole « essere rispettato.... » Diamine! Sempre vuol essere rispettato il *diritto* di petizione, se è un diritto! E poi qui c'è l'aperta distruzione di questa nostra libertà; poichè è un distruggerlo l'imporgli la condizione ch'egli sia l'espressione libera ed indipendente dei voti e dei desiderî dei cittadini. Se il governo s'arroga l'autorità di giudicare quando ci sia o non ci sia quest'espressione *libera ed indipendente*, non solo egli mette le mani nella Costituzione, ma la soggioga sotto il suo proprio potere. Ogni qualvolta non gli piace l'esercizio di questo diritto (e il simile può dirsi di qualunque altro che a tutti i cittadini attribuisce la Costituzione), egli giudicherà, che in quel caso il *diritto di petizione* non sia l'espressione libera ed indipendente dei voti e dei desiderî dei cittadini, e si crederà allora licenziato a impedirlo, a punire i cittadini che ne usano! E ancora, è egli possibile che il governo possa conoscere quando il *diritto di petizione*, come s'esprime la circolare, sia l'espressione libera e indipendente dei desiderî de' cittadini? Quante ricerche in tal caso dovrebb'egli far precedere per rilevare i voti e i desiderî che pur sono racchiusi negl'interni degli animi? E perchè poi s'esercita il diritto di petizione, se non per far conoscere appunto al governo stesso e al parlamento i voti ed i desiderî dei cittadini? Che se il governo li conosce prima della petizione (ed è necessario che li conosca per giudicare se i voti e i desiderî espressi nelle petizioni furono sinceri e liberi, o nol furono), questo diritto è del tutto superfluo. Oltre di che il parlare con que' modi che usa il Ministro nella sua circolare, è sommamente sconveniente e disonorevole pel paese, chè egli sembra, che i cittadini che fanno le petizioni non sapessero da sè stessi ricorrere ai tribunali per guarentirsi dalle violenze, se venissero violentati: dico dalle violenze reali, e non da quelle che potessero nascere nell'immaginazione del governo, che non possono dare fondamento ad alcuna procedura nè politica nè giuridica. Che se delle violenze ce ne sono state, come il governo suppone, perchè non è egli intervenuto, se non a impedirle, a reprimerle? Nessuno può indicarne un caso solo. Ma il più che mi fa sdegno in queste parole della circolare, si è il supporre che coll'esercizio del *diritto di petizione* si possano offendere le libere istituzioni, quando l'esercizio di quel diritto non è appunto altro che una libera istituzione. S'accinge dunque il Ministro a muo-

ver guerra a una libera istituzione a nome delle
libere istituzioni! — « Ma ove risulti che vi
« siano intrighi, raggiri, frodi, violenze, minac-
« ce, insidiose supposizioni, mercè le quali si
« cerchi traviare l'opinione pubblica, come sa-
« rebbe, pel progetto di legge suddetto, il far
« credere che il governo abbia tendenze anti-
« cattoliche, allora non si deve tralasciare di
« tener dietro a tali maneggi per scoprirne gli
« autori, fautori o complici, e denunziarli reci-
« samente al fisco, perchè sieno resi impotenti
« nei loro sinistri fini. . . . » Che fecondità di
ritrovati! Qui nòn c'è un pretesto solo, ma una
nube di pretesti, co'quali il governo può fare
alto e basso dello Statuto come gli piace. Si
calunniano i cittadini che vogliono fare le petizioni, attribuendo loro de' *sinistri fini*, si perseguitano le intenzioni! Ma soprattutto mi ribut-
tano queste continue petizioni di principio : Il
diritto di petizione è fatto, acciocchè il governo
conosca la pubblica opinione, e il governo si
arroga di giudicare quando la pubblica opinione
sia traviata, e quando si cerchi di traviarla col
mezzo delle petizioni: il governo s'arroga, nel
caso particolare, di giudicare che la pubblica
opinione è traviata, quando la pubblica opinione in quella vece è in diritto di giudicare
che il governo col suo progetto di legge sul matrimonio civile mostra delle tendenze anticattoliche; ma perciò appunto il governo giudica

che è traviata : il governo nello stesso tempo
s'arroga di giudicare qual sia il vero cattolicismo e quale non sia il vero ; e ciò in questo
stesso momento, nel quale tutti i vescovi dello
Stato d'accordo hanno dichiarato anticattolico
il suo progetto di legge. In onta a questo giudizio competentissimo , il laicale governo, del
tutto incompetente, non solo giudica che sia un
traviare la pubblica opinione il far palesi le
tendenze anticattoliche di quel progetto , ma a
dirittura ricorre alla forza bruta, e ordina « di
« tener dietro a tali maneggi per iscoprirne gli
« autori, fautori o complici, e denunziarli reci-
« samente al fisco, perchè sieno resi impotenti
« pei loro *sinistri fini.* » Ah, mio caro Alessandro ! adesso sono con voi nel credere che ci si
minacci una persecuzione della Chiesa : questa
circolare mi fa aprir gli occhi, e mi arrendo
interamente alle vostre assennate osservazioni:
poichè se c'è materia che appartenga alla giurisdizione ecclesiastica , questa è certo la *dottrina cattolica*, e questo è certo affare di coscienza. Sono con voi che le dichiarazioni che
faceva il Ministro di riconoscere la giurisdizione
della Chiesa, e di non volerla menomare, non
erano che parole ipocrite, poichè qui si vede
chiaro, che in un punto dogmatico, intorno al quale la giurisdizione della Chiesa è indubitabile (e
se non ne ha in questa materia, non ne può
avere in alcun'altra), il governo contrappone il

suo giudizio e la sua giurisdizione sostenuta
dalla forza, al giudizio pacifico ed alla giustizia
della Chiesa, e dichiara che il far credere che
il presente progetto di legge, e di conseguente
il governo che l'ha proposto, abbia tendenze
anticattoliche, sia un traviare la pubblica opinione. È chiaro più che il sole, che in questo
modo non resta più alla Chiesa alcun mezzo
d'insegnare la verità cattolica, e di condannare
gli errori ad essa opposti, se al governo resta
il diritto di giudicare che tutto questo sia un
traviare la pubblica opinione, e quindi di punire quelli che in questo modo la traviano, i
primi de' quali sono tutti i vescovi dello Stato
fondati sui sacri canoni e sulle leggi della
Chiesa universale, e sulla tradizione costante
de' secoli. Una tale autorità in mano del poter
laicale, quant'è ridicola, altrettanto è iniqua e
tirannica; altro che liberale e costituzionale! Il
minacciar di punire coloro che dichiarano anticattolico il progetto di legge ministeriale, e sono
tutti i cattolici dello Stato, è già un primo
passo di quella persecuzione che voi temevate...

« Il governo è fermamente deciso di prevenire
« e reprimere, occorrendo, qualunque atto che
« possa turbare l'ordine o versare il disprezzo
« sulle leggi ». Qui non si tratta di leggi, si
tratta d'un semplice progetto ministeriale, e di
illuminare il Senato che deve votarlo colla pubblicità della discussione, e che deve conoscere

l'opinion pubblica anche col mezzo delle petizioni. Non m'avrei immaginato mai una circolare di questa fatta.

Alessandro. Così è : siamo ridotti a dover fare un grand'atto di coraggio civile e religioso per confessare pubblicamente le verità della nostra fede cattolica. A questo modo il nostro Ministero intende la libertà di coscienza, e lo sa il consigliere di Cassazione conte Costa, che avendo pubblicato un libro assennatissimo, e rispettosissimo all'autorità, sulla questione del matrimonio civile, pur adesso viene tradotto come un reo davanti ai magistrati. Vedete già *l'ante reges et praesides ducemini propter me.* E non dubitate che manchino molti di quelli che si dicono liberalissimi d'adulare e celebrare tali arbitri del governo, desiderando di procacciargli anche la gloria di persecutore della Chiesa. Leggete qua questo periodo del *Risorgimento* (1).

Adolfo. (*Legge.*) « Fautori per antica con-
« vinzione della separazione assoluta delle due
« società, non avremmo ad inquietarcene se
« questo sistema già fosse attuato. Ma finchè
« non lo è, finchè dura la reciproca immistione.
« dello Stato nella Chiesa e della Chiesa nello
« Stato, egli è evidente che questi deve aver
« ricorso ai mezzi che la legge attuale gli sop-
« perisce ; e non è dubbio che nei provvedi-

(1) 23 Luglio 1852.

« menti legislativi emanati in altra epoca, e
« non mai in seguito abrogati, sia per trovare
« il governo tutta quella efficacia di repressione
« che possa essere resa necessaria dalla oppo-
« sizione del clero ». Oh Dio! reprimere la opposizione del clero! Che cosa è questa opposizione, se non l'insegnamento della dottrina
cattolica che il clero deve dare ai popoli per
l'ordine che n'ha ricevuto da Gesù Cristo? Che
cosa è, se non la giurisdizione che la Chiesa
esercita col mezzo della parola condannando le
dottrine perverse? Si esorta dunque il governo
a continuare nell'opera di opporre dottrina a
dottrina, la sua teologia alla teologia della
Chiesa, lo si eccita a metter fuori l'ugne, a far
uso della forza per reprimere il clero che insegna la dottrina di Gesù Cristo, e che solo ha
diritto d'insegnarla, e che esercita quella giurisdizione sulle coscienze, che il Ministro in
pari tempo riconosce e dichiara di non voler
menomare! E poi, il clero? Si fa presto a dire
il clero. Forse il giornalista non sa, che il clero
significa tutta la Chiesa docente. E nel caso nostro in fatti, per quel clero di cui si parla, si
intendono tutti i vescovi dello Stato, nessuno
eccettuato; ed è ben chiaro che dai vescovi non
si divide il clero inferiore, come neppure la
massima parte dei cittadini dello Stato, poichè
la massima parte dei cittadini degli Stati Sardi
è certamente cattolica. Il giornalista dunque

consiglia il governo a niente meno di questa
piccola bagattella, di reprimere efficacemente,
ricorrendo ai mezzi che la legge attuale gli
sopperisce, tutti i vescovi ad un tempo, tutto
il clero inferiore che non si ribella a' suoi vescovi, tutti i cittadini che non si dividono dai
loro pastori! Davvero che questo è un bell'ar-
dire, e una sana e una previdente politica!
Appena un imperatore de' primi tre secoli, nella
sua cecità, avrebbe osato tanto. Queste dunque
sono le glorie nostre nazionali! E il governo
sembra pur troppo che porga gli orecchi a
queste lezioni e conforti di persecuzione!

Alessandro. Già sapevo quanto ripugni la
mala fede e l'empietà ad un carattere leale
come il vostro, e m'aspettavo che appena ce
l'aveste veduta, non solo sareste venuto con
me, ma vi sareste commosso di giusto sdegno.

Adolfo. Certo, la giurisdizione della Chiesa
non può essere ammessa con sincerità da un
governo che si riserva il diritto di giudicare se
ci sia abuso, e di reprimere il preteso abuso,
e ciò colla forza bruta, anche quando la Chiesa
non fa uso d'altri mezzi che de' suoi proprî,
cioè della parola con cui insegna, lega e scioglie, e pronuncia giudizî sulla dottrina e sulla
morale. L'esercizio di questa suprema giurisdizione implica necessariamente che la sola Chiesa
sia il giudice del modo con cui la deve usare,
e che nessuna podestà della terra le possa dire:

voi ne usate male, e vi punisco per ciò. Se un governo temporale potesse dir questo, già ci sarebbe un'altra giurisdizione nello stesso ordine, nelle stesse materie dottrinali, religiose e morali, superiore a quella che la Chiesa ha ricevuta da Gesù Cristo. In tal caso il governo sarebbe un'altra Chiesa sopra la Chiesa cattolica: sarebbe una Chiesa non già istituita da Gesù Cristo, ma creata dagli uomini, e questa nuova maestra di dottrina, questo nuovo giudice di controversia, eserciterebbe una giurisdizione ecclesiastica, non già coi mezzi pacifici della parola e dell'autorità, che sono i proprî della Chiesa, ma colla materiale violenza, com'è quella che ora minaccia al clero il nostro governo. Da qual parte sia l'abuso, è evidente; è evidente qual sia l'abuso d'autorità che si dovrebbe veramente reprimere.

La Marchesa.

Stava Adolfo dicendo queste parole, quando, trascorsa già alquanto l'ora della comune conversazione, sopravvenne la Marchesa colle sue due figlie. Per la sopravvenienza delle dame, essendosi tutti mossi dal loro luogo, rimase interrotto il ragionamento. Poichè restava ancora ad Alessandro a dimostrare secondo la sua promessa, quanto si starebbe male lo stesso governo civile, se si restringesse il suo potere a giudicare delle azioni soltanto considerate nel loro essere materiale, e come un così fatto sistema, che pretende spartire l'autorità tra la Chiesa e lo Stato in guisa, che a quella spetti il solo elemento morale, a questo il solo elemento materiale delle azioni umane, sia privo affatto di senso, e impossibile non solo a praticarsi, ma anche a concepirsi. Adolfo però dichiarò ad Alessandro che intendeva di rimaner creditore, e d'esigere da lui, quando che sia, il suo credito. Poco stante entrarono pure il sindaco, il medico, il maestro di scuola e le altre persone più civili del villaggio, solite a unirsi in quella sala a pian terreno per leggervi i giornali a cui era associato Alessandro, e per cambiare tra loro quattro chiacchiere sulle novità correnti; ma quella sera vennero, anche più numerosi del solito, alcuni che già conoscevano la Marchesa per ossequiarla, altri che non la conoscevano ancora se non dalla gran reputazione che ne correva, per curiosità di vedere e per l'onore di fare la conoscenza dell'illustre donna. Come si può immaginare, ciascuna di quelle *notabilità* del luogo avea preparato il suo complimento, uno più spiritoso dell'altro, da fare alla Marchesa, la quale rispose a tutti con quella grazia e con quella bontà, colla quale soleva rendere contenti ed obbligati di sè quanti parlavano con essolei.

Dopo i primi discorsi dunque, Ernesto che pur desiderava di far intendere alla madre come le sue idee s'erano alquanto modificate dopo uditi i ragionamenti d'Alessandro: Sa ella, disse, Mamma, che ho trovato qui in Alessandro un gran liberale, uno che ama ed apprezza la libertà quanto l'amo ed apprezzo io?

Marchesa. Stando di sopra, ho inteso fin colassù, che ferveva tra voi altri una gran disputa, e non finiva mai, ma la voce che strillava più di tutte, benchè di rado, mi pareva quella dell'Avvocato. Qual argomento discutevatè?

L'Avvocato che, sentendo tutto il peso della sconfitta riportata, da molto tempo si stava mutolo e di mal umore, non udì troppo volentieri che la Marchesa proferisse il suo nome: pure fattosi animo – tanto più che Alessandro era uscito in quel momento della stanza – per coprire la sua vergogna con una maggiore disinvoltura, prese la parola, e cominciò a dire che s'era agitata la questione intorno al progetto di legge sul matrimonio civile, e ch'egli solo l'avea difeso contro tutti. E qui con una eloquenza avvocatesca, che chiudeva la bocca a quanti c'eran presenti, si fece a spifferare tutte le viete e cavillose dottrine de' legali, e specialmente quelle degli autori del codice francese, deplorando altamente, che mentre quasi tutte le nazioni europee avevano già da molto tempo fatto questo immenso avanzamento nella civiltà, cioè quello del matrimonio civile, al Piemonte si contendesse ancora un simil progresso a cagione dei pregiudizî d'alcuni, che non intendevano la vera questione. Mentre poi egli andava narrando le cose dette co'compagni a suo modo, o ampiamente dissertando su' luoghi comuni, il sindaco, col medico e cogli altri del paese, davano continui segni d'approvazione ora col capo, ora cogli occhi, or colle mani, o con un bravo, o con qualche esclamazione di maraviglia per que' stringenti e nuovi argomenti dell'Avvocato, andando tutti a gara qual si mostrasse il più avanzato progressista.

Ma Ernesto che avea sempre sogghignato durante la tiritera dell'avvocato, finito che ebbe di parlare: Con Mamma, gli disse, Avvocato mio, siete stato più eloquente che con Alessandro; non so poi se l'abbiate meglio convertita ai vostri principî.

Marchesa. Se si trattasse di una materia puramente legale o politica, a noi donne veramente converrebbe tacere; ma quest'è cosa che ci riguarda intimamente, è cosa di famiglia, e d'interessi di famiglia siamo obbligate d'intendercene anche noi, e forse n'abbiamo un dovere più stretto che non s'abbia uno scapolo com'è il signor Avvocato.

E detto questo, voltasi alla sua bambina che aveva a lato: Tu, Gigia – disse – va' a giocare colla tua *Bona*, chè forse t'annoieresti in una conversazione così seria. Allora la figlia maggiore alzandosi anch'essa domandò alla madre il permesso d'uscire colla sorella minore, ma la marchesa le disse: No, tu resta, chè a te questi discorsi possono servire d'istruzione.

Adolfo allora, ed Alessandro stesso che era rientrato, avendo altissima stima del senno ed anche della dottrina di quella dama coltissima, si fecero a pregarla che volesse anch'essa dire il suo sentimento: e incontanente tutti gli altri, eccetto l'Avvocato, che s'era ben accorto che la sua arringa non avea ottenuto un grand'effetto sull'animo di donna Caterina, si unirono a pregarla con somme istanze di parlare, dichiarando di volerla avere per giudice in quella gravissima controversia. Per amore del cielo, disse la marchesa, volete avere per giudice una donna in una questione tant'agitata siccom'è questa? Parrebbe, che, quasi poco contenti della scienza, di cui non pochi di voi siete così abbondantemente forniti, voleste ricorrere a chi non ha punto di scienza, sulla speranza d'incontrare forse in un po' di buon senso la soluzione dei dubbi che la scienza stessa vi cagiona!

Tutti replicarono, che se alle savie e gentili donne s'attribuiva come dote comune un fine buon senso, in donna Caterina s'ammirava troppo di più; e tanto insistettero, non tutti a dir vero con uguale delicatezza di modi, che la marchesa, parte per levarsi d'at-

torno quella molestia, parte fors' anco per un
certo desiderio di rendere piena testimonianza
alla verità, in materia importante, circa la
quale avea sempre seguite tutte le discussioni,
e s'era formata una chiara e ferma sentenza,
dopo aver tentato invano di dispensarsi e mo-
destamente esimersi dal favellare, prese il partito di cedere, e incominciò a dire così:

Veramente se credessi lecito non avere
un'opinione nella materia di cui si tratta, questa volta bramerei non averne alcuna, ben vedendo che, avendola, mi trovo dissenziente da
molti personaggi dottissimi e che altamente sti-
mo, tra' quali anche dal nostro sig. Avvocato.
Ma l'intendimento, come voi sapete, non è
sempre libero, se la verità gli si mette davanti
con certa chiarezza, e però non posso negarvi
che nella questione presente un'opinione non mi
manca, e dirò anche una persuasione fermis-
sima, e questa, crederei d'essere troppo scom-
piacente, se più a lungo m'ostinassi di tenervi
celata. Ma se a questo m'induce la vostra gentile insistenza, non crediate però ch'io, donna,
punto m'inducessi mai ad accettare l'incarico di
giudice, che per soverchia gentilezza voi m'of-
ferite, tra di voi uomini, e così addottrinati.
Lungi da me fin l'ombra di una tanta e così
cieca presunzione. Al che aggiungete, che le
opinioni non ammettono veramente altro giudice che il divino. Che se pure il peso di qual-

che umana autòrità può, in alcuni che rimangono sospesi, dare il tracollo alla bilancia della persuasione, conosco abbastanza che io non ne ho alcuna, e però che il mio sentire non aggiungerebbe un solo scrupolo sull'uno o sull'altro de'due bacini. Vi dirò dunque quel ch'io sento sull'argomento, ma a questo espresso patto, che non v'aspettiate punto da me alcuna erudizione, o ch'io mi addentri in alcuna discussione co'giureconsulti; chè nè ho studiato di legge, nè giungo per vero colla mia mente fino alle loro sottigliezze ed astrazioni: il che dico perchè in questi due anni in cui s'è di continuo e da per tutto, e ne'giornali e nelle private conversazioni, agitato l'argomento del così detto matrimonio civile, ne ho preso un saggio bastevole, e quasi volli dire un soverchio. Vi dirò dunque schiettamente il concetto, che e da'discorsi uditi da molti, e da'molti pensieri, che, com'è naturale, non si potea a meno di farci sopra, mi sono formata di tale questione, tutt'alla buona però, e appunto, come mi pare, secondo il senso comune, che, dalla natura, come voi dicevate, nè pure a noi donne è del tutto negato, molto più poi secondo que'principî che ho appresi dalla nostra santissima religione, nel seno della quale ho avuto la grazia di nascere e d'essere educata.

Che il matrimonio sia un sacramento, come abbiamo tutti imparato, quest'è un dogma.

Ora che cosa si vuol fare, io più volte domandai a me stessa, coll'istituire un matrimonio civile? Un matrimonio che, in onta alla Chiesa, si stringe in virtù della sola legge civile! Evidentemente s'intende con ciò d'istituire un matrimonio che non sia sacramento. S'intende dunque di fare direttamente il contrario di quello che ha fatto Gesù Cristo. Gesù Cristo ha fatto il matrimonio un sacramento, il legislatore civile pretende di fare il matrimonio non-sacramento. Chi è dunque questo legislatore civile? Egli è un uomo, che gareggia d'autorità con Gesù Cristo, e che ha la temerità di volgergli col fatto stesso queste parole: Voi colla vostra autorità divina avete istituito il matrimonio sacramento, io colla mia autorità umana istituisco il matrimonio non-sacramento: le nostre due autorità sono uguali, indipendenti, supreme. Quale orrore, miei signori! Mi fa male a dover pronunciare bestemmie di questa sorta. Che una creatura tenga questi discorsi al Creatore! Che un uomo corruttibile s'arroghi un'autorità, che stia al pari, ed anzi lotti con quella di Gesù Cristo! Non vi fa ribrezzo? Rimontiamo anche più su. Iddio autore della natura umana istituì il matrimonio fin da principio, prima che Gesù Cristo lo rendesse un sacramento; Gesù Cristo medesimo ce l'ha insegnato quando disse, che « Iddio congiunse l'uomo e la donna ». Ma ora ascoltate quanto avviene, e

di cui siamo spettatori, e giudicate. Tra gli uomini, a cui Iddio ha parlato e tra i quali ha
istituito il matrimonio, ne esce uno, ovvero alcuni collegati insieme, e alzando la testa, dicono a tutti gli altri uomini: Se Iddio ha istituito il matrimonio tra gli uomini, anche noi
istituiremo il matrimonio, istituiremo un matrimonio nostro proprio, colla nostra propria autorità, contrapporremo il matrimonio istituito
colle leggi che facciamo noi, a quello di Dio:
così l'autorità nostra sarà pari a quella di
Dio. — Che ve ne pare di questo discorso? Non
è un'ipotesi vana ed impossibile quella che io
vi espongo: gli uomini che tengono tra di loro
tali discorsi, noi gli abbiamo sott'occhio, sono
quelli che ci governano, e che dicono di difendere i diritti dello Stato, l'autorità dello Stato.
Se questi sono i diritti dello Stato, voi vedete,
che questi diritti sono stati insegnati primieramente da colui che disse: « Voi sarete siccome
gl'Iddii ».

Ma poichè s'è discorso tanto su questa materia, ho udito più volte degli uomini di fòro
e di governo credere di giustificarsi dicendomi,
che « il matrimonio civile si stabilisce per gli
uomini che hanno perduta la fede e che non
credono più che il matrimonio sia d'istituzione
divina, nè un sacramento: che il governo deve
dunque fare, a posta per essi, un matrimonio
a parte, che sia civile, e non d'istituzione di-

vina, così esigendo la libertà di coscienza e lo spirito progressivo del secolo ». Mi sovveniva a questi discorsi che la scusa sarebbe stata opportunissima anche per Aronne, quando il popolo Ebreo gli chiese di fabbricargli degli Dei di metallo, ed egli fuse loro il vitello d'oro, e non so se forse i nostri politici avanzati direbbero appunto che così dovea fare per lo stesso principio della libertà di coscienza. Ma nello stesso tempo mi richiamavo alla mente quelle terribili parole, che Mosè disceso dal Sinai disse ad Aronne: « Che cosa t'ha fatto questo popolo, per indurre sopra di lui un sì gran peccato? » E questo popolo è ora il piemontese, e la dimanda di Mosè se la può raccogliere, a cui tocca.

Oltre di che, quella scusa mi parea per ogni lato insulsa. Poichè o il governo crede di avere un'autorità sufficiente per istituire un matrimonio diverso da quello istituito da Dio, crede che ci possa essere un matrimonio che sia puramente un'istituzione civile, e in tal caso il governo stesso professa l'incredulità, e non c'è bisogno di rivolgersi per iscusa all'incredulità altrui; o crede che l'istituzione del matrimonio sia cosa superiore di sua natura alla legge civile e ad ogni potere umano, e in tal caso egli, per compiacere agl'increduli, s'incarica di fare l'impossibile, quello che egli stesso crede impossibile, come appunto Aronne, che quando il popolo incredulo gli disse: « fabbricaci degli Dei che ci precedano nel viaggio », egli fece loro il simulacro insensato d'una bestia; e si cantò: « Questi sono gl'Iddii tuoi, o Israele, che ti cavarono dalla terra d'Egitto ». Così si può cantare anche dai nostri legislatori al Piemonte, dopo istituito il matrimonio profano in virtù unicamente della legge civile e in opposizione della legge di Dio: « Questo è il matrimonio, o Piemonte, che fece prosperare fino a questo giorno le tue onorate famiglie! » O crede dunque il nostro governo, che il matrimonio possa esser fattura delle mani degli uomini, ed in tal caso ha rinunziato egli stesso alla fede; o, quando promette di creare un nuovo matrimonio, sa di non creare che un simulacro del vero ed unico matrimonio, e ignominiosamente mentisce in faccia a Dio ed agli uomini, per compiacere a'miscredenti.

Ma gli Ebrei ed i Valdesi, mi si diceva, che sono nello Stato, non riconoscono nel matrimonio un sacramento. — Male certamente per essi; ma il governo coll'ammettere i loro matrimoni, non si assume con questo l'incarico di creare perciò un matrimonio civile, non si usurpa l'autorità di Dio. Le leggi stesse della Chiesa non si applicano ad essi, di modo che se due coniugi valdesi entrano nel seno della Chiesa cattolica, la loro unione è considerata per valida, e vero sacramental matrimonio, senza

che si obbligbino ad alcuna religiosa cerimonia;
e così pure se due coniugi ebrei ricevono il battesimo, il matrimonio loro, valido anche prima, diviene con ciò solo sacramento di Gesù Cristo. Non è dunque in questi casi la *legge civile* che fa il matrimonio degli Ebrei e dei Valdesi, ma gli accetta, e la Chiesa stessa non vi s'oppone. Un matrimonio all'opposto qual è quello immaginato dai legisti nel seno dell'incredulità francese, il quale ripete la sua esistenza dalle leggi civili, un matrimonio che lo Stato vuole costituire colla sua autonomia, un matrimonio che esiste o non esiste unicamente in vista della legge, fondato su questo principio « l'essenza del matrimonio è il contratto civile », altro non è, miei signori, che un atto d'ateismo, una professione pubblica e legale d'incredulità, un atto d'orgoglio che fa dire all'uomo: « sarò simile all'Altissimo ».

Per chi dunque si vuol fare una legge di questa sorta, e a vantaggio di chi? Il legislatore che istituisce in questi nostri Stati « un nuovo matrimonio » separato affatto dall'elemento religioso, un matrimonio ateo, e non ne riconosce altro (supponendolo coerente a sè stesso), perchè non ammette alcun altro titolo fuori di quello della *legge civile*, pel quale un matrimonio esista; un tale legislatore, qual porzione de' cittadini prende in vista, quale vuol gratificare colla sua legge? Vediamolo. Conviene

negli Stati di Sua Maestà separare i Protestanti
e gli Ebrei, perchè questi hanno il loro proprio
matrimonio, e non è necessario che se ne costituisca per essi un nuovo : conviene separare i
cattolici, buoni e cattivi, che abbiano conservato un briciolo di fede, perchè questi riconoscono che il matrimonio è sacro, è un sacramento istituito da Cristo. Dopo separati e
sottratti tutti costoro dal novero totale de' cittadini, quanti e quali ce ne rimangono? Credo,
o Signori, che noi non troveremo più che una
frazione ben piccola, sempre troppo grande certamente, ma ancor piccolissima, per grazia di
Dio, in confronto dell'immensa maggioranza di
tutti gli altri: e questa è quella *frazione minima*
di cittadini, per la quale si fanno tali leggi ;
non solo minima, ma oltrecciò incerta, vivente
nell'ombra, sconosciuta, di tal natura, intendo,
che non si trova verun carattere esterno, col
quale un cittadino si possa dire con sicurezza
che le appartenga, e sopracciò una frazione innominata e oscillante, nella quale di secreto
entrano questi e n'escono quelli ogni giorno
senza che nessuno sel sappia, o che possa comparire nelle statistiche governative. Ora io ho
sempre inteso dire, che le leggi si devono fare
a beneficio universale, e non a favore d'una
frazione che non ha nome, con danno e dolore
della gran massa degli altri cittadini. Questi
pochi dunque che colla volontaria incredulità

si separano dalla religione de' loro padri e da quella dello Stato, ecco i prediletti, ecco i privilegiati, pei quali si fanno le nostre leggi! Siamo dunque tutti arrivati ad essere in balìa di cotesti pochi? Questa mano di gente è dunque quella che impone a sua volontà le leggi ai legislatori del Piemonte? Onde mai ciò? Che di questa sola si vogliano contentare i capricci, o che di questa s'abbia vigliaccamente paura? Se la Francia, per mezzo d'una rivoluzione inaudita, dopo avere infranti tutti i vincoli sociali, e ucciso il re, e scannati i sacerdoti, e abolito il cristianesimo, e adorato idoli di carne, pervenne anche all'invenzione del matrimonio civile ed ateo, chi se ne farà maraviglia? Ma che il Piemonte, questo regno mantenutosi sempre fin qui religioso e savio, per una deplorabile abitudine d'imitazione, come la scimmia, che, preso il rasoio, si taglia la gola, voglia emulare quello spirito d'ateismo e di paganesimo, e nel tempo della libertà, introdurre colla forza il culto dello Stato-dio, questa è una aberrazione, che difficilmente mi pare potersi spiegare. In un altro momento, in cui le menti fossero più sedate, e non così alterate e confuse, come l'hanno fatte al presente e la stampa de' partiti, e la falsa dottrina del governo, e la impunità della licenza, se un uomo, un ministro si fosse innalzato in qualche assemblea di piemontesi, e avesse proposto di fare ágli assembrati una legge unicamente a favore « degli increduli », si sarebbe sollevato, senz'alcun dubbio, un fremito d'orrore contro di lui, accusandolo di gravissima ingiuria all'intera nazione, col solo supporre l'esistenza tra noi di questa classe, che, anche esistendo, dovrebbe nascondersi, e non erigerle un pubblico monumento, e col supporla così numerosa, così importante da richiedere una legge solo per sè. Sebbene ancora adesso, io credo, s'avrebbe vergogna di inserire nel progetto, che la legge si fa per gli increduli, benchè questo si dica dappertutto quasi a giustificazione della legge stessa. Poichè a me stessa è avvenuto d'udire un deputato rispondermi : « E che volete? La legge non è fatta pei cattolici, ma per quelli che hanno rinunziato alla religione ». Se la cosa è così, perchè dunque si arrossisce d'inscrivere questa confessione vergognosa nella legge stessa? Io di questo consiglierei i nostri legislatori, e se il pudore li ritiene dal farlo, riconoscano che hanno una ragione assai maggiore di vergognarsi, dissimulandolo. Che dico dissimulandolo? Anzi essi propongono una legge sul principio assoluto dell'autorità che ha lo Stato di creare da sè solo, come autorità suprema, il matrimonio, una legge che dee valere per tutti egualmente, quasi supponendo che tutti egualmente i cittadini piemontesi avessero abbandonata la propria fede. Così s'insultano tutti i piemontesi, s' offende la coscienza di tutti, e a chi ne domanda una ragione, si risponde: « per lasciar libera la coscienza di quelli che tra noi non hanno coscienza! »

Da vero, che io non ho mai inteso, che alcun savio, nè degli antichi, nè de' moderni, nè de' cristiani, nè degli stessi gentili, un Platone o un Cicerone a ragion d' esempio, riputasse per i migliori tra i cittadini coloro che non avessero alcuna religione: anzi questi savi riconoscevano nella religione la base più ferma alla consistenza e l'elemento più necessario alla prosperità degli Stati. Ora però si parte dal contrario principio. Quel pizzico di gente, che si vanta d' aver rinunziato alla religione dello Stato, e di non averne più alcuna, è considerata ed è trattata da quelli che fanno le nostre leggi, siccome il fiore, la porzione più eletta e privilegiata. E come una volta si facevano le leggi pe' liberi cittadini e non per gli schiavi, così oggidì si fanno le leggi pe' miscredenti, e come schiavi gli altri tutti, benchè in numero smisuratamente maggiore, si trascurano, si dimenticano, anzi dirò di più, senza nessuna esagerazione, a que' pochissimi già divenuti nostri signori, si sacrificano. Oh mirabile libertà se consiste in una singolare oligarchia, non di talenti, non di nobiltà o di ricchezza, ma d' incredulità! Io sono ben certa, che se qui fosse alcuno de'nostri legislatori e m'udisse così parlare, si sdegnerebbe fieramente di me; ma questo non dimostrerebbe tuttavia che le mie parole fossero false, ma solo che essi, i nostri ministri e legislatori, non hanno la coscienza di quello che si fanno, e col loro sguardo non ne misurano il fondo. Operano eccitati e diretti, parte da massime da essi imparate alle scuole, parte per istinto d'imitazione, e per vanità di assomigliar il Piemonte a una grande nazione, che ha riempito il mondo colla fama de' suoi eccessi, parte ancora per paura e perturbazione d'animo: cagioni tutte cieche, che non lasciano vedere e ben conoscere la natura e gli effetti della loro impresa. Intanto però si getta il Piemonte in tale isolamento politico, che pare uno scomunicato tra le nazioni; s'offende, e con impotenti e ridicole braverie s'aliena da lui la santa Sede apostolica, si contrista e s'insulta tutto l'episcopato, si sciade la nazione in discordie per causa di religione, discordie le più profonde di tutte, si discreditano e rendono odiosissime quelle stesse istituzioni liberali, che per si premette di mantenere e di sviluppare, e poi si perseguitano coloro che le odiano per cagion loro. Tutti questi mali, che Dio sa quand'avranno termine, pesano assai meno sulla bilancia dei nostri avveduti politici, che non sia il piacere ineffabile di fare un atto d'onnipotenza, qual è la creazione d'un matrimonio per la sola virtù della legge civile, e di ricevere qualche battimano dalla inquieta fazioncella de' loro eletti, sotto a cui stanno a bacchetta. Pure la legge stessa, come osservavo, non osa di chiamarli col loro nome; e benchè si facciano leggi ora pe' cattolici, ora pe' valdesi, o per gli ebrei, guai a confessare che si facciano leggi anche apposta per gli atei, pe' deisti, e in una parola per gl' increduli! Questa categoria, che pure privatamente si dice aver bisogno di tali leggi, pel gran principio della libertà di coscienza, passa nelle leggi che ottiene, innominata e indefinita: fa ribrezzo il suo vero nome, e s' ha per ingiuria: si ricopre dunque da' nostri prudenti legislatori cotanta vergogna tacendolo, e non s' ha tuttavia per vergogna l' ubbidirle, e il lasciarsi condurre la mano a scriver le leggi da coloro che si disonorerebbero col nominarli.

Ma io m' addentro in considerazioni (scusate, o Signori, se la verità mi ci sforza) che convengono forse meno in bocca di donne: mi sono venute in su' labbri da sè senza che me le fossi proposte a principio. Ritornerò dunque col mio discorso a quello che più da vicino riguarda il mio sesso e la mia condizione di madre, voglio dir la famiglia.

Tra l' altre cose, di cui colla legge del matrimonio civile si fa sacrificio alla meschinissima frazione di quelli che hanno perduta ogni religiosa coscienza, una appunto è la famiglia. Se

questa non ha una base più solida della legge
umana, soggetta a variare come gli uomini che
la fanno e l'impongono ai loro simili, ella si
corrompe, si debilita, e precipita come casa
che sia edificata sopra l'arena. E questa base
solidissima l'ha posta Iddio nell'istituzione del
matrimonio, e il cristianesimo l'ha consolidata
maggiormente con una nuova consacrazione
dello stesso matrimonio; e sulla dignità e indissolubilità di questo sacro vincolo la cristiana
famiglia è cresciuta bella, d'una bellezza non
mai veduta prima del Redentore, è divenuta il
simbolo e il compendio della Chiesa universale,
fondata sulla medesima pietra. È questa, quasi
piccola Chiesa racchiusa tra le pareti domestiche, si perpetua insieme colla gran Chiesa, e si
sviluppa e fiorisce con essa, e s'adorna di tutti
gli ornamenti delle virtù e delle pure gioie che
da esse derivano. L'uomo, essendosi formata
un'autorità, qual è la civile, invanito di sua
potenza, vuole già avere in sè tutte le autori-
rità, e cieco d'orgoglio, invidia a' suoi simili tal
domestica felicità, e come Iddio e Gesù Cristo
l'ha prodotta col sacro simbolo delle nozze,
così egli pon mano a distruggerla col dissacrarle,
e dichiararle un contratto puramente civile. Poi
coll'ipocrisia in cuore quest'uomo vi dice: « non
neghiamo il sacramento, ma non è per noi legislatori un elemento del matrimonio, non lo
accettiamo nelle nostre leggi, bastano queste a

sè stesse, queste sole hanno virtù di fare un vero matrimonio! »

Se dunque hanno virtù di farlo, per la stessa ragione hanno anche virtù di disfarlo; se poi le leggi civili hanno virtù di disfare il matrimonio ch'esse hanno fatto, dunque il matrimonio civile è un'unione effimera e accidentale. A questo stesso titolo e colla stessa autorità, il mondo può essere ricondotto dalla monogamia fino al concubito vago, cioè all'ultima barbarie e selvatichezza. — Questo, s'oppone, non si farà: la civiltà lo divieta. — Che si faccia o non si faccia, è cosa accidentale; intanto voi, legislatori, n'avete posto il principio, ve ne siete arrogata l'autorità, ve ne siete riservato il potere: dunque in teoria voi, per conto vostro, l'avete già fatto: la teoria dunque che « la legge civile sia quella che da sè sola formi il matrimonio » è la teoria della stessa barbarie, e non quella della civiltà. Lo so anch'io, che la civiltà vi si opporrà, o legislatori, che v'impedirà d'essere coerenti a voi stessi, di cavare dalla vostra superba teoria tutte le illazioni pratiche che logicamente ne derivano, di fare tutti gli atti di quell'autorità che pretendete d'avere: lo so anch'io, perchè la civiltà è per l'appunto l'opposto di quello che fate voi: convenendo voi di questo, arrecando voi stessi questa bella ragione a scusa: e in prova che il vostro principio è dell'assoluta autocrazia civile » non partorirà tutti gli effetti maligni che se ne temono, venite, colla maggiore ingenuità, a confessare, che voi siete de' barbari, e che la civiltà, venendo in soccorso al mondo contro di voi, correggerà in parte, e impedirà gli effetti delle vostre barbare leggi e delle vostre selvagge dottrine. — Questo non si farà, la civiltà lo divieta. — Lo so anch'io, che voi con tutto il vostro orgoglio, o civili legislatori, siete deboli ed impotenti a rovesciare la civiltà; ma sapete perchè? perchè la civiltà presente del mondo è figliuola del cristianesimo e del cattolicismo, da cui voi volete fare astrazione nelle vostre leggi; perchè il cristianesimo, che l'ha prodotta, è quello che la mantiene, a fronte di tutti i vostri conati e deliri; perchè voi potete bensì violare o anche cancellare il primo articolo della Costituzione dello Stato; ma non potete cancellare per questo la religione che regna immortale con divina potenza nell'umanità redenta, quella religione, dico, che vi condanna e che non vi teme.

Quella minima frazione dunque di cittadini, a cui fa schifo il presentarsi alla chiesa e stringere il loro matrimonio alla presenza d'un sacerdote, presso il nostro governo civile gode di tanta stima, di tanta autorità, è cosiffattamente da lui riverita, pregiata, accarezzata, che per essa sola si move a imporre delle leggi a tutto lo Stato; e queste, tali che rovesciano il principio della famiglia cristiana e della civiltà.

Ma qual bene s'arreca a cotesti privilegiati con un tanto sacrificio? Questo solo bene, di rimovere da loro il molestissimo incomodo d'ammettere per testimonio delle loro nozze un sacerdote della Religione dello Stato che hanno in uggia! E per usar loro questa delicata attenzione, si supera ogni riguardo; affinchè non sieno incomodate persone di tanto merito, schizzinosette anzi che no, si sacrifichi pure la civiltà e la famiglia. In fatti questi due sono i sommi argomenti che s'adducono di continuo a favore dell'istituzione del matrimonio civile, il diritto dello Stato che si vuole rivendicare, e il non recare questa noia a' miscredenti d'avere un parroco (udite che brutta cosa; un parroco!) a testimonio di loro nozze; e questo secondo argomento si denomina, per dargli un color d'onestà, « il principio della libertà di coscienza ». Una volta veramente s'intendeva per questo principio tutt'altro, cioè s'intendeva « non doversi obbligare nessuno a far cosa che davanti alla sua coscienza fosse illecita »; ma ora s'è mutata la definizione, s'intende per libertà di coscienza, « non doversi recare, molestia a nessuno di quelli che non hanno coscienza, obbligandoli, ancorchè il bene generale dello Stato non lo richieda, a far cosa che, per vero, non è da essi tenuta punto illecita, nè produce loro alcun danno o alla vita o alle sostanze, ma soltanto è da loro odiata, per la religione o per la santità, che agli occhi degli altri cittadini essa racchiude ». Vedesi che si tratta di procacciare a cotestoro una grande soddisfazione, cioè si tratta d'appagare un loro capriccio, di secondare il ghiribizzo, che loro è venuto in capo, di trovar molesto un atto che nè costa fatica, nè aumenta spesa, del tutto innocuo. Ma che volete? a loro però è un atto *odioso*, e tante basta; ed è loro odioso, unicamente perchè vogliono odiarlo, non perchè abbia qualche cosa d'odioso in sè stesso; e vogliono odiarlo unicamente perchè hanno il *libero arbitrio*, col quale potrebbero fare anche il contrario, come fa pure la gran massa de' cittadini. Così squisito, così magnifico, così esteso, così morale sono il bene che si propone la legge del Matrimonio civile! Tale almeno dicono essere quel bene nazionale, quel progresso, che move il governo a proporla. Ma anche qui, per valutare questo principio, che dirige, come dicesi, il ministero, sono da considerarsene tutte le conseguenze, si devono vedere tutti gli effetti di cui è gravido, si dee considerarlo in tutto il suo sviluppo possibile. Il principio è « di non recare molestia a' miscredenti che svengono o infuriano ad ogni segno di religione ». Dunque conviene spurgare la nostra legislazione da tutti gli altri vestigi della religione dello Stato; anzi prima di tutto è urgente di levar via quel molestissimo articolo dello Statuto che ne fa menzione. Di poi, converrà abolire il giuramento, col quale oggi i nostri legislatori stessi chiamano Iddio in testimonio di mantenersi fedeli alla Costituzione ed al Re, ed a quel primo articolo: e similmente ogni giuramento ne' tribunali, essendo un atto di religione: ancora, non riconoscere punto le feste religiose; e quindi lo Stato, astraendo, in grazia de' miscredenti, dalla religione, non solo lascerà libere tutte l'opere servili ne' dì festivi, ma di più ne' lavori pubblici non farà differenza da giorni a giorni, e in tutti ugualmente obbligherà gli operai al lavoro, chè sospendere ne' dì festivi i lavori, sarebbe obbligarli ad un atto religioso, qual è quello d'astenersi, per motivo appunto di religione, dall'opere servili. E di queste conseguenze se ne possono cavare innumerabili, conducenti a rovesciare affatto gli antichi nostri costumi, e a rifondere tutte le nostre leggi. Questo però non basta, chè secondo lo stesso principio, converrà rifare da capo, il progetto del matrimonio civile. E prima cancellare da esso l'impedimento degli ordini sacri e de' voti religiosi, di poi quella, che vieta le nozze tra un cristiano e un infedele. E in vero, se per non accagionar molestia a' nostri onorevoli miscredenti, si dice di prescindere col progetto dalle leggi ecclesiastiche, perchè poi non esimerli altresì, per la stessa ragione, dall'incomodo di scegliere il coniuge tra' cristiani? Si rispetti anche qui la loro incredulità, se il rispettare quest'incredulità è pe' nostri padroni rispettare la libertà di coscienza. I Piemontesi dunque, secondo questo gran principio, devono aver pieno diritto di sposare chi lor piace, senza che la differenza di religione vi ponga ostacolo. Così si vedranno un po' alla volta composte, o Signori, le nostre famiglie d'una madre ebrea e d'un padre cristiano, e la figliuola di questo matrimonio civile sarà data in moglie ad un maomettano, il figlio poi sposerà una ricca indiana idolatra. Viva la libertà di coscienza, che intesa, come s'intende, e messa in pratica con piena coerenza, aggiusterebbe a questo modo le famiglie piemontesi, sarde e savoiarde! Ma qui non sta ancora il tutto; poichè a molti de' miscredenti può essere anche troppo noiosa quell'indissolubilità rigida del matrimonio. In fatti pute anch'essa di religione, poichè è fondata nelle parole di Gesù Cristo, che la stabilì nel mondo, o piuttosto la richiamò in vigore alla prima divina istituzione. Per quelli dunque che non credono a queste parole di Cristo, e di più astiano tutto ciò che è religioso (per l'unica ragione, dice taluno di essi, che i gusti degli uomini sono diversi), non solo l'indissolubilità è una questione, e le opinioni son molte; ma a queste stesse opinioni non si può assegnare un confine; chè alla fin fine, dicono, le opinioni sono libere, e niuno degli uomini, neppure i governi, possono imporre le proprie ad uomini liberi. Altri dunque, se questi principî son veri, opineranno d'aver diritto al divorzio, altri di più alla poligamia, altri a cangiare le mogli e i mariti unicamente a ragione del loro talento, o secondo le fasi lunari. Perchè volete recare a costoro la molestia o di rinunziare alle loro opinioni, e seguir le vostre, o imporre loro un giogo colla legge civile, che non potete giustificare? Poichè, tolta via la Religione, e le leggi a cui Iddio stesso sottomise il matrimonio, tanto sa altri quanto altri; e il governo o si cangerà in un sofista, che disputerà per vincere sillogizzando le opinioni divise, o in un tiranno per far valere colla forza le sue. Ma chi mai sa in tal caso, chi può prevedere quali sarebbero le opinioni del governo stesso? Gli uomini del governo non sono anch'essi soggetti, come gli altri, rimossa la Religione, ad opinare in uno, o nell'altro modo? E non potranno essi stessi cadere nell'opinione, che l'indissolubilità, o l'unicità del coniuge, sia cosa sì certo rispettabilissima, perchè imposta dalla Religione, ma non punto in sè stessa fondata nel razionale diritto, non punto atta ad esser provata colla ragione? Quanti così opinarono ed opinano, e quanto pochi saprebbero dare di tali condizioni del matrimonio, ragioni intrinseche! Questo non toglie, che possano essere altrettanti Platoni i nostri governanti. Ebbene, che cosa faranno in un tal caso cotesti Platoni che ci governassero, secondo il loro principio di doversi prescindere nelle leggi da tutte le obbligazioni religiose? Proporranno, che siene abolite anche queste condizioni, per non recare a' nostri quattro miscredenti, che sono i cucchi del governo, il displacere d' ubbidire a obbligazioni d'indole religiosa. E così avremo, in conseguenza del principio, interpretato al modo che si fa, della libertà di coscienza, avremo in Piemonte delle famiglie miste. di cristiani, ebrei, turchi, idolatri, colla poligamia e cogli altri obbrobri dell'umanità, a cui non si può assegnare razionalmente un confine. Anzi che dico delle famiglie? La famiglia non c'è più a queste condizioni; ci sarà il Falansterio. A tal termine si vuol ridurre l'opera di Gesù Cristo, l'opera ammirabile, lavorata pel corso di molti secoli, e condotta alla perfezione col suo spirito dalla Chiesa, la cristiana famiglia. Sia dunque, che si consideri il primo argomento, che s'adduce a favore dell'istituzione d'un matrimonio puramente civile, cioè l'autonomia dello Stato, di cui s'intende con ciò di rivendicare i diritti; sia che si consideri il secondo argomento, la libertà della miscredenza che si copre col titolo di libertà di coscienza, per cui nulla ci sia nella legge che alla sua delicatezza volontaria rechi alcuna noia o molestia; dall'uno e dall'altro principio, applicato con piena coerenza, s'arriva inevitabilmente alla stessa conclusione tremenda della corruzione, del sovvertimento e della distrazione della famiglia.

E per venire all'interesse speciale, che abbiamo noi donne, che una legge di tal natura non ottenga l'approvazione del nostro Parlamento, siccome spero, voi intenderete facilmente altrettanto quanto l'intendo io, che nel naufragio della cristiana famiglia la prima e la più compassionevole vittima è appunto la donna. È oggimai cosa fuori di controversia, che come il cristianesimo fu il padre della civiltà e d'ogni gentilezza, così fu quello, che, colla sua sovrumana potenza, dallo stato abietto e deplorabile in cui era caduto il sesso più debole oppresso dal più forte, sollevò la donna, la educò, la adornò di tanta dignità, che un grande scrittore ebbe a dire che « la rese un essere soprannaturale », ond' ella deve a Gesù Cristo in certo modo una maggiore gratitudine e fedeltà, perchè ella gli deve tutto il nuovo esser suo. Iddio da prima la fece, e poi Gesù Cristo la rifece la fedele amica, l'indivisibile compagna dell'uomo, uguale a lui in diritto, oggetto d'un uguale rispetto, più debole in forza, e fors'anco in intelligenza, ma (permettetemi, che renda a Dio lode di ciò che Egli ha dato, non a me, ma al mio sesso) più forte per la sua stessa debolezza e per la dolce sua mansuetudine, capace di amare angelicamente, di soffrire eroicamente, dividendo e alleggerendo tutte le sofferenze dell'uomo; a lui umilmente soggetta, e pur da lui, che le grazie e le virtù della sua consorte mansuefecero e ingentilirono, altamente, quasi signora, onorata. Tutto questo fu l'effetto del matrimonio santificato da Gesù Cristo; e quelli solamente possono misurare, quanto noi donne dobbiamo all'istituzione di questo sacramento, i quali conoscono il misero stato della donna presso i popoli pagani, e ancor adesso presso i selvaggi e gl'infedeli tutti, principalissima causa de' disordini domestici e della inevitabile barbarie nella politica socievolezza. Ebbene, vi farà dunque maraviglia se noi donne siamo comprese di spavento e d'orrore, sentendo che ora si pensa a profanare il matrimonio, chiamandolo un puro contratto civile, astrazion fatta da ogni cristiano elemento? Vi farà maraviglia, se ci sentiamo correre per tutte le vene un brivido al pensiero che per *progresso* oggidì s'intenda un ritorno allo spirito del paganesimo, una rinunzia all'influenza benefica nella società civile del cristianesimo, che l'ha redenta, che ci si minacci di distruggere quello che ha fatto per noi Gesù Cristo e la sua Chiesa, coll'istituzione e colla difesa costante del sacramento del matrimonio?

Quand'io penso con quanta cura, con quanto dilicata e cauta vigilanza nelle nostre famiglie si allevino le care nostre figliuole, dico in tutte le famiglie cristiane, particolarmente poi in alcune, nelle quali la pietà cristiana è riguardata per il più prezioso retaggio e la più splendida nobiltà che gli avi tramandassero ai

lor nepoti, quali, perdonatemi se lo dico per
mio conforto, erano le famiglie di mio padre e
di mio marito; quando penso con quanta e
quale circospezione noi madri procuriamo d'al-
lontanare da' loro orecchi innocenti ogni discorso, ogni parola non al tutto decente, dalla
loro consuetudine ogni persona di men che in-
tegerrima riputazione, dalle loro anime ogni
esempio, ogni vista di cosa che possa anche da
lontano turbare la semplicità e il candore dei
loro pensieri; con quanto studio formiamo i loro
cuori, e infondiamo in essi l'amore per tutto
ciò che è virtuoso, e un giusto sdegno per tutto
ciò che è basso e disonorevole: quando penso
a tutto questo, o Signori, e poi m'immagino
meco medesima, che un bel giorno, trovandomi
io in conversazione co' miei congiunti ed amici
di casa, circondata da' miei figliuoli, mi sia in-
sinuata una visita, oh Dio qual visita! d'un
cavaliere e d'una donna, che si dicono novelli
sposi, non perchè sieno tali, bensì mentendo,
per coprire d'una menzogna il loro disonore;
d'un cavaliere, dico, e d'una donna che con
pubblico scandalo e senz'arrossire convivono
insieme, non congiunti da Dio, dichiarati nondimeno dalla legge civile marito e moglie, in una
parola, di due pubblici e abituati peccatori, che
reciprocamente si sono giurati di non abbandonarsi per tutta la loro vita nel loro peccato,
e di morire in esse; vincolo d'iniquità confer-

nato, dichiarato indissolubile dalla legge; quando
tutto ciò io m'immagino che possa accadere,
l'animo mi si conturba, e non so prevedere a
qual partito serci, in quel momento di sorpresa,
per appigliarmi. Che si pecchi, e che, arrossen-
done poi, s'occulti agli sguardi altrui il proprio
peccato, questo è proprio dall'umana infermità,
e chi non saprebbe compatirlo? Ma che io do-
vessi sopportare di vedere cogli occhi miei passeggiare per le sale della mia casa una donna
spudorata, che cogli abiti pomposi e folgorate di
gemme, quasi vera sposa novella, aspetti e richieda dagli astanti, che si congratulino e facciano festa del vergognoso peccato a cui ha sa-
crata la propria vita, e che era a me, era alle
mie figlie, era agli altri s'accenti di sfrontata
allegrezza superba, e faccia con questi e con
quelli la graziosa e la spiritosa e l'amica; ah
no, che io non mi sentirei d'avere, ignoro, se
deva dire la virtù, e la viltà, od anzi la coscienza, di soffrirlo! Così uno di queste due
cose dovrebbe indubitatamente avvenire, se
il partito, che era minaccia i nostri antichi e
nazionali costumi riuscisse a prevalere e a vincere la sciagurata legge dell'istituzione d'un
matrimonio civile: e di seminare inevitabili di-
visioni e discordie tra le famiglie, il che non
può certo rafforzare lo Stato: e di corromperle;
giacchè agli occhi di tutti quelli che conservano la fede cattolica, questi fossero congiunti

in tal modo, cioè per la sola virtù della legge civile, altro non sarebbero che altrettanti peccatori pubblici, che recherebbero seco lo scandalo, e lo menerebbero in trionfo per le vie, per le piazze, e per le case dove pur fossero ricevuti: lo *scandalo*, dico, dalla legislazione del Regno di Sardegna protetto, anzi onorato. Tale è la verità, o Signori; tale il dettato della ragione e della fede, il cui lume non falla: può l'uomo inorpellare all'altr'uomo la verità, può coprirla con ischiamazzi, oscurarla con sofismi, mettere contro di lei e a favore dell'errore tutta l'autorità de' governi e tutta la forza bruta di cui dispongono; distruggerla non mai. Il matrimonio civile sarà dunque, checchè si faccia nel nostro Parlamento, una menzogna, un'empietà, un disonore, e finalmente a lungo andare un seme fatale di corruzione e di disorganizzazione di tutti quegli Stati, o grandi o piccoli, o potenti o deboli, che hanno l'imprevidenza d'accoglierlo nella patria legislazione. Eccovi, cari Signori, il mio sentimento: voi l'avete voluto udire, per pura vostra cortesia; io ve l'ho manifestato con tutta la schiettezza della mia persuasione.

RICORDI

A MARIETTA ROSMINI

DI ROVERETO

CHE SI FA SPOSA COL NOBILE UOMO

SIGNOR ANGELO GIACOMELLI

DI TREVISO.

Lettera.

Stresa, 11 Giugno 1854.

Era ne' miei desideri, cara Marietta, e, fino a certo segno, nelle mie speranze, di venire io stesso in patria a benedire quel sacro nodo di cui ora siete per disposizione del Cielo legata, e che v'ha fatto acquistare un nuovo stato, dei nuovi congiunti, una nuova famiglia, una nuova patria, e un genere di vita tutto diverso dal precedente, Ma il Signore non avendo voluto, v'ho mandato degli auguri sinceri sotto la forma di ricordi: spero d'aver descritto in essi il vostro futuro contegno. Le commozioni dell'animo, naturale effetto di tante care cose da voi lasciate, e di altrettante care cose da voi ritrovate, tutte in un punto, e per così dire all'improvviso, in breve tempo passeranno, e subentrerà nel vostro spirito quella calma, nella quale potrete giudicare con più di verità i beni e i mali, gli ajuti e i pericoli, i compensi e le obbligazioni di quel mondo nuovo in cui siete trasportata. Io pregherò certamente il Signore che sia sempre con voi, e che diriga tutti i vostri passi.

Mi date poi una dolce speranza di farvi vedere sulle sponde del Verbano: io la tengo cara come una promessa. Se il signor Angelo vostro sposo, a cui vi prego di presentare tanti miei rispetti, vi conduce a Milano, non vi resteranno a fare che poche ore di cammino di più per trovarvi a Stresa. Circa la mia gita in Tirolo, ne sono ancora incertissimo.

Continuate a ricordarvi del

Vostro Aff.º Cugino
A. ROSMINI.

Ricordi.

1. Gesù Cristo volendo santificare le famiglie elevò il matrimonio, che era già di divina istituzione, alla dignità di Sacramento. La sposa cristiana deve ricordarsi sempre, che il suo stato è sacro, e che nulla deve mai operare, che non sia degno d'un tale stato.

2. Per adempire le obbligazioni del proprio stato, è necessario conservare costantemente un animo tranquillo e una mente serena. Niuna perturbazione entri in voi: prendete le avversità con perfetta rassegnazione: evitate sopra tutto la perturbazione dell'ira, che disdice specialmente al vostro sesso, diminuisce l'unione della famiglia, e indebolisce il proposito della virtù. Non confondete però l'ira collo zelo, il quale è lodevole, quando sia puro.

3. Distaccate il vostro cuore da ogni vanità; questa rende la donna leggera, e scema il merito alle buone azioni.

4. Dopo il vostro marito e vostro signore – col qual nome Sara chiamava sempre Abramo – voi dovete essere lo specchio di tutta la vostra famiglia. Se tutte le vostre azioni saranno prudenti e virtuose, esse eserciteranno una salutare influenza su tutti i membri della

famiglia. Questa dell' esempio è la prima vostra missione.

La seconda sarà quella, che eserciterete colle parole: il pensiero preceda la lingua. Colla dolcezza del vostro parlare guadagnerete i cuori, colla riserbatezza vi procaccierete autorità, collo spirito di pietà e di santità edificherete la vostra casa.

5. Sappiate distinguere quali devano essere le vostre relazioni colle singole persone, che o troviate in casa, o che ci verranno, sieno parenti o amici: rendete a tutte il debito onore: amabile e gentile sempre, conservate anche sempre quella dignità semplice, che rende rispettabile la madre di famiglia.

6. Le vostre occupazioni domestiche, ecco i vostri divertimenti: ricordatevi, che non siete sposa per divertirvi, ma per adempire gravi doveri, e per santificare voi stessa e gli altri.

7. I figliuoli sono un dono di Dio. Se Egli ve ne darà, riceveteli con gratitudine, offeriteli a lui, ed educateli suoi veri servi. — Grandi sono i doveri di madre: ove anche questi vi s'aggiungano, meditateli giorno e notte.

8. Siate caritatevole con tutti non solo in famiglia, ma anche con que' di fuori: da per tutto, dove c'è afflizione, portate consolazione; dove c'è miseria, soccorso; dove ci sieno animi abbattuti, incoraggimento; non vi passi davanti una sventura, che voi non alleggeriate almeno

col desiderio. Amate di stare con quelli che piangono, più che con quelli che ridono.

9. L'orazione accompagni tutti i vostri passi: siate fedele ai vostri esercizî di pietà, ma senza che essi v'impediscano i doveri domestici e la subordinazione al marito.

10. Dopo gli esercizî di pietà, le cure della famiglia, e le opere di carità, trovate qualche po' di tempo da coltivare anche il vostro spirito collo studio, ed amate le scienze, le lettere e le arti. Ma siate sommamente cauta nella scelta delle letture, abborrite dai libri cattivi, o anche solamente vani. Rendetevi famigliare la divina Scrittura, l'Imitazione di Gesù Cristo, il Combattimento spirituale, e la Filotea di San Francesco di Sales, e su questi formate voi stessa.

Stresa, 1.° *Maggio* 1834.

ANTONIO ROSMINI SERBATI.

INDICE

—

Con approvazione ecclesiastica

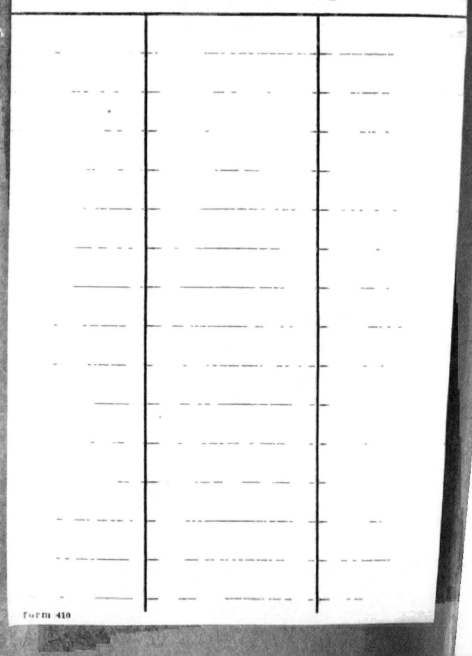

CPSIA information can be obtained
at www.ICGtesting.com
Printed in the USA
BVHW011502110220
572060BV00009B/118